Marco Ottawa, Rochus Winkler
Kompetenzen für die Marktforschung

Marco Ottawa, Rochus Winkler

Kompetenzen für die Marktforschung

Was Marktforscher zukunftssicher macht

ISBN 978-3-11-051549-7
e-ISBN (PDF) 978-3-11-051777-4
e-ISBN (EPUB) 978-3-11-051556-5

Bibliografische Information der Deutschen Nationalbibliothek
Die Deutsche Nationalbibliothek verzeichnet diese Publikation in der Deutschen
Nationalbibliografie; detaillierte bibliografische Daten sind im Internet über
http://dnb.dnb.de abrufbar.

© 2018 Walter de Gruyter GmbH, Berlin/Boston
Umschlaggestaltung: Sae Yun Jung
Satz: le-tex publishing services GmbH, Leipzig
Druck und Bindung: CPI books GmbH, Leck

www.degruyter.com

MIX
Papier aus verantwor-
tungsvollen Quellen
FSC
www.fsc.org
FSC® C083411

Vorwort

Die Marktforschung befindet in einem Umbruch. Es gilt, die Zukunftsfähigkeit und -festigkeit neu zu überdenken und sich ein Stück weit neu zu erfinden. Der in der Bevölkerung bekannte Modebegriff für „systematisches Datensammeln" hat ausgedient.

Die Marktforschung gerät zunehmend unter Druck, weil Fragen zu Verhaltensweisen („What?", Beschreiben, „Daten erheben" (Scheffler 2017)) immer mehr durch automatisch anfallende Daten beantwortet werden können und die Ermittlung von Einstellungen und Motivationen („Why?", Erklären, „Daten verstehen" (Scheffler 2017)) scheinbar an Bedeutung verliert.

Insbesondere die neuen Technologien, die zunehmende Methoden- und Verfahrensvielfalt führen zu Verunsicherungen und fordern die Marktforscher als vertrauensbildenden Insight-Berater heraus.

Es existiert die Gefahr, dass Google & Co. früher oder später zu Discounttarifen Marktforschungserhebungen und -analysen in großem Stil umsetzen werden. Spätestens solche Entwicklungen zeigen, dass das Selbstbild des Marktforschers als „datensammelnder Einsiedlerkrebs" seine Gültigkeit verloren hat. Umso mehr sollte die Frage nach dem Warum ins Zentrum des Interesses rücken. Sie bringt den Marktforscher wieder zu seinem vorrangigen Talent – analytisch in Zusammenhängen denken. Denn angewandte Marktforschung ist Wissenschaft.

Für die Marktforschungsbranche stellt sich die zentrale Herausforderung, sich proaktiv dem Wandel zu stellen, die neuen Forschungsoptionen zu hinterfragen und ideal einzusetzen. Es ist nicht die Frage, ob traditionelle Methoden und Verfahren durch die modernen Technologien ersetzt werden. Ganz im Gegenteil: Ziel muss es sein, die traditionelle und neue Forschungswelt zu vereinen. Denn der Bedarf nach qualitativ hochwertigen Analysen und Beratungen stagniert nicht, er wächst weiterhin.

Aber welche Kompetenzen und Qualifikationen müssen die Angehörigen dieser Branche besitzen, um für die Zukunft gewappnet zu sein? Bislang gibt es zu dieser Frage zwar eine Reihe von Diskussionsbeiträgen, jedoch keine empirisch fundierte tiefenpsychologische und quantitative Basis. Diese Basis soll im Rahmen der hier zugrunde liegenden Grundlagenforschung – bestehend aus einem tiefenpsychologischen und quantitativen Modul – geschaffen werden.

Die Herausforderungen für Marktforscher sind vielfältig: So lassen zum Beispiel neue Möglichkeiten der Datenerhebung und -auswertung schnellere, größere, umfassendere Studien zu. Bislang separate Prozesse der Erhebung, Auswertung und Analyse wandeln sich zu einem umfassenden, integrierten Datenmanagement. Dieses Datenmanagement legt wiederum den Grundstein für effektiveres, effizienteres und günstigeres Arbeiten. Zudem bedingt die Beschleunigung in der Branche neue Methoden und Verfahren, während zugleich Moden und Trends – Big Data, Storytelling oder Customer Centricity, um nur einige zu nennen – wie Katalysatoren wirken.

https://doi.org/10.1515/9783110517774-201

Aus diesen Entwicklungen ergeben sich aus der Sicht sowohl von Betriebs- und Institutsmarktforschern sowie von den Lehrenden verschiedene Gefahren: Befürchtet wird, dass Quantität zunehmend vor Qualität geht und der steigende Personal-, Kosten- und Preisdruck zu Kürzungen von Budgets führt. Zudem herrscht die Sorge, dass Controlling, Marketing und IT klassische Marktforschungsaufgaben übernehmen und sich gewissermaßen als Gegner der klassischen Marktforschungsabteilungen aufspielen. Auch der Datenschutz ist ein Thema von großer Tragweite.

Die vorliegende Untersuchung legt auf Basis der Befunde dar, dass in der Marktforschung der Zukunft die klassischen Felder des Datenerhebens und -sammelns nicht mehr ausreichen. Marktforscher müssen stattdessen in ihrem jeweiligen Aufgabenfeld zielführend beraten, als Sparringspartner für ihre Stakeholder fungieren und bereit sein, ihre Kunden auch nach Abschluss einer Studie zu begleiten. Sie sollen den Über-, Weit- und Durchblick haben, sich als Analytiker betätigen, Diagnosen stellen und hinter ihren Empfehlungen stehen, und sie sind gefordert, sich mit anderen Stellen zusammenzusetzen, andere von ihren Kenntnissen profitieren zu lassen und Netzwerke zu schaffen.

Eine große Aufgabe!

Köln, im Januar 2018
Marco Ottawa, Rochus Winkler

Danksagungen

An erster Stelle gebührt unser Dank unseren Familien, denn ein Buch zu schreiben, heißt Frau, Kindern und Hunden Zeit zu „stehlen".

Meine Frau Gloria und mein Sohn Justin haben mir nun schon zum zweiten Mal für ein Buch diese Zeit geschenkt, was nicht selbstverständlich ist, wenn sich der eigene Sohn kurz vor dem Schulabschluss befindet. (Marco Ottawa)

Neben meinen Eltern und Geschwistern danke ich insbesondere meiner geliebten Familie: meiner Ehefrau Sophia und meinen Söhnen Benedikt und Anton, die mir jeden Tag mit Liebe, Verständnis und hervorragenden Diskussionen begegnen und dadurch die zentrale Basis meines Schaffens darstellen. Darüber hinaus danke ich meinen Partnern und Freunden Dirk Ziems und Thomas Ebenfeld, mit denen die zukunftsgerichtete Marktforschung nicht nur Theorie bleibt, sondern täglich hinterfragt und modernisiert wird. (Rochus Winkler)

Dr. Stefan Giesen hat als Lektor für unser Buch bei De Gruyter geworben und uns dann in inzwischen schon bewährter Manier souverän und verständnisvoll bei der Erstellung unseres Buches betreut.

Im Rahmen der unserem Buch zugrundliegenden empirischen Arbeit danken wir dem beteiligten Team an Koordinatoren, Moderatoren und Analysten von concept m, die uns durch ihre Unterstützung viel Zeit bei Leitfadenerstellung, Empirie und Datenauswertung erspart haben. Dazu gehören Dr. Frederik Felskau, Thomas Hillar, Veronika Falk, Stephan Breitwieser, Jörg Mertens und insbesondere Helmut Berghaus.

Bei der Gestaltung des Onlinefragebogens haben uns Tatjana Kopf, Stefan Beuke und Prof. Dr. Christa Wehner unterstützt. Ebenso befruchtend ist der Austausch rund um Trends und Beratung in der Marktforschung mit Ariane Körner gewesen, die wir als wahrliche Kulturexpertin sehr schätzen. Ein besonderer Dank gilt Dr. Axel Theobald, Prokurist der Rogator AG, der die Programmierung unseres Fragebogens übernommen hat. Prof. Horst Müller-Peters und Lars-Oliver Gayk danken wir für die Platzierung des Befragungslinks auf marktforschung.de ebenso wie Sabine Hedewig-Mohr für die Nutzung des PUMa-Netzwerks. Im gleichen Maß sind wir Dr. Simone van Koll und Thorsten Heuer für die statistische Analyse der ersten bzw. zweiten quantitativen Welle verpflichtet. Keine Empirie ohne Probanden, weswegen wir jedem Einzelnen, der 2015 und 2016 unsere nicht gerade kurzen Fragebögen vollständig ausgefüllt oder an den Tiefeninterviews teilgenommen hat, herzlich für die kollegiale Hilfe danken.

Carsten Breinker hat uns im Vorfeld des Schreibens als Sparringspartner viele gute Ideen mit auf dem Weg gegeben. Ralf Daute hat uns beim Schreiben unterstützt, ebenso Kira Kleb bei der Erstellung einiger Grafiken. Für die Kontrolle unserer Übersetzungen aus dem Französischen und Schwedischen gilt unser Dank Jörg Kerler, Mikael Ekenstierna und Jens Kaijser, ebenso Andrew Gordon Browne, Ph. D. für den Austausch zu Feinheiten der englischen Terminologie. Das mühselige Korrekturlesen des Manuskripts haben unsere Ehefrauen übernommen.

https://doi.org/10.1515/9783110517774-202

Finn Raben, Director General ESOMAR, Melanie Courtright und Dr. Daniel Nunan sind wir für die Überlassung zum Teil noch unveröffentlichter Publikationen verbunden.

Dem BVM danken wir, hat er doch unsere Branchenstudie 2015 in der Rubrik „Beste eingereichte Papiere" nominiert.

Ein großer Dank geht auch an Prof. Dr. Ivonne Preusser, Pia Müller und Lara Cremer von der TH Köln, die unser Buch spontan als Co-Autorinnen mit einem Exkurs zu Design Thinking bereichert haben.

Stimmen

Einen kompetenten Marktforscher zeichnet aus, dass er sowohl Effektivität als auch Effizienz der Marktforschung beurteilen kann: Wie wichtig ist die Entscheidung? Welches ist die angemessene Kombination aus qualitativen und quantitativen Verfahren, um die Frage zu beantworten? Welcher Aufwand ist gerechtfertigt? Werden die Marktforschungsergebnisse auch tatsächlich eingesetzt, um bessere Entscheidungen zu fällen – oder geht es „lediglich" um Rechtfertigungsmarktforschung? *Prof. Dr. Sven Reinecke, Universität St. Gallen*

Neben der Basis, nämlich dem Fachwissen in Methoden, Statistik, Datenanalyse sowie Markenführung und Marketing sind das eine interdisziplinäre Ausbildung und Ausrichtung sowie silosprengende Teamfähigkeit, weiterhin Neugierde und ständige Weiterentwicklung sowie konsequente Lösungs- und Impact-Orientierung für die tägliche Arbeit. *Hartmut Scheffler, Kantar TNS*

Ein guter Marktforscher sollte – wie ein guter Journalist – im besten Sinne neugierig sein, man könnte auch sagen wissensdurstig. Vielleicht noch präziser: scharf auf Einsichten, Erkenntnisse, Aha-Erlebnisse. Ein guter Marktforscher sollte zusätzlich akkurat, exakt, detailgetreu und geduldig sein. Nur wer genau hinschaut, bekommt auch etwas Neues heraus. *Sabine Hedewig-Mohr, planung&analyse*

Marktforschung bedeutet immer auch, wechselseitig Brücken zu bauen – zwischen Zielgruppe und Hersteller, einzelnen Abteilungen innerhalb des Unternehmens und häufig auch zwischen Wissenschaft und Praxis. In dieser moderierenden Funktion liegt für mich die Zukunft der Marktforschung. *Dr. Stephan Langer, Bayer Vital GmbH*

Der betriebliche Marktforscher sollte als „strategischer Partner" für Marketing und Vertrieb agieren. Echtes Businessverständnis ist essentiell, um aus den gesammelten Informationen die richtigen Insights und relevante Handlungsempfehlungen ableiten zu können. Insbesondere im Zeitalter der Digitalisierung und Big Data ist es wichtig zu verstehen, dass sich zukünftige Trends nicht linear aus der Vergangenheit ableiten lassen. Nur wenn wir das „Warum" verstehen und bereit sind unsere Annahmen immer wieder zu hinterfragen, sind wir in der Lage, Bedürfnisse des Konsumenten mit relevanten Produkten und Services zu bedienen. *Katja Popanda, Nestlé Deutschland AG*

Marktforscher sind Menschenfreunde. Immer neugierig, nehmen nichts als gegeben hin, stellen in Frage und hinterfragen die Dinge. Sie wollen wissen, wie das alles funktioniert und das eine mit dem anderen zusammenhängt. Im Mittelpunkt steht dabei nicht ein schnödes Produkt oder eine Dienstleistung, sondern immer nur der Mensch, seine Einstellungen, Bedürfnisse, Motive und sein Verhalten. *Prof. Dr. Bernad Batinic, Johannes Kepler Universität Linz*

Competence with market research is not solely, or even mostly, about skills in methods. It is about being able to generate insights from data and communicate them effectively to enable positive change. After all, what use are research findings if they are not understood? *Daniel Nunan, University of London*

Aus meiner Sicht ist ein guter Marktforscher ist erster Linie jemand, der tiefgehende Methodenkompetenz besitzt, sie aber nicht als sein USP sieht, sondern als Hygienefaktor betrachtet. Der USP eines exzellenten Marktforscher sollte sein strategisches Denken und sein umsetzungsorientiertes Handeln als interner oder externen Berater und Sparringspartner sein, der sich nicht davor scheut, klare Empfehlungen auszusprechen, für sie zu kämpfen und auch dafür Verantwortung zu übernehmen. *Prof. Dr. Florian Bauer, Vocatus*

Inhalt

Abbildungsverzeichnis

https://doi.org/10.1515/9783110517774-203

Tabellenverzeichnis

https://doi.org/10.1515/9783110517774-204

1 Seelenspiegel Marktforschung

1.1 Grundlegende Fragestellungen und Zuschnitt der Studie

Zunächst beleuchtet die Untersuchung den aktuellen Zeitgeist, um zu verstehen, welches Selbstbild Betriebsmarktforscher, Institutsmarktforscher und sich mit Marktforschung beschäftigende Lehrende und Marktforschungskunden aktuell haben.

In einem weiteren Schritt werden die Betriebskultur und die psychologischen Typen innerhalb der Branche untersucht. Nach einem Blick auf die Marktstruktur und auf eine Branchenauswahl werden schließlich Ableitungen für das Berufsbild getroffen.

Zu den grundlegenden Fragen, mit denen sich die Studie beschäftigt, gehören die folgenden:
- Wie funktioniert der Marktforschungsmarkt aktuell? Was ist bezeichnend?
- Welche Konstanten sind erkennbar, was verändert sich?
- Welche sind die größten Herausforderungen, die im Berufsalltag zu bewältigen sind?
- Welche Schwierigkeiten begegnen aktuell den Tätigen in der Marktforschung?
- Wie gut funktioniert der Umsatz von der Theorie in die Praxis?
- Wie wird sich die Marktforschung entwickeln und womit wird diese Prognose begründet?
- Welche Perspektiven und Herausforderungen werden für die Marktforschung gesehen?

Für den ersten Teil der Studie kam die tiefenpsychologisch-morphologische Methode zum Einsatz (vgl. 1.2). Insgesamt wurden 33 tiefenpsychologische Einzelinterviews geführt. Befragt wurden in einer ersten Gruppe 14 Betriebsmarktforscher aus den Bereichen Automotive, Energy, Finance & Insurance, FMCG, Pharma und Telekommunikation. In einer zweiten Gruppe wurden mit der gleichen Methode 14 Institutsmarktforscher befragt. Die dritte Gruppe der Erhebung bildeten die Lehrenden im Bereich der Marktforschung. Fünf Dozenten wirkten daran mit. Die Interviews, die jeweils anderthalb bis zwei Stunden dauerten, wurden in den meisten Fällen im direkten Gespräch geführt; in sieben Fällen fanden sie telefonisch statt. Zur weiteren Informationserhebung wurden im Rahmen des Desk Research Fachliteratur sowie Veröffentlichungen in Zeitschriften, Foren und Blogs herangezogen.

1.2 Hintergrund: Morphologische Methode

Bei der Morphologischen Marktforschung handelt es sich um eine **Methode**, die von tiefenpsychologischen Denkkategorien ausgeht, die neben den expliziten und

https://doi.org/10.1515/9783110517774-001

bewussten Konsummotiven auch die unbewussten, impliziten Faktoren erschließen. Die Morphologische Marktpsychologie verfolgt die Theorie, dass man das Erleben und Verhalten der Konsumenten aus der Eigendynamik der Alltagsformen und Produktverwendungsformen heraus erklären kann. Die Fachrichtung wurde von Professor Wilhelm Salber (1928–2016) an der Universität Köln entwickelt und hat sich seit mehr als drei Jahrzehnten am Markt etabliert.

Die genaue Beobachtung unseres Verhaltens zeigt, dass grundlegende Motivspannungen vermittelt werden, die sich sogar widersprechen können. Auf Basis der methodischen Rekonstruktion der psychologischen Motivspannungen lässt sich die Fülle der Phänomene nahezu lückenlos in ein Gesamtbild einordnen. Damit erreicht die Morphologische Theorie jenseits der Subjektivität eines Forschers oder Marketing-Verantwortlichen, dass die Definition von Marktsegmenten, die Bestimmung von Markenpositionierungen, Images oder die Entscheidung für Kommunikationsrichtungen auf einem soliden qualitativen Insight-Fundament getroffen werden.

Ein besonderes Augenmerk der Morphologie („Lehre von Gestalt und Verwandlung") liegt darauf, wie sich Alltagsformen entwickeln und wie sie durch generelle Gesellschafts- und Kulturtrends beeinflusst werden. Erfolgreiche (Marken-)Kommunikation bezieht sich zudem in aller Regel auf kollektiv verankerte Grundbilder, Metaphern und Mythen. Nationale Kulturen und regionale Mentalitäten bestimmen den Konsum ebenfalls mit.

Mit der Morphologie können demnach neben der einfachen, „äußerlich sichtbaren" Ebene der Vorlieben und Abneigungen der Konsumenten auch tiefere seelische Schichten und Vorgänge ganzheitlich mit betrachtet werden. Diese geben für den tatsächlichen Kauf und Einsatz eines Produktes letztlich den Ausschlag. Es können sowohl Kauf- und Verwendungsmotive, wie Branchen- Markenwahrnehmungen und auch Bildwirkungs-Aspekte (z. B. bei Innovationen, Verpackungs- oder Kommunikationskonzepten) schon mit relativ kleinen Stichproben genau und umfassend analysiert werden. Bewusste und unbewusste Wünsche und Anforderungen der Kunden an Marken, neue Produkte und ihren Auftritt lassen sich ausloten, neue Werbekampagnen, Produktkonzepte, Packungsdesigns etc. differenziert untersuchen und die resultierende Kaufverlockung konkret einschätzen. Dabei spielen die seelischen Wünsche, Motive, Situationen und deren Zusammenwirken mit den Branchen-, Marken- und Produkteigenschaften eine besondere Rolle. Die beteiligten seelischen Regungen müssen sich vom Verwender im Produkt „wieder finden" lassen und das Produkt muss durch seine Eigenschaften – insbesondere die ausgelobten – den psychologischen Hintergrund mit behandeln. Dem Konzept liegt ferner die Annahme zugrunde, dass es ein grundlegendes, produktspezifisches Motivgefüge gibt, das sich von allein „rationalen" Gründen unterscheidet, und das bei allen Verwendern wirksam ist.

Die Grundannahme unbewusster Wirksamkeiten hat entscheidende Konsequenzen für die Durchführung von **tiefenpsychologischen Verfahren**. Um nicht bei den Meinungen und oft nur vorgeschobenen Rationalisierungen der Interview-Partner stehen zu bleiben, wird eine Reihe von Techniken eingesetzt. Die folgenden Techniken sind gängig und dienen der Vertiefung:

- Verhaltensbeschreibung und Konkretisierung: Die Testpersonen werden in den Gesprächen dazu angehalten, die genauen Umstände ihres Verhaltens zu beschreiben und die tatsächlichen Erlebenszusammenhänge rund um die Produktverwendung und Markenwahrnehmung zu aktualisieren – unabhängig von den meist vorgeschobenen Erklärungen des eigenen Verhaltens.
- Aufforderung zur Konzeptgestaltung („Konzeptwerkstatt"): Die Testpersonen werden – je nach Untersuchungskontext – dazu aufgefordert, selbst ihr „Wunschprodukt oder ihre Wunschmarke" zusammenzusetzen. Dabei kann man en Detail verstehen, welche Anforderungen zentral und wichtig sind und welche Benefits aus welchen Gründen am Herzen liegen.
- Analyse der Interviewdynamik: Die Wirkungen des Themas spiegeln sich auch in der Dynamik der Interviewsituation wieder.
- Projektive Techniken: Zur Umschreibung der wirksamen Bilder und Qualitäten, die die Verwendungszusammenhänge und Marken prägen, werden Vergleiche und Analogiebildungen genutzt.

Mit tiefenpsychologisch morphologischen Einzelinterviews, Gruppendiskussionen, Consumer Immersions, Inhomes, Pairships, Workshops, Forschungen im Alltagsstudio oder am PoS u. a. (oft gestützt durch Online-Verfahren und neuen Verfahren wie Virtual Reality) lassen sich besonders detaillierte und vertiefte Ergebnisse zu Produkt- und Kommunikations-Konzepten sowie zu Motiven und Verwendungsgewohnheiten gewinnen. Die hergestellte Gesprächs-Atmosphäre erlaubt den Befragten, sich für tiefer liegende Inhalte stärker zu öffnen und diese freier zu äußern. Mit dem Einsatz kreativer, projektiver Verfahren wie Collagen, Online Diaries, Zeichnungen, Kreativspielen etc. lassen sich Verwendungsverhalten und Motivation sehr gut erfassen, abbilden und vor allem auch „verstehen" und nicht nur messen („Mitbewegungsmethoden" entsprechen dem Seelenleben besser als „Stilllegungsmethoden").

Die **Analyseebenen** können unterschiedliche Insights entschlüsseln. Die Analyse der **Motivation** ist keine Eigentümlichkeit jedes einzelnen Verwenders und Kunden, der eine bestimmte Motivation mehr oder weniger „hat", sondern muss vielmehr in enger Verbindung mit dem Produktangebot und der Ausstrahlung einer Marke verstanden werden. Das psychologische Wirkungsfeld besteht erfahrungsgemäß aus mehreren Motiven und ist in sich spannungsvoll. Die verschiedenen psychologischen Grundmotivationen werden in ihrem Zusammenspiel erfasst und als mehrdimensionales Motivationsmodell dargestellt (Morphologisches Sechseck).

Ausgehend von der Grundlagenuntersuchung leiten wir die **Zielgruppen**-Segmentierung und relevante Verfassungsangebote ab. Wir verstehen die Eigenheiten und Unterschiede der verschiedenen Konsumententypen im Wesentlichen dadurch, dass diese unterschiedliche Motivschwerpunkte zeigen, bzw. auf einen unterschiedlichen Ausgleich der Motivspannungen drängen. Darauf aufbauend können **Anforde-rungsprofile an Marken** systematisch abgeleitet werden.

Bei **Image-Analysen** gehen wir davon aus, dass jede Marke eine Markenpersön-lichkeit besitzt, die Status-Quo und Image prägt. Wir analysieren die Markenpersön-lichkeit, indem wir ihre verschiedenen Facetten herausstellen: Tradition, Geschich-te, Beeindruckung, Einordnung, Nutzungsbenefit etc. Die Image-Analyse bezieht sich auf den in der Grundlagenuntersuchung heraus gearbeiteten Motivhintergrund. Dabei steht im Vordergrund, inwieweit das Image verschiedene Motivaspekte be-setzt und wie erfolgreich es damit die Wünsche und Bedürfnisse der Kunden befrie-digt.

Aus der Analyse der **Verwendungssituationen** und des Images können die psy-chologischen Bedürfnisse herausgehoben werden, die in der Positionierungsstrategie anzusprechen sind. Von hier aus können wesentliche strategische Anregungen für die kommunikative Ansprache gegeben werden.

Die tiefenpsychologische Sicht auf übergreifende **Trends** macht deutlich, wel-chen grundlegenden Einflüssen das Individuum unterliegt – beim Konsum, aber auch in allen anderen Ausprägungen seiner Lebensweise. Marktforscher zu sein oder Marktforschung zu betreiben, ist der Auffassung nach in dauernder Entwicklung und Veränderung. Big Data, Virtual Reality, sich nicht nur als Datensammler, sondern als Forscher und Schnittstellenmanager zu sehen, gehört zu den allgemeinen kulturellen Strömungen in beständiger Veränderung. Diese Veränderungen haben Konsequenzen für das Selbstbild der Marktforscher und für das Branchen-Image.

1.3 Aktueller Zeitgeist

Kennzeichnend für den Zeitgeist in den ersten beiden Dekaden des 21. Jahrhunderts ist eine Kultur der Maximierung und Beschleunigung. Die Welt wird immer komplexer und vernetzter, und die Menschen erleben, dass Zyklen immer kürzer werden und die Bereitschaft, schnell zu „switchen", als unabdingbare Voraussetzung eines modernen Lebensstils gilt. Die Konsequenz dieser Lebenswirklichkeit ist eine unterschwellige Unruhe, die natürlich auch die Marktforschung – die ja diese Entwicklungen nicht nur beschreibt, sondern selbst auch ein Teil dieser Realität ist – erfasst und beein-flusst. Nicht zuletzt die hier vorliegende Untersuchung ist ein Ausdruck dessen, dass die Branche von dieser „Unruhe" erfasst ist.

Erlebt wird, dass Big Data alles bisher Gelebte in Frage stellt – auch in der Markt-forschung. Die Informationstechnologie treibt die Entwicklung. Die durch den Fort-schritt geschaffenen Möglichkeiten, in riesigen Quantitäten zu erheben und sie zu verarbeiten, wirken auf den ersten Blick so fantastisch, dass sie das gesamte Lehrge-bäude der Marktforschung überstrahlen. Paradoxerweise aber wird die Sicht auf die Welt durch diese Entwicklung noch komplexer und undurchschaubarer. Die aktuelle Diskussion um die künstliche Intelligenz ist nicht nur ein Indikator für die nächste

Stufe des technischen Fortschritts, sondern auch eine, die immanent bezeugt, dass der Mensch der sich abzeichnenden Komplexität nicht mehr gewachsen ist.

Vor diesem Hintergrund ist die Wirklichkeit des Marktforschers eine spannungsvolle. Auf der einen Seite wird die zunehmende Komplexität wahrgenommen, und sie zieht auch in den Arbeitsalltag ein, auf der anderen Seite stehen schwindende Ressourcen. Dies hat zur Folge, dass klassische Tugenden, mit der nötigen Zeit und Bedachtheit vorzugehen, auf der Strecke zu bleiben drohen und als Ausweg die Flucht in den Eklektizismus gesucht wird. Auf einer zusätzlichen Ebene erlebt nahezu jede Branche selbst die disruptive Kraft des digitalen Wandels: Etablierte Geschäftsmodelle lösen sich auf, neue Wettbewerber scheinen aus dem Nichts zu entstehen, Märkte werden globaler und transparenter. Die Spannungen, die dafür für die jeweiligen Branchen entstehen, werden als Druck an die Marktforschung weitergereicht.

Das aber sollte keinesfalls Verzagtheit auslösen: In allen Märkten bieten sich neue und spannende Herausforderungen und Untersuchungsfelder für die Marktforschung – gerade wegen der aktuellen Dynamiken und Komplexitäten ergeben sich Chancen für die Marktforschung.

Es zeigt jedoch auch, dass die Fragmentierung der modernen Marktforschungswelt wieder den Bedarf weckt, den forschenden Blick auf das Große und Ganze zu richten, auf die grundlegenden Zusammenhänge von Marktentwicklungen. In einer als unübersichtlich und verworren erlebten Gegenwart gilt es für den Marktforscher, sich nicht von Beunruhigungen und Aktionismus mitreißen zu lassen. Stattdessen sollte er auf seine Kompetenzen schauen, auf das Wissen, dass hinter allen Entwicklungen altbewährte Strukturen stecken. Um die Chancen dieser „Marktforschung 2.0" zu erkennen, ist ein vertiefender Blick auf die gesellschaftlichen Rahmenbedingungen vonnöten. Diese werden in der folgenden Darstellung grob umrissen.

1.3.1 Gesellschaftliche Rahmenbedingungen: Was bewegt unsere Welt?

Unsere Kultur befindet sich in einem grundlegenden Wandel. Globalisierung und der Siegeszug des Internets haben die Welt verändert. Wissen ist nahezu überall für jeden verfügbar, wenngleich auch zunehmend unüberprüfbarer („Fake News"). Die eigenen Entwicklungsmöglichkeiten maximieren sich. Scheinbar festgefügte, regulierende Standards lösen sich auf, um einer pluralistischen Gesellschaft Platz zu machen. Deshalb befinden sich viele Menschen auf der Suche nach Ursprünglichkeit und Authentizität, teilweise auch nach formgebenden Beschränkungen, die das Leben (wieder?) in vereinfachende Bahnen lenken sollen.

Grundsätzlich lassen sich vier Megatrends ausmachen, die das Leben der Menschen prägen. Es handelt sich um die Globalisierung, um die Digitalisierung, um die Mobilisierung sowie als begrenzendes Element um die Privatheit. Diese Megatrends lassen sich zwar auch isoliert betrachten, allerdings empfiehlt sich ein vernetzter Blick, weil sie alle miteinander in Verbindung stehen. Globalisierung gibt es schon seit

den Zeiten der großen Handelsnationen, doch erst mit Hilfe der Digitalisierung konnte ein weltumspannendes Logistiknetz entstehen, das große Warenströme bewegt.
Die Globalisierung wurde gewissermaßen entfesselt. Eine nochmalige Beschleunigung hat sie durch den Trend zur mobilen Vernetzung erfahren: Jeder Mensch mit
einem Mobiltelefon ist heute in der Lage, eine Transaktion zu tätigen, die eine Waren-
bewegung in einem entfernten Kontinent auslöst. Die Mobilisierung des modernen
Menschen hat wiederum die Grenzen zwischen Beruf und Familie, zwischen öffentli-
chem und privatem Leben verschwimmen lassen.

Der vierte der Megatrends, die Privatheit, macht an dieser Stelle deutlich, dass es
die Menschen permanent beschäftigt, wie viel sie von sich preisgeben möchten. Doch
Informationen sind der Rohstoff der digitalen Handelswelt, und sie sind das Fundament, auf dem die Demokratien des Westens aufbauen. Wer aber hat Zugriff auf welche
Informationen? Was geschieht mit den persönlichen Daten, wenn sie einmal bei Amazon, Google oder Facebook gelandet sind? Der Erfolg von Amazon beruht nicht zuletzt
auf dem Algorithmus „Nutzer, die x gekauft haben, haben auch y gekauft". Dahinter
steckt nichts anders als eine massenhafte Auswertung von Informationen, die Kunden als digitalen Fingerabdruck hinterlassen haben. Das Beispiel zeigt, wie wichtig
das Thema Datenhoheit für die Politik, die Wirtschaft – und an erster Stelle für den
Konsumenten und Bürger geworden ist.

Globalisierung, Digitalisierung und Mobilisierung sind durch das Merkmal der
Beschleunigung miteinander verbunden. Beschleunigung ist ein kulturelles Ideal
geworden, das sich durch alle Bereiche des Lebens zieht. Begrifflichkeiten wie „Echtzeit", Wortverbindungen mit „Instant" oder „Live" zeigen dem Konsumenten, dass
keine Verzögerung mehr geduldet wird und jedes Bedürfnis sofort gestillt werden
kann. Kulturpsychologisch verständlich ist diesem Zusammenhang, dass der Maximierungskult und das damit verbundene Unbehagen – nicht mehr mithalten zu
können, nicht mehr schnell genug zu sein – eine Gegenbewegung auslöst, die wie
ein Pendel in die entgegengesetzte Richtung schwingt. Vor diesem Hintergrund sind
aktuelle Trends zu erklären, die sich unter dem Schlagwort Rückbesinnungskult zusammenfassen lassen. Dazu gehören Modebewegungen wie die Entschleunigung,
„Back to Basics", „Weniger ist mehr" und „Zurück zur Natur". Diese Bewegungen
setzen der als überkomplex empfundenen Gegenwart etwas Einfaches, etwas Über-
schaubares entgegen.

Auf der einen Seite sehen sich die Menschen also mit einer regelrechten Gier nach
einem Hochgeschwindigkeitsleben konfrontiert, das sich in Netzwerken abspielt und
in dem über Erfolg und Misserfolg Millisekunden entscheiden können – wie beispielsweise im Börsenhandel, wo in Bruchteilen von Sekunden nicht mehr fassbare Vermö-
genswerte transferiert werden. Fast alles in dieser neuen Welt wird über Schnittstellen
abgewickelt, zwischen der dinglichen Welt und dem Menschen arbeitet eine Software,
die Prozesse abbildet und steuert. Das Leben spielt sich vor Bildschirmen und in der
digitalen Interaktion mit anderen „Usern" ab.

Auf der anderen Seite entwickeln die Menschen Sehnsüchte nach dem, was – bildlich gesprochen – „auf der Strecke bleibt". Gesucht werden Ursprünglichkeit, Authentizität, Echtheit, Tradition und sogar gesetzliche Einschränkungen. Der „starke Staat" als Sehnsuchtsfigur soll dafür sorgen, die entfesselten Kräfte des Kapitalismus zu bändigen. Die Menschen in den Großstädten, im Grunde komplett abhängig von den Versorgungsketten der Nahrungsmittelkonzerne und deren konfektionierter Ware, entdecken das Gärtnern neu, „Urban Gardening" hieß dies das dann. Auch der aktuelle Trend, sich vegan zu ernähren, kann als Gegenreaktion auf das Unbehagen verstanden werden, das die moderne Entfremdung im Menschen auslöst. Im Falle des Veganismus setzen sich die Konsumenten selbst ein Zwangskorsett von Ernährungsregeln, die mehr oder minder streng befolgt werden und aber in jedem Fall einen Kontrapunkt zu einer Welt setzen, in der keine Konventionen mehr gelten und deren spiritueller Überbau in einem Meer des Materialismus zu versinken droht.

Natürlich muss die Marktforschung, wie sie das auch tut, diese Trends erkennen und analysieren, aber die Branche steht nicht außerhalb dieses Systems, sondern sie ist natürlich ein Teil dessen. Das heißt, auch die Marktforschung ist diesen grundsätzlichen Spannungen ausgesetzt und sie muss lernen, mit den Megatrends zu leben.

1.3.2 Die Beschleunigung der Marktforschung

Der Maximierungskult und das kulturelle Ideal der Beschleunigung reißen auch die Marktforschung mit. „Big Data", also das Prinzip der großmaßstäbigen Sammlung von Daten, scheint zum neuen Prinzip erhoben zu werden. Das aber macht die Marktforschung zunehmend komplex.

Vordergründig wird die Marktforschung technisiert und digitalisiert. Die Digitalisierung ermöglicht neue Formen der Datenerhebung und -auswertung. Die Beschleunigung manifestiert sich in beiden Bereichen – Daten können online erhoben werden und landen in Echtzeit in einer Datenbank. Programme lesen diese Daten aus und liefern rasend schnelle Befunde. Die vormals sorgfältig separierten Prozesse der Erhebung, Auswertung und Analyse gehen in einem integrierten „Datenmanagement" auf. Ein professionelles Datenmanagement legt den Grundstein für effizienteres Arbeiten.

Die Potenzierung des Datenaufkommens steigert die Komplexität des Untersuchungsgegenstandes. Zunächst einmal muss konstatiert werden, dass „Online" als universelles Instrument der Datensammlung das Vorgehen simplifiziert hat. Wer darauf Wert legt, dem steht ein stetiger und unbegrenzter Zufluss an Informationen zur Verfügung. Anders als in der klassischen Marktforschung, bei der diese Informationen mit einem bestimmten Zweck erhoben wurden, steht dieser beim derzeitigen „Hamstern" von Daten nicht unbedingt fest. Zunächst einmal liegt der Fokus darauf, möglichst viele Daten zu generieren. Der Arbeitsduktus erfährt also eine Veränderung: Während früher Informationen generiert wurden, um eine bestimmte Arbeitshypothese zu bestätigen oder zu verwerfen, wird nun anhand der vorhandenen Daten über-legt, welche Aussagen sich daraus ableiten lassen. Fatalerweise wird häufig ignoriert, dass sich aus den aus der Vergangenheit eruierten Daten nicht immer das zukünfti-ge Verhalten der Menschen prognostizieren lässt. Gleichwohl geistern die Auswüchse dieser Denkweise in schöner Regelmäßigkeit durch die Medien – allerdings weniger im wirtschaftlichen Bereich und mehr im politisch-gesellschaftlichen, und zwar dann, wenn es um die Gefahrenabwehr geht. Viele Politiker erliegen der verlockenden Illusi-on, wenn man nur genug Daten gesammelt habe, ließen sich beispielsweise Terroran-schläge verhindern und eine allumfassende Sicherheit garantieren. Der NSA-Skandal und die in dessen Zuge bekannt gewordenen Enthüllungen zeigen, welche Auswüchse das Sammeln von Daten selbst in einem demokratischen Land annehmen kann.

Doch zurück zur Marktforschung. Die Gelegenheit, aus einer Vielzahl von online verfügbaren Quellen Daten zu aggregieren, hat die Art und Weise, wie die Unterneh-men ihre Analysen vermarkten, verändert. Die Branche hat auf die Digitalisierung mit einer Vielzahl von neuen Methoden reagiert, für die immer neue „Buzzwords" erfun-den werden. Jedes Unternehmen kreiert eigene Produkte und erfindet dafür eigene Begriffe. Dies hat zur Folge, dass die Kunden der Marktforscher – in der Regel die Be-triebsmarktforscher in den Unternehmen – sich ihrerseits mit einer Fragmentierung konfrontiert sehen, die für sie unternehmensintern unter Umständen den Rechtferti-gungsdruck verstärkt.

So führt der technologische Wandel auch in der Branche zu Verwerfungen. Vor dem Hintergrund effizienterer Erhebungs- und Auswertungsmöglichkeiten stellen Kunden verstärkt die Kostenfrage. Die Unternehmen reagieren auf diesen Druck mit einer inflationären Methodenausweitung, deren Erkenntniszuwachs aber nicht damit Schritt halten kann, was wiederum auf der Kundenseite neue Fragen aufwerfen kann.

Diese durch die Beschleunigungskultur – also durch die Digitalisierung – ausge-lösten Veränderungen betreffen eher den äußeren Rahmen der Tätigkeit des Marktfor-schers. Doch der Einfluss der Digitalisierung macht auch in der Marktforschung nicht dort halt, sondern berührt auch den Kern des Selbstverständnisses.

Die Digitalisierung und auch die Globalisierung gehen einher mit einem unter-schwelligen Kontrollversprechen: Alles ist abgespeichert, alles ist als Datensatz ver-fügbar, nichts kann sich mehr dem Zugriff entziehen. Die Überwachungsvisionen, die ein George Orwell in seiner Utopie „1984" hatte, wirken geradezu naiv gegenüber den ausgefeilten Mechanismen, mit denen beispielsweise soziale Netzwerke wie Facebook ihre Feeds nutzerspezifisch aussteuern. Im e-Commerce lässt sich der Erfolg von Kam-pagnen mit gesplitteten, sogenannten A/B-Tests sofort analysieren, sodass für viele Verantwortliche in den Marketingabteilungen der Eindruck entstanden ist, endlich auf die ungeliebten „Markenflüsterer" verzichten zu können.

Kein Wunder, dass Betriebsmarktforscher, Institutsmarktforscher und auch die Lehrenden an den Hochschulen am Horizont des Gewerbes dunkle Wolken herauf-ziehen sehen. Sie befürchten unter anderem, dass Quantität zunehmend vor Quali-tät geht. Betriebsmarktforscher sehen sich unter einem wachsenden Budgetdruck –

und sehen auch ihre eigene Position gefährdet, wenn um sie herum Controlling, IT und Marketing anhand der verfügbaren Daten nun agieren können, als hätten sie sich die Marktforschung zu eigen gemacht. Die Möglichkeiten der Effizienzsteigerung, z. B. durch Online-Panels anstele aufwendiger persönlicher Interviews in Teststudios, haben bei den Auftraggebern von Studien im Binnenverhältnis zu den Instituten Begehrlichkeiten geweckt – immer wieder sehen sich die Forscher mit angedrohten oder realisierten Budgetkürzungen konfrontiert, die damit begründet werden, dass die Informationen leichter und schneller zu beschaffen sind. Der Punkt Beschleunigung kommt abermals ins Spiel: Die Zeiten, die für eine Studie zur Verfügung stehen, werden von den Auftraggebern ebenfalls kritisch beäugt. Die der Online-Welt entlehnte Einschätzung, dass die Ergebnisse im Grunde sofort verfügbar sein müssten, bringt die Marktforscher zusätzlich in Zugzwang.

Auch das Verhältnis der Marktforscher zu den Probanden und Kunden könnte auf lange Sicht von der Entwicklung negativ beeinflusst werden. Die Standards der Befragungen könnten gezwungenermaßen erodieren, mit der Folge, dass die Marktforscher aus der Sicht der Konsumenten auf einer Stufe mit anderen Anrufern stehen, die von Callcentern aus Akquise betreiben (und deren Image denkbar schlecht ist). Eine Erosion der Standards könnte auch in Bezug auf die Persönlichkeitsrechte zu Konflikten führen, insbesondere wenn die Behörden parallel dazu die Datenschutzvorschriften verschärfen. Ein nachlässiger oder sogar bösartiger Umgang mit sensiblen Daten der Kunden hätte das Potenzial, das Ansehen der Branche auf lange Sicht zu schädigen.

1.3.3 Exkurs Datenschutz

Das Phänomen Big Data hat die Frage nach dem Datenschutz und der persönlichen Hoheit über private Daten in Bewegung gebracht. Schon die geltenden Vorschriften setzen der Tätigkeit des Marktforschers einen engen Rahmen. Beispielsweise ist die Marktforschung gehalten, das Telemediengesetz zu beachten, das in Bezug auf die Telefonakquise strenge Vorschriften macht. Auch das Anonymisierungs- und Trennungsgebot muss vom Marktforscher befolgt werden. Aber beispielsweise ist noch nicht abschließend geklärt, wie die Rechtslage bei automatisierten Erhebungs- und Analyseverfahren ist. Befeuert worden ist die Debatte auch durch ein Urteil des Oberlandesgerichtes Köln, nach der die Kundenbefragung als Werbung anzusehen sei. Das lange Ringen um die Europäische Datenschutz-Grundverordnung (ab 2018 gültig) zeigt, wie ernst das Thema auf allen politischen Ebenen genommen wird.

1.3.4 Die Gegenbewegung: Sinnsuche im Datenwust

Als Gegenpol zu der Big-Data-Maximierung etablieren sich auch in der Praxis der Marktforschung Entschleunigungs- und Rückbesinnungswünsche. Marktforscher sehen durch die schiere Gier nach Auszählbarem, durch das „Sammeln um des Sammelns willen" ihre eigentliche Kernkompetenz, die Sinnsuche und das Verstehen-Wollen zurückgedrängt. Vielfach verfestigt sich der Eindruck, dass zwar Berge von Daten zu Marken, Produkten und zum Konsumentenverhalten produziert werden, dass aber die Zusammenhänge nicht mehr verstanden werden. Und, schlimmer noch, dass auch kein wirkliches Interesse mehr bekundet wird, den tieferen Sinn im Datenwust zu finden.

Das kann auf Seiten des Marktforschers in eine Resignation münden. Oder aber in das genaue Gegenteil, eine Rückbesinnung auf die eigenen Tugenden. Der weitgehend oberflächliche oder sogar unreflektierte Umgang mit den angehäuften Daten entfacht das eigentliche Selbstbild des Marktforschers: Forschen, Verstehen, Reflektieren und Zusammenhänge deuten. Diese Rückbesinnung führt zur Wiederbelebung der Berufsbezeichnung im eigentlichen Sinn: Marktforschung.

Der primäre Auftrag des Marktforschers ist es, Zusammenhänge zu entdecken, Strukturen herauszuarbeiten, Erklärungen zu finden und diese auch vermitteln zu können sowie in der Phänomenanalyse Sinnstiftung zu betreiben. Die Gegenbewegung verheißt die Wiederbelebung des grundlegenden Selbstbildes des Marktforschers als eines Forschers, der seiner Berufung leidenschaftlich folgt.

Kennzeichnend für diese Gegenbewegung ist der Versuch, durch die sorgfältige und zielgerichtete Auswahl der zu analysierenden Daten einen Kontrapunkt zu setzen gegen die zunehmend generische und undifferenzierte Datensammelgier auf der anderen Seite. Es geht verstärkt darum, im Wust der unbegrenzten Datensammlung wieder Sinnstiftung zu betreiben. Die tiefenpsychologische Marktforschung ist eine Methode, die einen tieferen Blick unter einer oberflächlichen Ansammlung von Daten ermöglicht und bedeutungsvolle Zusammenhänge herstellt.

Wenn die Marktforscher nicht in Resignation verfallen möchten, sind sie gut beraten, ihr Rollenbild den neuen Herausforderungen anzupassen. Sie müssen sich ernsthaft mit den Folgen des Maximierungskults auseinandersetzen. Das heißt: Sie sollten in der Lage sein, souverän mit der wachsenden Komplexität ihrer Aufgabe umzugehen. Die Datenmassen werden sich nicht in Luft auflösen. Die Auftraggeber selbst sehen sich in ihrer jeweiligen Branche in aller Regel auch mit durch die Digitalisierung getriebenen Herausforderungen konfrontiert und tragen diese Unruhe zu den Marktforschern. In einem gewissen Sinne sind auch sie Getriebene – von dem Wunsch, die neue Komplexität wieder vollständig zu verstehen und simplifizieren zu können.

An dieser Stelle kommen für den Marktforscher die zuvor beschriebenen Qualitäten aus der Rückbesinnungsbewegung ins Spiel. Man sollte sich darüber im Klaren sein, dass angewandte Marktforschung Wissenschaft ist. Sie beobachtet die Phänomene und verleiht der Beschleunigung – in welcher Form auch immer sie sich ausprägen mag – wieder einen Sinn, der das Marketing in die Position versetzt, zielgerichtet handeln zu können. Diese Sinnstiftung ist aber eine Instantwissenschaft, sie erfordert Zeit und auch Ressourcen. Aber die Rückbesinnung auf den Kern der Marktforschung hat das Potenzial, dem (beunruhigten) Kunden wieder das geben zu können, wonach er sich (unbewusst) sehnt: Halt. Die Rolle des Marktforschers der Zukunft könnte die Lotsen sein, der selbst weiß, dass die See um ihn herum stürmisch ist, aber zugleich den Kurs zu finden in der Lage ist. Ein beunruhigter Beruhiger, kurz gesagt. Indem er sich nicht zu sehr auf das oberflächliche Auslesen von Daten fokussiert, bringt er sich zugleich auch in eine Position, die ihn dafür prädestiniert, bei den üblichen Abteilungskonflikten in den Unternehmen eine Schnittstelle zu sein. Er kann zwischen widerstreitenden Meinungen vermitteln.

Lotse, Vermittler, Beruhiger, Konfliktmanager, womöglich sogar Mitentscheider – diese denkbare Ausweitung des Rollenverständnisses birgt allerdings auch das Risiko, anders als in einer Dienstleisterfunktion „zwischen die Fronten" zu geraten. Eine weitere Herausforderung für den Marktforscher der Zukunft wird es in diesem Zusammenhang sein, das praktikable Maß zwischen Datensammlungen und den sinnvollen Deutungen bzw. Ableitungen daraus zu finden.

1.4 Die sechs Grunddimensionen der Marktforschung

Nach der vorangegangenen morphologischen Analyse „unserer Zeit" werden im Folgenden die psychologischen Grunddimensionen der Marktforschungsbranche nach psychologisch-morphologischer Methode (vgl. 1.2) dargestellt. Dabei werden sowohl die Entwicklungsmöglichkeiten als auch die Grenzen von Marktforschern ausgewiesen.

Freigelegt werden sowohl die bewussten wie auch die unbewussten Motive, die die Marktforscher in ihrem Handeln bewegen. Insbesondere die unbewussten Motive sind dabei als ursächlich für das „Bauchgefühl" vieler in der Marktforschung tätiger Menschen zu betrachten.

Das Spannungsgefüge, in dem der Marktforscher agiert, wird im Wesentlichen von den folgenden sechs Kräften bestimmt:

1. das Feld des einfügsamen und regulierten Datensammelns
2. die Fähigkeit, aus diesem Rohmaterial neue Insights zu generieren
3. der Bereich der grundsätzlichen Fertigkeiten (fachlich und sozial)
4. die (wachsende) Komplexität im Zuge der Maximierungslogik
5. der Blick für Methoden und Branchen
6. der Prozess, aus den Insights Unternehmensentscheidungen zu inspirieren.

1.4.1 Daten sammeln

Der Marktforscher sammelt zielgerichtet Daten, um Erkenntnisse über seinen Forschungsgegenstand zu gewinnen. Datensammeln bildet die Basis des Verstehens von Konsumenten, Märkten, Marken und Produkten. Die Methoden bzw. Verfahren der Datenerhebung können quantitativ oder qualitativ sein, sie können online oder offline ablaufen, und es kann auch unterschieden werden zwischen Primär- und Sekundärmarktforschung. Wichtig für den Marktforscher ist es, eine einfühlsame Position einzunehmen. Er befindet sich stets in Konstellationen, in denen mehrere Interessengruppen auf ihn einwirken. Betriebsmarktforscher sehen sich in einer Sandwich-Position bspw. zwischen Marketing, Vertrieb und Geschäftsführung auf der einen und den Instituten auf der anderen Seite. Die Institute stehen zwischen den Rekrutierern und den Auftraggebern. Lehrende haben immer den Konflikt zwischen Praxisrelevanz und wissenschaftlichem Ethos vor Augen.

Bei der Datenerhebung ist das wissenschaftliche und branchenspezifische Rahmenwerk zu beachten. Das grundlegende Selbstbild des Marktforschers beruft sich auf Objektivität und Wissenschaftlichkeit. „Marktforscher, also Markt-, Meinungs- und Sozialforscher ist derjenige, der mit wissenschaftlich orientierten Methoden Forschung für bestimmte Zwecke verantwortlich und qualifiziert betreibt", definiert der Berufsverband Deutscher Markt- und Sozialforscher e. V. (BVM). Weiter heißt es: „Die Tätigkeit des Marktforschers setzt eine systematische Ausbildung an einer wissenschaftlichen Institution und/oder eine praktische Bewährung nach angemessener Einarbeitungszeit voraus. Nicht maßgebend ist dabei, ob diese Forschungstätigkeit im betrieblichen, im Verlags- und Agenturbereich oder in kommerziellen oder öffentlichen Instituten oder Hochschulinstituten, im freiberuflichen oder im Angestelltenverhältnis geschieht."

Darüber hinaus sind auch die Verhaltenskodices der Wirtschaft zu beachten, beispielsweise solche der Industrie- und Handelskammern oder der ESOMAR-Kodex des Berufsverbandes der europäischen Marktforscher. Diese Standards sollten für alle möglichen Formen der Erhebung gelten. Die Einhaltung dieser Regeln gibt dem Berufsstand einen festen Rahmen, und sie fungiert für den Marktforscher auch gegenüber der eigenen Arbeit sicherheitsstiftend.

Erschwert wird die Arbeit der Marktforscher dadurch, dass sie Ansehen in den vergangenen Jahren gelitten hat. Mitunter werden sie lediglich als „Zulieferer" wahrgenommen und nicht als kompetenter Consultant, der für wichtige Unternehmensentscheidungen relevante Informationen und Insights liefern kann. Auf der Verbraucherseite kann die Marktforschung tendenziell negative Assoziationen hervorrufen. Viele Konsumenten hegen die Furcht, dass die Marktforscher die Hersteller dabei unterstützen, Verbraucher zu manipulieren und bei ihnen Bedürfnisse zu wecken, die sie sonst nicht haben würden. Die Datengewinnung – sei es in Form von Telefoninterviews oder durch Akquise von Probanden in den Fußgängerzonen der Großstädte – trägt ebenfalls nicht dazu bei, das Image einer seriösen Forschung zu stärken. Schließlich treibt den Konsumenten auch die Sorge um, dass die Unternehmen die zur Verfügung gestellten persönlichen Daten nicht ordnungsgemäß verwenden oder sogar gezielt missbrauchen. Die zentrale Herausforderung, das schlechte Image abzustreifen, kann nur gemeistert werden, wenn es gelingt, die eigene Relevanz herauszustellen und darüber zu kommunizieren, dass die Marktforschung ein moderner und inspirierender Treiber der Wirtschaft ist.

Jede dieser sechs Grunddimensionen hat auch eine psychologische Kippstelle, die deren negative Seite zum Ausdruck bringt. Im Fall des Datensammelns ist dies das ziellose Sammeln der Daten um des Sammelns wegen. Der Marktforscher wandelt sich zum Erbsenzähler und versteinert zu einer Persönlichkeit, die ihren Lebenszweck im Sammeln von Daten sieht. Er verliert sich im Wust der Informationen.

1.4.2 Sinnzusammenhänge entwickeln

Aus den Daten muss, soll, kann und will der Marktforscher etwas Fruchtbares machen – für das auftraggebende Unternehmen und für sich.

Umbildung heißt, dass die Arbeit nicht beim Datensammeln oder bei der Erstellung von Statistiken stehen bleibt. Der Marktforscher sollte schon den Ehrgeiz entwickeln, am Ende seiner Tätigkeit dem Auftraggeber Insights zu liefern, die von diesem zielführend eingesetzt werden können. Das bedeutet, dass bereits bei der Vorauswahl der Methoden und Verfahren die Expertise gefragt ist, das richtige Werkzeug für den angestrebten Erkenntniszweck auszuwählen. Es bedeutet darüber hinaus, dass die Deutungen und Interpretationen, die in den Daten stecken, herausgearbeitet werden müssen. Der Marktforscher muss sich also als Analytiker betätigen, Diagnosen stellen und letzten Endes schöpferisch tätig werden. Idealerweise schafft seine Arbeit eine Sicht auf die Welt (eines Produktes, einer Marke, eines Unternehmens), die es zuvor nicht gegeben hat.

Der Prozess dieser Umbildung macht den Marktforscher zum intellektuellen Sparringspartner für den Auftraggeber, der in ihm einen versierten Fachmann sieht, der über den nötigen Über-, Weit- und Durchblick verfügt. Kernkompetenz ist die Fähigkeit, komplexe Daten zu überblicken und die Zusammenhänge zu entdecken, aus denen sich relevante Deutungen ableiten lassen. Diese Arbeit ist allerdings keine, die in einem stillen Kämmerlein geleistet wird. Der Marktforscher bewegt sich in einem Netzwerk (vgl. 5.2.4.6 und 8.3.3), in dem er viel Input von anderen Stellen erhält und in dem er sich auch mitteilen muss, um den Prozess des Erkenntnisgewinns voranzutreiben. Das Ideal dieser Erkenntnis ist deren Umsetzung in der unternehmerischen Wirklichkeit mit einem am Ende ablesbaren messbaren Erfolg.

1.4.3 Soziale und fachliche Fähigkeiten

Für diesen Wirkerfolg oder zumindest für Aussicht darauf, an einem solchen Wirkerfolg beteiligt sein zu können, macht der Marktforscher seine Arbeit. Um in eine solche Position zu gelangen, ist aber nicht nur die rein faktische Durchdringung des Aufgabengebiets erforderlich, sondern auch ein „Standing". Das aber setzt nicht nur Fachkompetenz voraus, sondern ein hohes Maß an sozialer Anpassungsfähigkeit, denn die Welt der Auftraggeber ist von großer Heterogenität geprägt.

Der Prozess der Einwirkung birgt eine gefahrenträchtige Kippstelle. Wissen ist Macht. Im Fall des kompetenten Marktforschers bedeutet Wissen, dass im Überschwang der Erkenntnis die Selbstprofilierung in den Vordergrund gerät und zusätzliche Konflikte geschaffen werden. Die Lust, vom beobachtenden Forscher zum zupackenden Macher zu werden, ist begreiflich. Die aus den Insights abzuleitenden Marketingstrategien beim Auftraggeber gewissermaßen durchzudrücken, erscheint verlockend. Doch die Überschreitung der Grenzen des eigenen Auftrags trägt ein beachtliches Konfliktpotenzial in sich – insbesondere, da die Arbeit des Marktforschers auch stets die Gefahr heraufbeschwört, Kränkungen zu verursachen, da die Ergebnisse der Forschung beispielsweise bisherige Marketingstrategien in Zweifel ziehen können.

Diese Kippstelle hat noch eine zweite Dimension: Nicht selten ertappen sich Marktforscher dabei, aus persönlichen oder unternehmenspolitischen Gründen Gefälligkeitsstudien abzuliefern. Nicht Neues soll erschlossen werden, sondern eine bekannte Position unterfüttert werden, um im Unternehmen einen persönlichen Vorteil zu erreichen. Unter Umständen werden relevante Informationen beiseitegeschoben, wenn sie nicht in die vorgefertigte Schablone des erwünschen Resultats passen. Dabei werden sowohl wissenschaftliche als auch ethische Standards verletzt.

In den Interviews zeigte sich, dass die Befragten der Ansicht sind, dass Marktforscher über eine Vielzahl von persönlichen Skills verfügen müssen. Diese sind bei Betriebsmarktforschern und Institutsmarktforschern in vielen Bereichen kongruent. Allerdings sind zudem aufgrund des unterschiedlichen Umfelds, in dem sie sich bewegen, zusätzliche Skills vonnöten, die ihre jeweilige besondere Rolle charakterisieren.

1.4.4 Komplexität und Übersteigerung

Mehrere parallel ablaufende Marktveränderungen haben dafür gesorgt, dass das Arbeitsfeld des Marktforschers sich deutlich ausgeweitet hat. An erster Stelle zu nennen ist die Maximierungslogik, die in der Marktforschung dazu geführt hat, dass sich ein Big-Data-Hype hat entwickeln können. In diesem Zuge ist der Eindruck entstanden, man müsse nur genügend Daten aggregieren, um auf alle Fragen eine Antwort zu finden. Im Zusammenhang mit der digitalen Revolution ist auch das Aufkommen von Do-it-yourself-Systemen zu sehen: Kostenlose Systeme wie z. B. Survey Monkey und Google Surveys geben Unternehmen (und Instituten) neue Möglichkeiten an die Hand, auf effiziente Weise Daten zu generieren. Diese Maximierungsentwicklungen haben sowohl bei den Agenturen und Unternehmensberatungen als auch bei den Auftraggebern der Marktforschung zu Veränderungen im Rollenverständnis und bei den zu erledigenden Aufgaben geführt.

Indem die Marktforschung der Maximierungslogik folgt, wird sie selbst immer komplexer. Die Komplexität des Weltgeschehens drückt sich aus im wachsenden Unverständnis, wie Märkte funktionieren und welche Faktoren auf sie einwirken, in Konsumenten, die in ihrem Verhalten zunehmend schwieriger zu „fassen" sind, sowie in gesamtgesellschaftlichen Rahmenbedingungen, die dadurch gekennzeichnet sind, dass viele haltgebende Faktoren weggefallen sind. In Verbindung mit den Möglichkeiten der digitalen Revolution erwächst aus dieser Situation der Unsicherheit und Unruhe der Wunsch nach „totaler Kontrolle", nach möglichst hoher Transparenz. Der Konsument soll gläsern und in seinem Verhalten absolut berechenbar werden. Dem aber stehen in der unternehmerischen Wirklichkeit wiederum andere Kraftfelder gegenüber, die als Folge dessen entstanden sind, dass auch dort sich Maximierungslogik Bahn gebrochen hat. Insbesondere das ausufernde Controlling in den Unternehmen führt dazu, dass die Perfektionsideale in der Marktforschung nicht realisiert werden können. Stattdessen erleben die Betriebsmarktforscher in den Konzernen (und in deren Folge dann auch die Auftragnehmer), dass statt des Bestrebens nach einer möglichst umfassenden Erkenntnis die betriebsinternen Abläufe immer weiter beschleunigt werden und ein immenser Innovationsdruck herrscht. Es sollen immer neue Tools entwickelt werden, die Ergebnisse sollen immer schneller vorgelegt werden. Statt eines überdachten, zielführenden Zusammenspiels aller an den Prozessen beteiligten Menschen herrscht ein nervöses Warten auf immer neue Ergebnisse. Statt zu einem grundsätzlichen Verständnis von Marken und Märkten beizutragen, sehen sich die Marktforscher zunehmend dazu genötigt, fragmentarische Erkenntnisse zu liefern – oftmals in einem „Quick-and-dirty"-Ansatz generiert. Diese führen zu einer endlosen Kette kleinster Entscheidungen, die niemals das Gefühl entstehen lässt, einen Forschungsgegenstand grundsätzlich durchdrungen zu haben.

Der Marktforscher erlebt diese Veränderungen oftmals als belastend. Er sieht für sich das Maximalbild, nach dem er ein Universaltalent, ja sogar ein Genie zu sein hat, das souverän und flexibel jede Herausforderung meistert und alles versteht. Doch diese Anforderungen sind nicht zu bewältigen, zumindest nicht in den Niederungen des betrieblichen Alltags, denn dort erlebt der Marktforscher tagtäglich, wie die Ressourcen schwinden. Die Ergebnisse sollen immer schneller geliefert werden, zugleich werden Budgets gekürzt und Abteilungen verkleinert. Der Anforderungsdruck kollidiert beunruhigend mit dem Selbstbild des „sorgfältigen Forschers", die Beschleunigung bereitet ein tiefsitzendes Unbehagen.

Um diesen Teufelskreis zu durchbrechen, erscheint eine Neupositionierung des Marktforschers angeraten. Bisher bewegen die Marktforscher sich in Strukturen, die in vielen Jahrzehnten gefestigt wurden und die immer wieder Drucksituationen erzeugten, in denen sie schweigend standzuhalten hatten. Sie erlebten immer neue Restriktionen und galten aus der Perspektive der anderen als passiver und abhängiger Spielball. Die Erkenntnisse der Marktforschung konnte man nach Belieben nutzen, wenn sie einem ins Konzept passten, oder aber verwerfen, falls nicht.

Aufgrund der neuen und komplexen Anforderungen wandelt sich jedoch das Bild des Marktforschers – hin zu einem Ansprechpartner oder sogar Sparringspartner, der kompetent in vielen Themengebieten zu Hause ist. Da zudem die Relevanz politischer Strukturen in Betrieben und Hochschulen steigt, müssen sich die Marktforscher nicht mehr nur als Datenverwalter und -deuter beweisen, sondern auch ihr Talent als „aktiver Macher" offenbaren. Der Marktforscher der Zukunft wandelt sich zu einem unverzichtbaren Experten, der ein Knowledge-Center führt und virtuos Szenarien erstellen kann.

Das heißt, der Marktforscher der Zukunft sollte sich nicht als Hans Dampf in allen Gassen verschleißen lassen und sich nicht auf seiner Fachexpertise allein ausruhen. Stattdessen ist er gut beraten, sich schrittweise zusätzliche Könnensformen anzueignen, um in der neuen wirschaftlichen Wirklichkeit ein angesehener und wertgeschätzter Mitstreiter zu werden, der wie andere auch zum Unternehmenserfolg signifikante Beiträge leistet. Der Marktforscher muss sich aktiv an die neuen komplexen Marktgegebenheiten anpassen, das heißt, er muss sich einerseits den neuen Möglichkeiten (insbesondere der IT) öffnen und den Wandel mitgestalten und andererseits paradoxerweise die Rückbesinnung auf den klassischen Forschergeist und dessen inhärente Entschleunigung forcieren. Zudem wird von ihm verlangt, ein ganz neues Set von Soft Skills zu entwickeln. Dieses Gesamtportfolio macht den Marktforscher der Zukunft aus.

1.4.5 Methoden- und Verfahrensauswahl

Eine Rolle bei der Auswahl spielen die Branchen, die Unternehmensgröße und das zur Verfügung stehende Budget. Da der Marktforscher mit verschiedenen Betriebs- und Branchenkulturen in Kontakt kommt, kann sein „Standing" stark variieren. Es ist beispielsweise grundsätzlich davon abhängig, welche Wertschätzung dem Gewerbe im Unternehmen entgegengebracht wird. Betrachtet man den Marktforscher als wichtigen Informationslieferanten, dessen Insights dazu führen, dass das Marketing fundiertere Entscheidungen treffen kann? Oder wird er nur als lästiger Erbsenzähler angesehen, dessen Erkenntnisse keinerlei Relevanz aufweisen? Auch das Betriebsklima selbst – familiär, freundschaftlich, spannungsvoll, autoritär – kann darüber mitentscheiden, welche Funktion der Marktforscher einnehmen kann. Gewachsene Machtstrukturen innerhalb einer Organisation können dazu führen, dass die Bedeutung der Marktforschung ganz unterschiedlich gewertet wird – unabhängig von deren tatsächlichem Beitrag zum Unternehmenserfolg. Die verschiedenen Branchen haben im Laufe der Zeit zudem eine höchst diverse Marktforschungskultur ausgeprägt; manche sehen sie als wichtigen Impulsgeber, andere als verzichtbare Randexistenzen. Nicht zuletzt ist das Marktforschungsinstitut selbst auch Herr über sein eigenes Ansehen: Unternehmensgröße und Erfahrung der Marktforscher sind mitentscheidend für das Gewicht, das deren Befunden beigemessen wird.

Der Professionalisierungsgrad der Marktforschung in den Unternehmen variiert stark. Gerade mit abnehmender Unternehmensgröße kann es vorkommen, dass die Marktforschung oftmals anderen Abteilungen zugeschlagen wird, die diese Aufgabe dann zusätzlich übernehmen müssen. Insbesondere in mittelständischen Unternehmen liegen manchmal keine Strukturen vor, die die Marktforschung als distinkten Unternehmensbereich ausweisen. Das – in der Regel unstrukturierte – Aufbürden auf andere Unternehmenssegmente führt häufig zu Inkonsequenzen und Unstimmigkeiten bei der Umsetzung von Marktforschungsprojekten. Als Folge ergibt sich ein kräftezehrendes Aufreiben in den gegebenen Strukturen.

Charakterisierend für die Dimension der Anordnung ist auch die Auswahl des Marktforschungsinstituts durch das beauftragende Unternehmen. So kann eine existierende Unsicherheit beispielsweise dadurch abgefedert werden, dass ein möglichst großes oder renommiertes Institut unter Vertrag genommen wird. Das Risiko einer Fehlentscheidung wird gewissermaßen ausgelagert: „die müssen es ja wissen". Eine Variante kann es sein, ausgewiesene Spezialisten zu engagieren, die sich in kleineren Organisationseinheiten bewegen, aber durch ihren Status als „Guru" ebenfalls ein Fundament der Sicherheit unter die Marketingentscheidungen legen.

1.5 Der Marktforscher als inspirierende Schnittstelle

Der Marktforscher befindet sich in einem anspruchsvollen „Betriebssystem" mit vielfältigen Verbindungen und Vernetzungen. Er steht im permanenten Kontakt und Austausch mit anderen. In seinem eigenen Unternehmen (als Institutsmarktforscher) spricht er mit den Probanden, mit Interviewern und Moderatoren sowie mit seinen Kollegen und Vorgesetzten. Als Betriebsmarktforscher bewegt er sich in einem Gefüge aus Geschäftsführung, Marketing, Vertrieb und Produktion. Als an der Sache interessierter Mensch erlebt der Marktforscher zudem den fachlichen Austausch auf Kongressen und Tagungen, in Fachzeitschriften und im Verbandswesen. Die Vielfalt der möglichen Tätigkeiten (Art und Umfang der Studien, Branchen) sowie das relativ junge Alter des Berufs an sich haben dazu beigetragen, dass das Berufsbild selbst als äußerst heterogen wahrgenommen wird. Der klassische Marktforscher jongliert zudem in aller Regel parallel verschiedene Themenfelder, die er gerade „beackert".

Das setzt gewisse persönliche Skills voraus, wenn der Marktforscher seine Arbeit inspirierend und erfolgreich ausüben möchte. Die persönlichen Fähigkeiten müssen für die Schnittstellen-Position geeignet sein. So sollten Marktforscher in der Lage sein, in einer spannungsvollen Situation Teams zu bilden. Und sie benötigen vom ersten Pitching an bis zur Abschlusspräsentation rhetorische Raffinesse, Verhandlungsgeschick und Darstellungsfähigkeiten. Zusätzliches Einfühlungsvermögen ist gefragt, wenn es darum geht, die Insights in die unternehmerische Wirklichkeit zu implementieren. Wer in der Lage ist, sich auf die vielfältigen Kommunikationssituationen perfekt einzustellen, wird als Marktforscher in die Position gelangen, kompetenter und geachteter Partner aller Stakeholder zu sein.

Inhaltlich muss der Marktforscher, wenn er denn anerkannt und mit seinen Leistungen akzeptiert werden möchte, sich als Instanz positionieren, die im großen Informationsrauschen das Wichtige erkennt und vom Unwichtigen scheidet. Von ihm wird die korrekte Einschätzung verlangt, ob es sich bei bestimmten Phänomen um vergleichsweise unwichtige Moden handelt oder um langfristige Trends, die ein Handeln erfordern. Die Fähigkeit, diese Trends, die großen Entwicklungslinien der (Konsum-)Gesellschaft zu erkennen und daraus die richtigen Schlüsse zu ziehen, wird als Kernkompetenz des Marktforschers angesehen. Sein Ziel sollte es sein, durch den optimalen Einsatz von Methoden und Verfahren relevante Insights zu generieren, die inspirierend auf unternehmerische Entscheidungen einwirken.

Es ist nicht einfach, in diesem Geflecht aus inhaltlichen Anforderungen und äußeren Bedingungen den Überblick zu bewahren. Doch wenn der Marktforscher seiner Funktion als zwischen allen vermittelnde Schnittstelle nicht gerecht wird, droht eine Vielzahl von Verwerfungen. In einem Feld, in dem widerstreitende Ansichten an der Tagesordnung sind, muss der Marktforscher in der Lage sein, Konflikte auszuhalten. Er sollte sich in die Rollen der anderen Stakeholder einfühlen können, allerdings nicht bis zur Selbstaufgabe. Im Gegenteil, für die eigene Befindlichkeit und für das Standing in dem volatilen Gefüge ist es sogar wichtig, seinen Standpunkt engagiert zu vertreten.

Insbesondere sollte der Marktforscher vor dem Hintergrund der eingangs diagnostizierten „Unruhe" darauf bedacht sein, nicht zu dramatisieren und auch nicht zur Euphorisierung neigen, sondern versuchen, zu vermitteln, Wogen zu glätten und zu beruhigen. Manipulative Techniken, mit denen Schwächen anderer bloßgestellt werden oder die dazu dienen, Meinungsführer anzustacheln und damit die Gräben weiter aufzureißen, verbieten sich selbstredend. Auch der Einsatz von Insiderwissen über Konkurrenten der Auftraggeber und über Konkurrenzinstitute mag zwar situativ angeraten erscheinen, um einen schnellen Vorteil zu erlangen. Sie führen allerdings zu einer Erosion des Vertrauens, das die Unternehmen in die Marktforschung als unbestechliche, wissenschaftlich arbeitende Instanz setzen.

1.6 Typisierungen und Betriebskultur der Marktforscher

Die Art und Weise, wie Marktforscher mit der „Unruhe" des Weltgeschehens, mit den Umbrüchen der Wirtschaften und dem Wandel der eigenen Branche umgehen, hängt davon ab, wie stark sie in dem oben beschriebenen Spannungsfeld bestimmten Kräften zuneigen. Die kräftigen Entwicklungen und Umbrüche, die in allen Branchen zu beobachten sind, sorgen zudem für branchenspezifische Ausprägungen, bei denen beispielsweise auch die historisch gewachsene Rolle der Marktforschung mitentscheidend ist für die Positionierung der Marktforschung und das Selbstbild des Marktforschers.

Es gibt Marktforscher, die auf die externen und internen Veränderungen mit Rückzug reagieren und andere, für diese der willkommene Anlass sind, sich dem Neuen gegenüber zu öffnen. Grundsätzlich werden sämtliche Veränderungen als spannungsvoll wahrgenommen, die zumindest die bisherigen Vorgehensweisen infrage stellen.

In allen Märkten bieten sich neue und spannende Herausforderungen und Untersuchungsfelder für die Marktforschung; trotz oder gerade wegen der Dynamiken und Komplexitäten ergeben sich Chancen für die Marktforschung.

Der durch die Maximierung und Beschleunigung verursachte Anforderungsdruck mag allerdings dazu beitragen, dass diese Chancen zunächst nicht wahrgenommen werden. Es kann sein, dass der Marktforscher für sich selbst zu der Erkenntnis gelangt, dem Idealbild des fleißigen Forschers, der mit wissenschaftlicher Präzision „Befunde" erstellt, nicht mehr genügen zu können. Der Umstand, dass die Fähigkeiten jenseits des Tellerrandes der eigenen Fachdisziplin immer mehr an Gewicht gewinnen, wird deshalb womöglich nicht als zukunftsweisende Entwicklung mit viel Potenzial wahrgenommen, sondern als Erosion der „reinen Lehre".

Dabei kann die überbordende Komplexität der gesellschaftlichen und wirtschaftlichen Verhältnisse auch als Symptom dafür angesehen werden, wie wichtig es für den Marktforscher ist, eine Rückbesinnung zu einem forschenden Blick aufs Ganze zu wagen, auf den großen Zusammenhang von Marktentwicklungen. Es gilt, sich in allem – tatsächlich empfundenen – Wirrwarr nicht von Beunruhigungen und Aktionismus mitreißen zu lassen. Stattdessen sollte der Marktforscher das Wissen, dass überall Strukturen wirksam sind, in den Fokus seiner Arbeit stellen. Dazu gehört auch eine Reflexion des eigenen Tuns. Gefragt ist gewissermaßen eine klassische Marktforschung 4.0.

Insgesamt ergibt sich eine durch viele Faktoren beeinflusste Umgebung, in der insbesondere die Marktforscher in den Unternehmen, aber in deren Gefolge auch die Institutsmarktforscher, eine sehr heterogene Gesamtheit bilden. Bei näherer Betrachtung lassen sich allerdings sechs Grundtypen herausfiltern, die im Folgenden vorgestellt werden.

1.6.1 Erbsenzähler und Einsiedlerkrebs

Marktforscher, die die Umbrüche der Wirtschaft und die wachsende Komplexität der Marktforschungswelt vor allem als belastend empfinden, sind einem Grundtypus zuzurechnen, der hier bildlich mit den Worten Erbsenzähler und Einsiedlerkrebs umrissen wird. Diese Marktforscher erleben die gegenwärtigen Strömungen als Überforderung, er zieht sich deshalb gewissermaßen in sein „stilles Kämmerlein" zurück und hofft dort, dass Wogen der neuen Entwicklungen und Anforderungen vor seiner Bürotür Halt machen. Kennzeichnend für ihn ist, dass er im althergebrachten Erbsenzählen von Daten verharrt, wobei es für ihn keinen Unterschied macht, ob diese auf quantitative oder qualitative Weise gewonnen wurden. Der Ehrgeiz des isolierten Erbsenzählers, über den Tellerrand klassischer Methoden und Verfahren hinauszuschauen, ist denkbar gering ausgeprägt.

Ihr Selbstbild bleibt davon natürlich nicht unbeeinflusst. Sie nehmen sich selbst in der dynamischen betrieblichen Realität als „abgehängt" wahr. Typisch für diesen

Grundtypus ist der resignierte Satz: „Wir haben hier keinen großen Stellenwert." Die Chance, über das althergebrachte Funktionsbild des Marktforschers hinaus, initiativ zu werden – als Vermittler, als inspirierende Kraft – wird nicht genutzt und möglicherweise sogar aktiv blockiert. In der Lehre wird dieser Grundtypus durch den Professor charakterisiert, der bevorzugt im stillen Kämmerlein hockt, statt Studenten zu begeistern und sie zu lehren, Strukturen zu sehen und zu analysieren.

1.6.2 Stuck in the middle

Die Gruppe der Marktforscher, die das Gefühl haben, zwischen den Stühlen zu sitzen, wird im Folgenden als Stuck-in-the-middle-Typus bezeichnet. Sie sehen nicht nur an einem fernen Horizont, dass IT, Globalisierung und Mobilisierung die klassischen Verfahren aufbohren und erweitern, haben aber auf der anderen Seite noch keine Vorstellung, wie diese Neuerungen in die Welt der klassischen Verfahren integriert werden können. Sie wenden sich den aktuellen Marktentwicklungen zu, aber letzten Endes doch mit einem schulterzuckenden: „Wenn's denn sein muss!" Implizit herrscht die Angst, dass die alte Lehre (und eigene Selbstgewissheit) unter der Last des Neuen zusammenbricht. Insbesondere wird die Überforderung gefürchtet: „Wie soll ich nur den Durchblick behalten bei all den neuen Trends?"

Die Lehrenden, die diesem Grundtypus des Stuck-in-the-middle zuzurechnen sind, sorgen sich, wie die neuen Anforderungen ins klassische Curriculum der zu vermittelnden Fähigkeiten integriert werden können. Auch sie stehen durchaus etwas ratlos zwischen dem gewissen Bisherigen und der unsicheren Zukunft.

1.6.3 Frontrunner

Der hier als Frontrunner bezeichnete Grundtypus versteht sich als innovativer Zeitgenosse, der die Evolution der Marktforschung mitträgt und mitgestaltet. Es handelt sich um einen sozial aufgeschlossenen Charakter, der neue Entwicklungen in der eigenen Branche über die Teilnahme an Kongressen, die Mitgliedschaft in Vereinen und die Bereitschaft zu Publikationen aktiv mitverfolgt und inhaltlich auch eigene Beiträge leistet. Von ihm ist ein klares Bekenntnis zum Fortschritt in der Branche zu vernehmen und kein retrospektives und sentimentales Betrachten einer verflossenen guten, alten Zeit der Marktforschung. Der Frontrunner nutzt die Marktforschung als grundsätzliche Chance, Modernisierungen anzustoßen. Idealerweise ist der Frontrunner so gründlich in die Fortentwicklung seiner eigenen Disziplin involviert, dass er aufgeklärt und informiert zwischen kurzfristigen und vergänglichen Moden und langfristigen Trends, die das Gesicht der Marktforschung nachhaltig verändern, unterscheiden kann. Dem Frontrunner ist Begeisterungsfähigkeit und inspirierendes Potenzial zu Eigen.

1.6.4 Geschickter Jongleur

Ein Marktforscher, der sich als Koordinator, der gut zwischen Unternehmen, Abteilungen, Instituten vermitteln kann, versteht, ist dem Grundtypus des geschickten Jongleurs zuzurechnen. Er verfügt über einen guten Überblick über die verschiedenen Methoden und deren spezifische Vorzüge. Zusätzlich zeichnen ihn gute Kenntnisse in Psychologie, Soziologie und Kommunikationswissenschaften aus. Aufgrund seines Überblicks kann er präzise Vorstellungen dazu entwickeln, mit welcher Art der Marktforschung für einen bestimmten Zweck das beste Ergebnis zu erzielen ist, und ist bestrebt, die für das Unternehmen leistungsfähigste Marktforschung einzukaufen.

In seinem Auftreten ist der geschickte Jongleur selbstbewusst, kritisch und zugleich unterstützend. Bei der Planung agiert er sorgfältig und ist primär an guten Ergebnissen interessiert; Schnellschüsse und hektischer Aktionismus sind seine Sache nicht. Grundsätzlich bemüht er sich darum, übermäßigen Druck aus dem Marktforschungsprozess zu nehmen. Sein Selbstbild ist das einer Schnittstelle, deren Bedeutung zielstrebig ausgebaut wird, sodass er in die Rolle eines zentralen Ansprechpartners für Produktentwicklung, Marketing, Vertrieb sowie für die Agenturen hineinwächst. Er moderiert Meetings mit großem Geschick, managt Konflikte mit diplomatischem Einfühlungsvermögen und ist stets bemüht, eventuell entstehende Spannungen zu versachlichen.

1.6.5 Wandersmann

Der Grundtypus des Marktforschers, der hier als Wandersmann bezeichnet wird, kennt den Stallgeruch verschiedener Branchen und entwickelt sein fachliches und soziales Rüstzeug ständig weiter. Zu seiner Biographie gehört es, im Rhythmus weniger Jahre den Arbeitsplatz zu wechseln, wodurch er zu immer neuen Blickwinkeln auf die Branche gelangt und – wenn auch in aller Regel nicht systematisch – zu einem profunden Wissen gelangt.

Die Wechsel können auch Grenzen überspringen, sogar mehrfach. Beispielsweise ist zu beobachten, dass Betriebsmarktforscher zu einem Institut wechseln – und dann wieder zurück. Nicht selten werden sogar Phasen eingestreut, in denen der Marktforscher eine lehrende Tätigkeit ausübt, die sich wiederum positiv auf seine Skills und seine späteren Chancen, einen neuen Arbeitgeber zu finden, auswirkt. Die Wahl der Größe des Arbeitgebers lässt ebenfalls keine Präferenz erkennen, Wechsel zwischen Konzernen und Kleinunternehmen (z. B. Start-ups)sind für die Lebensläufe der Wandersmänner ebenfalls typisch.

Seine zahlreichen beruflichen Stationen haben den Wandersmann zu einem Menschen werden lassen, der über ein beträchtliches Maß an Soft Skills verfügt und diese kontinuierlich weiterentwickelt. Er kann ebenso führen wie sich in Teams einfügen und hat es gelernt, mit Komplexität umzugehen, ohne in Panik zu verfallen. Seine Erfahrung und sein Überblick machen den Wandersmann in den Unternehmen zu einer geschätzten Ressource (auch über den engen Fokus der Marktforschung hinaus), man sollte sich seiner Loyalität aber nicht zu gewiss sein. Grundsätzlich ist die Agenda, die er verfolgt, seine persönliche Karriereleiter.

1.6.6 Marktforschungswissenschaftler

Der sechste Grundtypus des Marktforschers ist der Wissenschaftler, der sich mit der immerwährenden Herausforderung konfrontiert sieht, zwischen Theorie und Praxis zu vermitteln. Von seinem Elfenbeinturm der reinen Lehre mit ihrem Ideal aus wissenschaftlichen und ethischen Ansprüchen aus blickt er auf eine Wirklichkeit, die diesem Bild nicht standhalten kann. Oftmals hängt dieser Typus den guten, alten Zeiten nach: „Da konnte man noch in Ruhe Forschung betreiben, und es kam nicht immer wieder eine neue Mode auf." Die Konsequenzen aus diesem wahrgenommenen Spagat zwischen Theorie und realer Marktforschung können ambivalent ausfallen: Entweder nimmt der Wissenschaftler die Herausforderungen an und entwickelt Methoden und Verfahren weiter oder er verharrt in der Theorie und verschließt sich neuen Entwicklungen und neuen „Marktforscher-Generationen".

2 Resultierende Gedanken zur Marktforschung

2.1 Bezugsbereich der Marktforschung

Da sich dieses Buch in erster Linie an Marktforschungspraktiker wendet, soll an dieser Stelle auf eine wissenschaftliche Diskussion, was denn alles unter Marktforschung zu verstehen ist, verzichtet werden. Hinzu kommt die teilweise rein akademisch anmutende Diskussion, wie sich Marktforschung von Marketingforschung oder Meinungsforschung abzugrenzen habe (vgl. Meffert 1986, S. 11–13; Kamenz 2001, S. 4; Krystek et al. 2007, S. 3; Kuß 2007, S. 1 f.; Meffert/Burmann/Kirchgeorg 2015, S. 91 f.; newmr.org 2016; Nunan 2016). Nichtsdestotrotz sei an dieser einleitenden Stelle kurz erläutert, was die Autoren zur Marktforschung zählen, auch wenn der Begriff Marktforschung oder Market Research an sich umstritten und auch nicht mehr allgemeinverbindlich ist (vgl. Nunan 2016[1]). Kernstück der Marktforschung ist die Forschung rund um die vier P's des Marketings. Nach der empirischen Erhebung von Verfürth (vgl. 2014, S. 74) ist das Marketing mit 85 % der Hauptauftraggeber der betrieblichen Marktforscher. Dazu gehören z. B. Konzepttests, Werbewirkungsforschung, Conjoints und Monaden zur Preisfindung oder Mystery Shopping. Erhebliche Bedeutung kommt auch der Erforschung (potenzieller) Kunden zu. Hierzu zählen etwa Studien zur Kundenbindung, -zufriedenheit und -bedürfnissen. Bei der Kundenzufriedenheit geraten wir schon in einen Grenzbereich, die Trackingstudien, die nach Meinung mancher Marktforscher keine richtige Marktforschung, sondern vielmehr „Controlling"-Studien sind. Dieser Begriff muss aber nicht zwingend negativ belegt sein, wie Walsh/Kilian/Hille (2015, S. 38 ff.) darlegen. Vielmehr kann Marktforschung, etwa in Gestalt von Kundenzufriedenheits- oder Werbeerfolgsmessung, einen wichtigen Beitrag zum Marketing-Controlling leisten. Angesichts ihrer wirtschaftlichen und strategischen Bedeutung sollen sie an dieser Stelle ohne Einschränkung zur Marktforschung gezählt werden. Ein weites marktforscherisches Feld ist die Untersuchung, wie Unternehmen oder Marken im Markt rezipiert werden. Dazu zählen beispielsweise die klassische Medienanalyse und die Social Media Analysen. Ein oftmals unterschätzter Forschungsgegenstand sind die Beschaffungsmärkte, die in der Fachliteratur trotz der oftmals milliardenschweren Beschaffungsvolumina großer Handels- oder Technologieunternehmen nur eine Randerscheinung sind (vgl. Piontek 1993; Koppelmann 2004). Ähnlich sieht es bei der Kapitalmarktforschung aus (vgl. Schmidt 2004). Großen Raum in der Marktforschung nehmen die diversen Arten von Mitarbeiterbefragungen ein. Neben der klassischen Mitarbeiterbefragung im Sinn eines Stimmungsbildes können sie sich auch auf unternehmensinterne Prozesse, die Rezeption von Mitarbeiterveranstaltungen oder die

---

[1] Nunan zieht aus der aktuellen Diskussion um Begriff und Selbstverständnis der Marktforschung die Schlussfolgerung, die Marktforschung habe sich, inklusive einer neuen Bezeichnung noch nicht neu erfunden, sei aber auf dem Weg dorthin.

https://doi.org/10.1515/9783110517774-002

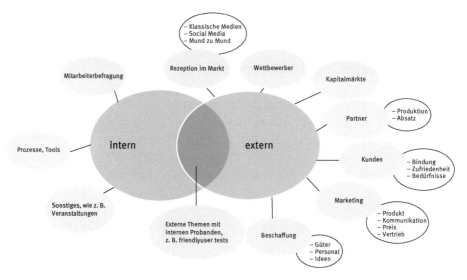

Abb. 1: Forschungsgegenstände der Marktforschung (Ottawa/Rietz 2015, S. 10).

Beurteilung hausinterner Serviceleistungen wie IT oder HR erstrecken (vgl. Ottawa/ Rietz 2015, S. 10).

Weitere Bezugsbereiche, die an dieser Stelle zur Marktforschung gezählt werden sollen, sind die Erforschung von Wettbewerbern und (möglichen) Partnern. Abbildung 1 veranschaulicht die Teilbereiche der Marktforschung, auf die sich die folgenden Ausführungen beziehen werden.

Nicht jeder Marktforscher sieht allerdings das Tätigkeitsfeld seiner Disziplin so weit gespannt. Die Umfrageergebnisse von Ottawa/Winkler (vgl. 2016) haben auf die Frage: „Was gehört für Sie zur Marktforschung?", folgenden Befund ergeben (vgl. Tabelle 1).

Entanonymisierte Forschung, die laut ESOMAR-Codex (vgl. ESOMAR/ICC 2016, S. 9) standesrechtlich nicht zulässig ist und damit offiziell gar nicht zur Marktforschung zählen darf, subsumiert dennoch jeder vierte Befragte unter die Marktforschung. Hieraus und aus der Existenz von Firmen wie Ipsos Loyalty oder TNS Live

Tab. 1: Einschätzung, welche Bereiche zur Marktforschung gehören.

Thema	Zustimmung
Markt- und Wettbewerbsanalyse	94 %
Trackingstudien	87 %
Beratung	87 %
Mitarbeiterbefragungen	75 %
Big Data	62 %
Entanonymisierte Forschung	24 %

lässt sich gleichwohl ein Bedarf für derartige Forschung ableiten. Diesem Faktum hat inzwischen auch der adm mit der Stellungnahme zum Referentenentwurf des Bundesministerium des Innern eines Gesetzes zur Anpassung des Datenschutzrechts an die Verordnung (EU) 2016/679 und zur Umsetzung der Richtlinie (EU) 2016/880 vom 23. November 2016 (DSAnpUG-EU) (vgl. adm 2016) Rechnung getragen. Das Gesetz ist inzwischen mit der Publikation im Bundesgesetzblatt vom 30.06.2017 geltendes Recht geworden. Bemerkenswert ist auch die Tatsache, dass für 87 % der Befragten und damit auf identischem Niveau wie die schon lange etablierten Trackingstudien, z. B. zur Kundenzufriedenheit oder zum Werbeerfolg, Beratung zur Marktforschung gehört. Dieser Punkt soll an späterer Stelle (vgl. 8) ausführlich diskutiert werden. Wenig überraschend ist, dass 94 % die Markt- und Wettbewerbsanalyse zur Marktforschung zählen. Gleichwohl liegt der Wert deutlich über den von Verführt (vgl. 2014, S. 70) erhobenen Branchendaten aus der betrieblichen Marktforschung. Auch bzgl. Mitarbeiterbefragungen gibt es mit 75 % eine hohe Zustimmung. Den auch in Abteilungen wie IT oder Customer Relationship Management verankerten Aufgabenbereich Big Data reklamieren immerhin 62 % für die Marktforschung.

Unabhängig, was der einzelne Marktforscher zu dieser Disziplin zählt, ist „Marktforschung als Servicefunktion im und für Unternehmen (…) kein Selbstzweck, sondern immer geleitet von einer Forschungsfrage" (Theobald/Föhl, 2015, S. 114). Diese Aussage könnte auch diesem Buch als Motto vorangestellt sein, denn seine Autoren vertreten den Standpunkt, dass Marktforschung keine art pour l'art sein darf, sondern, wenngleich mitdenkend und mitgestaltend, ihre Daseinsberechtigung aus ihrer Rolle als Dienstleisterin interner und externer Kunden bezieht.

Nach der einleitenden Beschreibung dessen, was Marktforschung umfasst, geht es nun um die Akteure der Marktforschung. Sie stehen letztlich im Mittelpunkt dieses Buchs, sind sie doch die Träger oder Anforderer marktforscherischer Kompetenzen. Die am Marktforschungsprozess Beteiligten lassen sich in zwei Kategorien unterteilen. Zum einen sind es die Anforderer von Marktforschungsstudien bzw. -ergebnissen. Sie kommen, wenn wir klassische Wirtschaftsunternehmen als Hauptnachfrager von Marktforschung betrachten, primär aus dem Management oder Fachabteilungen wie Marketing, Vertrieb oder Personal (vgl. Verführt 2014, S. 74). Es kann aber auch vorkommen, dass beispielsweise der Betriebsrat eine Studie beauftragt. In der Meinungsforschung kommen die Aufträge vielfach aus der Politik oder von Interessensverbänden. Die zweite Kategorie von am Marktforschungsprozess Beteiligten stellen die Marktforscher als Ausführende dar. Sie umfassen eine Reihe zum Teil heterogener Tätigkeiten. Ihr Herzstück stellen die Projekt- oder Studienleiter dar, denen einerseits die federführende Durchführung einer Studie, aber auch die Steuerung von Subunternehmern wie Rekrutierern oder Interviewern sowie intensiver Kundenkontakt obliegt. Weitere Beteiligte, auf die im empirischen Teil detaillierter eingegangen werden wird, sind beispielsweise Institutsleiter, Interviewer oder Ersteller von Präsentationen.

Auch wenn sie nicht in kommerzielle Marktforschung involviert ist, spielt die Lehre als dritte Personengruppe in der Marktforschung eine zentrale Rolle. Dabei ist vor allem die Lehre an Universitäten und Fachhochschulen gemeint, denn in Deutschland haben 93 % aller Marktforscher eine akademische Ausbildung absolviert (vgl. markt-forschung.de/questback 2017, S. 18). Ob sich aus diesem hohen Akademikeranteil allerdings eine Kompetenzzuschreibung eo ipso ergibt, wird im Folgenden zu untersuchen sein. Die Lehre, gleichgültig ob an Hochschule oder im Rahmen der Ausbildung zum Fachangestellten für Markt- und Sozialforschung (FAMS) vermittelt maßgeblich Kompetenzen, die der angehende Marktforscher für seinen späteren Beruf benötigt. An dieser Stelle sei darauf verwiesen, dass es im deutschen Sprachraum allerdings nur wenige Studiengänge gibt, welche sich explizit der Marktforschung widmen (vgl. Ottawa/Rietz 2015, S. 28–30). Eine aufschlussreiche Studie, in welchen Maß Studiengänge sich mit Marktforschung befassen, hat Christa Wehner 2016 vorgelegt (vgl. Wehner 2016).

Wie fühlen sich diese Marktforscher in Ihrem Beruf? Ottawa/Winkler haben in ihrer Branchenbefragung 2015 dazu zwei Fragen gestellt. Die erste von ihnen lautete: „Würden Sie nochmals Marktforscher/in werden?" Auf einer Zehnerskala mit 1 als höchster und 10 als geringster Zustimmung ergab sich über die 508 Respondenten ein Mittelwert von 3,23. Die Top-Two-Boxes lagen bei 43,9 %, die Bottom-Two-Boxes bei 3,2 %. Daraus lässt sich eine hohe Grundzufriedenheit mit dem Beruf des Marktforschers an sich ableiten. Eine weitere Frage lautete: „Wie fühlen Sie sich persönlich für die Zukunft als Marktforscher gerüstet?" Bei gleicher Skalierung ergab sich hier ein Mittelwert von 3,40, bei Top-Two-Boxes von 29,5 % und Bottom-Two-Boxes von 0,6 %. Hieraus lässt sich ableiten, dass sich die deutschsprachigen Marktforscher gut aufgestellt fühlen, wenngleich in Sachen Zukunftssicherheit noch Luft nach oben ist. Ziel dieses Buches ist es auch, diese Zahlen kritisch zu hinterfragen.

2.2 Charakteristika der Marktforschung

Neben der ungewöhnlich hohen Akademikerdichte von 93 % (vgl. marktforschung.de/questback 2017, S. 18) weist die Marktforschung im Vergleich zu anderen Branchen eine Reihe weiterer Spezifika auf.

Hier ist zunächst der Projektcharakter der Marktforschung zu nennen. Wenn man von der Sekundärforschung, die außer in Einzelfällen, etwa bei der Begleitung zeitlich klar abgegrenzter Marketingprojekte, kontinuierlich erfolgt und permanent laufenden Erhebungen, wie z. B. Markenbekanntheitsmessung oder Kündigertrackings, absieht, laufen Marktforschungsstudien im Projektmodus ab. Das bedeutet:

> Projekte haben spezifische Ausprägungen, die sich durch ein Projektziel, eine spezifische Aufbau- und Ablauforganisation (Projektorganisation und Prozesse) sowie durch Beziehungen zu Umwelten ausdrücken. Ein Projekt stellt eine Organisation auf Zeit dar. Das Projekt wird im Projektstart-Prozess etabliert und löst sich im Projektabschluss-Prozess wieder auf. (Vorderegger/Bachler 2009, S. 15)

Übertragen auf die (Primär-) Marktforschung als Projektgeschäft ist das Projektziel das Schaffen von Wissen. Die (informelle) Projektorganisation und die Prozesse spiegeln sich in den an der Studie Beteiligten und ihrer mehr oder weniger eingeübten und eingeschwungenen Zusammenarbeit. Von langjährigen Trackingstudien abgesehen laufen Studien über einen klar definierten Zeitraum, beginnen mit einem Briefing und enden für gewöhnlich mit der Ergebnispräsentation oder eventuellen Sonder- und Nachauswertungen.

Neben dem Projektcharakter ist die Marktforschung von der Arbeit mit Menschen gekennzeichnet. Marktforschung ist, um es mit einem neudeutschen Schlagwort auszudrücken, „People Business". Zu den Beteiligten zählen zunächst die schon oben erwähnten Auftraggeber und Ausführenden. Hinzukommen, wenn man von Sekundärforschung, Medien- und Social Media Analysen einmal absieht, Menschen, sprich Probanden, als Informationslieferanten hinzu. Um überhaupt Marktforschung durchführen zu können, müssen ihre Akteure in der Lage sein, Menschen dazu zu motivieren, ihnen ihre Meinung mitzuteilen.

Ein drittes Charakteristikum der Marktforschung ist ihre Einordnung in die Dienstleistungen. Was unter einer Dienstleistung zu verstehen ist, wird in Kapitel 4 näher erläutert.

Bezogen auf den Ablauf einer Marktforschungsstudie muss sich der Auftraggeber möglichst detailliert darüber klar werden, was er zum welchem Zeitpunkt, zu welchen Kosten und in welcher Granularität wissen möchte. Die große Kunst besteht im nächsten Schritt darin, diese Forschungsziele in einem schriftlichen und/oder mündlichen Briefing seinen Dienstleistern zu vermitteln. Hier gilt die markante Aussage: „As a general rule, a market research study is only as good as the brief." (Hague/Hague/Morgan 2013, S. 28). Die Branchenstudie von Ottawa/Winkler (vgl. 2016) hat an diesem Punkt, vor allem auf Seiten der Auftraggeber, also oftmals der betrieblichen Marktforscher, Optimierungsbedarf aufgezeigt. Hinzu kommt immer wieder, dass neben den expliziten, in der Regel schriftlich fixierten Aufgabenstellungen noch implizite Sachverhalte eine große Rolle spielen können. Als Beispiel dafür soll ein vom Marketing beauftragtes Mystery Shopping im Vertrieb des eigenen Unternehmens angeführt sein. Explizit wird die „neutrale" Messung der Vertriebsleistung bestellt, implizit soll die Studie dazu dienen, den Vertrieb wegen seiner vermeintlich schlechten Leistung bei der gemeinsamen Geschäftsführung anzuschwärzen.

Mitwirkung des Auftraggebers ist auch bei der Erstellung von Screener, Interviewleitfaden oder Fragebogen gefordert. Je nach Art des zu erforschenden Gegenstandes kann es notwendig werden, Testmaterial bereitzustellen. Das kann ein Konzept auf einem Blatt Papier, aber auch das Mock-up eines Flugzeuginnenraums sein. Nicht zwingend erforderlich, aber sehr angeraten ist die Beobachtung von Pretests oder qualitativer Forschung im Rahmen einer Hospitation, um zum einen originale Kundenrückmeldungen aufzunehmen, zum anderen aber bei Bedarf das Studiendesign oder die Rekrutierung noch anpassen zu können (vgl. Herzog/Lüttwitz 2016, S. 5; Ottawa/Rietz 2015, S. 144 f.). Auch für die Auswertung und Ergebnispräsentation ist der Auftragnehmer auf die Angaben seines Auftraggebers angewiesen, um optimale Resultate erzielen zu können.

Ein weiterer Aspekt der Marktforschung ist ihre Funktion. Bernecker/Weihe (vgl. 2011, S. 9–12) sowie Broda (vgl. 2006, S. 15) führen derer Vier (Bernecker/Weihe) bzw. Fünf (Broda), nämlich Anregung, Prognose, Bewertung sowie Kontrolle und Bestätigung an. Konkret bedeutet das, Marktforscher müssen proaktiv und eigeninitiativ sein, um so ihre Kunden zu neuen Ideen und Maßnahmen anzuregen. Die Prognosefunktion ist als eine Art permanentes Frühwarnradar zu verstehen, das Trends im Sinn von Chancen, aber auch Gefahren frühzeitig aufdecken soll. Die Bewertungsfunktion ist vielleicht die im Zusammenhang mit der Marktforschung geläufigste. Hier geht es darum, das beste Konzept auszuwählen, das beste Werbemittel zu definieren oder den passendsten Vertriebskanal aufzuzeigen. Eher vergangenheitsorientiert ist die Kontrollfunktion, die etwa über ACCI (After Contact Customer Interview) oder Werbemonitoring aufzeigen soll, wie Maßnahmen gewirkt haben. Braunecker (vgl. 2007) sieht das Rollenbild, in diesem Fall des Betriebsmarktforschers, sogar multifunktional. Für ihn muss er Daten(bank)spezialist, Branchenexperte, Studienleiter, Vermittler, Verhandler, Unternehmensberater, „Lehrender", Partner, Feldabteilungsleiter, (Web-)Designer, Vorhersager, Planer, Datenanalyst, Betreiber eines Forschungsarchivs, Kommunikator und Data-Miner sein. Des Weiteren schlagen Meffert/Burmann/Kirchgeorg (vgl. 2015, S. 95) sieben Funktionen der Marktforschung vor (vgl. Tabelle 2).

Tab. 2: Funktionen der Marketingforschung (Meffert/Burmann/Kirchgeorg 2015, S. 95).

Funktion	Bedeutung
Selektionsfunktion	Sie sorgt dafür, dass aus der Informationsflut die für die marketingbezogenen Ziel-, Strategie- und Maßnahmenentscheidungen relevanten Informationen selektiert und aufbereitet werden.
Frühwarnfunktion	Die Marketingforschung sorgt dafür, dass Risiken frühzeitig erkannt und abgeschätzt werden können.
Innovationsfunktion	Sie trägt dazu bei, dass Chancen aufgedeckt, antizipiert und genutzt werden können.
Strukturierungsfunktion	Sie fördert das Verständnis für die strukturierte und theoriegeleitete Gewinnung, Analyse und Interpretation von Informationen sowie die daraus abzuleitenden Ziel-, Strategie- und Maßnahmenempfehlungen.
Unsicherheitsreduktionsfunktion	Sie trägt in der Phase der Entscheidungsfindung zur Präzisierung und Objektivierung der Sachverhalte bei.
Kontrollfunktion	Die Marketingforschung erforscht die Ursachen des Erfolgs bzw. Misserfolgs von Marketingentscheidungen.
Intelligenzverstärkerfunktion	Sie trägt im willensbildenden Prozess zur Unterstützung des Marketingentscheiders bei.

Zu kurz greift nach Meinung der Autoren Pfaff (vgl. 2005, S. 26), wenn er die Markt-forschung auf die Rolle eines Informationslieferanten für das Marketing reduziert. Darüber werden zum einen weitere Auftraggeber und Nutzer von Marktforschung, wie z. B. Einkauf oder Vertrieb, vernachlässigt, zum anderen der Beratungsaspekt der Marktforschung.

Die vorliegenden Ausführungen zeigen schon jetzt, dass ein erfolgreicher Markt-forscher nicht nur über kognitive, z. B. Kenntnisse in Projektmanagement, sondern auch emotionale, z. B. den Umgang mit Menschen, Kompetenzen verfügen muss. Vie-le, gerade der von Braunecker (vgl. 2007) angeführten Rollen und die damit einher-gehenden Kompetenzen, werden wir später bei der Diskussion der Kompetenzen wie-derfinden. Von besonderer Bedeutung scheint zu diesem Zeitpunkt gemäß dem In-teraktionsansatz der Dienstleistungsforschung die zur Erbringung der Dienstleistung zwingend erforderliche Kooperation von Dienstleister und Konsumenten (vgl. Munz/Wagner/Hartmann 2012, S. 23).

2.3 Strukturdaten der deutschsprachigen Marktforschung

Ein paar statistische Angaben sollen das Bild von der deutschsprachigen Marktfor-schungsbranche, die den Bezugsbereich dieses Buchs bildet, zu vertiefen helfen. Laut der Branchenerhebung des Berufsverbands Deutscher Markt- und Sozialforscher e. V. (BVM) haben im Jahr 2007 – neuere Zahlen liegen nicht vor – in Deutschland 56.000 Markt- und Sozialforscher gearbeitet, von denen 21.000 hauptamtlich in diesem Be-reich tätig waren. Entgegen dem durch Publikationen und Visibilität in der Branche vermittelten Bild waren 75 % der 56.000 Markt- und Sozialforscher in der betrieb-lichen Marktforschung und nicht in Instituten tätig (vgl. Schulze-Holz 2009, S. 3). 2015 beschäftigten die deutschen Marktforschungsinstitute 19.377 festangestellte Mit-arbeiter, was ggü. 2014 einem Zuwachs von knapp 1 % entspricht (vgl. Scheffler/Klumpe/Wachter 2016, S. 12 f.). Aus Österreich kommen noch einmal 1.500 festan-gestellte Marktforscher in Instituten hinzu (vgl. VMÖ 2011). Zahlen zu betrieblichen Marktforschern in Österreich fehlen ebenso wie Branchenzahlen aus der Schweiz und Liechtenstein.

Eine weitere Kennzahl, die aufgrund der fehlenden Daten aus der betrieblichen Marktforschung allerdings nur für Institute vorliegt, bezieht sich auf die Anzahl der Firmen, welche Marktforscher beschäftigen. Laut Jahresbericht 2016 des adm (vgl. Klumpe/Wachter 2017, S. 12) existierten 2016 in Deutschland 113 Institute und damit nicht einmal mehr die Hälfte der im Jahr 2000 gezählten 251. Das spricht für eine massive Marktbereinigung und zahlreiche Übernahmen, von denen hier nur die von SirValuse durch die GfK oder von Psychonomics durch yougov genannt sein sol-len. Der vsms gab 2016 seine Mitgliederzahl mit 34 an, wies aber darauf hin, dass zusätzlich in der Schweiz noch eine erhebliche Anzahl kleinster und mittelgroßer

Institute existiere.[2] Ottawa[3] kommt auf 624 deutschsprachige Institute, von denen 522 aus Deutschland, 65 aus Österreich, 35 aus der Schweiz und je eines aus Luxemburg und Südtirol kommen. Eine eindeutige Anzahl der Institute lässt sich demnach aufgrund unterschiedlicher Quellen und Zählweisen nur schwer ermitteln.

Auffallend ist die Fragmentierung der allenfalls mittelständisch geprägten Marktforschungsbranche (vgl. Research & Results 2017). Letztlich gibt es mit GfK, Kantar TNS und Nielsen nur drei Institute mit über 100 Mio. € Jahresumsatz und mit der GfK lediglich ein einziges, das in Deutschland mehr als 1.000 Mitarbeiter beschäftigt. Der Rest verfügt oftmals nicht einmal über zehn Mitarbeiter. Für die Kompetenzen hat das gravierende Auswirkungen. Ein kleines Institut von vielleicht 15 Mitarbeitern wird ohne massive Expansion nie in der Lage sein, die Kompetenzbreite seiner um ein Vielfaches größeren Mitbewerber zu erreichen, was angesichts der anhaltenden Konsolidierungstendenzen in der deutschen Marktforschungsbranche für manches Institut lebensgefährlich werden kann (vgl. Eidems/Lainer 2015, S. 32 f.). Dafür bietet sich ihm die Chance, ggf. in Nischen, Spezialkompetenzen vorzuhalten, deren Aufbau für große Institute nicht lohnend wäre.

Letztlich will auch die Marktforschungsbranche Geld verdienen. Der Jahresbericht des adm für 2015 (vgl. Scheffler/Klumpe/Wachter 2016, S. 12 f.) schätzt den Jahresumsatz der deutschen Marktforschungsbranche auf 2,512 Mrd. Euro[4], was ggü. dem Vorjahr einem Zuwachs von 4,4 % entspricht. Der Megatrend Globalisierung schlägt sich in diesen Zahlen insofern nieder, als 2015 nur noch 30 % dieses Umsatzvolumens[5] in Deutschland erzielt wurde. 2010 waren es noch 43 % (vgl. Scheffler/ Klumpe/Wachter 2016, S. 13). Interessant ist ein Vergleich mit dem britischen Marktforschungsmarkt. Obschon Großbritannien deutlich weniger Einwohner als Deutschland hat, wuchs der Umsatz der britischen Marktforschungsbranche von 2014 auf 2015 um 8,7 % auf 4,8 Mrd. Pfund, also etwa doppelt so viel wie in Deutschland. Dieses Wachstum gründet vor allem in neuen digitalen Analysemethoden und Beratungsleistungen. Für 2016 liegen Zahlen von ESOMAR vor (vgl. ESOMAR 2017). Demnach erzielte die deutsche Marktforschungsindustrie 2016 einen Umsatz von 2,8 Mrd. $, was bei einem Weltmarktanteil von 6 % ggü. 2015 einem Rückgang um 0,8 % entsprach. Das läuft dem Welttrend entgegen, der ggü. 2015 einen Umsatzzuwachs um 2,3 % verzeichnet hat. Das Branchenwachstum kommt laut ESOMAR vor allem aus Afrika und dem asiatisch-pazifischen Raum. Insofern lässt sich Tress Aussage: „die goldenen Jahre der kommerziellen Markt- und Sozial-Forschung sind vorbei" (2016a), durchaus nachvollziehen.

---

2 E-Mail vom 22.09.2016 von Nicole Siegrist, Geschäftsführerin des vsms, an Marco Ottawa.
3 Eigene Sammlung deutschsprachiger Marktforschungsinstitute (Stand 26.10.2017).
4 2016 ist der Umsatz des deutschen Marktforschungsmarktes leicht auf 2,500 Mrd. Euro zurückgegangen (vgl. Klumpe/Wachter 2017, S. 12).
5 2016 lag dieser Anteil bei 31 % (vgl. Klumpe/Wachter 2017, S. 13).

3 Einführung in den Kompetenzbegriff

3.1 Definition des Begriffs Kompetenz

Vor der Einführung des Kompetenzbegriffs ein Wort zur Forschung rund um diesen Terminus. Nach ausführlicher Literaturrecherche scheint sie derzeit nicht sonderlich rege zu sein, denn ein erheblicher Anteil der von den Autoren dieses Buchs verwendeten Quellen entstammen der Achtziger- oder Neunzigerjahren, haben an Relevanz jedoch bis heute nicht verloren.

Der Begriff Kompetenz[1] wird im Alltag gerne mit vermeintlich ähnlichen oder gar synonym verstandenen Begriffen verwechselt. Wollert (1997, S. 328) weist darauf hin, dass der Begriff Kompetenz je nach wissenschaftlicher Disziplin, die ihn verwendet, sehr unterschiedliche Bedeutung erhalten kann. So, wie er den Betrachtungen dieses Buchs zugrunde liegt, bedarf er an dieser Stelle einer Schärfung, denn er verfügt über zwei Ausprägungen, den der Fähigkeit und den der Zuständigkeit oder Berechtigung.

> *Einerseits kann Kompetenz als Fähigkeit zur Lösung einer Aufgabe verstanden werden, zum anderen als Berechtigung zur Erfüllung einer Aufgabe.* (Wollert 1997, S. 317)

In diesem Sinn äußert sich beispielsweise auch Angermeier (vgl. o. J.). Bezogen auf die Marktforschung kann die erste Bedeutung lauten, in der Lage zu sein, Marktforschung adäquat durchzuführen. Die zweite Lesart von Kompetenz als „formal bzw. juristisch legitimierte Entscheidungs- und Handlungsspielräume" (daswirtschaftslexikon.com o. J.) bedeutet demgegenüber, in einem Unternehmen die betriebliche Marktforschung leiten zu dürfen. Sie betont die Zuständigkeit für etwas im Sinn von „Berechtigung und Verpflichtung zum Tätigwerden" (wirtschaftslexikon24.com 2016). Diese als formal zu bezeichnende Kompetenz (vgl. wirtschaftslexikon24. 2016) sagt noch nichts über die Fähigkeit, die Tätigkeit auch ausüben zu können, aus, sondern beschränkt sich lediglich auf das Dürfen. Abbildung 2 illustriert diese Unterscheidung.

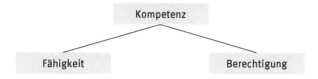

Abb. 2: Grundbedeutungen von Kompetenz (eigene Darstellung).

---

[1] Auf die Trennung in den psychologischen und erziehungswissenschaftlichen Kompetenzbegriff wie ihn Klieme/Hartig (vgl. 2007) erläutern, wird an dieser Stelle zur Reduzierung von Komplexität verzichtet.

https://doi.org/10.1515/9783110517774-003

Dieses Buch bezieht sich explizit nur auf die erste Bedeutung von Kompetenz. Der Kompetenzbegriff in diesem Sinn ist erst nach dem zweiten Weltkrieg in Zusammenhang mit Kompetenzmodellen entwickelt worden.[2] Sie werfen im Gegensatz zu den zuvor vorherrschenden Defektmodellen einen grundsätzlich optimistischen Blick auf den Menschen, stellen also nicht seine Mängel, sondern sein Vermögen im Sinn von Können und zu etwas fähig sein in den Fokus ihrer Betrachtungen (vgl. Wine 1981, S. 22 ff.). Im Lauf der letzten Jahrzehnte hat sich zudem die Erkenntnis durchgesetzt, „dass man den Stand der Humanressourcen nicht allein nach den Zertifikaten bewerten kann, die in Institutionen der formalen Bildung erworben werden" (Klieme/ Leutner 2006, S. 876). Damit Menschen ihren Job gut machen, gehört offensichtlich mehr, nämlich das, was im Folgenden unter dem Begriff Kompetenz näher erläutert wird. Der Kompetenzbegriff wird nun einleitend anhand verschiedener Definitionen in diesem Sinn vorgestellt und diskutiert. Angesichts der reichen Literatur zum Thema Kompetenz erhebt die folgende chronologische Vorstellung keinen Anspruch auf Vollständigkeit.

Boyatzis (1982, S. 23): „Competencies are characteristics that are causally related to effective and/or superior performance in a job."

Spencer/Spencer (1993, S. 9): „A competency is an *underlying characteristic* of an individual that is *causally related* to *criterion-referenced effective and/or superior performance* in a job or situation. "

Stabenau (1995, S. 347): „*Kompetenz* bedeutet sachliche und persönliche Zuständigkeit aufgrund komplexer Verhaltensweisen".

Erpenbeck, John (1996, S. 613): „Kompetenzen [sind die] individuell-psychischen und sozial-kooperativ-kommunikativen Voraussetzungen menschlicher Selbstorganisation."

Bernien (1997, S. 28): „Zusammenfassend bezeichnet also berufliche Kompetenz diejenigen Fähigkeiten, Fertigkeiten, Wissensbestände und Erfahrungen des Menschen, die ihn in seiner beruflichen Tätigkeit sowohl in vertrauten als auch in neuartigen Situationen handlungs- und reaktionsfähig machen."

Wollert (1997, S. 328 f.): „Kompetenz umschreibt also die Fähigkeit einer Person, *in konkreten Situationen angemessen zu handeln*, d. h. Transaktionen mit der Umwelt auszuüben, die es dem Individuum erlauben, zu überleben, sich wohlzufühlen und dabei einen Beitrag zum Betriebsergebnis zu liefern. Somit ist Kompetenz als transaktionales Konstrukt zu verstehen, d. h. sie zeigt sich im situationsgerechten Umgang des Individuums mit den von der Umwelt gestellten Anforderungen."

Weinert (2001, S. 27 f.): Kompetenzen sind „die bei Individuen verfügbaren oder durch sie erlernbaren kognitiven Fähigkeiten und Fertigkeiten, um bestimmte Proble-

---

2 Nach Grote/Kauffeld/Denison/Frieling (2006, S. 16) wurde der erste Meilenstein der Kompetenzforschung erst 1973 durch McClelland (vgl. McClelland 1973) gesetzt. Vgl. dazu auch die Ausführungen zur Entwicklung des Kompetenzbegriffs bei Lowey/Czempik/Lütze (2005, S. 723).

me zu lösen, soweit die damit verbundenen motivationalen, volitionalen [= willens-mäßigen; Anm. d. Verf.] und sozialen Bereitschaften und Fähigkeiten, um die Pro-blemlösungen in variablen Situationen erfolgreich und verantwortungsvoll nutzen zu können."[3]

Freiling (2002, S. 21): „Kompetenzen bezeichnen die *wiederholbare, nicht auf Zu-fälligkeiten basierende Möglichkeit zum kollektiven Handeln in einer Unternehmung, welches darauf beruht, verfügbare Inputgüter in auf Marktanforderungen ausgerichte-ten Prozessen so zu kombinieren, dass dadurch ein Sich-bewähren-können gegenüber der Marktgegenseite gewährleistet wird.*"

UNIDO (2002, S. 8): „A set of skills, related knowledge and attributes that allow an individual to perform a task or an activity within a specific function or job."

Erpenbeck/von Rosenstiel (2003, S. XI): „Danach sind *Kompetenzen* Dispositio-nen selbstorganisierten Handelns, sind *Selbstorganisationsdispositionen.*"

Dehnbostel (2003, S. 7): „Unter dem allgemeinen Begriff „Kompetenz" sind zu-nächst Fähigkeiten, Methoden, Wissen, Einstellungen und Werte zu verstehen, deren Erwerb, Entwicklung und Verwendung sich auf die gesamte Lebenszeit eines Men-schen beziehen."

North (2003, S. 204): „Der Begriff *Kompetenz* einer Person beschreibt grundsätz-lich eine Relation zwischen den an die Person/Gruppe herangetragenen oder selbst-gestalteten Anforderungen und ihren Fähigkeiten bzw. Potenzialen, diesen Anforde-rungen gerecht zu werden."

von Bothmer (2004, S. 8): „**Kompetenzen** beziehen sich auf den einzelnen Ler-nenden und seine Befähigung zu eigenverantwortlichem Handeln in privaten, beruf-lichen und gesellschaftlichen Situationen. Sie können durch andere nicht beigebracht oder gelehrt werden. Sie können nur von jedem Individuum aus der Fülle des Gelern-ten und Erfahrenen jeweils individuell und aktiv generiert, entwickelt und eingeübt (!) werden. Allerdings kann das individuelle Generieren und Entwickeln von Kompeten-zen von außen durch Anregungen, durch geeignete Rahmenbedingungen und durch das Schaffen von Gelegenheiten (nicht zuletzt zum Einüben) gezielt unterstützt und gefördert werden."

Klieme (2004, S. 11): „Kompetenzen als funktional bestimmte, auf bestimmte Klas-sen von Situationen und Anforderungen bezogene kognitive Leistungsdispositionen, die sich psychologisch als Kenntnisse, Fertigkeiten, Strategien, Routinen oder auch bereichsspezifische Fähigkeiten beschreiben lassen."

Dörner (2005, S. 336): Kompetenz ergibt sich „aus der epistemischen Kompetenz, aus dem „Fachwissen" über die Durchführung des entsprechenden Verhaltens, und aus der heuristischen Kompetenz, also dem allgemeinen Zutrauen, welches man hin-sichtlich der Erledigung einer beliebigen Absicht hat."

---

3 Laut Klieme (vgl. 2004, S. 11) handelt es sich bei Weinerts Definition von Kompetenz in Deutschland um ein Referenzzitat.

Klieme/Leutner (2006, S. 879): „(...) definieren wir Kompetenzen als *kontextbezogene, kognitive Leistungsdispositionen*, die sich funktional auf Situationen und Anforderungen in bestimmten *Domänen* beziehen."

Beck (2007, S. 8): „**Kompetenz** bildet sich hingegen in situativer Abhängigkeit und ist im Gegensatz zur Qualifikation nur schwer erfassbar. Kompetenz ist eine „Disposition selbstorganisierten Handelns", was so viel bedeutet, wie die Fähigkeit einer Person, unter bestimmten Bedingungen dementsprechend zu handeln."

Ministère de l'Enseignement supérieur et de la Recherche (2011, S. 2) : „La structure de description des compétences retenue s'appuie sur une approche „classique" en trois registres des compétences : savoir, savoir-faire, savoir-être." [Diese Struktur der Beschreibung von Kompetenzen stützt sich auf einen „klassischen" Ansatz in drei Kompetenzfeldern: Kenntnis, Fähigkeit, Verhalten. Übersetzung aus dem Französischen von Marco Ottawa.]

Bartscher/Stöckl/Träger (2012, S. 340): „Im Allgemeinen lässt sich sagen, dass Kompetenz die Befähigung von Personen umschreibt, die unterschiedlichsten Handlungsanforderungen erfolgreich zu bewältigen. Dabei greifen die Personen auf Aspekte, wie z. B. Erfahrung, Fähigkeiten und Fertigkeiten, Wissen, Qualifikation und Kenntnisse zurück."

DQR (2013, S. 45): „**Kompetenz** bezeichnet im DQR die Fähigkeit und Bereitschaft des Einzelnen, Kenntnisse und > *Fertigkeiten* sowie persönliche, soziale und methodische Fähigkeiten zu nutzen und sich durchdacht sowie individuell und sozial verantwortlich zu verhalten. Kompetenz wird in diesem Sinne als umfassende Handlungskompetenz verstanden."

Kandula (2013, S. 2): „Competency is understood as the quality of being adequately or well-qualified physically, psychologically and intellectually to perform a role/job/task/activity."

Kihlgren (2014): „Kompetens som begrepp kan definieras som färdigheter eller egenskaper man använder för att uppnå det som krävs i en given situation." [Kompetenz als Begriff kann definiert werden als Fertigkeiten oder Eigenschaften, die man anwendet, um zu erreichen, was in einer gegebenen Situation verlangt wird. Übersetzung aus dem Schwedischen von Marco Ottawa.]

jobintree.com (2016) : „La compétence est une qualification professionnelle. Elle se décline en savoirs (connaissances), en savoir-faire (pratiques) et en savoir-être (comportements relationnels) ainsi qu'en des aptitudes physiques." [Die Kompetenz ist eine berufliche Qualifikation. Sie definiert sich aus Wissen (Kenntnissen), aus Können (Fähigkeiten) und aus Verhalten (soziales Verhalten) sowie körperlichen Fähigkeiten. Übersetzung aus dem Französischen von Marco Ottawa.]

Ohne aus den vorgestellten Definitionen eine neue Definition der Kompetenz abzuleiten, sollen an dieser Stelle die Kernmerkmale von Kompetenzen herausgearbeitet werden. Kandula zieht folgenden Extrakt aus verschiedenen Definitionen von Kompetenz:

1. Competencies are a cluster of knowledge, skills and personal attributes such as motives, traits and self-image.
2. Competencies are underlying characteristics of a person.
3. Competencies correlate with performance on a job.
4. Competencies can predict the behavior/performance. (Kandula 1993, S. 4)

North (2005, S. 205) führt folgende Eigenschaften von Kompetenzen an:

- *Kontextspezifisch*: Sie sind auf die verrichtete Tätigkeit bezogen und konkretisieren sich im Moment der Problemlösung und Anwendung.
- *Personengebunden*: Sie sind in der „Erfahrungsbiographie" und Persönlichkeit einer Person angelegt und bestimmen das Verhalten in Bezug auf die Aufgaben/ Situation (z. B. soziales Engagement).
- *Lernbar*: Kompetenzen sind grundsätzlich lernbar. Allerdings finden viele Lernprozesse unbewusst statt. Einzelne Kompetenzen sind nicht unabhängig voneinander.
- *Evaluierbar*: Sie lassen sich durch operationalisierte Verfahren diagnostizieren oder messen.

Demnach bestehen Kompetenzen aus den Komponenten Wissen, Handlungsfähigkeit und Situationsadäquanz, letztere im Sinn von Kontextbezug oder situativer Abhängigkeit der Kompetenzanwendung, bzw. sind „erlernbare, kontextspezifische Leistungsdispositionen" (Klieme/Hartig 2007, S. 17). Ist Handeln in neuartigen Situationen erforderlich, ist heuristische Kompetenz gefragt, also „die Fähigkeit zur Bewältigung neuartiger Situationen (Stäudel 2004, S. 24). Sie wird durch die epitemistische Kompetenz, also das „Sach- und Handlungswissen des Fachmanns" (Stäudel 2004, S. 23) ergänzt. Heuristische und epitemistische Kompetenz ergeben die *„aktuelle Kompetenz*, d. h. die Erwartung, dass man dieses aktuelle Problem bewältigen wird" (Stäudel 2004, S. 28).

Kompetenz erfordert als Grundlage also ein grundsätzliches kognitives Wissen. Dieses Wissen kann, etwa im Sinn eines Universalgelehrten, nicht allumfassend, aber auf ein oder mehrere Wissensgebiete, wie in unserem Fall die Marktforschung, bezogen sein. Es allein macht aber noch nicht kompetent, wenn es nicht in Handlung umgesetzt wird. „Kompetenz erkennt man also letztlich nicht an dem Umfang von Wissen, sondern an der Fähigkeit, Wissen konstruktiv einzusetzen" (Broy 2016, S. 88). Noch prägnanter beschreibt Kihlgren (2014) die Handlungsumsetzung mit „Kompetenser handlar om vad man gör och inte vad man är" [Kompetenzen handeln von dem, was man tut, und nicht von dem, was man ist; Übersetzung aus dem Schwedischen von Marco Ottawa]. Dazu sind Urteils- und Entscheidungsfähigkeit notwendig, die sich aus breitem Wissen, Reflexionsfähigkeit und Entscheidungsfreudigkeit zusammensetzen (vgl. Broy 2016, S. 88). Die Fähigkeit zur Selbstreflexion ist für Lowey/ Czempik/Lütze (vgl. 2005, S. 726) eine entscheidende Voraussetzung für kompetentes Handeln. Die Selbstreflexion ermöglicht es dem Menschen, Informationen aus neu-

en Situationen zu verarbeiten, mit dem bisherigen Wissen und Erfahrungen abzuglei-
chen und daraus die für die jeweilige Situation optimale Handlungsweise abzuleiten.
Diesen Prozess bezeichnen die Autoren als Selbstorganisationsfähigkeit. Selbstreflexion bzw. -organisation vollzieht sich bei jedem Menschen oder in jeder Organisation
individuell. Somit besitzt Kompetenz auch einen personenabhängigen Aspekt: *„Competence is shown in action in a situation and context that might be different the next time
a person has to act"* (Kumar/Ravindran 2011, S. 44). Gleichzeitig ist Kompetenz erlernbar (vgl. Klieme/Hartig 2007, S. 17) und „durch Übung, durch Erfahrung, durch Beleh-
rung und durch Nachlesen zu steigern" (Dörner 2005, S. 346). Kompetenzerwerb kann,
oder besser gesagt muss, aus dem Kompetenz Erwerbenden selbst und über Dritte,
Lehrende, stattfinden. Die Wissensanwendung kann, und hier kommt der sozial-kommunikative Aspekt der Kompetenz zum Tragen, nur dann kompetent sein, wenn sie zu
der jeweiligen Anwendungssituation adäquat ist und es somit im Sinne der Definition von Bartscher/Stöckl/Träger (2012, S. 340) Menschen ermöglicht „die unterschiedlichsten Handlungsanforderungen erfolgreich zu bewältigen", weil: „Individuals do
not operate in a social vacuum" (Rychen/Hersh Salganik 2003, S. 45), oder um Wine
(1981, S. 24) zu zitieren: „The defining characteristic of competence approaches is a
concern with the effectiveness of the individual's interactions with the environment."
Dabei beeinflussen sich Umwelt und Individuum gegenseitig (vgl. Wine 1981, S. 24).
Ebenso kurz wie treffend sehen Wilhelm/Nickolaus (2013, S. 25) Kompetenz als „Ein-
heit von Wissen und Können", letzteres im Sinn von situationsadäquater Umsetzung.
Sie wird also „von zwei Seiten her bestimmt: von der Situation (Anforderungsseite)
und von der Person (persönliche Ressourcen)" (Wittwer 2001a, S. 115).

Diese Art der Umsetzung darf allerdings nicht nur „einmalig oder gar zufällig"
(Klieme/Hartig 2007, S. 14) sein, sondern immer abrufbar sein. Unter der von Windeler (vgl. 2014, S. 10) aufgestellten Prämisse, dass Individuen und Organisation stets
in Kontexten handeln, sind Kompetenzen als „kontextabhängig" (Windeler 2014,
S. 10) zu begreifen. Dabei bedingen sich einander umfassende berufliche Handlungskompetenz (= Lernen und Handeln) und Arbeits- und Lernbedingungen (= Strukturen) einerseits und reflexive Handlungsfähigkeit andererseits (vgl. Dehnbostel/Gillen
2005, S. 38). Kompetenz bedingt situationsabhängige Reflexion, wird aber gleichzeitig
durch die Reflexion ausgebaut, um auch in zukünftigen, anders gelagerten Situationen kompetent handeln zu können. Sie ist damit keinesfalls als statisches Konstrukt
zu verstehen (vgl. Bredl 2008, S. 61). Kompetenz ist im Einzelfall gleichwohl keine
Garantie für gewünschtes Verhalten oder die beste situationsadäquate Lösung einer
Aufgabe, sondern lediglich eine notwendige Voraussetzung dafür (vgl. Barth 2016,
S. 10; Kanning 2009, S. 13). Le Boterf (vgl. 2010, S. 117) und Broy verweisen auf den
ethischen Bezug der Kompetenz. Dazu gehören ein Wertesystem und der Verzicht auf
die Manipulation Dritter (vgl. Broy 2016, S. 89). Werte im Sinn von:

> a conception, explicit or implicit, distinctive of an individual or characteristic of a group, of the
> desirable which influences the selection from available modes, means, and ends of action (Kluck-
> hohn et al. 1951, S. 395)

sind nicht nur auf Individuen und ihre persönlichen Wertvorstellungen bezogen, sondern ebenso „Grundlage der Kompetenzen von Teams und Organisationen" (Erpenbeck/Sauer 2000, S. 304).

Kandula (2013, S. 7) stellt zusammenfassend sieben Anforderungen an Kompetenzen zusammen:

1. Competencies must be demonstrable, for example, communication effectiveness. The features of effectiveness in communication must be clear, observable, assessable and evident for the professional eye.
2. Competencies must be transferable. For example, the customer care competency can be used in different situations and in various jobs. Hence, it must be transferable.
3. Competencies must be relevant to the positions, job families and to organization. In the absence of such relevance, competencies lose value. Therefore, may not qualify the definition of competency.
4. Competencies must be characteristics of employees that are responsible for effective performance on a job.
5. Competencies should have a virtue of predictability. It does mean, competency must predict the level of performance of a person.
6. Competencies must be measurable and can be standardized. It is the fact that some competencies are easily measurable and some are tough to quantify and qualify. The principle is finally they must be measurable. The second issue is standardization of competencies. Standardization helps for a meaningful understanding of competencies and their management.
7. Competencies can be developed, imparted and nurtured.

Dimitrova (vgl. 2008, S. 44 f.) kommt zu einem ähnlichen Resümee und führt als Schlüsselmerkmale der Kompetenz Spezifizierung auf einen Kontext, Personengebundenheit, Erfolgsorientierung, Handlungszentrierung[4], Erlernbarkeit sowie Mess- und Evaluierbarkeit an. Da „Kompetenz aus kognitiven, funktionalen und verhaltensbasierten Elementen besteht" (Dimitrova 2008, S. 41), zeichnet sie sich als „multidimensionales Konstrukt"[5] (Dimitrova 2008, S. 41) ab. Kumar/Ravindran (2011, S. 44 f.) reduzieren die Komponenten von Kompetenz auf vier, nämlich Skills im Sinn von in der Praxis erworbenen Fertigkeiten, Knowledge als formal erworbenes Wissen, Personal attributes und Behavior. Den Personenbezug betont auch Wittwer (2001a, S. 115), wenn er „das Konstrukt Kompetenz als subjektbezogenes, in wechselnden Situationen aktivierbares Handlungssystem" versteht.

---

4 Für Herking (2015, S. 117) ist Handlung sogar ein „*zentrales Kompetenzelement.*"
5 Das gilt mit Kanning (vgl. 2002, S. 157) auch für die später erörterte soziale Kompetenz.

Schaeper (2006, S. 4) fügt dem oben gezeigten Schema noch eine vierte Grundvoraussetzung für Kompetenz, nämlich action, bei und stellt die Voraussetzungen für Kompetenz in eine aufsteigende Reihenfolge.

Auf das Arbeitsleben und damit auch auf die Marktforschung übertragen bedeutet die Betonung der Kompetenz eine Abkehr von der traditionellen Aufgabenaufzählung bei Stellenbeschreibungen und eine Hinwendung zu handlungskompetenzorientierter Sichtweise im Sinne von Kumar/Ravindran (2011, S. 44): „they focus on how employees perform their jobs, not simply on what they do." Kompetenzen stellen auch einen maßgeblichen Wettbewerbsfaktor im Wettbewerb dar. Grote/Kauffeld/Frieling schreiben ihnen die Eigenschaften knapp, wertvoll, dauerhaft, begrenzt limitierbar, schlecht transferierbar und beschränkt substituierbar zu (vgl. 2006, S. 9). Da Kompetenzen stark an Mitarbeiter gebunden sind, muss es im Interesse jedes Unternehmens sein, die Kompetenzträger an sich zu binden. Dazu bedarf es eines Kompetenzmanagements, auf das an dieser Stelle jedoch nicht näher eingegangen werden soll (vgl. Bartscher/Stöckl/Träger 2012, S. 343 f.).

In der englischsprachigen Literatur zu Kompetenz findet man sowohl den Begriff competence als auch den Begriff competency. Einschlägige Wörterbücher übersetzen beides mit Kompetenz. Tiefergehende Recherchen bei Übersetzern[6] und fachkundigen Muttersprachlern[7] ergaben einhellig die Aussage, die Begriffe würden im Englischen synonym behandelt. Insofern werden die beiden Begriffe trotz zum Teil anderslautender Meinungen (vgl. Kandula 2013, S. 8; Kou/Jia/Wang 2013, S. 688 und 691) im Folgenden nicht unterschieden. Nichtsdestotrotz soll als Beispiel für unterschiedliche Bedeutungen Nunan (2016a) angeführt werden:

> **Competence** is more associated with an individual performance. For example, you might evaluate an individual's competence to carry out a role. It is another way of asking whether they are competent. e.g. „He lacks the competence to take this role."

> **Competencies** would be seen, especially in the business literature, as being generalised away from an individual. Competencies could be seen as a set of desired & specific skills for a particular role. They could also be described as skills required for an organisation. „Successful firms possess five core competencies."

3.2 Abgrenzung des Begriffs Kompetenz von verwandten Begriffen

Der Begriff Kompetenz wird im allgemeinen Sprachgebrauch teilweise unscharf mit verwandten Begriffen verwechselt oder synonym gebraucht. Aus diesem Grund wid-

---

6 www.researchgate.net/Post/What_is_the_difference_between_competence_and_competency.
7 Anfrage bei Andrew Browne, Ph. D. vom 22.09.2016.

met sich dieser Absatz der Abgrenzung des Kompetenzbegriffs von verwandten Begriffen. Da der Betrachtungsbereich der diesem Buch zugrundeliegenden empirischen Befunde im deutschen Sprachraum liegt, beschränken sich die folgenden Ausführungen auf deutsche bzw. wie etwa „Skills" eingedeutschte Begriffe.

Fähigkeiten (abilities[8]) beschreiben Bartscher/Stöckl/Träger (2012, S. 340) als

> angeborene oder vererbte Aspekte, die gegebenenfalls durch Übung verbessert und gefördert werden können. Sie sind notwendig, um eine Leistung zu erbringen. Zu den Fähigkeiten zählen neben der körperlichen Eignung auch geistige Faktoren wie Denkvermögen, Abstraktionsvermögen usw.

In diesem Sinn äußert sich auch Reiber (vgl. o. J., S. 2). Stabenau (1995, S. 347) verdichtet die Fähigkeiten auf „das psychische, physische und intellektuelle Vermögen eines Menschen, zielgerichtet zu handeln und Leistung zu erzielen." Kompetenz hingegen kann sich aus den Fähigkeiten durch „personen- und wertbezogene Reflexion von Fähigkeiten" (Stabenau 1995, S. 341) entwickeln. Ericsson/Smith (1991, S. 4) unterscheiden zwischen „General abilities", also grundlegenden Fähigkeit wie Intelligenz oder Persönlichkeit, und „Specific abilities", also Fähigkeiten, die sich auf Spezialgebiete wie einzelne Sportarten oder künstlerische Fähigkeiten, beziehen.

Ein Begriff, der umgangssprachlich gerne mit Wissen gleichgesetzt wird, ist die **Expertise** (expertise). Die beiden Begriffe hängen eng miteinander zusammen, da ohne theoretisches Wissen keine Expertise möglich ist, andererseits Wissen jedoch keine hinreichende Bedingung für Expertise darstellt (vgl. Sachse o. J.). Für Sachse (o. J.) ist Kern einer Expertise „damit die *Verfügbarkeit* von Wissen für eine sichere, schnelle und valide Informationsverarbeitung." Zur Verfügbarkeit von Wissen gehört analog zur Kompetenz u. a. die Fähigkeit, Wissen in relevanten Situationen bzw. flexibel und sicher abrufen zu können (vgl. Sachse o. J.). Um das zu erreichen, muss Wissen systematisch trainiert werden (vgl. Ericsson/Smith 1991, S. 16; Sachse o. J.), um nicht lediglich „Schein-Kompetenz" (Sachse o. J.) zu erzeugen. Das Training bedarf allerdings der stetigen Supervision durch einen Trainer oder Lehrer sowie der Selbstreflexion (vgl. Sachse o. J.). Eine ausführliche Behandlung des Begriffs Expertise findet sich bei Gruber (vgl. 1994).

Unter **Fertigkeiten** (skills) verstehen Bartscher/Stöckl/Träger (2012, S. 340)

> Handlungen, die durch Übung und Gebrauch ausgebildet und weitgehend automatisiert werden. Hierzu gehören neben motorischen oder technischen Fertigkeiten (z. B. Umgang mit Werkzeugen, Fahrradfahren) auch kognitive Tätigkeiten (wie Rechentechniken oder Auswendiglernen).

Ähnlich äußert sich Boyatzis (1982, S. 33): „Skill is the ability to demonstrate a system and sequence of behavior that are functionally related to attaining a performance goal. Using a skill is not a single action."

---

8 Freiling (2002, S. 18) übersetzt Fähigkeit mit „capability".

Dabei spielen konkrete „Handlungsmotivationen und Einsatzsituationen" (Stabenau 1995, S. 346), für die die Fertigkeiten erworben werden könnten, keine Rolle. Die EU fasst den Begriff Fertigkeiten noch weiter als Bartscher/Stöckl/Träger, nämlich als

> kognitive Fertigkeiten (unter Einsatz logischen, intuitiven und kreativen Denkens) und praktische Fertigkeiten (Geschicklichkeit und Verwendung von Methoden, Materialien, Werkzeugen und Instrumenten) (Europäische Union, o. J.)

Aufgrund der antrainierten Routine sind Fertigkeiten weniger störbar als intellektuell überprüfbare Tätigkeiten (vgl. Staudt/Kriegesmann 1999, S. 32).

Für Müller (vgl. 1995, S. 325) verfügen Fähigkeiten über zwei Seiten. Die erste ist die der Fach-Qualifikation entsprechende materielle Seite. Sie beschreibt, was gemacht wird. Die zweite Seite ist die formale Seite in Gestalt der Schlüsselqualifikation. Sie zeigt, wie etwas gemacht wird.

Kenntnisse (knowledge) stellen „erworbenes Wissen, meist in Bezug auf einen bestimmten Sachverhalt" (Reiber o. J., S. 3) dar. Sie unterscheiden sich von den Kompetenzen zum einen durch den rein kognitiven Aspekt, zum anderen durch die fehlende Handlungsorientierung. Im Gegensatz zur folgend beschriebenen Qualifikation müssen Kenntnisse nicht zertifiziert sein. Die EU definiert sie im Europäischen Qualifikationsrahmen für lebenslanges Lernen als „Theorie- und/oder Faktenwissen" (EU o. J.).

Qualifikation (qualification) definiert der DQR (2013, S. 46) als

> das formale Ergebnis eines Beurteilungs- oder Validierungsprozesses, bei dem eine dafür zuständige Institution festgestellt hat, dass die individuellen > *Lernergebnisse* vorgegebenen Standards entsprechen.

Diese Definition im Sinne eines Qualifikationsnachweises ist sehr prüfungs- und theorielastig. Den Praxisbezug beziehen Bartscher/Stöckl/Träger (2012, S. 340) in ihre Definition der Qualifikation als: „Vorgang zur Erlangung von Fähigkeiten (Qualifikationen), um eine bestimmte Aufgabe oder Anforderung erfüllen zu können. Eine Person ist also qualifiziert, wenn sie z. B. anhand eines Zertifikates nachweisen kann, dass sie in der Lage ist, eine bestimmte Tätigkeit ausführen zu können bzw. zu dürfen." Die drei zitierten Autoren gehen (vgl. Bartscher/Stöckl/Träger 2012, S. 341 f.) auch auf die Unterschiede zwischen Kompetenz und Qualifikation ein. Demnach ist die Qualifikation vor allem auf konkrete Zwecke bzw. auf ihre „Verwertbarkeit" (Dehnbostel 2003, S. 7) bezogen. Sie ist demnach im Gegensatz zur erfahrungsgetriebenen Kompetenz erlernbar und im Sinne einer Prüfung zertifizierbar. Diese Zertifizierung oder Abprüfbarkeit der Qualifikation beinhaltet auch ein statisches Moment, das die Gefahr eines mehr oder weniger schnellen Veraltens der Qualifikation mit sich bringt (vgl. Beck 2007, S. 9), ist die Prüfung doch auf einen Status Quo bezogen (vgl. Beck 2007, S. 8). Ihre Erlernbarkeit bezieht sich aber lediglich auf die kognitive Komponente der späteren Tätigkeit, für die die Qualifikation erworben wurde. „Allein die sozialen und kommunikativen Fähigkeiten sind keine persönlichen Qualifikationen einer Person, sondern stellen Kompetenzen dar, die die Person mit sich bringen muss und nicht erlernen kann" (Bartscher/Stöckl/Träger 2012, S. 342). Das Erlernen situationsadäquater Anwendung der erworbenen Qualifikation fällt also in den (sozialen) Kompetenzbereich. Von Bothmer (2004, S. 8) weist in seiner Definition des Begriffs Qualifikation auf die Aspekte Nachfrageorientierung und Verwertbarkeit hin:

> Sie [die Qualifikationen, Anm. d. Verf.] beziehen sich i. d. R. auf bestimmte Tätigkeiten oder Berufe und werden betrachtet im Hinblick auf Ihre *Verwertbarkeit* darin. Qualifikationen werden damit primär aus der Sicht der Nachfrage bestimmt.

Schlüsselqualifikationen (key qualifications) lassen sich nicht in einer „fachsystematischen Struktur" (Müller 1995, S. 326) beschreiben, sondern stellen vielmehr Elementar-, Fundamental- oder Meta-Qualifikationen (vgl. Müller 1995, S. 326) dar.

> Im Einzelnen sind es Strategien, Heuristiks [sic], Prinzipien, Einstellungen, Normen, Wert, Aufbau- oder Ablaufstrukturen, die dem Umgang mit dem materialen, fachwissenschaftlichen Wissen in einer konkreten Verwendungssituation eine lösungswirksame Ordnung geben. (Müller 1995, S. 326)

In diesem Sinn definiert auch Stabenau (1995, S. 340) diesen Begriff. Die Schlüsselqualifikationen „meinen das spezielles fachliches Wissen und Können übergreifende persönliche (methodisch soziale und Ich-bezogene) Handlungspotenzial." Ähnlich äußert sich Mertens, wenn er Schlüsselqualifikationen nicht eng auf die Erbringung praktischer Tätigkeiten begrenzt, sondern vielmehr als Befähigung zu alternativen Handlungsoptionen und Reaktionsfähigkeit auf sich im Laufe des Lebens ändernder Anforderungen definiert (vgl. Mertens 1974, S. 40). Dadurch sind sie je nach Anforderungen der Umwelt oder des Berufslebens Bedeutungssteigerungen oder -verlusten unterworfen, sprich veränderlich (vgl. Mertens 1974, S. 43). Sie sind „nicht an Fachwissen gebunden (...), sondern an die persönlichen (methodischen, sozialen, Ich-bezogenen) *fachübergreifenden Ressourcen* und an Erfahrungen des Handlungsträgers" (Stabenau 1995, S. 343). Dem stellt Beck (vgl. 2007, S. 9) gegenüber, Schlüsselqualifikationen bestünden lediglich aus abprüfbaren Kenntnissen. Dieser Ansicht schließen sich die Autoren vor dem Hintergrund der fehlenden situativen Komponente von Kompetenzen an. Nach Strasmann/Schüller (1996, S. 15 f.) sind Schlüsselqualifikationen besonders geeignet, sich ändernde Arbeits- und Wettbewerbsbedingungen zu erkennen, mitzugestalten und umzusetzen. Stern (vgl. 2004) weist darauf hin, dass Schlüsselqualifikationen bereits im Vorschul- und Schulalter erworben werden können. Als Beispiele dafür führt sie Gesprächsführung oder das Erstellen von Tabellen und Diagrammen an.

Skill wird von Oxford Dictionaries (2017) knapp als: „The ability to do something well; expertise" definiert. Umfassender wird dieser Begriff von businessdictionary. com (2017) beschrieben:

> An ability and capacity acquired through deliberate, systematic, and sustained effort to smoothly and adaptively carryout complex activities or job functions involving ideas (cognitive skills), things (technical skills), and/or people (interpersonal skills).

Der Duden (Duden 2017a) übersetzt Skill einerseits mit „(Kunst)Fertigkeit" oder „Können", andererseits mit „(Fach-, Sach-)Kenntnis" oder „Erfahrenheit". Aufgrund der geringen Überschneidungsfreiheit zu Begriffen wie Fähigkeit/ability, soll er an dieser Stelle nicht vertieft betrachtet werden.

Wissen (knowledge) entsteht nach Bartscher/Stöckl/Träger (2012, S. 340) „ganz allgemein durch die Verarbeitung von Daten. Dies geschieht von Person zu Person individuell und hängt mitunter vom kulturellen Hintergrund oder von persönlichen Einstellungen[9] ab. Wissen beschreibt in erster Linie den dauerhaften Inhalt des Gedächtnisses und kann somit als individueller Besitz verstanden werden." DQR (2013, S. 47) bezieht den Wissensbegriff enger auf bestimmte Lern- oder Arbeitsbereiche: „**Wissen** bezeichnet die Gesamtheit der Fakten, Grundsätze, Theorien und Praxis in einem > *Lern- oder Arbeitsbereich* als Ergebnis von Lernen und Verstehen. Der Begriff Wissen wird synonym zu „Kenntnisse" verwendet. Wissen bildet den „strategische[n] Wettbewerbsfaktor und damit das Wertschöpfungspotenzial eines Unternehmens" (Rothe/Hinnerichs 2005, S. 675). Dabei ist in explizites und implizites Wissen zu unterscheiden.

> Unter *explizitem Wissen* versteht man im allgemeinen Wissen, das in eine übertragbare Form gebracht worden ist. Dies kann beispielsweise durch verbale Beschreibungen, Prozeßdarstellungen und Formeln geschehen. Unter *implizitem Wissen* versteht man dagegen persönliches Wissen, das nicht in explizites Wissen umgewandelt worden ist, weil
> – die Umwandlung nicht effizient wäre,
> – man sich des Wissens nicht bewußt ist,
> – Sicherheitsgründe oder persönliche Gründe dagegensprechen.
> (Peterson 2002, S. 163)

Explizites Wissen ist demnach „frei konvertierbar, d. h. über ein Medium kommunizierbar" (Staudt/Kriegesmann 1999, S. 31). Während explizites Wissen, z. B. durch Weiterbildung, erlernbar ist (vgl. Staudt/Kriegesmann 1999, S. 31) und damit auch Dritten zugänglich gemacht werden kann, ist implizites Wissen „nur durch die Verfügbarkeit der Person" (Staudt/Kriegesmann 1999, S. 32), die es trägt, abruf- oder einsetzbar.

---

9 Unter Einstellung (attitude) versteht man die „Bereitschaft, einen Gegenstand in einer besonderen Weise wahrzunehmen und/oder in einer besonderen Weise auf ihn zu reagieren" (psychologie48 2017).

Wissen lässt sich mit Peterson (2002, S. 164) des Weiteren in die drei Wissensarten Fakten-, Methoden- und Erfahrungswissen unterteilen. Ähnlich definiert der DQR das berufliche Wissen. Nach seiner Definition „verbindet [berufliches Wissen; Anm. d. Verf.] die Kenntnis von Fakten, Grundsätzen und Theorien mit Praxiswissen, insbesondere dem Wissen um Verfahrens- und Vorgehensmöglichkeiten, in einem arbeitsmarktrelevanten Tätigkeitsfeld." (2013, S. 43). Das berufliche Wissen umfasst im Gegensatz zum fachtheoretischen Wissen, das DQR (2013, S. 44) als „*Fachwissen*, zu dem die Kenntnis der bedeutendsten Theorien eines Fachs gehört" beschreibt, auch handlungsorientierte Wissensbestandteile. Wissen ist ein wesentlicher, aber nicht hinreichender Bestandteil der Kompetenz. Es stellt das intellektuelle und erlernte Rüstzeug dar, das aber erst durch die Fähigkeit, sein Handeln selbst zu organisieren, zu Kompetenz wird (vgl. Rothe/Hinnerichs 2005, S. 675).

Für diese kurze Einführung sollen die oben genannten Begriffe genügen. Weiterführende Ausführungen, etwa zur Intelligenz, finden sich z. B. bei Niedermeier (vgl. 2011) oder Wilhelm/Nickolaus (vgl. 2013).

3.3 Aspekte von Kompetenzen

Kompetenz hat eine Vielzahl von Aspekten bzw. Unterbegriffen, die ohne Anspruch auf Vollständigkeit in der folgenden Tag Cloud abgebildet sind (vgl. Abbildung 3).

Setzt man Kompetenzen aus Einzelkompetenzen, die unterschiedlichen Kompetenzclustern entstammen, zusammen, ergeben sich **Querschnittskompetenzen** (vgl. Beck, S. 12). Das soll am Beispiel der Beratungskompetenz erläutert werden. Zu ihr gehören Methodenkompetenzen, wie etwa Projektmanagement oder die Erstellung von SWOT-Analysen, Sozialkompetenzen, wie z. B. Serviceorientierung oder gute Rhetorik, und Personalkompetenzen wie etwa Empathie oder Selbstbewusstsein (vgl. Ottawa/Rietz 2015, S. 243).

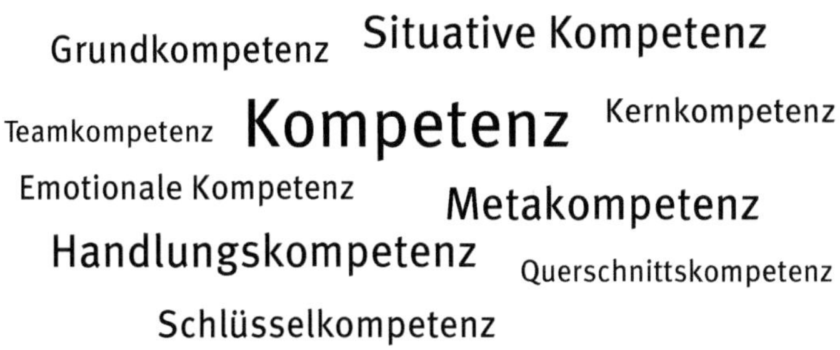

Grundkompetenz · Situative Kompetenz · Teamkompetenz · **Kompetenz** · Kernkompetenz · Emotionale Kompetenz · Metakompetenz · Handlungskompetenz · Querschnittskompetenz · Schlüsselkompetenz

Abb. 3: Aspekte von Kompetenzen (eigene Darstellung).

Der Begriff der **Kernkompetenz** von Faix/Kupp (vgl. 2002, S. 60) als theoretisches Konstrukt bezeichnet, ist sowohl auf Individuen als auch auf Unternehmen zu beziehen. Freiling (2002, S. 22) bezieht seine Definition[10] auf Unternehmen:

> *Kernkompetenzen* stellen eine spezielle Kategorie von Kompetenzen dar, die über die Definitionsmerkmale von Kompetenzen hinaus dadurch gekennzeichnet ist, dass sie der *Unternehmung zu einer Behauptung gegenüber der Konkurrenz durch die Herbeiführung nachhaltiger Wettbewerbsvorteile* verhilft.

Rühli (1995, S. 96 f.) unterscheidet zwischen materiellen und immateriellen Kernkompetenzen. Letztere, von ihm als „intangible Kernkompetenzen" (1995, S. 97) bezeichnet, lassen sich ihrer Bedeutung nach in die Reihenfolge company reputation, product reputation, employee know-how, culture und organisational networks bringen (vgl. Rühli 1995, S. 97). Kernkompetenzen sind mit Rühli (vgl. 1995, S. 98) nur dauerhaft als solche zu betrachten, wenn sie verteidigungsfähig sind. So unterscheidet er drei Kategorien von Kernkompetenzen:

1. „Ehemalige" Kernkompetenzen, die von allen wichtigen Wettbewerbern nachgemacht oder nachgebaut worden sind und daher jetzt gewissermaßen zum *Branchenstandard* gehören.
2. Kernkompetenzen, die im Moment bestehen, die aber bald von allen bedeutenden Mitbewerbern nachvollzogen werden
3. Von strategischer Bedeutung sind nur diejenigen Kernkompetenzen, die *nachhaltig verteidigungsfähig* (sustainable) sind. (Rühli 1995, S.98)

Ohne das Thema an dieser Stelle zu vertiefen, sollen in Anlehnung an Rühli (vgl. 1995, S. 99) fünf mögliche Gründe für hohe Verteidigungsfähigkeit von Kernkompetenzen angeführt werden.

– So hohe Komplexität, dass die Kernkompetenz von Dritten nicht in Gänze erfasst werden kann.
– Geheimhaltung
– Größe des eigenen Unternehmens und damit verbundene Abwehrkräfte
– Abschreckend hohe Wechselkosten zu Wettbewerbern
– Schneller Marktangang (time to market)

Im Zeitalter der Spezialisierung und u. U. mit der Digitalisierung verbundenen Möglichkeiten auch kleiner Unternehmen, z. B. durch Crowdfunding, ist es allerdings fraglich, ob das dritte Argument heutzutage nicht manchmal unter dem Stichwort „Trägheit der Masse, sprich großer Organisationen", eher ein Hindernis als ein Vorteil ist. Kernkompetenzen unterliegen des Weiteren den Gefahren der Imitierbarkeit und Substitution (vgl. Faix/Kupp, S. 63 f.). Ohne den Wettbewerbsgedanken versteht Wittwer

---

10 Weitere Definitionen führt Freiling (2002, S. 19) auf.

(2003, S. 27) die Kernkompetenzen als: „die persönlichen Ressourcen eines Individuums." Sie haben drei Funktionen, nämlich Orientierung zu geben, Kontinuität herzustellen und Fachqualifikationen zu begründen (vgl. Wittwer 2001, S. 245). Nach Wittwer (vgl. 2001a, S. 116) behält ein Individuum seine Kernkompetenzen ein Leben lang, wohingegen Fachqualifikationen einem (Ver)alterungsprozess unterworfen sind.

Ist ein Kompetenzträger in der Lage, seine Kernkompetenzen in Abhängigkeit von der jeweiligen Situation passend einzusetzen, spricht man von **Veränderungskompetenz** (vgl. Herking 2015, S. 294). Letztere definiert Wittwer (2003, S. 27) als:

> Bereitschaft und Fähigkeit [...], auf die unterschiedlichen und wechselnden qualifikatorischen Anforderungen eingehen und diese im Hinblick auf die eigene Berufsbiographie verarbeiten und damit sich beruflich weiterentwickeln zu können.

Zweck der Kernkompetenz ist nach Wittwer (2001, S. 246) die Befähigung zu den folgenden Punkten:
- zur Funktionalisierung von Veränderungen für eigene Zwecke,
- zur Nutzung der Arbeitssituation als subjektiver Erfahrungsraum,
- zum Treffen von Entscheidungen unter Unsicherheiten,
- zum Transfer von Kernkompetenzen und Fachqualifikationen in neue und andere Situationen.

In Kombination mit den Kernkompetenzen sind sie für ihn die Grundlage der Beschäftigungsfähigkeit (vgl. Wittwer 2003, S.26). Für den Nebenaspekt dieses Buches, nämlich durch die richtigen Kompetenzen als Marktforscher zukunftsfähig zu bleiben bzw. zu werden, ist die Veränderungskompetenz von zentraler Bedeutung, ermöglicht sie doch den „Transfer vom Wissen zum Können" (Wittwer 2001a, S. 117).

Metakompetenzen sind nach Beck (2007, S. 10) „übergeordnete Kompetenzen, die die auf ihnen aufbauenden Grundkompetenzen beeinflussen." Konkreter werden Rühli (1995, S. 97), für den eine Metakompetenz „die Kompetenz zur Erlangung von Kompetenzen" ist, noch kürzer, Dimitrova (2008, S. 80): „Die **Metakompetenz** ist die Kompetenz zu den eigenen Kompetenzen", sowie Grote/Kauffeld/Denison/Frieling (2006, S. 22), die Metakompetenzen als „Grundlage für den Erwerb der ‚herkömmlichen' Kompetenzen" betrachten. Metakompetenzen umfassen nach denselben Autoren die beiden Teilaspekte Selbstreflexion bzw. -einschätzung und Lernbereitschaft (vgl. Grote/Kauffeld/Denison/Frieling 2006, S. 22). Bezogen auf die Marktforschung ist die Bereitschaft, stets offen für neue Methodik und ihre Aneignung und Anwendung zu sein, eine solche Metakompetenz. Ausführlicher beschreibt Klieme (2004, S. 11) Metakompetenzen, nämlich als „Wissen, Strategien oder auch Motivationen, die Erwerb und Anwendung von Kompetenzen in verschiedenen Inhaltsbereichen erleichtern."

Schlüsselkompetenzen beziehen sich nicht auf spezielle, abgrenzbare Tätigkeiten, sondern sind tätigkeitsübergreifend zu verstehen. Wollert (1997, S. 330) definiert sie als:

> Fähigkeiten, die keinen unmittelbaren und begrenzten Bezug zu einer bestimmten abgegrenzten Tätigkeit haben, sondern die die Bewältigung unterschiedlicher Positionen und Funktionen als alternative Optionen zum gleichen Zeitpunkt ermöglichen bzw. dazu befähigen, verschiedene Positionen im Laufe des Berufslebens auszufüllen. Üblicherweise werden darunter Kreativität, analytisches Denkvermögen, Verbalisierungsfähigkeit oder Einfühlungsvermögen verstanden.

Analog zur Situationsadäquanz, die erst die Kompetenz an sich zeigt, sollen insbesondere Schlüsselqualifikationen „eine Person befähigen, sich an eine durch Wandel, Komplexität und wechselseitige Abhängigkeit gekennzeichnete Welt anzupassen" (Beck 2007, S. 9) bzw. „ermöglichen Identität und Handlungsfähigkeit angesichts der Anforderungen der heutigen Gesellschaft" (Chur 2004, S. 17). Über die Anpassungsfähigkeit oder Situationsadäquanz bezogen auf eine „vergleichsweise breite Spanne von Situationen und Aufgabenstellungen hinweg" (Klieme 2004, S. 11) hinaus führt Chur (2004, S. 17) noch die Kriterien der Multifunktionalität und der Gesamtpersönlichkeit an. Für ihn bestehen demnach Schlüsselkompetenzen aus den folgenden drei Komplexen:

1. Schlüsselkompetenzen sind nicht auf eine bestimmte Tätigkeit bezogen, sondern multifunktional, transdisziplinär, polyvalent.
2. Sie sind generativ, also Kompetenzen höherer Ordnung, die den Erwerb bzw. Einsatz konkreter Fähigkeiten ermöglichen, steuern oder moderieren.
3. Sie sind nicht nur kognitiv-motorisch ausgerichtet, sondern betreffen stärker die Gesamtpersönlichkeit, indem sie Einstellungen, Werthaltungen und Handlungsdispositionen berühren oder umfassen.

Andererseits besteht aber gleichfalls eine eher gegenteilige Ansicht: „Die Übertragbarkeit auf neue Situationen wird häufig überschätzt oder einfach ungeprüft unterstellt" (Klieme/Artelt/Stanat (2014, S. 205). Rychen/Hersh Salganik (2003, S. 54) sehen Schlüsselkompetenzen individuenübergreifend. Für sie sind sie

> individually based competencies that contribute to a successful life and a well-functioning society, are relevant across different spheres of life, and are important for all individuals.

Schlüsselkompetenzen sind ein Konstrukt aus verschiedenen Bestandteilen, wie Rychen/Hersh Salganik (2003, S. 54) ausführen: „each key competence is a combination of interrelated cognitive skills, attitudes, motivation and emotion, and other social components."

Bei Niedermeier (2011, S. 15) findet sich der Begriff der **kognitiven Kompetenz**. Sie definiert ihn als:

> die selbstorganisierte Anwendung des kognitiven intellektuellen Potenzials in einer bestimmten Situation, wodurch eine erforderte kognitive Leistung erzielt wird. Kognitive Kompetenz ist daher situationsabhängig und durch Lernprozesse veränderbar.

Das Konstrukt der kognitiven Kompetenz bedarf als notwendige Grundlage der kognitiven Intelligenz (vgl. Niedermaier 2011, S. 15). Es ähnelt in seiner situationsadäquaten Anwendung der Handlungskompetenz (vgl. 3.6.1).

Ebenfalls bei Niedermaier (2011, S. 29 f.) findet sich der Begriff der **emotionalen Kompetenz** als:

> selbstorganisierte Anwendung des emotionalen intellektuellen Potenzials in einer bestimmten Situation, wodurch eine erforderte emotionale Leistung erzielt wird. Emotionale Kompetenz ist daher situationsabhängig und durch Lernprozesse veränderbar.

Diese Definition ähnelt stark derjenigen der kognitiven Kompetenz und bezieht sich ebenfalls explizit auf die Situationsabhängigkeit.

3.4 Kompetenzebenen

Abgesehen von den Kernkompetenzen können die bisherigen Ausführungen den Eindruck erweckt haben, bei den Trägern von Kompetenzen handele es sich stets um Individuen. Das ist nicht der Fall, denn Kompetenzen können sich ebenso auf Personenzusammenschlüsse beziehen. Kompetenzen können also gleichermaßen individuell wie kollektiv sein (vgl. Windeler 2014, S. 12). Pawlowsky/Menzel/Wilkens (2005, S. 343) sprechen in diesem Zusammenhang von vier „Analyseebenen", nämlich Individuum, Gruppe, Organisation und Netzwerk. **Gruppenkompetenz** besteht demnach aus interaktionsgebundener Handlungsfähigkeit, den auf Gruppen bezogenen Individualkompetenzen sowie der vom Individuum wahrgenommene Handlungsfähigkeit der Gruppe. **Organisationskompetenz** verbinden die Autoren mit spezifischen Ressourcenbündeln, dynamischen Fähigkeiten zur Sicherung von Wettbewerbsvorteilen sowie immateriellen Ressourcen, worunter vor allem Wissenskapital verstanden wird. Freiling (2002, S. 18) definiert kollektive Kompetenzen unter Bezug auf ein Unternehmen als: „die Fähigkeiten einer Unternehmung (...), vorhandene Inputgüter im Allgemeinen und Ressourcen im Speziellen so zu verwenden, dass sich die Unternehmung in Marktprozessen gegenüber der jeweiligen Marktgegenseite bewähren kann." Die oberste Analyseebene bilden das Netzwerk und die daraus resultierende **Netzwerk- bzw. interpersonale** (vgl. Stäudel 2004, S. 24) **Kompetenz**. Sie bündelt kooperationsspezifische Fähigkeiten der Wertgenerierung, Netzwerkbildung (vgl. Hedewig-Mohr 2016; Kuhagen 2016) sowie Netzwerkmanagement und -qualifikation. Le Boterf sieht in den Unternehmen für das erste Jahrzehnt des dritten Jahrtausends sogar eine stärkere Betonung der kollektiven gegenüber den individuellen Kompetenzen (vgl. 2010, S. 195).

Was bedeutet das nun übertragen auf die Marktforschung? Im Hinblick auf die folgenden Ausführungen, vor allem auf die Diskussion der empirischen Befunde von Ottawa/Winkler (vgl. 2015 und 2016), wird an dieser Stelle auf den Transfer auf den einzelnen Marktforscher verzichtet. Eine Gruppe von Marktforschern kann beispielsweise eine betriebliche Marktforschungsabteilung, ein Marktforschungslehrstuhl oder das qualitative Team eines Instituts sein. Jede dieser Gruppen beweist ihre Kompetenz, indem ihre Mitglieder untereinander agieren, um die Handlungsfähigkeit und den Bestand der Gruppe sicherzustellen. Das kann etwa ein regelmäßiger Jour Fixe sein, der die anstehenden Aufgaben optimal nach den individuellen Kompetenzen der Gruppenmitglieder verteilt. Bedingung dafür ist, dass sich alle für ein kompetentes Handeln der Gruppe nötigen Kompetenzen in den individuellen Kompetenzen der Gruppenmitglieder wiederfinden. Das können im Fall der qualitativen Abteilung beispielsweise Gesprächstechniken, Akquisestärke, aber auch analytische Kompetenz sein. Handeln kann die Gruppe nur durch ihre Individuen, indem zum Beispiel die Leitung der betrieblichen Marktforschungsabteilung ein Eskalationsgespräch mit einem Auftragnehmer führt. Organisationskompetenz bezieht sich in der Marktforschung in erster Linie auf Institute als Ganzes. Sie beweisen ihre Kompetenz zunächst darin, für die (potenziellen) Nachfrager die nötigen Gruppen- oder Individualkompetenzen vorzuhalten, also etwa nicht nur qualitative, sondern aufgrund häufiger Kundennachfragen auch quantitative Forschungsleistungen anzubieten. Darin, aber etwa auch in der Umsetzung der Erkenntnis, dass implizite Forschung einen Markt der Zukunft darstellen könnte, beweist das Institut seine Kompetenz, Wettbewerbsvorteile zu sichern. Indem es Prozesse verschlankt, um den Kunden schneller als zuvor beliefern zu können, handelt es kompetent in Sachen Optimierung der Organisation. Bleibt als letzte Stufe das Netzwerk als Träger von Kompetenz. Hier ist etwa an die informelle Zusammenarbeit von Instituten aus verschiedenen Ländern zu denken. Durch internationale Kooperation kann beispielsweise die Zeitverschiebung dazu ausgenutzt werden, Daten, die in Europa erhoben worden sind, nach Dienstschluss in unserem Kontinent in Amerika auswerten und danach in Indien vercharten zu lassen. Ein Beispiel aus der Praxis führt Hedewig-Mohr (vgl. 2016) an. Sie schildert am Beispiel des aus eher kleineren qualitativen Instituten bestehenden Netzwerks Think Global Qualitative, wie unter Ausnutzung der Zeitverschiebung binnen zwei Tagen weltweit eine qualitative Studie durchgeführt werden konnte. Mehr Teilnehmer kooperieren in WIN, einem weltweiten Netzwerk aus 80 Markt- und Meinungsforschungsinstituten (vgl. Hedewig-Mohr 2017a). Ein weiteres, diesmal nicht methodisch, sondern geschlechtsspezifisch begründetes Netzwerk stellt Women in Research dar (vgl. womeninresarch.org 2017). Ziel dieses Netzwerkes für Marktforscherinnen ist es, diese Klientel besser miteinander zu vernetzen und ihre Karriere zu fördern. Netzwerkbildung, also entsprechende Partner zu finden und zu akquirieren, stellt den nächsten Bestandteil der Organisationskompetenz dar. Diese Partner an sich zu binden und die Gesamtleistung des Netzwerks zu erhöhen, zeugt schließlich von Kompetenzen in Netzwerkmanagement und -qualifikation.

3.5 Kompetenzentwicklung

Die Ausführungen zur Kompetenzentwicklung werden an dieser Stelle bewusst knapp gehalten, da es zu diesem Thema eine reiche Auswahl an spezialisierter psychologischer und erziehungswissenschaftlicher Literatur gibt (vgl. Erpenbeck/Heyse 2007; Gillen et al. 2005; Wollert 1997). Wichtig ist jedoch als einleitende Vorbemerkung, dass Kompetenzen im Zeitablauf keine Stabilität zu unterstellen ist (vgl. Proff 2002, S. 173), womit das individuelle und kollektive Kompetenzset laufend auf seine Aktualität hinterfragt werden muss. Als „Treiber der Kompetenzentwicklung" sieht Proff (2002, S. 174) Umfeldveränderungen, auf die Individuen und Organisationen reagieren müssen, um kompetent bleiben zu können. Ob es sich dabei lediglich um eine Kompetenzverbesserung, also den Ausbau bestehender Kompetenzen, oder um eine Kompetenzerneuerung handelt, hängt nach Proff (2002, S. 182) vom Diffusionsgrad des Wissens ab. Der Kompetenzerwerb beschränkt sich demnach nicht nur auf die Schul-[11,12], Ausbildungs- und Hochschulzeit eines Menschen sowie auf sein Berufsleben, sondern bezieht sich auf seine gesamte Lebenszeit (vgl. Dehnbostel/Gillen 2005, S. 32; Faix/Laier 1996 S. 55 f. und 109), ja „vermutlich sogar schon vorgeburtlich" (Weinert 2007, S. 90) erwirbt der Mensch Kompetenzen. Das Schlagwort vom „lebenslangen Lernen" lässt sich demnach ebenso auf den Kompetenzerwerb übertragen. Ebenso stellt der Kompetenzerwerb, zumindest auf Erwachsene bezogen „einen individuellen Vorgang von längerer Zeitdauer dar" (Schick 2013, S. 195). Kompetenzmodelle werden aber faktisch „für spezifische Populationen in spezifischen [...] Kontexten zu spezifischen Zeitpunkten entwickelt" (Robitzsch 2013, S. 43). Gleichwohl verändern sich die Kontexte und damit die Inhalte der zu erwerbenden Kompetenzen im Laufe eines Lebens. Dabei ist der Kompetenzerwerb stark von der beruflichen Stellung (vgl. Wollert 1997, S. 330), dem Unternehmen, bezogen z. B. auf dessen Geschäftsmodell oder Größe, in dem jemand arbeitet, oder dem Lebenskontext bzw. der Umwelt abhängig, in welcher sich das einzelne Individuum bewegt (vgl. Klieme/Hartig 2007, S. 17). Für Staudt/Kriegesmann (1999, S. 28) ist die Umwelt, im Sinn von sozialem Umfeld, sogar ausschlaggebend für den Erwerb der für das Berufsleben relevanten Kompetenzen:

---

11 Hinsichtlich der schulischen Kompetenzvermittlung sieht Weinert (2014, S. 28) fachliche, fachübergreifende und Handlungskompetenzen als „Erträge des schulischen Unterrichts".
12 Gleichwohl kommt der Schule im Erwerb vor allem sozialer Kompetenzen eine bedeutende Rolle zu (vgl. Klieme/Artelt/Stanat 2014, S. 216).

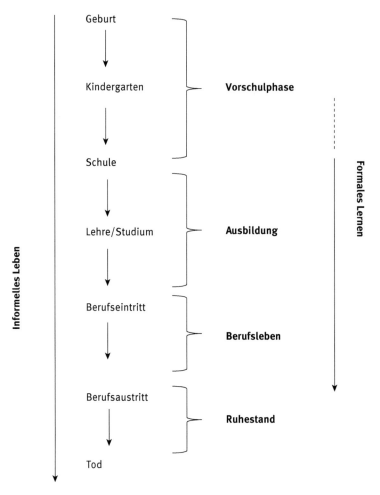

Abb. 4: Phasen des Kompetenzerwerbs (Ottawa, Marco/Kleb, Kira).

Eine Analyse der Kompetenzbiographie von Unternehmern zeigt, dass die im Berufsleben entscheidenden Kompetenzen im Schwerpunkt außerhalb der beruflichen Entwicklung, im sozialen Umfeld, im Alltag entwickelt werden.

Dieser Erwerb beruflich relevanter Kompetenzen findet aber keineswegs nur im erwerbsfähigen Alter statt, sondern beginnt vielmehr schon in der prägenden Kindheit (vgl. Staudt/Kriegesmann 1999, S. 28). Abbildung 4 veranschaulicht die verschiedenen Phasen des Kompetenzerwerbs.

Dabei ist zwischen informellem Lernen

das im Alltag, am Arbeitsplatz, im Familienkreis oder in der Freizeit stattfindet. Es ist (in Bezug auf Lernziele, Lernzeit oder Lernförderung) nicht strukturiert und führt üblicherweise nicht zur

> Zertifizierung. Informelles Lernen kann zielgerichtet sein, ist jedoch in den meisten Fällen nicht-intentional (oder „inzidentell"/beiläufig).
>
> Kommission der Europäischen Gemeinschaften (2001, S. 33)

und formalem Lernen,

> das üblicherweise in einer Bildungs- oder Ausbildungseinrichtung stattfindet (in Bezug auf Lern-ziele, Lernzeit oder Lernförderung) strukturiert ist und zur Zertifizierung führt. Formales Lernen ist aus Sicht des Lernenden zielgerichtet.
>
> Kommission der Europäischen Gemeinschaften (2001, S. 33)

Das informelle Lernen, von Dehnbostel (2003, S. 5) auch als „Lernen über Erfahrun-gen" bezeichnet, erstreckt sich über das ganze Leben. Bezogen auf seinen Beitrag zum Erwerb beruflicher Handlungskompetenz ist es als wichtiger als formales Lernen an-zusehen (vgl. Dehnbostel 2003, S. 6). Das formale Lernen beginnt, zumindest im deut-schen Sprachraum, üblicherweise mit dem Schuleintritt, kann aber auch, wenn man an Sprachkurse oder Musikunterricht denkt, bereits früher einsetzen, warum der rech-te Pfeil anfangs nur gestrichelt dargestellt ist.[13]

Aktuell sind es vor allem vier Megatrends, die die Marktforschungsbranche, die für sie nötigen Kompetenzen und den diesbezüglichen Kompetenzerwerb massiv ver-ändern. Eidems/Lainer (vgl. 2015, S. 32–36) nennen diesbezüglich:
- Die wirtschaftliche Situation von Marktforschungsinstituten
- Fortschreitende Digitalisierung
- Internationalisierung
- Innovations- und Kostendruck

So können Kompetenzen wie Fremdsprachenkenntnisse oder kaufmännisches Kalku-lieren durch diese Trends zunehmend wichtiger werden und sich in ihrer Ausprägung über die Zeit verändern, wobei die Veränderungen auf individueller schneller als auf Populationsebene verlaufen (vgl. Robitzsch 2013, S. 43 f.). Abbildung 5 zeigt am Bei-spiel der Marktforschung, welche aus Unternehmenssicht indogenen und exogenen Faktoren Einfluss auf die Veränderung des Kompetenzprofils und damit auf den not-wendigen Erwerb neuer Kompetenzen haben.

Die genannten Entwicklungen machen auch in der von kleinen Unternehmen geprägten Marktforschungsbranche ein strategisches Human Resource Management (vgl. Eidems/Lainer 2015, S. 39 ff.) zwingend notwendig, um die Individual-, Team- und Organisationskompetenzen auf dem Laufenden zu halten oder noch besser zu-kunftssicher zu gestalten. Dazu gehört es auch, Wissen und Kompetenzen über Mitar-beitergenerationen weiterzugeben, um die kollektive Kompetenz des Unternehmens

---

13 Am informellem Lernen interessierten Lesern sei Bernd Overwiens Aufsatz „Stichwort: Informelles Lernen" (vgl. Overwien 2005) als weiterführende Literatur empfohlen.

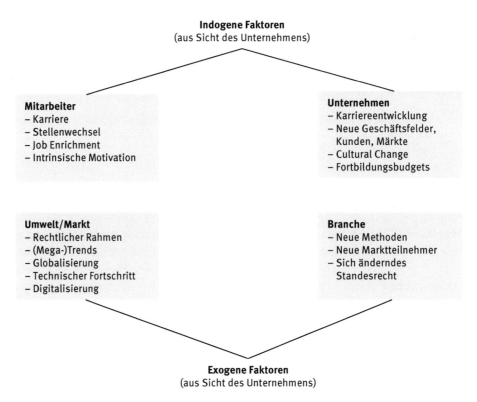

Abb. 5: Einflussfaktoren auf die Veränderung des Kompetenzprofils bei Marktforschern (Ottawa, Marco/Kleb, Kira).

zu erhalten bzw. auszubauen (vgl. North 2003, S. 203 f.). Hierzu fehlt es der Branche möglicherweise an der nötigen Expertise, da nur größere Institute über HR-Profis verfügen und betriebliche Marktforschungen aufgrund ihrer geringen Mitarbeiterzahl mit ihren Fort- und Weiterbildungsanforderungen in großen Unternehmen untergehen können. Eine wichtige Rolle beim Kompetenzaufbau spielt gerade die Fähigkeit der Selbstorganisation des Wissens- und Kompetenzerwerbs durch die jeweilige Organisation (vgl. North/Friedrich/Lantz 2005, S. 602 f.). Das gilt sinngemäß auch oder gerade für den einzelnen Marktforscher, da er in der Regel kein professionelles Kompetenzmanagement hinter sich hat. Da niemand auf einmal ein möglicherweise umfangreiches Kompetenzprofil erlangen kann, empfiehlt Sachse (vgl. o. J.), zunächst Basis- im Sinne von Kernkompetenzen zu erwerben und an diese „periphere Informationen" (Sachse o. J.) anzulagern.

3.6 Kompetenzcluster

Es gibt Dutzende von Einzelkompetenzen (vgl. FH Wien 2011). Um sie handhabbar zu machen und aus ihnen ein übergreifendes Modell der Kompetenzen zu entwickeln, bedient sich die Kompetenzforschung der Zusammenfassung von Einzelkompetenzen zu Kompetenzclustern, Kompetenzkategorien (vgl. DQR 2013, S. 45) oder Kompetenzklassen (vgl. Erpenbeck/von Rosenstiel 2003, S. XV). In Analogie zur Diskussion des Kompetenzbegriffs (vgl. 3.1) werden auch in diesem Abschnitt ausgewählte Modelle, in diesem Fall von Kompetenzclustern, chronologisch vorgestellt und hinsichtlich ihrer Zusammensetzung diskutiert. Darauf aufbauend werden diese Cluster im folgenden Kapitel auf die Marktforschung übertragen. An dieser Stelle sei darauf hingewiesen, dass es zwischen den einzelnen Clustern durchaus Überschneidungen geben kann (vgl. Bader 1989, S. 75; Barth 2016, S. 11), was nach Kauffeld/Grote/Frieling (vgl. 2003, S. 267) sogar eher die Regel ist.

Bader (vgl. 1989, S. 75)
- Fachkompetenz
- Humankompetenz
- Sozialkompetenz

Wollert (vgl. 1997, S. 329)
- Physiologisch-biologische Kompetenz
- Kognitive Kompetenz
    - Fachkompetenz
    - Methodenkompetenz
- Soziale Kompetenz

Erpenbeck/von Rosenstiel (vgl. 2003, S. XVI) bzw. Erpenbeck/Heyse (2007, S. 159):
- Personale Kompetenzen
- Aktivitäts- und umsetzungsbezogene Kompetenzen
- Fachlich-methodische Kompetenzen
- Sozial-kommunikative Kompetenzen

von Bothmer (vgl. 2004, S. 15)
- Fachkompetenz
- Sozialkompetenz
- Personale Kompetenz
- Methodenkompetenz

Für von Bothmer ergibt sich aus den vier vorstehenden Kompetenzclustern die berufliche Handlungskompetenz.

Achtenhagen/Baethge (vgl. 2007, S. 59)
- Sachkompetenz = Umgang mit Konzepten
- Methodenkompetenz = Umgang mit technischer Ausstattung
- Sozialkompetenz = Umgang mit anderen

Beck (vgl. 2007, S. 10 ff.) betrachtet die Handlungskompetenz als „primäre" (2007, S. 10) Kompetenz, die sich aus den folgenden vier „sekundären" (2007, S. 10) Kompetenzen zusammensetzt:
- Fachkompetenzen
- Methodenkompetenz
- Personale Kompetenz
- Sozialkompetenz

Edelmann/Tippelt (vgl. 2007, S. 133) stellen mit dem „Inhaltlichen Basiswissen" ein bislang nicht genanntes Kompetenzcluster vor. Es bezieht sich auf „naturwissenschaftliches, sozialwissenschaftliches und ethisches Basiswissen" (Edelmann/Tippelt 2007, S. 133) und ist nach Ansicht der Autoren mit Allgemeinbildung gleichzusetzen. Insgesamt umfasst die Klassifizierung der Kompetenzen nach Edelmann/Tippelt fünf Cluster:
- Personale Kompetenz
- Fachkompetenz
- Methodische Kompetenz
- Soziale und kommunikative Kompetenz
- Inhaltliches Basiswissen

Kauffeld/Grote/Frieling (vgl. 2007, S. 262)
- Fachkompetenz
- Methodenkompetenz
- Sozialkompetenz
- Selbstkompetenz

Klieme/Hartig (vgl. 2007, S. 20)
- Selbstkompetenz
- Sachkompetenz
  - Fachkompetenz
  - Methodenkompetenz
- Sozialkompetenz

FH Wien (vgl. 2011):
- Personale Kompetenz
- Aktivitäts- und Handlungskompetenz
- Sozial-kommunikative Kompetenz
- Fach- und Methodenkompetenz

Scherm (vgl. 2014, S. 215 f.)
- Motivational-emotionale Kompetenzen
- Kognitive Kompetenzen
- Führungs- und Sozialkompetenzen

Aus den vorgenannten Kompetenzclustern stechen aufgrund der Häufigkeiten ihrer Nennungen vier hervor. Es handelt sich dabei um:
- Fachkompetenzen
- Methodenkompetenzen
- Personale Kompetenzen
- Soziale Kompetenzen.

Sie werden im Folgenden genauer vorgestellt und werden sich unter 5.4 auch im Kompetenzmodell für Marktforscher widerfinden.

3.6.1 Handlungskompetenz

Auch wenn Euler/Reemtsma-Theis (vgl. 1999, S.17 ff.) **Handlungskompetenz** lediglich als Bestandteil der Sozialkompetenzen beschreiben, scheint sie den Autoren dieses Buchs so wichtig zu sein, sie als Katalysator, der die übrigen, auch die Sozialkompetenzen, zur Anwendung bringt, separat zu behandeln.

Handlungskompetenz definieren Kauffeld/Grote/Frieling (2003, S. 261) wie folgt:

> Unter der beruflichen Handlungskompetenz werden alle Fähigkeiten, Fertigkeiten, Denkmethoden und Wissensbestände des Menschen, die ihn bei der Bewältigung konkreter sowohl vertrauter als auch neuartiger Arbeitsaufgaben selbstorganisiert, aufgabengemäß, zielgerichtet, situationsbedingt und verantwortungsbewusst – oft in Kooperation mit anderen – handlungs- und reaktionsfähig machen und sich in der erfolgreichen Bewältigung konkreter Arbeitsanforderungen zeigen, verstanden.

Die Definition betont die unter 3.2 vorgestellte Handlungsadäquanz, die aus vorhandenen Wissen und Fähigkeiten im Sinn einer „komplexen Verknüpfungsleistung" von (Schreyögg/Kliesch 2004, S. 7) erst die Kompetenz ermöglicht. In diesem Sinn definiert auch die Kultusministerkonferenz (KMK) Handlungskompetenz:

> Diese [die Handlungskompetenz; Anm. d. Verf.] wird hier verstanden als die Bereitschaft und Fähigkeit des einzelnen, sich in beruflichen, gesellschaftlichen und privaten Situationen sachgerecht durchdacht sowie individuell und sozial verantwortlich zu verhalten. Handlungskompetenz entfaltet sich in den Dimensionen von Fachkompetenz, Personalkompetenz und Sozialkompetenz (Sekretariat der Ständigen Konferenz der Kultusminister der Länder in der Bundesrepublik Deutschland 2000, S. 9).

Knapper definiert Bader (2000, S.13) die Handlungskompetenz als „die Fähigkeit und Bereitschaft des Menschen zu eigenverantwortlichem Handeln." Die zuvor erwähnte Handlungsadäquanz hat nach Euler/Reemtsma-Theiß (1999, S. 172) zwei Schwerpunkte, nämlich zum einen die Klärung der Ausprägung und Bedeutung von situativen Bedingungen, zum anderen die Klärung der Ausprägung und Bedeutung von personalen Bedingungen. Dazu ein Beispiel aus der Marktforschungspraxis, das die Autoren im Dezember 2016 erlebt haben. Zu Gruppendiskussionen kam bei weitem nicht die vereinbarte Anzahl von Probanden, weil es am Untersuchungsort zum einen, einen viele Kilometer langen Stau auf der Autobahn gab und zum anderen, gleichzeitig eine Fliegerbombe aus dem zweiten Weltkrieg gefunden wurde, was zu weiteren Verkehrsstörungen führte. Der Interviewer musste sich also auf eine neue Befragungssituation einstellen. Daneben waren die Gruppen nicht so heterogen wie erwartet, so dass sich die Probanden nur wenig voneinander unterschieden. Hier musste sich der Interviewer zudem noch kurzfristig auf andere Personentypen als die erwarteten einstellen. Dem Interviewer ist es aufgrund seiner Handlungskompetenz trotzdem gelungen, verwertbare Forschungsergebnisse zu erheben.

Einen zusätzlichen Aspekt, nämlich die ständige Weiterentwicklung der eigenen Handlungsmöglichkeiten, enthält die Definition der beruflichen Handlungskompetenz von Bader (1989, S. 74 f.):

> Dementsprechend meint berufliche Handlungskompetenz die Fähigkeit und Bereitschaft des Menschen, in beruflichen Situationen sach- und fachgerecht, persönlich durchdacht und in gesellschaftlicher Verantwortung zu handeln sowie seine Handlungsmöglichkeiten ständig weiterzuentwickeln.

Sie umfasst damit „die Komponenten Fachkompetenz, Human(Personal)kompetenz und Sozialkompetenz" (Bader 2000, S. 13). Die von Kauffeld/Grote/Frieling (2003, S. 261) mit dem Attribut „verantwortungsbewusst" beschriebene ethische Komponente der Handlungskompetenz ergänzt die KMK um sozial verantwortliches Verhalten (vgl. Sekretariat der Ständigen Konferenz der Kultusminister der Länder in der Bundesrepublik Deutschland 2000, S. 9). Beck (vgl. 2007, S. 10) geht sogar so weit, die Handlungskompetenz als „primäre" Kompetenz zu bezeichnen, sich aus den vier „sekundären" Kompetenzen Fachkompetenz, Methodenkompetenz, personale Kompetenz und Sozialkompetenz zusammensetzt. In diesem Sinn äußert sich auch Klieme (2004, S. 11). Bestimmt wird die Handlungskompetenz nach Staudt/Kriegesmann (vgl. 1999, S. 44) durch Handlungsfähigkeit[14] und Handlungsbereitschaft. Die bloße Fähigkeit, eine bestimmte Handlung auszuführen, genügt nicht, das im Sinn kompetenten Handels zu tun. Sie ist vielmehr „an die Bewältigung konkreter Arbeitsaufgaben gekoppelt" (Kauffeld/Grote/Frieling 2003, S. 267). Es muss noch die intrinsisch

---

14 Die Handlungsfähigkeit setzt sich nach von Bothmer (vgl. 2004, S. 9) aus explizitem und implizitem Wissen einerseits und Fertigkeiten andererseits zusammen.

oder extrinsisch motivierte Bereitschaft, es zu tun, hinzukommen, um individuelle Handlungskompetenz zu beweisen (vgl. von Bothmer 2004, S. 11). Aber selbst die beste Handlungskompetenz reicht nicht aus, kompetent zu handeln. Nehmen wir das Beispiel einer bestens ausgebildeten potenziellen Nachwuchsmarktforscherin, die sich in Studium und Praktika Wissen und Fertigkeiten rund um das Thema Marktforschung erworben hat. Sie ist zudem bereit, als Marktforscherin zu arbeiten, um ihre Handlungsfähigkeit unter Beweis zu stellen, findet aber keinen Arbeitsplatz in der Marktforschung. Diese fehlende Anwendungsmöglichkeit hindert die junge Dame letztlich daran, als Marktforscherin kompetent handeln zu können (vgl. von Bothmer 2004, S. 13). Von Bothmer weist darauf hin, dass „das Fehlen von Anwendungs- bzw. Realisierungsmöglichkeiten zu Degeneration und Abbau der Handlungskompetenzen führt" (2004, S. 13). Für ihn ist Handlungskompetenz ein Zusammenwirken aus:

- Handlungsfähigkeit als wissensmäßiger Basis,
- Handlungsbereitschaft als motivationaler Basis und
- Zuständigkeit als organisatorischer Legitimation und Einbindung in den Handlungskontext (von Bothmer 2004, S. 8)

Diese Trias aus „Savoir agir" [Handlungsfähigkeit; Übersetzung aus dem Französischen von Marco Ottawa], „Vouloir agir" [Handlungsbereitschaft; Übersetzung aus dem Französischen von Marco Ottawa] und „Pouvoir agir" [Zuständigkeit; Übersetzung aus dem Französischen von Marco Ottawa] legt auch Le Boterf (2010, S. 96) seinem Modell, kompetent handeln zu können, zugrunde. Wollert (vgl. 1997, S. 329) bezeichnet Wissen, Können und Wollen als die drei Komponenten des Kompetenzbegriffs. Abbildung 6 verdeutlicht diesen Zusammenhang.

So gesehen haben Kompetenzen auch eine Art von Verfallsdatum, können demnach degenerieren (vgl. Freiling 2002, S. 21). Aber selbst wenn die junge Dame eine Anstellung in der Marktforschung fände, bewahrte es sie nicht vor der Gefahr, an Kompetenz zu verlieren. Zur Kompetenz gehört es auch, seine eigene Kompetenz ständig zu überprüfen und gegebenenfalls auszubauen und zu aktualisieren, um im Sinn von Employability zukunftssicher zu bleiben (vgl. Broy 2016, S. 89). Für die junge Dame aus unserem Beispiel kann das etwa bedeuten, sich in „Storytelling, Datenvisualisierung oder Change Management" (Esters 2016, S. 102) fortzubilden. Zukunfts-

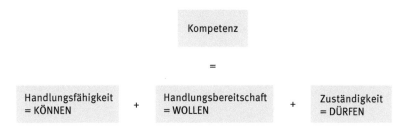

Abb. 6: Trias der Kompetenzaspekte (Ottawa, Marco/Kleb, Kira).

sicherung durch individuelle Kompetenzentwicklung kommt nicht nur der einzelnen Marktforscherin, sondern ihrem Arbeitgeber und der ganzen Branche zugute (vgl. Grote/Kauffeld/Frieling 2006, S. VII f.). Obwohl diese Aussage schon mehr als ein Jahrzehnt alt ist, hat sie vor dem Hintergrund der einleitend beschriebenen Stimmung in der deutschsprachigen Marktforschungsbranche nichts an Aktualität verloren, vermutlich durch Big Data oder Do-it-yourself-Marktforschung eher noch gewonnen.

Die FH Wien (vgl. 2011) führt in ihrem Kompetenzatlas 16 auf vier Subcluster verteilte einzelne Aktivitäts- und Handlungskompetenzen an:

– Reine Handlungskompetenzen
    – Ausführungsbereitschaft
    – Initiative
    – Mobilität
    – Tatkraft
– Handlungskompetenzen mit Anteilen von Fach- und Methodenkompetenzen
    – Beharrlichkeit
    – Ergebnisorientiertes Handeln
    – Konsequenz
    – Zielorientiertes Führen
– Handlungskompetenzen mit Anteilen von personalen Kompetenzen
    – Belastbarkeit
    – Entscheidungsfähigkeit
    – Gestaltungswille
    – Innovationsfreudigkeit
– Handlungskompetenzen mit Anteilen von sozial-kommunikativen Kompetenzen
    – Impulsgeben
    – Optimismus
    – Schlagfertigkeit
    – Soziales Engagement

Erpenbeck/Heyse (vgl. 2007, S. 161) komprimieren die Handlungskompetenzen, von ihnen als „aktivitäts- und umsetzungsbezogenen Kompetenzen" bezeichnet auf folgende Teilkompetenzen:

– Entscheidungsfähigkeit
– Gestaltungswille
– Tatkraft
– Belastbarkeit
– Optimismus
– Beharrlichkeit
– Mobilität
– Initiative

3.6.2 Fachkompetenz

Das zweite Cluster stellt die Fachkompetenz dar, welche von Erpenbeck/von Rosenstiel (vgl. 2003) bzw. Erpenbeck/Heyse (vgl. 2007) und der FH Wien (vgl. 2011) mit den methodischen Kompetenzen zu einem Cluster zusammengeführt werden. Für Beck (2007, S. 11) sind Fachkompetenzen „durch den Einsatz von Fachkenntnissen und beruflichem Erfahrungswissen in einer konkreten beruflichen Aufgabenstellung gekennzeichnet." Demnach zählt er u. a. folgende Einzelkompetenzen zu diesem Cluster (vgl. 2007, S. 17):
- Allgemeinbildung
- Auslandserfahrung
- Berufserfahrung
- Berufsspezifische Kenntnisse
- Branchenkenntnisse
- Interkulturelles Wissen
- IT-Kenntnisse
- Projekterfahrung
- Schulbildung/Studium
- Sprachen
- Warenkenntnisse
- Zahlenverständnis

Diese Aufzählung enthält Kompetenzen, die wie Sprachen schon unter 3.5 diskutiert vor- bzw. außerberuflich erworben sein können bzw. wie Allgemeinbildung, Schulbildung, Studium müssen. Ähnliche Fachkenntnisse wie bei Beck enthält auch der Kompetenzatlas der FH Wien (vgl. FH Wien 2011):
- Fachwissen
- Fachübergreifende Kenntnisse
- Folgebewusstsein
- Marktkenntnisse

Nach Kauffeld/Grote/Frieling (vgl. 2007, S. 268) gehören folgende Einzelkompetenzen zu den Fachkompetenzen:
- Lösungserläuterung
- Lösungsvorschläge erarbeiten
- Organisationales Wissen bezogen auf relevante Organisationen und Abläufe
- Problemerläuterung
- Verknüpfung bei der Problemanalyse
- Wissensmanagement, d. h. zu wissen, wer was weiß

Zuletzt sei auch noch die Auflistung von Erpenbeck/Heyse (vgl. 2007, S. 161) vorgestellt:
- Allgemeinwissen
- Fachwissen
- Organisatorische Fähigkeiten
- Betriebswirtschaftliche Kenntnisse
- EDV-Wissen
- Fachliche Fähigkeiten und Fertigkeiten
- Markt-Know-how
- Sprachkenntnisse
- Unternehmerisches Denken und Handeln

Zu den Fachkompetenzen gehören sowohl auf abprüfbaren Fähigkeiten beruhende Kompetenzen wie etwa ein Studium, auf den individuellen Arbeitsbereich bezogene wie Branchen- oder organisationales Wissen sowie handlungsorientierte Kompetenzen wie Projektmanagement oder die Erarbeitung von Lösungsvorschlägen. Weiter als die bisher zitierten Autoren gehen Klieme/Hartig (2007, S. 23), wenn sie Fachkompetenzen „als die Fähigkeit und Bereitschaft, Aufgabenstellungen selbständig, fachlich richtig, methodengeleitet zu bearbeiten und das Ergebnis zu beurteilen" definieren. Die Eigenbeurteilung führt über das reine Tun im Sinne der Anwendung von Methoden hinaus.

3.6.3 Methodenkompetenz

Was die einzelnen Methodenkompetenzen anbelangt, führen Kauffeld/Grote/Frieling (2003, S. 268) u. a. folgende an:
- Aufgabenverteilung
- Kosten-Nutzen-Abwägung
- Priorisieren
- Verfahrensvorschlag
- Visualisierung
- Zeitmanagement
- Zusammenfassung von Ergebnissen

Die Auflistung von Beck (2007, S. 17) umfasst noch weitere Teilkompetenzen, nämlich:
- Abstraktionsfähigkeit
- Analysefähigkeit
- Arbeitstechnik/-weise
- Argumentationsfähigkeit
- Ausdruck
- Denkweise

- Effektives Arbeiten
- Effizientes Arbeiten
- Informationsbeschaffung
- Informationsverarbeitung
- Lerntechnik
- Konfliktlösungstechniken
- Konzeptionelle Stärke
- Koordinationsfähigkeit
- Kreativitätstechnik
- Methodenvielfalt
- Moderationstechnik
- Organisationsfähigkeit
- Planung
- Präsentation
- Problemlösung
- Projektmanagement
- Rhetorik
- Selbstmanagement
- Strategisches Denken
- Stressmanagement
- Strukturiertes Arbeiten
- Systemisches Denken
- Transfer

Der Kompetenzatlas der FH Wien (vgl. 2011) führt folgende Methodenkompetenzen an:
- Analytische Fähigkeiten
- Beurteilungsvermögen
- Fachliche Anerkennung, im Sinn von sachlichem Anerkennen eigenen und fremden Könnens
- Fleiß
- Konzeptionsstärke
- Lehrfähigkeit
- Organisationsfähigkeit
- Planungsverhalten
- Projektmanagement
- Sachlichkeit
- Systematisches-methodisches Vorgehen
- Wissensorientierung

Auf abstrakterer Ebene führen Erpenbeck/Heyse (vgl. 2007, S. 161) folgende methodischen Teilkompetenzen an:

- Analytisches Denken
- Konzeptionelle Fähigkeiten
- Strukturierendes Denken
- Zusammenhänge und Wechselwirkungen erkennen
- Ganzheitliches Denkvermögen
- Gefühl für künftige Entwicklungen
- Kreativität und Innovationsfähigkeit

3.6.4 Personale Kompetenz

Personale Kompetenzen sind stark an die individuelle Person bzw. Persönlichkeit gebunden. Erpenbeck/von Rosenstiel (2003, S. XVI) definieren sie als:

> die Dispositionen einer Person, reflexiv selbstorganisiert zu handeln, d. h. sich selbst einzuschät-
> zen, produktive Einstellungen, Werthaltungen, Motive und Selbstbilder zu entwickeln, eigene
> Begabungen, Motivationen, Leistungsvorsätze zu entfalten und sich im Rahmen der Arbeit und
> außerhalb kreativ zu entwickeln und zu lernen.

Hier schwingen stark intrapersonelle bzw. personenindividuelle Aspekte mit, die
nicht zwingend durch Aus- oder Fortbildung erworben werden können. Die aktive
Gestaltung des eigenen Lebens betont auch die Definition des DQR (2013, S. 46):

> Sie [die Personalkompetenz] bezeichnet die Fähigkeit und Bereitschaft, sich weiterzuentwickeln
> und das eigene Leben eigenständig und verantwortlich im jeweiligen sozialen, kulturellen bzw.
> beruflichen Kontext zu gestalten.

Hier fehlt der reflexive Aspekt der Definition von Erpenbeck/von Rosenstiel, den Bart-
scher/Stöckl/Träger (2012, S. 344) prononciert als „Fähigkeit, sich selbst gegenüber
kritisch zu sein" bezeichnen. Einen zusätzlichen Aspekt der personalen Kompetenz
führt Beck (2007, S. 11) an: „**Personale Kompetenzen** sind die Kompetenzen, die
in der Person begründete Merkmale und Eigenschaften beschreiben und wesentlich
zum beruflichen Erfolg beitragen." Diese Begründung der personalen Kompetenz
in ihrem Träger selbst macht sie für jede einzelne Person einmalig. Zugleich bedeutet sie, dass personale Kompetenzen nicht erlernt, sondern allenfalls gefördert bzw.
verstärkt werden können. Im Unterschied zu der von den Autoren hier vorgelegten
Gliederung der Kompetenzcluster wird die im folgenden Abschnitt als eigenständiges
Kompetenzcluster vorgestellte Sozialkompetenz vom DQR lediglich als Bestandteil
der personalen Kompetenz betrachtet (vgl. 2013, S. 46). Dem ist mit Bader (1989, S. 76)
entgegenzusetzen:

> Wichtig jedoch erscheint mir die Ausgliederung der Humankompetenz als eigener Komponente
> neben der Sozialkompetenz, weil hierdurch deutlicher zur Geltung kommt, daß der Mensch in
> gewollter sozialer Integration gleichwohl auch als Individuum ernstzunehmen ist.

Kauffeld/Grote/Frieling (vgl. 2003, S. 267) verwenden bei ähnlicher inhaltlicher Definition statt der Bezeichnung personale Kompetenzen den Begriff Selbstkompetenzen. Die Spannweite personaler Kompetenzen ist weit, wie die folgende Auflistung nach dem Kompetenzatlas der FH Wien (vgl. 2011) zeigt:

- Reine personale Kompetenzen
    - Eigenverantwortung
    - Glaubwürdigkeit
    - Loyalität
    - Normativ-ethische Einstellung
- Personale Kompetenzen mit Anteilen von personalen Kompetenzen
    - Einsatzbereitschaft
    - Offenheit für Veränderungen
    - Schöpferische Fähigkeit
    - Selbstmanagement
- Personale Kompetenzen mit Anteilen von Fach- und Methodenkompetenzen
    - Disziplin
    - Ganzheitliches Denken
    - Lernbereitschaft
    - Zuverlässigkeit
- Personale Kompetenzen mit Anteilen von sozial-kommunikativen Kompetenzen
    - Delegieren
    - Hilfsbereitschaft
    - Humor
    - Mitarbeiterförderung

Erpenbeck/Heyse (vgl. 2007, S. 161) zählen folgende Teilkompetenzen auf:
- Belastbarkeit
- Bereitschaft zur Selbstentwicklung
- Emotionalität
- Flexibilität
- Glaubwürdigkeit
- Leistungsbereitschaft
- Lernbereitschaft
- Offenheit
- Risikobereitschaft
- Selbstreflexionsbereitschaft

Ein Teil dieser Einzelkompetenzen findet sich bei Scherm (vgl. 2014, S. 215) unter motivational-emotionale (Selbstmanagement) oder kognitive (Lernfähigkeit) Kompetenzen subsumiert.

3.6.5 Soziale Kompetenz

Das Ergebnis der Literaturrecherche rund um Kompetenzen und Kompetenzcluster zeigt schon durch seine reine Treffermenge[15], dass diesem Kompetenzcluster im Vergleich zu den soeben vorgestellten vier anderen Clustern eine besondere Bedeutung zukommt.[16] Weinert unterstellte schon 2002 (vgl. 2002, S. 215), dass mit der wachsenden Bedeutung des Dienstleistungssektors die Bedeutung sozialer Kompetenz für den beruflichen Erfolg immer mehr zunähme. Gleichzeitig ist die Sozialkompetenz[17] die „komplexeste Verhaltensdimension, die wir kennen" (Faix/Laier 1996, S. 109) bzw. „der rote Faden, der sich durch sämtliche Lebensbereiche zieht und uns erst das Zusammenleben mit anderen ermöglicht" (Faix/Laier 1996, S. 109). Kanning (2009, S. 17) spricht aufgrund der Komplexität der sozialen Kompetenz von ihr als einem „Oberbegriff, hinter dem sich mehrere soziale Kompetenzen verbergen." Der Sozialkompetenz werden „Äußerungen, die sich auf die Interaktion beziehen sowie wertende Äußerungen gegenüber Personen und ihren Handlungen" (Kauffeld/Grote/Frieling 2003, S. 270) zugeordnet. Demnach kann sie „nur in der Gemeinschaft ausgebildet werden" (Faix/Laier 1996, S. 109). Nach Faix/Laier (vgl. 1996, S. 62) entsteht sie durch das synergetische Zusammenwirken von Selbst-Bewußt-Sein, Verantwortungs-Bewußt-Sein und Mündig-Sein. Der DQR (2013, S. 47) definiert sie als

> Fähigkeit und Bereitschaft, zielorientiert mit anderen zusammenzuarbeiten, ihre Interessen und sozialen Situationen zu erfassen, sich mit ihnen rational und verantwortungsbewusst auseinanderzusetzen und zu verständigen sowie die Arbeits- und Lebenswelt mitzugestalten.

Die Zielorientierung muss im Kontext der sozialen Kompetenz nicht automatisch die Aufgabe eigener Interessen oder Ziele beinhalten. Es kommt vielmehr darauf an, wie die persönlichen Ziele in der Interaktion mit Dritten verfolgt und umgesetzt werden. So definiert Kanning (2009, S. 15) soziales Verhalten als:

> Verhalten einer Person, dass in einer spezifischen Situation dazu beiträgt, die eigenen Ziele zu verwirklichen, wobei gleichzeitig die soziale Akzeptanz des Verhaltens gewahrt wird.

So stellt soziale Kompetenz einen „Kompromiss zwischen Anpassung und Durchsetzung" (Kanning 2009, S. 15) dar. Ähnlich wie Kanning haben schon früher Erpenbeck/von Rosenstiel (vgl. 2003, S. XVI) in ihrer Definition der sozial-kommunikativen Kompetenzen die Auseinandersetzung mit Dritten, beziehungsorientiertes Handeln und Kreativität aufgenommen:

---

15 vgl. dazu auch die Auflistung der Definitionen sozialer Kompetenz bei Wolf (2003, S. 34 f.).
16 Auf die Abgrenzung zu ähnlichen Konzepten wie etwa sozialer Intelligenz oder sozialen Fertigkeiten wird an dieser Stelle verzichtet, um den Umfang dieses Buchs nicht unnötig zu erweitern. Interessierte Leser seien auf Kanning (vgl. 2002, S. 156 f.) verwiesen.
17 Zur Etymologie des Begriffs „sozial" vgl. Hochbein (2013, S. 448 f.).

Sozial-kommunikative Kompetenzen: Als die Dispositionen, kommunikativ und kooperativ selbstorganisiert zu handeln, d. h. sich mit anderen kreativ auseinander- und zusammenzusetzen, sich gruppen- und beziehungsorientiert zu verhalten, und neue Pläne, Aufgaben und Ziele zu entwickeln.

Die Verbindung von Sozial- und Handlungskompetenzen stellen Euler/Reemtsma-Theis (1999, S. 171) in ihrer Definition der Sozialkompetenz her:

Sozialkompetenzen werden definiert als Handlungskompetenzen (1), die ein sozial-kommunikatives Handeln (2) über unterschiedliche Inhalte (3) in spezifischen Situationen (4) ermöglichen.

Sie gehen sogar soweit, die Sozial- als „Teilklasse von **Handlungskompetenzen**" (Euler/Reemtsma-Theis 1999, S. 173) zu beschreiben und untergliedern sie in einem ersten Schritt in zwei Punkte:
– Kompetenz zur Artikulation und Interpretation von (verbalen und nonverbalen) Äußerungen auf der Sach-, Beziehungs-, Selbstkundgabe- und Absichtsebene.
– Kompetenz zur Klärung der Bedeutung und Ausprägung situativer und/oder personaler Bedingungen für das sozial-kommunikative Handeln.

In diesem Sinn ordnen auch Klieme/Artelt/Stanat (2014, S. 215) die soziale Kompetenz ein:

Soziale Kompetenz lässt sich jedoch nicht als ein einheitliches Persönlichkeitsmerkmal fassen. Soziale Kompetenz ist vielmehr eine facettenreiche und vielschichtige Handlungskompetenz, die durch verschiedene Fähigkeiten, Fertigkeiten, Wissensstrukturen, motivationale Tendenzen, Einstellungen, Präferenzen usw. bestimmt wird.

Eine andere Untergliederung der Sozialkompetenz schlagen Greenspan/Granfield (vgl. 1992, S. 447 ff.) vor. Sie unterteilen sie in intellektuelle und nicht-intellektuelle Aspekte, wobei erstere weiter in praktische und soziale Intelligenz, letztere in Temperament und Charakter unterteilt werden. Ausführlicher als bei den vorstehend angeführten Definitionen wird die Sozialkompetenz von Euler (2001, S. 351) definiert:

Allgemein formuliert ließe sich Sozialkompetenz als die Fähigkeit bezeichnen, in spezifischen Situationstypen mit den jeweiligen Kommunikationspartnern zu kommunizieren, latente und manifeste Kommunikationsstörungen zu bewältigen und im Rahmen einer Meta-Kommunikation die Einzelstandpunkte und -interessen miteinander zu verbinden.

Daraus leitet Euler (2001, S. 531) sechs Bereiche der Sozialkompetenz ab:
– Verbale/non-verbale Artikulation von Äußerungen auf der Sach-, Beziehungs-, Gefühls- und Absichtsebene in spezifischen Situationstypen.
– Interpretation von verbalen/non-verbalen Äußerungen auf der Sach-, Beziehungs-, Gefühls- und Absichtsebene in spezifischen Situationstypen.

- Meta-Kommunikation über Äußerungen unterschiedlicher Kommunikationspartner in spezifischen Situationstypen.
- Sensibilität für latente/manifeste Kommunikationsstörungen in spezifischen Situationstypen.
- Reflexion von situativen und personalen Bedingungen erlebter oder geplanter Kommunikationsprozesse in spezifischen Situationstypen.
- Umsetzung der Reflexionsergebnisse in agentives Handeln, sei es als Weiterführung der Kommunikation nach einer Störung oder als Kommunikationsgestaltung zu einem neuen Anlass.

Mit drei Dimensionen der Sozialkompetenz begnügen sich Faix/Laier (vgl. 1996, S. 63 f.):
- Umgang mit sich selbst, z. B. Kritikfähigkeit, Sensibilität für die eigenen Bedürfnisse
- Verantwortungsbewusstsein, z. B. Verantwortung gegenüber der Gesellschaft, aktives Entwickeln eigener Moralvorstellungen
- Umgang mit anderen, z. B. Kommunikations- und Kompromissfähigkeit

Eine Trias von Dimensionen, aus denen sich die soziale Kompetenz zusammensetzt, verwendet auch Kanning (vgl. 2002, S. 158), nämlich:
- Perzeptiv-kognitiver Bereich, z. B. Perspektivenübernahme, Entscheidungsfreudigkeit
- Motivational-emotionaler Bereich, z. B. emotionale Stabilität, Wertepluralismus
- Behavioraler Bereich, z. B. Extraversion, Durchsetzungsfähigkeit.

Neben der Schwerpunktsetzung auf kommunikativen Aspekten fällt bei Euler die Betonung der aufnehmenden, reflektierenden und agierenden Elemente der Sozialkompetenz auf. Sozial zu handeln allein, genügt also nicht, um über soziale Kompetenz zu verfügen. Wie schon unter 3.1 ausgeführt ist auch die soziale Kompetenz nicht von ihrem Kontext unabhängig, „sondern muss für spezifische Situationstypen entwickelt werden" (Hochbein 2013, S. 456).

Die Interaktion bzw. kreative Auseinandersetzung mit anderen kann dabei integrativ, aber auch selbstbehauptend ausgestaltet sein (vgl. Beck 2007, S. 11; Kanning 2002, S. 155). Die Selbstbehauptung erfordert ein „hohes Maß an *Durchsetzungsfähigkeit*" (Kanning 2009, S. 14). Hochbein (2013, S. 454) verdeutlicht, wodurch sich soziale Kompetenz auszeichnet, nämlich „im Verständnis der Gruppendynamik (…) abhängig vom jeweiligen Kontext zu erkennen, welches Verhalten gebraucht wird, um Situationen im Sinne eines Widerspruchsmanagements zu beeinflussen und dies in Handeln umzusetzen." Was unter die sozial-kommunikativen Kompetenzen fällt, zeigt die folgende Auflistung (vgl. Erpenbeck/Heyse 2007, S. 161)
- Einfühlungsvermögen
- Kommunikationsfähigkeit

- Konfliktlösungsbereitschaft
- Konsensfähigkeit
- Kooperationsbereitschaft
- Partnerzentrierte Interaktion
- Teamfähigkeit
- Verständnisbereitschaft

Beck (2007, S. 17) führt darüber hinaus noch folgende Einzelkompetenzen auf:
- Anerkennung
- Diplomatie
- Durchsetzungsvermögen
- Fairness
- Gute Umgangsformen
- Hilfsbereitschaft
- Integrationsfähigkeit
- Interaktionsfähigkeit
- Konfliktfähigkeit
- Kritikfähigkeit
- Kundenfreundlichkeit
- Motivierungsvermögen
- Networking-Kompetenz
- Nonverbale Sensibilität
- Respekt
- Selbstvermarktungsfähigkeit
- Serviceorientierung
- Solidarität
- Toleranz
- Verhandlungsvermögen
- Verkaufsgeschick
- Vertrauenswürdigkeit
- Vorbildfunktion
- Vorurteilsfreiheit

Der Kompetenzatlas der FH Wien (vgl. 2011) zählt ergänzend noch Sozialkompetenzen auf, die im weiteren Verlauf dieses Buches noch bedeutsam werden:
- Anpassungsfähigkeit
- Beratungsfähigkeit
- Experimentierfreude
- Gewissenhaftigkeit
- Sprachgewandtheit

Eine weitere Teilkompetenz, die insbesondere für Führungskräfte relevant ist, nennt Scherm (vgl. 2014, S. 216), nämlich das Rekrutieren. Darunter ist die gezielte Suche leistungsstarker Mitarbeiter und deren Aufbau zu verstehen.

Komprimiert nennen Kumar/Ravindran (2011, S. 45) folgende Hauptbestandteile der Sozialkompetenz:

- Self awareness
- Control
- Motivation
- Acknowledging the interests of subordinates
- Communication skills

Hervorzuheben ist dabei das Zugestehen von Interessen und Bedürfnissen Untergebener. Bezogen auf die Marktforschung, die primär Projektarbeit ist, bedeutet das für den klassischen Studienleiter mit informeller Leitungsfunktion (vgl. Ottawa/Rietz 2015, S. 38) auch an die Bedürfnisse seiner Dienstleister, egal ob es sich dabei aus Sicht der betrieblichen Marktforschung um Institute oder aus Institutssicht z. B. um Rekrutierer oder Interviewer handelt, zu denken. Stangl (2001, S. 4 f.) verdichtet die soziale Kompetenz ebenfalls auf wenige Punkte, nämlich:

1. Selbstwahrnehmung und Selbstreflexion
2. Soziale Diagnosefähigkeit
3. Gesprächsführung
4. Teamfähigkeit
5. Steuern von Arbeitsprozessen
6. Organisationskompetenz
7. Kompetenz in der Kommunikation mit neuen Medien

Inwieweit der letzte Punkt heute noch aktuell ist, hängt vom Alter und der individuellen Medienkompetenz des einzelnen Menschen ab. Für junge, mit den (ehemals) neuen Medien aufgewachsene Personen dürfte er allenfalls eine Selbstverständlichkeit bzw. ein Hygienefaktor sein. Wolf (vgl. 2003, S. 40 f.) destilliert in ihrer Promotion fünf Kernmerkmale der Sozialkompetenz heraus:

- Empathie
- Initiierung von Interaktionen
- Autonomie, im Sinn von Selbstbehauptung und Selbstdarstellung
- Urteilsvermögen
- Konflikthandhabung

Sie umfassen sowohl kognitive, wie etwa die Empathie, von Weinert als „Grundlegende *kognitive Voraussetzung* sozial kompetenten Verhaltens" (Weinert 2002, S. 215) bezeichnet, als auch Handlungsaspekte wie die Initiierung von Interaktionen. Einen bislang noch nicht erwähnten Teilaspekt der Sozialkompetenz führt Stabenau (vgl. 1995, S. 347) an, nämlich die Fähigkeit zur Delegation, die allerdings bereits als Teilkompetenz der personalen Kompetenzen (siehe 3.6.4) vorgestellt wurde. An diesem Beispiel zeigt sich erneut, dass Teilkompetenzen in der Fachliteratur unterschiedlichen Clustern zugeordnet werden.

3.6.6 Zusammenfassung des Kompetenzbegriffs

Abbildung 7 fasst die einzelnen Facetten des Begriffs Kompetenz abschließend zusammen (vgl. dazu auch Staudt/Kriegesmann 1999, S. 45).

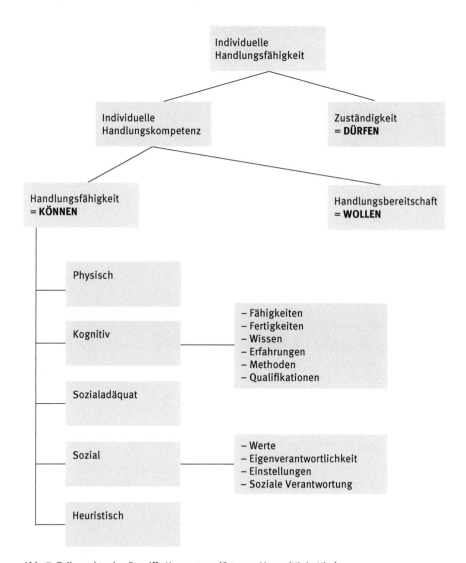

Abb. 7: Teilaspekte des Begriffs Kompetenz (Ottawa, Marco/Kleb, Kira).

Kompetenz besteht demnach aus den beiden Hauptkomponenten Zuständigkeit und individuelle, d. h. auf die einzelne Person bezogene (vgl. North 2005, S. 205) Handlungskompetenz, unterteilt in Handlungsfähigkeit und -bereitschaft, letztere als volitionale Komponente des Kompetenzbegriffs (vgl. Weinert 2001, S. 27 ff.). Kompetenz ist demnach nur dann erfüllt, wenn bezüglich kompetenten Handelns Dürfen, Können und Wollen erfüllt sind. Die Handlungsfähigkeit, also das Können, unterteilt sich ihrerseits in physische, kognitive, situationsadäquate, heuristische, d. h. „persönliche […] Problemlösungsverfahren („Heuristiken"), mit deren Hilfe neuartige Situationen bewältigt werden können" (Stahl 2017), und soziale Komponenten, die gemeinsam erfüllt sein müssen, um kompetent handeln zu können. Zu den kognitiven Bestandteilen zählen Fähigkeiten, Fertigkeiten, Wissen, Erfahrungen, Methoden und Qualifikation, zu den sozialen Werte, Eigenverantwortlichkeit, Einstellungen und soziale Verantwortung.

4 Kompetenzen für Dienstleistungen

Bevor unter 5 Kompetenzmodelle für die Marktforschung vorgestellt werden, widmet sich das folgende Kapitel den für die Erbringung von Dienstleistungen, von denen die Marktforschung eine Teildisziplin bildet, erforderlichen Kompetenzen.

Meffert/Bruhn (2012, S. 17) definieren Dienstleistungen wie folgt:

> **Dienstleistungen** sind selbstständige, marktfähige Leistungen, die mit der Bereitstellung (z. B. Versicherungsleistungen) und/oder dem Einsatz von Leistungsfähigkeiten (z. B. Friseurleistungen) verbunden sind (**Potenzialorientierung**). Interne (z. B. Geschäftsräume, Personal, Ausstattung) und externe Faktoren (also solche, die nicht im Einflussbereich des Dienstleisters liegen) werden im Rahmen des Erstellungsprozesses kombiniert (**Prozessorientierung**). Die Faktorenkombination des Dienstleistungsanbieters wird mit dem Ziel eingesetzt, an den externen Faktoren (z. B. Kunden) und deren Objekten (z. B. Auto des Kunden) nutzenstiftende Wirkungen (z. B. Inspektion beim Auto) zu erzielen (**Ergebnisorientierung**).

Hofstetter (2012, S. 9) charakterisiert die Dienstleistung über vier Eigenschaften:

1. *Intangibilität:* Service ist immateriell, somit ist dessen Qualität schwer messbar; dem Kunden muss eine gewisse Sicherheit vermittelt werden, nicht die „Katze im Sack zu kaufen"
2. *Integrativität:* Dienstleistung geht nur mit Mitwirkung des Klienten. die [sic] Qualität seines Inputs bestimmt mit den Erfolg
3. *uno actu Prinzip:* Leistungserstellung und -verwertung findet simultan statt; die Leistung kann deshalb nicht gelagert werden
4. *Heterogenität:* Dienstleistungen sind sehr individuell; es ist deshalb wenig Standardisierung möglich.

Gleichen wir diese vier Eigenschaften mit der Marktforschung ab. Marktforschung ist ein immaterieller Service und damit intangibel. Wie im Folgenden noch erläutert wird, kann, zumindest im Bereich der Primärforschung, eine qualitativ hochstehende Leistung nur unter Mitwirkung des Auftraggebers erzielt werden. Im Gegensatz zu anderen Dienstleistungen, wie etwa einem Haarschnitt, kann eine Marktforschungsstudie auch noch nach geraumer Zeit der „Lagerung" wertvoll und aussagekräftig sein. Das uno-acto-Prinzip gilt hier also nur eingeschränkt. Die Individualität der Dienstleistung ist trotz zum Teil jahrzehntelang laufender Trackingstudien, z. B. zur Erhebung der Kundenzufriedenheit, oder Methodenbaukästen grundsätzlich nur in geringem Maß standardisiert. Marktforschung kann also zu Recht zu den Dienstleistungen gezählt werden.

Die Marktforschung ist als Dienstleistung dadurch gekennzeichnet, dass sie in hohem Maß integrativ und immateriell ist. Analog zu Unternehmensberatung zählt sie zum Leistungstyp 1 der von Engelhardt/Kleinaltenkamp/Reckenfelderbäumer (vgl. 1992, S. 35) aufgestellten Leistungstypologie der Dienstleistungen. Diese drei Autoren (1992 S. 36) verstehen darunter:

https://doi.org/10.1515/9783110517774-004

Leistungen, die ausschließlich bzw. in hohem Maße immaterielle Leistungsergebniskomponenten beinhalten und die vom Anbieter unter weitgehender Mitwirkung des externen Faktors erstellt werden.

Möller bezeichnet in diesem Zusammenhang die Erbringung einer Dienstleistung als „integrative Leistungserstellung" (Möller 2004, S. 2). Sie ist des Weiteren von einem hohen Interaktionsgrad gekennzeichnet (vgl. Fließ 2006, S. 31; Gouthier/Schmid 2003, S. 122; Meffert/Bruhn 2012, S. 19), weil die Erbringung der Dienstleistung Marktforschung, sofern es sich nicht um Sekundärforschung oder eingespielte Trackingstudien handelt, stark von der Mitwirkung des Kunden bzw. Auftraggebers abhängt. Sie steigt, je individualisierter die Dienstleistung, in diesem Fall die Marktforschungsstudie, ist (vgl. Möller 2004, S. 126), wie Abbildung 8 illustriert.

Das wirkt sich auch auf die Kompetenz(anforderung) der an der Erstellung der Dienstleistung Beteiligten aus.

Es kann davon ausgegangen werden, dass die *erforderliche Kompetenz* des Kunden sowie des Kundenkontaktmitarbeiters für die Leistungserstellung mit steigender Eingriffstiefe und Eingriffsintensität bzw. mit sinkendem Standardisierungs- und Routinisierungsgrad ebenso steigt. (Möller, 2004, S. 127)

Existieren im Rahmen der Interaktion bei der Erbringung von Dienstleistungen Kompetenzlücken, wirkt sich das auf deren Koordinationsbedarf aus (vgl. Möller 2004, S. 128). Hohe Kompetenz bei Auftraggeber und -nehmer vereinfacht demnach die Erbringung der Dienstleistung. Diese Mitwirkung des Auftraggebers kann sich, bezogen auf die Marktforschung, auf die Lieferung von Kundenadressen, die Bereitstellung von Testmaterial, aber auch allgemeiner auf die Prozessbegleitung vom Briefing bis zur Schlusspräsentation erstrecken (vgl. Ottawa/Falk 2016, S. 55 ff.). In jedem Fall muss der Auftraggeber aber auch dazu bereit sein, sich auf eine gemeinsame Leistungser-

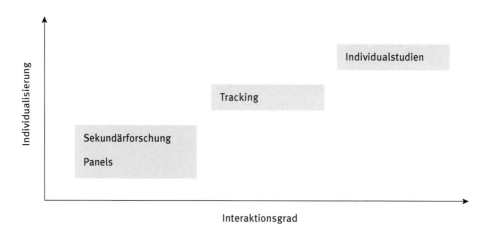

Abb. 8: Individualisierung und Interaktionsgrad von Marktforschung (Ottawa/Falk 2016, S. 49).

stellung einzulassen und nicht alles seinem Dienstleister zu überlassen (vgl. Munz/ Wagner/Hartmann 2012, S. 219).

Grundsätzlich lässt sich die Erbringung einer Dienstleistung in die vier Aufgabenstränge Auftragsklärung, Leistungsbestimmung, Leistungserbringung und Leistungsbewertung unterteilen (vgl. Munz/Wagner/Hartmann 2012, S. 46). Fließ (2006, S. 82) spricht in diesem Zusammenhang davon, dass die Erbringung einer Dienstleistung von „Sozialer Interaktion" gekennzeichnet sei, so dass der Auftraggeber einer Dienstleistung sogar zu einem Produktionsfaktor (vgl. Meffert/Bruhn 2012, S. 33) bzw. Co-Produzenten (vgl. Möller 2004, S. 2 ff.) wird. Daraus lässt sich eine vermutete hohe Bedeutung sozialer Kompetenz, die dafür erforderlich ist, ableiten. Diese Vermutung stützen Munz/Wagner/Hartmann (2012, S. 215):

> Auf der Ebene des Unternehmens muss zunächst allen Mitarbeitern/-innen klar sein, dass sie *Dienstleistende* sind, d. h. ihre Tätigkeit sich nicht auf die sachgerechte Ausführung der Fachinhalte ihres erlernten Berufs (…) beschränken kann, sondern diese immer im Kontext des Kontakts mit Kunden/-innen interpretiert werden muss.

Der oft genutzte Begriff „Dienstleistungskultur" beschränkt sich also keineswegs auf die fachlich perfekte Erbringung einer Dienstleistung, sondern lebt existenziell von guter sozialer Interaktion mit dem Kunden. Um das zu erreichen, muss das Dienstleistungsunternehmen eine Reihe von Rahmenbedingungen, wie etwa eine auf Vertrauen basierende Führungskultur oder eine Kultur der Fehlerfreundlichkeit (vgl. Munz/Wagner/Hartmann 2012, S. 216 f.), schaffen. Vertrauen spielt zwischen den Geschäftspartner eine eminente Rolle (vgl. Schilcher et al. 2012, S. 13). Es kann zum Beispiel durch eingespielte Geschäfts- und Abstimmungsprozesse die Durchführung einer Studie beschleunigen. Bestehen langjährige Vertrauensverhältnisse, ist es für neue Anbieter schwer, in das Relevant Set des Auftraggebers zu gelangen, weil dieser Vertrauensvorschuss fehlt (vgl. Ottawa/Falk 2016, S. 52 f.). Das stellt für bestehende Dienstleister einen nicht zu unterschätzenden Wettbewerbsvorteil dar.

Welche Kompetenzen sind für die erfolgreiche Erbringung von Dienstleistungen nötig? Auf diese Frage gibt bis heute kein wissenschaftliches Modell Antwort, was den Autoren von führenden deutschen Dienstleistungsforschern bestätigt wurde.[1] Eine Näherung, was zur erfolgreichen Erbringung von Dienstleistungen notwendig ist, bietet das GAP 5-Modell (SERVQUAL) von Parasumaran/Zeithaml (1988, S. 23). Ihr Qualitätsmodell führt folgende fünf Bestandteile auf:

> Tangibles: Physical facilities, equipment, and appearance of personnel
> Reliability: Ability to perform the promised service dependably and accurately
> Responsiveness: Willingness to help customers and provide prompt service

---

[1] E-Mails von Sabine Fließ an Marco Ottawa vom 04.10.2016 sowie von Tillmann Wagner an Marco Ottawa vom 07.10.2016.

Assurance: Knowledge and courtesy of employees and their ability to inspire trust and confidence
Empathy: Caring, individualized attention the firm provides its customers

Baier (2006, S. 37 f.) führt Beispiele an, wie dieses Modell operationalisiert werden kann.

Auch wenn es kein eigenständiges Kompetenzmodell der Dienstleitungen gibt, vielleicht aufgrund deren Heterogenität auch nicht geben kann, beeinflussen Kompetenzen jedoch die wahrgenommene Qualität einer Dienstleistung. Niedermeier hat die Ergebnisse ihres diesbezüglichen Experiments beschrieben (vgl. 2011, S. 71). Danach hat sowohl die kognitive als auch die emotionale Kompetenz einen positiven Einfluss auf die wahrgenommene Dienstleistungsqualität.

5 Kompetenzmodelle für die Marktforschung

5.1 Kompetenzen in der Marktforschungsliteratur

Da es keine übergreifenden Kompetenzmodelle für Dienstleistungen gibt, wenden wir uns nun direkt Kompetenzmodellen für die Marktforschung zu. Dazu haben die Autoren zunächst eine Analyse der einschlägigen deutsch- und englischsprachigen Marktforschungsliteratur durchgeführt, deren Ergebnis Tabelle 3 (vgl. S. 76 f.) enthält. Was die Schwerpunkte der einzelnen Bücher anbelangt, steht dabei A für Analyse, AF für Anwendungsfelder, E für Erhebungsmethoden, P für den Prozess der Marktforschung und PoS für Point-of-Sale.

Die Auflistung zeigt, dass die klassischen Lehrbücher zur Marktforschung mit Ausnahme von Clow/James (vgl. 2014, S. 464–467), die das Thema nur streifen, und Sudman/Blair (1998) das Thema Kompetenzen überhaupt nicht behandeln. In der Spezialliteratur findet sich lediglich bei Ottawa/Rietz (2015) ein Kapitel über die für betriebliche Marktforscher erforderlichen Kompetenzen. Nichtsdestotrotz existieren außerhalb der oben angeführten Literatur einige Kompetenzmodelle für Marktforscher, die im Folgenden, getrennt nach Marktforschung im Allgemeinen sowie speziellen Marktforschungsbereichen, in chronologischer Reihenfolge vorgestellt werden.

5.2 Allgemeine Kompetenzmodelle für die Marktforschung

Bevor die bestehenden Kompetenzmodelle für Marktforscher vorgestellt werden, verdeutlicht ein Zitat von Beinschab (2016) die Vielzahl der Kompetenzen, die ein Marktforscher heutzutage mitbringen muss:

> Es sind weniger Marktforschungsspezialisten, sondern Marktforschungsallrounder gefragt. Einerseits sind extrovertierte, kommunikative Persönlichkeiten, die sich selbst und Studieninhalte gut präsentieren können, gewünscht. Andererseits sollte es sich um Personen handeln, die sich tagelang in ihr Kämmerchen zurückziehen, auf ihre Auswertung konzentrieren und Daten analysieren. Gefordert wird also ein Kommunikations- und Vertriebstalent mit hoher Zahlenaffinität, psychologischen Fähigkeiten, Empathie, analytischem Denken und Beharrlichkeit. Zudem sind ausgezeichnete EDV-Kenntnisse gefragt, um die Ergebnisse selbst auswerten zu können und überzeugende Charts für die Kunden zu erstellen.

Hilber (2009, S. 24 f.) unterteilt die Kompetenzen, über die ein Marktforscher verfügen muss, in die drei Cluster Fach-, Transfer- und menschliche Kompetenzen. Zu den Fachkompetenzen zählt er in erster Linie die Methodenkompetenz unter dem „Primat der Wissenschaftlichkeit" (Hilber 2009, S. 24). Bei quantitativ tätigen Marktforschern kommen Statistikkenntnisse hinzu. Auswertung und Berichterstattung sowie die Erstellung von Fragebögen ergänzen deren Kompetenz-Portfolio. Qualitativ tätige For-

https://doi.org/10.1515/9783110517774-005

Tab. 3: Schwerpunkte marktforscherischen Standardliteratur (eigene Darstellung).

Autor(en)	Schwerpunkte	Kompetenzen
1. Allgemeine Marktforschung		
Aaker/Kumar/Day (2006)	E + A	–
Berekoven/Eckert/Ellenrieder (2009)	E + A + Prozess	–
Böhler (2004)	E + A	–
Bradley (2010)	E + A + AF	–
Broda (2006)	E + A	–
Burns/Bush/Sinha (2014)	P	–
Clow/James (2014)	E + A	S. 464–467
Dannenberg/Barthel (2004)	P	–
Fantapié Altobelli (2007)	E + A + AF + Prognosen	–
Fantapié Altobelli/Hoffmann (2011)	E + A	–
Grunwald/Hempelmann (2012)	übergreifend	–
Hague/Hague/Morgan (2013)	E	–
Herrmann/Homburg (2000)	keine	–
Hüttner/Schwarting (2002)	E + A + AF + Organisation	–
Kamenz (2001)	E + A + Präsentation	–
Kastin (2008)	E + AF	–
Koch (2012)	E + A	–
Koch/Gebhardt/Rosenmüller (2016)	A + AF	–
Kuß/Eisend (2016)	E + A	–
Kuß/Wildner/Kreis (2014)	E + A	–
Malhotra (2015)	E + A	–
Malhotra/Birks/Wills (2012)	E + A	–
McDaniel/Gates (2015)	E + A	–
McQuarrie (2016)	E + A	–
Olbrich/Battenfeld/Buhr (2012)	A + PoS + Wissenschaftstheorie	–
Pepels (2007)	E + A + AF	–
Pepels (2014)	E + A + AF	–
Pepels (2015)	E + übergreifend	–
Pfaff (2005)	P	–
Raab/Poost/Eichhorn (2009)	E + A	–
Raab/Unger/Unger (2009)	E + A + AF	–
Schnettler/Wendt (2015)	E	–
Sudman/Blair (1998)	E + A	S. 64
Unger (1997)	E + A + AF	–
Weis/Steinmetz (2012)	E + A + AF	–
Wilson (2006)	E + Prozess	–
2. Spezielle Marktforschung		
Bauer (2009)	Internationale Marktforschung	–
Buber/Holzmüller (2009)	Qualitative Marktforschung	–
Günther/Vossebein/Wildner (1998)	Panels	–
Jahn/Sarcander/Wagner (2004)	E	–
Jain/Griffith (2011)	Internationale Marktforschung	–
Keller/Klein/Tuschl (2015)	übergreifend	–

Tab. 3: (Fortsetzung)

Keller/Klein/Tuschl (2016)	übergreifend	–
Naderer/Balzer (2011)	E + AF + Branchen	–
Ottawa/Rietz (2015)	Betriebliche Marktforschung	S. 24–42
Theobald (2016)	Onlineforschung	–
Theobald/Dreyer/Starsetzki (2003)	Onlineforschung	–
Weber (1996)	Strategische Marktforschung	–
Welker/Werner/Scholz (2005)	Onlineforschung	–

scher benötigen fundierte Psychologiekenntnisse, Verständnis für wirtschaftliche Zusammenhänge und Marketing sowie die Ableitung von Erkenntnissen. Hinzu kommen je nach Forschungsgebiet Spezialkenntnisse, wie etwa aus der Werbeforschung oder aus Mitarbeiterbefragungen. Unter Transferkompetenzen versteht Hilber in erster Linie das Vermitteln von Wissen[1] an die externen (durch Institute) und internen (durch betriebliche Marktforschungen) Kunden. Die folgende Darstellung fasst das Hilbersche Modell zusammen.

- Fachkompetenzen
  - Methoden
  - Quantitative Forschung
    - Statistik
    - Auswertung
    - Berichterstattung
    - Erstellung von Fragebögen
  - Qualitative Forschung
    - Psychologiekenntnisse
    - Wissen um wirtschaftliche Zusammenhänge
    - Marketing
    - Ableitung von Erkenntnissen
  - Spezialkenntnisse aus individuellen Forschungsgebieten
- Transferkompetenzen
  - Vermitteln von Wissen
- Menschliche Kompetenzen
  - Neugier
  - Zahlenaffinität
  - Analytisches Denken
  - Kommunikation
  - Extraktion von Kernergebnissen
  - Empathie

---

1 Kubr (vgl. 2002, S. 67) bezeichnet den bidirektionalen Wissenstransfer sogar als „basis of the consultant-client relationship."

Im Vergleich zu den unter 3.6 vorgestellten Kompetenzclustern fehlen bei Hilbert Handlungskompetenzen. Methoden- sind den Fachkompetenzen untergeordnet, personale und Sozialkompetenzen in den menschlichen Kompetenzen vereinigt.

Eidems/Lainer (2015) betrachten die Kompetenzen in der Marktforschung vom Standpunkt des Human Ressource Management aus. Sie konstatieren vier Megatrends in der Marktforschung, die sich auf die Anforderungsprofile von Marktforschern und damit auch auf die notwendigen Kompetenzen auswirken. Die vier Trends sind die wirtschaftliche Situation der Marktforschungsbranche, die fortschreitende Digitalisierung, die Internationalisierung sowie Innovations- und Kostendruck (vgl. Eidems/ Lainer 2016, S. 32 ff.). Sie leiten daraus die Notwendigkeit der Spezialisierung von Marktforschern in Berater und Datenspezialisten ab, die weitgehend unterschiedliche Kompetenzen mitbringen müssen. Die Beratungstätigkeit erfordert vor allem Berufserfahrung in Marktforschung und Beratung, umfassende Methodenkenntnisse und hohe soziale Kompetenz, die sich etwa in Kommunikations- oder Teamfähigkeit äußert. Demgegenüber liegen die Anforderungsschwerpunkte der Datenspezialisten eher auf statistischen und IT-Kompetenzen. Funktionsübergreifend stellen Eidems/ Lainer ein Kompetenzmodell aus vier Clustern auf (vgl. 2015, S. 46).

- Fach- und Methodenkompetenzen
  - Fachliches Wissen
  - Arbeitsweise
  - Ziel- und Ergebnisorientierung
  - Optimierungsorientierung
  - Problemlösungsorientierung
  - Projektarbeit
- Teamkompetenz
  - Umgang mit Vorgesetzten
  - Zusammenarbeit im direkten Team
  - Zusammenarbeit außerhalb des direkten Teams
- Interne/externe Kundenkompetenz
  - Kundenmanagement
  - Beratungsorientierung
- Führungskompetenz
  - Mitarbeiterorientierung
  - Mitarbeitermotivation
  - Partizipation und Delegation
  - Unternehmerisches Denken und Handeln

Sie fassen Fach- und Methodenkompetenzen zusammen, unterteilen dafür die sozialen Kompetenzen in Team-, Kunden- und Führungskompetenzen. Personale Kompetenzen fehlen komplett.

5.3 Kompetenzmodelle für Teildisziplinen der Marktforschung

Neben diesen beiden allgemeinen Kompetenzmodellen existieren noch ein paar weitere für Teilbereiche der Marktforschung. Sie beziehen sich auf Informationsmanager, Sekundärforscher, betriebliche Marktforscher sowie Onlineforscher und stammen vorwiegend aus den letzten drei Jahren.

Das älteste Kompetenzmodell für die Marktforschung, auf das die Autoren gestoßen sind, stammt aus dem Jahr 2006. Entworfen haben es Marco Vriens und Rajiv Grover. Es bezieht sich auf betriebliche Marktforscher und besteht aus den sechs folgenden Kompetenzen bzw. Kompetenzclustern (vgl. Vriens/Grover 2006, S. 24 f.):

- Projektmanagement
- Fachwissen zur Marktforschung
- Wissen um die Bedürfnisse, Machtverhältnisse und Prozesse der internen Kunden
- Wissen um das jeweilige Geschäft der Auftraggeber
- Wissen um Produkte und Märkte
- Sozial- und Führungskompetenzen

Die Kenntnisse im Projektmanagement verstehen die Autoren als Basiswissen, das aus der Sicht der betrieblichen Marktforschung an Institute delegiert werden sollte. Das Wissen rund um die Marktforschung ist die Kernkompetenz eines Marktforschers, was auch für Führungskräfte in der betrieblichen Marktforschung, die dieses Wissen zwar nicht mehr tagtäglich anwenden müssen, es aber, gerade im Kontakt mit internen Kunden, aber auch Instituten, jederzeit abrufbar haben müssen. Je mehr Studien von der betrieblichen Marktforschung in Eigenregie durchgeführt werden, desto wichtiger sind detaillierte Marktforschungskenntnisse. Die dritte bis fünfte Kategorie lassen sich zu Wissen um die eigene Firma, ihr Geschäft und ihren Stand im Markt zusammenfassen. Dieses Wissen ist naturgemäß insbesondere in der betrieblichen Marktforschung unabdingbar, um die Bedürfnisse der internen Kunden zu verstehen und fehlerfrei an Dienstleister weitergeben zu können. Sozialkompetenzen sind unter anderem unerlässlich, um Forschungsergebnisse im eigenen Haus erfolgreich zu verbreiten und für ihre Akzeptanz zu sorgen (vgl. Vriens/Grover 2006, S. 24).

Ein weiteres Kompetenzmodell für betriebliche Marktforscher haben Ottawa/ Rietz (vgl. 2015, S. 25) aufgestellt. Es umfasst vier Kategorien:

- Ausbildung und methodische Kenntnisse
  - Ausbildung
  - Methodenwissen
  - Forschung
  - Erhebung
  - Analyse
  - Software
- Kennen des eigenen Unternehmens
  - Prozesse

- – Produkte
- – Konkurrenten
- – Interne Kunden
- – Kennen der Marktforschungsbranche
  - – Institute und ihre Angebote
  - – Arbeitsweise eines Instituts
  - – Standesorganisationen und Standesrecht
- – Soft Skills

Das Modell von Ottawa/Rietz stimmt in Methodik, dem Wissen um das eigene Unternehmen sowie den Soft Skills mit dem zuvor vorgestellten von Vriens/Grover weitgehend überein, betont aber darüber hinaus die Wichtigkeit, die Marktforschungsbranche und ihre Beteiligten zu kennen. Projektmanagement steht hingegen nicht im Fokus.

2017 hat de Ruyck (vgl. 2017) unter 101 betrieblichen Marktforschern des PUMa-Netzwerks eine Befragung zu Trends unter deutschen betrieblichen Marktforschern durchgeführt. Er hat daraus kein explizites Modell abgeleitet, doch folgende Kernkompetenzen für betriebliche Marktforscher abgeleitet:
- – Verständnis des geschäftlichen Umfelds und der entsprechenden Bedürfnisse
- – Datenanalyse
- – Datenerfassung
- – Änderungsmanagement
- – Storytelling

Diese Kompetenzen speisen sich aus verschiedenen Kompetenzclustern. Bemerkenswert ist die explizite Erwähnung des Änderungsmanagements, spiegelt sie doch die zu Beginn dieses Buches geschilderte Unsicherheit bezüglich der Zukunft der Marktforschung wider.

Jennings 2015 (vgl. S. 3 f.) unterscheidet in der Jobbeschreibung eines Informationsmanagers zwischen Qualifikationen und Berufserfahrung einerseits und Kompetenzen im engeren Sinn andererseits. Zu ersteren zählt er:
- – Hochschulabschluss in Informatik oder einer vergleichbaren Disziplin
- – Berufserfahrung im Informationsmanagement
- – Qualifikation für das Management

Zu letzteren zählen u. a.:
- – Führung und Management
- – Strategisches Denken
- – Planung und Organisation
- – Kommunikationsfähigkeit
- – Computer-Infrastruktur
- – Verhandlungsgeschick

- Risk Management
- Juristische Kenntnisse, die das Informationsmanagement betreffen
- Verbreitung einer Informationskultur
- Change Management

Der Schwerpunkt der Kompetenz liegt im Cluster der sozialen Kompetenzen, im Speziellen in Management-Kompetenzen. Fachliche Kompetenzen im engeren Sinn finden sich eher in den Qualifikationen.

Die Kompetenzanforderungen an den dem Informationsmanager verwandten Sekundärforscher hat Kerler (vgl. 2015) aufgestellt, wobei er sechs Kompetenz-Cluster sieht:

- Quellenkompetenz
    - Überblick über das Informationsangebot im Fachgebiet
    - Kontakte in die Informationsbranche
    - Recherchekompetenz
    - Neugier
- Fachkompetenz
    - Gute Allgemeinbildung
    - Management-Grundkenntnisse
    - Guter Überblick über die Branche des eigenen Unternehmens
    - Überblick über die Geschäftsfelder des eigenen Unternehmens
    - Verständnis der strategischen Positionierung des eigenen Unternehmens
- Analysekompetenz
    - Wesentliches von Unwesentlichem unterscheiden
    - Informationsflut strukturieren
    - Informationen verdichten und auf den Punkt bringen
    - Geistige Beweglichkeit
    - Ständiges Mitdenken
- Kommunikationskompetenz
    - Rhetorik
    - Kontaktfreudigkeit
    - Extrovertiertheit
    - Fähigkeit zum Coaching und Training interner Kunden
    - Führungsqualitäten
    - Teamgeist
    - Diplomatie
    - Charme
    - Empathie
- Motivation und Disziplin
    - Überzeugungskraft
    - Glaubwürdigkeit
    - Missionarischer Eifer

- Organisationstalent
- Belastbarkeit
- Bereitschaft zur Erledigung monotoner Aufgaben
- Gedächtnisleistung im Sinn von schnellem Erinnerungsvermögen an Anfragen, Namen von Anfragern und Auskunftgebern

Vor dem Hintergrund der Besonderheiten der Sekundärforschung betont Kerler stark die Quellenkompetenz sowie die Gedächtnisleistung zur Vereinfachung der Recherchearbeit.

Zu einer der Sekundärforschung eng verwandten Teildisziplin, nämlich der Wettbewerbsbeobachtung, hat Deltl (2011, S. 144) sechs Kompetenzanforderungen aufgestellt:
- Die Fähigkeit, konzeptionell und strategisch, vorausschauend zu denken
- Erfahrung in der Implementierung komplexer Projekte
- Glaubwürdigkeit bei den Anwendern, gute persönliche Vernetzung (informelle Kontakte) im Unternehmen[2]
- Hervorragende Kommunikationsskills zum Topmanagement und den Anwendern
- Teamorientierung und wenig hierarchisches Denken
- Stressresistenz

Das dazu notwendige Fachwissen stammt nach Deltl (vgl. 2011, S. 144 f.) aus Betriebswirtschaft, Marktforschung, Informatik, Psychologie, Information und Dokumentation sowie Verkauf.

Fünf Kernanforderungen an Intelligence Professionals der Zukunft hat Wiedeking (2015, S. 77) unter der Metakompetenz Multitasking aufgestellt. Sie fordert: „Er [der Intelligence Professional] muss ein Multitasker sein, mit
- einem Studienabschluss, aber interdisziplinär,
- Netzwerkerfähigkeit und Persönlichkeit,
- interkultureller Kompetenz,
- analytischem Können und
- einem ausgeprägten ethischen Verständnis.

Einer gänzlich anderen Teildisziplin der Marktforschung, nämlich der Onlineforschung, gilt das Kompetenzmodell von Ottawa (vgl. 2016). Es basiert auf einer Befragung in der deutschsprachigen Marktforschung, die die Autoren dieses Buchs im Jahr 2015 durchgeführt haben. Dabei haben 189 Onlineforscher geantwortet, aus deren Antworten Ottawa sein Modell entwickelt hat. Es besteht aus vier Kompetenzclustern (vgl. Abbildung 9).

---

[2] Zu den besonders wichtigen Abteilungen, die über Wissen rund um das Unternehmen verfügen, zählt Deltl (vgl. 2011, S. 23 ff.) u. a. Einkauf, Forschung & Entwicklung und Marketing.

Abb. 9: Kompetenzfelder der Onlineforschung (Ottawa 2016, S. 192).

Was Ottawa unter den einzelnen Custer subsumiert, zeigt die folgende Auflistung (vgl. Ottawa 2016, S. 192 ff.).

– Fachliche Kompetenzen
  – Methodik
  – Datenanalyse
  – Präsentation
  – Rahmenkompetenzen
– Soziale Kompetenzen
  – Soziale Wahrnehmungskompetenzen
  – Eigenes Selbst- und Stimmungsmanagement
  – Übernahme einer aktiven Rolle
  – Kommunikationsfähigkeit
  – Konflikt- und Kritikfähigkeit
  – Beziehungsmanagement
  – Teamkompetenzen
  – Führungskompetenzen
– IT-Kompetenzen
  – Beherrschen einschlägiger Onlinebefragungs-Software
  – Wissen um Server- und Netzwerkarchitektur
  – Wissen um Barrierefreiheit
– Sonstige Kompetenzen
  – Meta-Kompetenzen
  – Umfeldkenntnisse
    – Wissen um den Forschungsgegenstand
    – Interkulturelle Kompetenz
    – Kennen der Marktforschungsbranche
  – Anderes

Dieses Modell soll an dieser Stelle nicht weiter vertieft werden, weil sich im folgenden Kapitel manches davon wiederfinden wird. Gleichwohl sollen einige nicht selbsterklärende Kompetenzen kurz erläutert werden. Unter Rahmenkompetenzen versteht Ottawa (vgl. 2016, S. 193) das Wissen um Marketing und Medien, Ethik und Recht der Marktforschung, Datenschutz sowie Standes- und Mitbestimmungsrecht. Zu den Meta-Kompetenzen zählen analytisches Denken, Neugierde, Neutralität, Objektivität und die Bereitschaft zur dauerhaften Fortbildung (vgl. 2016, S. 198). Unter „Anderes" subsumiert er Beratung, Kalkulation von Kosten und Angeboten, Mitentscheidung und Projektmanagement (vgl. 2016, S. 198).

5.4 Vorschlag eines allgemeinen Kompetenzmodells für die Marktforschung

5.4.1 Empirischer Ansatz

Das folgende Kompetenzmodell basiert auf zwei Branchenerhebungen, die die Autoren dieses Buches in den Jahren 2015 und 2016 unter deutschsprachigen Marktforschern durchgeführt haben. Die erste Welle hatte ein dreistufiges Forschungsdesign. Am Beginn stand eine Sekundärrecherche in wissenschaftlicher Fachliteratur, Branchenpublikationen und einschlägigen Social Media. Es folgten 33 psychologische Einzelinterviews, in denen jeweils 14 Betriebs- und Institutsmarktforscher sowie fünf Marktforschung Lehrende anhand eines strukturierten Interviewleitfadens teils telefonisch, teils persönlich befragt wurden. Im dritten Schritt wurde mit der Software Rogator eine Onlinebefragung durchgeführt. Sie richtete sich an allen deutschsprachigen Marktforscher. Da es von ihnen keinen einheitlichen Verteiler gibt, rekrutierten sich die Probanden aus der Kunden- und Interessentenliste von concept m, persönlichen Kontakten von Marco Ottawa, dem PUMa-Verteiler sowie dem Verteiler des Newsletters von marktforschung.de. Diese vier Quellen sind nicht überschneidungsfrei. Da von zwei der vier Quellen keine Einzelkontakte zur Verfügung standen, konnten weder Dubletten bereinigt noch der Umfang der Grundgesamtheit genau berechnet werden. Es ist geschätzt von einer Grundgesamtheit im mittleren vierstelligen Bereich auszugehen. Der Rücklauf der Onlinebefragung, die vom 21.05.–01.06.2015 im Feld war, ergab einen Rücklauf von 553 vollständig ausgefüllten Fragebögen. Die Rücklaufquote lässt sich nur sehr grob abschätzen und liegt etwa bei 8–10 %. Marktforscher haben sich dabei wieder einmal, um Frank Knapp, den Vorstandsvorsitzenden des BVM, zu zitieren, als „schweres Publikum"[3] erwiesen.

Der Rücklauf verteilte sich auf ausgewählte statistische Merkmale, wie Abbildung 10 zeigt.

---

3 Zitat aus einer Besprechung an der TH Köln am 08.12.2016.

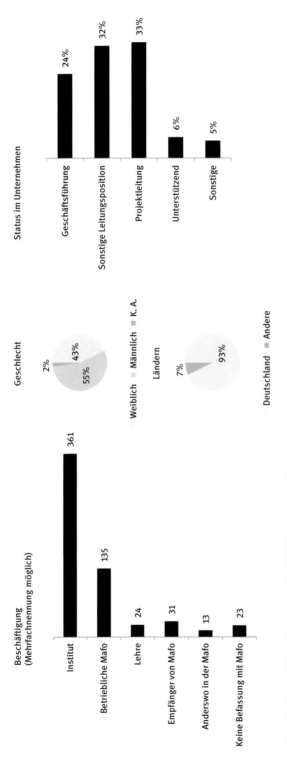

Abb. 10: Rücklauf der Befragungswelle 2015 (eigene Darstellung).

Die zweite Erhebung, die vom 26.09. bis 06.10.2016 im Feld war, ergab brutto 450 vollständig ausgefüllte Fragebögen, von denen nach der Datenbereinigung 441 übriggeblieben sind. Diese Fallzahl ermöglichte es nicht, alle interessierenden Kreuzungen valide auszuwerten. So entfallen z. B. Auswertungen für lediglich in Vertrieb und Key Account Management tätige Institutsmarktforscher, nach Ländern sowie die erhoffte Gegenüberstellung von Primär- und Sekundärforschern. Besonders bedauerlich ist der Rücklauf von lediglich 25 Empfängern von Marktforschungsinformationen in Unternehmen. Gerade die Kompetenzzuschreibung dieser „Endverbraucher" der Marktforschung wäre sehr interessant gewesen, musste aber aufgrund der geringen Fallzahl unausgewertet bleiben. Somit lassen sich statistisch aussagekräftige Kreuzauswertungen[4] nur für die folgenden Kriterien treffen:

- Organisation
    - Institut (n=272)
    - Betriebliche Marktforschung (n=151)
- Methodischer Schwerpunkt
    - Qualitativ (n=71)
    - Quantitativ (n=181)
    - Qualitativ und quantitativ gleichermaßen (n=127)
- Position
    - Geschäftsführung (n=90)
    - Sonstige Führungskräfte (n=99)
    - Operativ Tätige (n=252)
- Geschlecht
    - Weiblich (n=219)
    - Männlich (n=216)
- Alter
    - Generation Y (n=141)
    - Generation X (n=198)
    - Babyboomer (n=102)
- Geographische Ausrichtung
    - Rein oder eher national (n=209)
    - National und international zu gleichen Teilen (n=128)
    - Rein oder eher international (n=104)

Die Alterscluster bedürfen einer genaueren Beschreibung. Die Zuordnung einzelner Jahrgänge zu Generation Y, auch als Millennials bekannt (vgl. Parment 2013, S. 7), Generation X und Babyboomer ist in der Literatur nicht einheitlich. Parment rechnet

---

4 Trotz der statistisch nur bedingt validen Fallzahl von n=71 bei Marktforschern mit qualitativem Schwerpunkt haben sich die Autoren für eine Auswertung entschieden, um mögliche Unterschiede zwischen qualitativ und quantitativ Forschenden zumindest tendenziell ausweisen zu können.

Tab. 4: Zuordnung von Alterscluster zu Jahrgängen (eigene Darstellung).

Alterscluster	Jahrgänge
Babyboomer	1955–1965
Generation X	1966–1979
Generation Y	1980–1998

die Babyboomer den Jahrgängen 1955–1965 (vgl. 2013, S. 7), Generation X den zwischen dem Ende der Sechziger und dem Ende der Siebziger Jahre Geborenen (vgl. Parment 2013, S. 7) und Generation Y den Jahrgängen 1984–1994 zu (vgl. 2013, S. 3). Mörstedt verwendet allerdings abweichende Jahrgangszuordnungen, nämlich 1946–1964 für Babyboomer, 1965–1979 für Generation X und 1980–1995 für Generation Y. Die Autoren haben sich für die folgende Zuordnung entschieden (vgl. Tabelle 4).

Hinsichtlich einer knappen Charakterisierung der drei genannten Cluster und deren Einstellungen und Bedürfnisse sei auf Mörstedt (o. J., S. 2 ff.), Manpower Group (vgl. 2016), Haderlein (vgl. 2017) und vor allem Rump/Eilers (vgl. 2013) verwiesen. Die Fallzahlen für Generation Z und ältere Probanden als Babyboomer waren so gering, dass ihre separate Auswertung nicht möglich ist

Hinsichtlich Organisation und Position musste aufgrund der geringen Fallzahl auf interessante Untergruppen verzichtet werden. Dazu gehören als weitere Träger der Marktforschung (vgl. Fantapié Altobelli 2007, S. 16) u. a. Marktforschung Lehrende und Studierende, Empfänger von Marktforschungsinformationen in Unternehmen, Marktforschungsberater, Informationsbroker, Interviewer, Verbände oder unterstützende Funktionen wie Assistenz oder Personalbereich.

5.4.2 Allgemeines Kompetenzmodell für Marktforscher im deutschen Sprachraum

Auf Basis der vorliegenden Literatur zu Kompetenzen (vgl. dazu die Ausführungen zu den Kompetenzclustern unter 3.6 sowie den vorstehend beschriebenen empirischen Studien) haben die Autoren ein Kompetenzmodell aus sechs Clustern entwickelt. Ausgangspunkt sind die personalen Kompetenzen. Zu ihnen kommen fachliche, soziale und methodische Kompetenzen. Letztere teilen sich in die Subcluster allgemeine Methoden, Marktforschungsmethoden und IT-Methoden auf. Die Handlungskompetenz erscheint nicht als eigenes Kompetenzcluster, sondern umschließt die übrigen Kompetenzcluster im Sinn einer Meta-Kompetenz, die es erst ermöglicht, die sechs Kompetenzcluster situationsadäquat anzuwenden. Abbildung 11 verdeutlicht die Zusammenhänge zwischen den einzelnen Kompetenzclustern und der Handlungskompetenz.

Da unter 3.6 bereits ausführlich auf die einzelnen Kompetenzcluster eingegangen wurde, wird an dieser Stelle auf eine Wiederholung der Cluster-Beschreibungen verzichtet. Lediglich die IT-Kompetenzen bedürfen einer kurzen Erklärung. Dieses Cluster

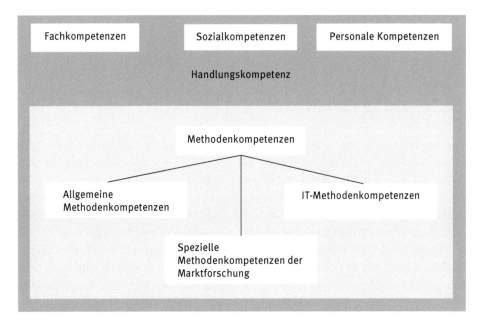

Abb. 11: Kompetenzcluster für die Marktforschung (eigene Darstellung).

haben die Autoren bewusst aus den allgemeinen und markforscherischen Methodenkompetenzen herausgelöst, um der immer weiter steigenden Bedeutung von IT und Digitalisierung im Allgemeinen in der Marktforschung gerecht zu werden (vgl.1.3.2), denn: „Wie in (fast) jedem unserer Lebensbereiche ist der Umgang mit softwaregesteuerten Programmen auch aus der Markt- und Sozialforschung nicht mehr wegzudenken" (Krüger 2017).

Die sechs Kompetenzcluster werden im Folgenden mit all den in ihnen enthaltenen Einzelkomponenten vorgestellt. Die Reihenfolge erfolgt in jedem Cluster nach der absteigenden Wichtigkeit, wie sie von den Probanden der zweiten unter 5.4.1 vorgestellten empirischen Studie angegeben wurde. Den Werten liegt eine fünfstufige Skala mit den Antwortmöglichkeiten „Sehr wichtig" (= 5), „Eher wichtig" (= 4), „Teilsteils" (= 3), „Eher unwichtig" (= 2), „Unwichtig" (= 1) sowie „Keine Antwort möglich" zugrunde. Persönlicher Ausbaubedarf konnte durch ein Kreuz hinter der einzelnen Kompetenz vermerkt werden.

5.4.2.1 Personale Kompetenzen

An erster Stelle der personalen Kompetenzen steht mit 4,73 die **Zuverlässigkeit**. Sie wird in allen betrachteten Kreuzauswertungen als sehr wichtig betrachtet, wobei die Spannweite zwischen Maximum (Geschäftsführer mit 4,86) und Minimum (betriebliche Marktforscher mit 4,66) sehr gering ist. Aufgrund der geringen Abweichungen vom Mittelwert lassen sich lediglich zwei geringe Tendenzen feststellen, nämlich, dass die Zuverlässigkeit in Instituten höher als in betrieblichen Marktforschungen und von Geschäftsführern im Vergleich zu ihren Mitarbeitern als wichtiger erachtet wird. So hoch die Wichtigkeit der Zuverlässigkeit ist, so gering ist ihr Ausbaubedarf. Nur 2,5 % sehen ihn für sich. Hier gibt es, wenn auch auf sehr niedrigem Niveau, einen Unterschied zwischen Marktforschern mit qualitativem (5,6 %) und quantitativem (1,1 %) Forschungsschwerpunkt.

Genauigkeit wird als die zweitwichtigste personale Kompetenz eines Marktforschers betrachtet. Hier drängt sich förmlich der Topos vom Marktforscher als Erbsenzähler (vgl. Zerr 2015, S. 43) auf. Nichtsdestotrotz darf auch die Genauigkeit als eine der Grundkompetenzen der Marktforschung betrachtet werden, wie die hohe Bedeutung (4,61) und die geringe Spannweite von 0,18 beweisen. Genauigkeit trägt maßgeblich dazu bei, dass die Ergebnisse der Marktforschung nicht erfolgreich angezweifelt werden können (vgl. Gautschi/Campbell 2017). Am wichtigsten ist sie für quantitative Forscher (4,72). Jeder siebte (14,3 %) Marktforscher sieht hier noch Ausbaubedarf für sich, was insbesondere für die Generation Y (19,9 %) gilt. Aber selbst erfahrene Marktforscher, die Geschäftsführer sind und/oder den Babyboomern angehören, sehen hier für sich noch spürbaren Ausbaubedarf. Ein deutlicher Unterschied beim Ausbaubedarf besteht zwischen Instituten (17,3 %) und betrieblichen Marktforschern (9,2 %).

Mit einer Wichtigkeit von 4,57 rangiert **Flexibilität** nur geringfügig hinter der Genauigkeit. Auch hier ist die Spannweite zwischen Maximum (Geschäftsführer 4,74) und Minimum (Generation X 4,50) eher gering. Bezüglich der Hierarchiestufe erachten sie die Geschäftsführer für spürbar wichtiger als ihre Mitarbeiter. 6,6 % konstatieren für sich Ausbaubedarf in dieser Disziplin. Das gilt besonders für qualitative Forscher und die Generation X (jeweils 9,9 %). Mit zunehmendem Alter nimmt der Ausbaubedarf an Flexibilität ab.

Einsatzbereitschaft folgt mit einer Wichtigkeit von 4,56 unmittelbar. Auch hier zeigen sich abermals keine großen Unterschiede zwischen Maximum (Geschäftsführer 4,67) und Minimum (betriebliche Marktforscher 4,48). Unabhängig von ihrer individuellen Beschäftigung sehen die Marktforscher hierbei mit 2,9 % für sich nur einen sehr geringen Ausbaubedarf.

Eng verwandt mit der Einsatzbereitschaft ist die **Belastbarkeit**. Das spiegelt sich in der Wichtigkeit von 4,54 wieder. Wie schon bei der Einsatzbereitschaft bilden auch hier die betrieblichen Marktforscher mit 4,45 das Schlusslicht, wohingegen die qualitativen Marktforscher mit 4,69 die Belastbarkeit für besonders wichtig halten. Gründe dafür mögen in den zahlreichen Reisen zu Feldarbeiten, aber auch in häufiger abendlicher Arbeit liegen. Im Gegensatz zur Einsatzbereitschaft sehen 11,8 % der Marktforscher hier noch Ausbaubedarf für sich. Das gilt insbesondere für qualitative Marktforscher (18,3 %). Wie schon bei der Einsatzbereitschaft sehen Institutsmarktforscher höheren Ausbaubedarf als ihre betrieblichen Kollegen. Einen merklichen Unterschied gibt es auch bei den Alterskohorten. 17 % der Generation Y, aber nur 9–10 % der Generation X und der Babyboomer glauben, an ihrer Belastbarkeit arbeiten zu müssen.

Etwas höheren Ausbaubedarf signalisieren die (eher) international tätigen Marktforscher im Vergleich zu ihren (eher) national tätigen Kollegen.

Auf Rang sechs der personalen Kompetenzen kommt mit einer Wichtigkeit von 4,51 die **Neugier**. Aus Sicht der Autoren ist es ein bemerkenswerter Befund, dass die tendenziell älteren Geschäftsführer (4,72) Neugier weitaus bedeutender als Berufseinsteiger der Generation Y (4,33) einschätzen. Letztere sehen mit 6,4 % für sich auch den höchsten Ausbaubedarf bezüglich dieser speziellen Kompetenz. Der gesamte Ausbaubedarf liegt mit 3,6 % insgesamt sehr niedrig. Spürbare Unterschiede in der Wichtigkeit gibt es lediglich zwischen qualitativen (4,68) und quantitativen (4,36) Forschern.

Ähnlich wie die zuvor dargestellten personalen Kompetenzen wird auch die **Lernbereitschaft** mit 4,39 von allen Gruppen fast einheitlich wichtig bewertet. Dabei treten die sonstigen Führungskräfte mit 4,54 hervor, liegen aber nicht weit vor den quantitativen Forschern, die sie mit 4,28 als geringsten bewerteten. Einen Unterschied von 0,20 gibt es zwischen quantitativen und qualitativen Forschern und vergleichbar zwischen Führungskräften und operativ tätigen Marktforschern. Der Ausbaubedarf bewegt sich mit 3,9 % auf dem Niveau der Neugier. Den größten Ausbaubedarf sehen mit 7,0 % die qualitativen Marktforscher.

Unternehmerisches Denken wird möglichweise primär Instituten und Führungskräften zugeschrieben. Dabei ist der Unterschied der wahrgenommenen Wichtigkeit zwischen Institut und betrieblicher Marktforschung mit 0,06 marginal. Über alle Befragten wird die Wichtigkeit mit 4,23 angegeben. Wenig überraschend schreiben die Geschäftsführer dem unternehmerischen Denken mit 4,56 den höchsten Einzelwert zu. Am Ende rangiert mit 4,09 die Generation Y. Deutliche Unterschiede lassen sich bei der Position in der Firma und dem Alter feststellen. Der Ausbaubedarf ist im Gegensatz zu den vorangehenden personalen Kompetenzen mit 28,3 % deutlich höher. An der Spitze steht mit 41,8 % die Generation Y, wohingegen die Babyboomer nur 18,6 konstatieren. Hier scheint das unternehmerische Denken schon tiefer verinnerlicht zu sein, zumal es im gesamten Antwortverhalten eine deutliche Korrelation zwischen Alter und Position im Unternehmen gibt. Abgesehen von Alter und Position bewegt sich der Ausbaubedarf in den übrigen Kategorien auf vergleichbarem Niveau.

Kreativität wird eine Wichtigkeit von 4,14 zugeschrieben. Hier zeigt sich bei Alter und Position das gleiche Phänomen wie beim unternehmerischen Denken. Am wichtigsten ist es den Geschäftsführern (4,41), am unwichtigsten der Generation Y (3,94). Einen spürbaren Unterschied gibt es auch noch zwischen qualitativen (4,24) und quantitativen (4,01) Forschern. Ausbaubedarf sieht mit 24,7 % jeder Vierte für sich. Auch hier gibt die schon geschilderten altersabhängigen Unterschiede zwischen Generation Y (33,3 %) und Babyboomern (16,7 %), aber auch zwischen quantitativen (29,3 %) und qualitativen (12,7 %) Forschern. Einen Unterschied gibt es auch zwischen betrieblichen (30,9 %) und Institutsmarktforschern (22,4 %).

Sämtliche personalen Kompetenzen bewegen sich in ihrer Wichtigkeit für die persönliche Arbeit zwischen eher und sehr wichtig. Der Ausbaubedarf ist abgesehen von unternehmerischem Denken und Kreativität, den beiden unwichtigsten Kompeten-

Tab. 5: Rangfolge, Wichtigkeit und Ausbaubedarf personaler Kompetenzen (eigene Darstellung).

Rang	Personale Kompetenz	Wichtigkeit	Ausbaubedarf
1	Zuverlässigkeit	4,73	2,5 %
2	Genauigkeit	4,61	14,3 %
3	Flexibilität	4,57	6,1 %
4	Einsatzbereitschaft	4,56	2,9 %
5	Belastbarkeit	4,54	11,8 %
6	Neugier	4,51	3,6 %
7	Lernbereitschaft	4,39	3,9 %
8	Unternehmerisches Denken	4,23	28,3 %
9	Kreativität	4,14	24,7 %
	Durchschnitt	4,48	10,9 %
	Keinerlei Ausbaubedarf		37,0 %

zen, als gering zu betrachten. Das spiegelt sich in der Tatsache, dass 37 % der Befragten für sich keinerlei Ausbaubedarf bei den personalen Kompetenzen sehen, wieder. Das gilt insbesondere für Babyboomer (47,1 %) und Geschäftsführer (43,3 %), wohingegen nur rund jeder vierte Angehörige der Generation Y (23,4 %) sich eine solche Aussage zutraut. Tabelle 5 führt noch einmal alle personalen Kompetenzen nach ihrer Wichtigkeit absteigend sortiert auf. Die Durchschnittswerte werden bei allen Tabellen dieses Typs als arithmetisches Mittel berechnet.

5.4.2.2 Fachkompetenzen

Als wichtigste Fachkompetenz bezeichnen die Marktforscher mit 4,40 die **Berufserfahrung**. Die größten Unterschiede in der Bewertung ergaben sich, wenig überraschend, im Alter zwischen Babyboomern (4,55) und Generation Y (4,21). Ansonsten gibt es noch kleinere Unterschiede zwischen quantitativen (4,43) und qualitativen Forschern (4,25), die Berufserfahrung für unterdurchschnittlich wichtig halten. Jeder vierte Befragte (24,5 %) sieht hinsichtlich seiner persönlichen Berufserfahrung Ausbaubedarf. Hier hängen die Angaben sehr stark von Alter bzw. Position ab. Generation Y (57,4 %) bzw. operativ Tätige (36,9 %) sehen ungleich größeren Ausbaubedarf als Babyboomer (4,9 %) bzw. Geschäftsführer (5,6 %). An dieser Stelle gibt es auch einen erheblichen Unterschied zwischen Frauen (32,9 %) und Männern (16,2 %).

Kenntnisse über die zu erforschende **Branche**, also in der Regel die Branche der Studien Beauftragenden, stehen an zweiter Stelle der Fachkompetenzen (4,35). Dabei muss nicht immer die gesamte Branche gemeint sein, sondern zum Beispiel auch lokale Zusammenschlüsse von Marktforschungskunden, wie Brandstätter (vgl. 2016) ausführt. Hierbei reicht es aber nicht aus, lediglich die Branche an sich zu verstehen, sondern auch die Manager, die sie mit ihren „Themen und täglichen Herausforderungen" (Scheffler 2015) lenken. Hier hatten in der Branchenerhebung aus dem Jahr 2015 (vgl. Ottawa/Winkler 2015a, S. 14) die betrieblichen Marktforscher ihren Kollegen aus den Instituten erheblichen Nachholbedarf konstatiert. Selbstkritisch geben 2016 exakt 50 % der Institutsmarktforscher an, hierin Ausbaubedarf zu haben. Gleichwohl ist die Bedeutung der Branchenkenntnisse für die betrieblichen Marktforscher (4,53) deutlich höher als für die Institutsmarktforscher (4,26). Die Unterschiede zwischen den Generationen fallen bezüglich der Wichtigkeit dieser Kompetenz mit 0,19 nicht so ins Gewicht wie bei zahlreichen anderen Kompetenzen, treten dafür hingegen beim Ausbaubedarf sehr deutlich zu Tag (Babyboomer 37,3 %; Generation Y 56,0 % bzw. Geschäftsführer 34,4 %; operativ Tätige 50,4 %). Auch gibt es hier einen deutlichen Unterschied zwischen Männern (51,4 %) und Frauen (42,9 %).

Allgemeinwissen ist mit 4,18 auch in einer spezialisierten Disziplin wie der Marktforschung von nicht zu unterschätzender Bedeutung. Institutsmarktforscher (4,32) halten es für deutlich wichtiger als ihre betrieblichen Kollegen (3,94). Der Grund dafür ist in der breiteren Aufstellung der Institute nach Branchen, Kunden, Produkten und Märkten zu suchen (vgl. Ottawa/Rietz 2015, S. 5). Unterschiede zeigen sich auch zwischen qualitativen (4,39) und quantitativen Forschern (4,13). Am deutlichsten sind wieder die alters- bzw. positionsabhängigen Unterschiede (operativ Tätige 4,02; Geschäftsführer 4,52 bzw. Generation Y 4,01; Babyboomer 4,43). Interessanterweise halten sich die Unterschiede zwischen (eher) national (4,22) und (eher) international (4,00) tätigen Marktforschern in Grenzen. Aufgrund des breiteren geographischen und kulturellen Hintergrunds der internationalen Marktforschung wäre hier ein reziprokes Ergebnis naheliegend gewesen. Marktforscher scheinen über eine recht gute Allgemeinbildung zu verfügen, denn nur jeder Zehnte (9,5 %) signalisiert Ausbaubedarf. Die Unterschiede entsprechen vollständig den bereits zur Wichtigkeit der Allgemeinbildung geschilderten. Den größten Bedarf sieht die Generation Y (17,0 %), den geringsten die betrieblichen Marktforscher (4,6 %).

Sprachen spielen in der Marktforschung in verschiedenen Facetten eine wichtige Rolle, so zum Beispiel in der Akquisephase (vgl. Magerhans 2016, S. 358). Am wichtigsten (4,10) sind dabei Kenntnisse der **englischen Sprache**. Hier treten einige deutliche Unterschiede zwischen den Marktforschungsgruppen auf. Institutsmarktforscher halten Englisch mit 4,28 für weitaus wichtiger als betriebliche (3,77). Die ursprüngliche Annahme, das beruhe auf einer internationaleren Ausrichtung der Institutsmarktforschung, konnte durch eine Kreuzauswertung von Arbeitgeber und Internationalisierungsgrad nicht bestätigt werden. Deutliche Unterschiede zeigen sich auch zwischen qualitativen (4,35) und quantitativen (3,98) Forschern, wobei auch zwischen diesen Forschergruppen durch eine analoge Kreuzauswertung keine signifikanten Unterschiede in der internationalen Ausrichtung festgestellt werden konnten. In ebensolcher Größenordnung bewegt sich auch der Unterschied zwischen Geschäftsführung (4,34) und operativer Ebene (3,96) bzw. Babyboomer (4,29) und Generation Y (3,95). Eine Kreuzauswertung ergab jedoch in der Internationalisierung deutliche Unterschiede zwischen sonstigen Führungskräften einerseits und Geschäftsführern und operativ tätigen Marktforschern andererseits. Demnach sind die sonstigen Führungskräfte deutlich häufiger international ausgerichtet als die beiden anderen Gruppen. Den größten Unterschied gibt es erwartungsgemäß zwischen (eher) national (3,63) und (eher) international (4,71) tätigen Marktforschern. Ausbaubedarf sehen über alle Befragten 22,4 %. Hier gibt es nicht so viele deutliche Unterschiede wie bei der Wichtigkeit. Zu nennen sind sonstige Führungskräfte (15,2 %) gegenüber operativen Marktforschern (25,4 %), Generation X (18,2 %) gegenüber Babyboomern (28,4 %) und (eher) international Tätige (14,4 %) gegenüber (eher) national Tätigen (25,8 %).

Unter **Medienkompetenz** versteht man „grundlegend nichts anderes als die Fähigkeit, in die Welt aktiv aneignender Weise *auch* alle Arten von Medien für das Kommunikations- und Handlungsrepertoire von Menschen einzusetzen" (Baacke 1996, S. 119). Für Schlohmann (vgl. 2012, S. 146) gehören im Sinn einer Medienhandlungskompetenz dazu Konsum, Bedienung, Analyse, Bewertung und Produktion von Medien. Sie wird mit 4,01 im Schnitt als eher wichtig betrachtet. Hierbei bestehen keine großen Unterschiede zwischen den einzelnen betrachteten Teilgruppen. Ausbaubedarf sehen immerhin 30,1 %. Hier kommt es entgegen der Wichtigkeit zu erheblichen Abweichungen zwischen den Teilgruppen. Ein Drittel (33,0 %) der Institutsmarktforscher sieht hier Ausbaubedarf, aber nur 24,3 % ihrer betrieblichen Kollegen. Vielleicht verlassen sich die betrieblichen Marktforscher in Sachen Medienkompetenz auf die Expertise ihrer Aufragnehmer. Der Ausbaubedarf der quantitativen Forscher (31,0 %) übertrifft deutlich den der qualitativen (22,6 %). Noch größer sind die Unterschiede zwischen Geschäftsführern (44,6 %) und operativ Tätigen (23,6 %) bzw. Babyboomern (43,5 %) und Generation X (25,3 %). Unter Umständen fehlt es der älteren, auch von ihrem Status her etablierten Generation von Marktforschern gerade bei digitalen Medien an Kompetenz, die es auszubauen gilt.

Neben der weiter oben diskutierten allgemeinen **Branchenkompetenz** gebührt auch der Kenntnis der Marktforschungsbranche eine eher wichtige Rolle (3,95). Sie wird von betrieblichen (4,03) wichtiger als von Institutsmarktforschern (3,89) erachtet. Das mag daran liegen, dass betriebliche Marktforscher, auch wenn sie auf Tagungen und in Verbänden keine große Rolle spielen, doch gute Branchenkenntnisse benötigen, um optimale Methoden und Dienstleister für ihre Studien auszuwählen (vgl. Dierks 2017). Spürbar unterschiedliche Beurteilungen der Wichtigkeit gibt es auch zwischen Geschäftsführern (4,11) einerseits und sonstigen Führungskräften und operativ Tätigen (beide 3,91) andererseits. Hier kommt es auch wieder einmal zu nennenswerten geschlechtsspezifischen Unterschieden zwischen Frauen (4,06) und Männern (3,86). Fast jeder Dritte (32,4 %) hält seine Branchenkenntnisse für unzulänglich. Das betrifft vor allem jüngere (Generation Y 45,4 %) bzw. operative Marktforscher (42,1 %), wohingegen Geschäftsführer (14,4 %) und Babyboomer (17,6 %) mit Abstand den geringsten Ausbaubedarf sehen.

Zurück zu den Sprachen. Zu ihnen gehören auch **Fachsprachen** wie Marketing, HR oder IT (vgl. Ottawa/Rietz 2015, S. 39). Grundsätzlich müssen vor allem betriebliche Marktforscher in zwei Richtungen „Dolmetscher" sein. Sie müssen einerseits die

Fachsprachen ihrer (internen) Kunden beherrschen, um deren Fragestellungen Instituten und Probanden verständlich zu machen. Andererseits gilt es, das Fachjargon der Marktforschung so zu erklären, dass Probanden und Auftraggeber es verstehen. Gerade die von Anglizismen geprägte Fachsprache des Marketings als Hauptauftraggeber der Marktforschung (vgl. Hassler 2013, S. 76) muss sowohl von betrieblichen als auch von Institutsmarktforschern verstanden werden, um Informationsverluste im Briefing und dem weiteren Verlauf einer Studie zu vermeiden (vgl. Gaspar/Neus/Buder 2016, S. 24). „Therefore they [die Marktforscher] need to (...) talk the same language as the marketing or finance director" (Petch/Wheals 2013, S. 321). So kann größere Nähe zu und Vertrautheit mit den Kunden entstehen: „Being able to talk the language of the marketing or finance director builds credibility" (Petch/Wheals 2012). Die Unterschiede zwischen den einzelnen Teilgruppen der Marktforschung sind bei dieser Kompetenz bei einem Durchschnittswert von 3,68 nicht allzu hoch. Erwähnenswert ist allenfalls der zwischen (eher) national (3,57) und (eher) international (3,76) Tätigen. Auch wenn die gesamte Wichtigkeit mit 3,68 nicht allzu hoch ist, sehen doch 29,9 % Ausbaubedarf im Verstehen von Fachsprachen. Das gilt vor allem für Institute (32,7 %) im Vergleich zu 24,3 % bei betrieblichen Marktforschern. Deutliche Unterschiede gibt es auch zwischen operativen Marktforschern (34,1 %) und sonstigen Führungskräften (22,2 %) sowie Generation Y (39,0 %) und Babyboomern (25,5 %). Die Ursache für diesen Befund ist in der geringen Berufserfahrung der jüngeren Marktforscher zu suchen, die noch nicht hinreichende Gelegenheit gefunden haben, sich verschiedene Fachsprachen anzueignen.

Sonstige Fremdsprachen fallen gegenüber den vorstehend beschriebenen Fachkompetenzen deutlich ab. Lediglich 99 der 441 Probanden hatten hierzu überhaupt eine Meinung, was die Aussagekraft der folgenden Zahlen einschränkt. Die Wichtigkeit tendiert mit 2,46 schon zu eher unwichtig. In der Wichtigkeit weiterer Fremdsprachen gibt es zum Teil erhebliche Unterschiede. Während sie in Instituten bei 2,75 liegt, rangiert sie in betrieblichen Marktforschungen mit 1,93 bereits unter eher unwichtig. Ein großer Unterschied besteht auch zwischen sonstigen Führungskräften (2,90) und operativ Tätigen (2,27). Männer halten weitere Fremdsprachen mit 2,63 für deutlich wichtiger als Frauen mit 2,31. Der Unterschied zwischen den Generationen ist mit 2,58 (Generation Y) und 2,32 (Babyboomer) geringer ausgeprägt. Dagegen liegt, wenig überraschend, die Wichtigkeit bei den (eher) international tätigen mit 3,06 erheblich höher als bei den (eher) national tätigen Marktforschern (1,96). Lediglich bei den (eher) international tätigen Marktforschern überschreitet die Wichtigkeit den Mittelwert der Skala von 3,0. Entsprechend der geringen Bedeutung weiterer Fremdsprachen liegt auch deren Ausbaubedarf in allen Teilgruppen unter 10 %. Lediglich die qualitativen Marktforscher überschreiten den Gesamtdurchschnitt von 6,3 % spürbar. Welche Fremdsprachen für die 99 o. g. Probanden relevant sind, verdeutlicht Abbildung 12, wobei Mehrfachnennungen möglich waren.

Trotz der aus deutschsprachiger Sicht geringen Bedeutung weiterer Fremdsprachen über das Englische hinaus, kommt ausgerechnet aus Großbritannien ein Hinweis

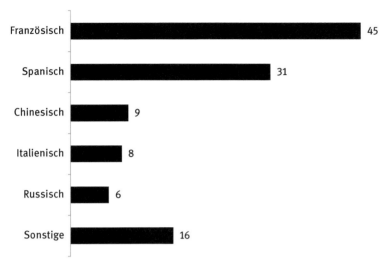

Abb. 12: Sonstige für Marktforscher relevante Fremdsprachen (eigene Darstellung).

auf die wachsende Bedeutung von Fremdsprachenkenntnissen, um an den steigenden Marktforschungsbudgets im Mittleren Osten und Nordafrika (v. a. Arabisch) und den BRIC-Staaten, also Brasilien, Russland, Indien, China und Südafrika, zu partizipieren (vgl. Gritten 2016a).

Nicht zu vernachlässigen sind Unterschiede in ein- und derselben Sprache. Beinschab (2017) weist auf Sprachbarrieren, in diesem Fall die Unterschiede zwischen Hochdeutsch und österreichischen Dialekten, bei der Durchführung qualitativer Forschung hin. Ähnliches können die Autoren dieses Buchs auch von den Erfahrungen Schweizer Interviewer mit dem Kölner (ripuarischen) Dialekt berichten.

Keinerlei Ausbaubedarf ihrer fachlichen Kompetenzen melden 19,3 % der Probanden. Er liegt besonders hoch bei Geschäftsführern (30,0 %) und Babyboomern (27,5 %). Besonders gering ist er hingegen bei der Generation Y, von der sich lediglich 5 % zutrauen, ihren Job ohne den Ausbau ihrer fachlichen Kompetenzen zu erfüllen.

Die Reihenfolge und Durchschnittswerte der fachlichen Kompetenzen enthält Tabelle 6.

Ein Aspekt, der in die Branchenbefragung nicht aufgenommen wurde, ist technische Kompetenz. Die zunehmende Technisierung des Lebens, die auch vor der Marktforschung nicht Halt macht, bedingt es, sich technische Kompetenzen anzueignen. Das kann für Marktforscher die Beschäftigung mit Neuromarketing bzw. -forschung (vgl. Häusel 2014; Janska 2015; Schroiff 2014), ggf. in Verbindung mit Big Data (vgl. Schmidt/Reiter 2016), Virtual Reality (vgl. Hedewig-Mohr 2017b) oder Wearables (vgl. Fischer/Tuck 2016), sprachgesteuerten Befragungstools (vgl. Lütters 2017) oder mobilen Befragungen (vgl. Friedrich-Freksa/Lütters 2016; Theobald 2018) bedeuten. Um zu verstehen, wie etwas mit diesen Techniken gemessen oder erfasst wird, „ist das

Tab. 6: Rangfolge, Wichtigkeit und Ausbaubedarf fachlicher Kompetenzen (eigene Darstellung).

Rang	Fachliche Kompetenz	Wichtigkeit	Ausbaubedarf
1	Berufserfahrung	4,40	24,5 %
2	Branchenkenntnisse	4,35	46,7 %
3	Allgemeinbildung	4,18	9,5 %
4	Englisch	4,10	22,4 %
5	Medienkompetenz	4,01	30,1 %
6	Kenntnisse der Marktforschungsbranche	3,95	32,4 %
7	Fachsprachen	3,68	29,9 %
8	Sonstige Fremdsprachen	2,46	6,3 %
	Durchschnitt	4,04	27,2 %
	Keinerlei Ausbaubedarf		19,3 %

Verständnis für die verwendeten Werkzeuge essentiell" (Batel 2016, S. 15). Die nächsten Jahre müssen zeigen, welche dieser Technologien respektive die Kenntnisse von ihnen in den Kanon der Kompetenzen eines Marktforschers aufgenommen werden müssen.

5.4.2.3 Allgemeine Methodenkompetenzen

Analytisches Denken steht mit 4,78 deutlich an der Spitze der allgemeinen Methodenkompetenzen. Die Spannweite der Beurteilungen erreicht lediglich den Wert von 0,13, konkret zwischen Geschäftsführern (4,87) und operativ Tätigen/Generation Y (4,74). Trotz oder gerade wegen dieser hohen Bedeutung sehen immerhin 11,6 % der Befragten diesbezüglich persönlichen Ausbaubedarf ihrer Kompetenz. Den mit Abstand höchsten Ausbaubedarf signalisieren mit 21,1 % die qualitativen Forscher, die sich damit deutlich von ihren quantitativen Pendants (7,7 %) unterscheiden. Erhebliche Unterschiede existieren auch zwischen operativ Tätigen (14,7 %) einerseits und Geschäftsführern (7,8 %) und sonstigen Führungskräften (7,1 %) andererseits. Auch zwischen Frauen (14,2 %) und Männern (8,8 %) ist ein weiterer Unterschied festzustellen.

An zweiter Stelle der allgemeinen Methodenkompetenzen findet sich die **Organisationsfähigkeit** (4,59). Da dieser Begriff mehrere Aspekte in sich vereint, sei zunächst seine Definition durch den Kompetenzatlas der FH Wien (2011) zitiert: „Fähigkeit, organisatorische Aufgaben aktiv und erfolgreich zu bewältigen." Die organisatorischen Aufgaben beziehen sich dabei auf die eigenen Abläufe, wie zum Beispiel die persönliche Vorbereitung auf ein Briefing, als auch auf die Organisation einer Personengruppe, wie etwa die Aufgabenverteilung auf seine Mitarbeiter durch den Leiter eines Instituts. Hier liegen die Abweichungen zwischen den Bewertungen der einzelnen Gruppen von Marktforschern mit 0,09 im Vernachlässigens werten Bereich. Keine andere der untersuchten Einzelkompetenzen wird in ihrer Wichtigkeit derart homogen beurteilt. Ihr Ausbaubedarf bewegt sich exakt auf dem Niveau des analytischen

Denkens (11,6 %). Der deutlichste Unterschied besteht zwischen Männern (15,7 %) und Frauen (6,8 %). Daneben sehen qualitative (15,5 %) höheren Ausbaubedarf als quantitative (10,5 %) Forscher.

Wie schon oben beschrieben, handelt es sich bei Marktforschung vorwiegend um Projektgeschäft. Es überrascht daher nicht, dass Kompetenzen im **Projektmanagement** mit 4,57 als sehr wichtig angesehen werden. Wie schon bei der Organisationsfähigkeit zeigt sich auch hier mit einer Spannweite der Antworten von 0,14 ein sehr homogenes Meinungsbild. Der Ausbaubedarf liegt bei 14,5 %. Auch beim Projektmanagement sehen qualitative (22,5 %) einen deutlich höheren Ausbaubedarf als ihre quantitativen (12,7 %) Kollegen. Auch Männer (19,4 %) sehen hier bei sich wie schon bei der Organisationsfähigkeit größere Kompetenzlücken als Frauen (9,6 %). Daneben lässt sich auch hier wieder ein generationenbedingter Unterschied zwischen Generation Y (19,1 %) einerseits und Generation X (12,1 %) und Babyboomer (12,7 %) andererseits feststellen.[5]

Die **Präsentation** bildet gewöhnlich den Abschluss einer Marktforschungsstudie. Sie ist auch eine der wenigen Gelegenheiten, zu denen Marktforscher, egal ob aus Institut oder betrieblicher Marktforschung, sich und ihre Arbeitsergebnisse einem größeren Publikum vorstellen können. Eine wichtige Funktion jeder Ergebnispräsentation ist die Kommunikation. Sie ist nicht nur auf die Informationsvermittlung als Generierung von Wissen beschränkt, sondern umfasst zudem noch die Aspekte der Komprimierung[6], also das Herausstreichen der wesentlichen Kernergebnisse[7], der Beratung im Sinn von Handlungsempfehlungen und der Persönlichkeitsdarstellung, in der der präsentierende Marktforscher Vertrauen zu seinen Kunden aufbauen kann (vgl. Dölle 2015, S. 18). Neben der Kommunikation spielt auch die Diskussion bei einer Präsentation eine wichtige Rolle. Dabei nimmt der Marktforscher „die Rolle eines beratenden Moderators ein" (Magerhans 2016, S. 357). Dass mit Präsentation nicht nur die traditionelle Powerpoint-Präsentation gemeint ist, erläutern Keim/Gailing (vgl. 2016). In diesem Sinn äußert sich auch Klee-Patsavas (vgl. 2016). Die Wichtigkeit von Präsentationskompetenz liegt mit 4,45 in der Waage zwischen sehr und eher wichtig. Besondere Bedeutung messen ihr die (eher) international tätigen Marktforscher (4,62) zu, womit sie sich von ihren (eher) national tätigen Kollegen (4,41) unterscheiden. Ein ähnlicher Unterschied in der Bewertung besteht zwischen betrieblichen (4,60) und Institutsmarktforschern (4,37). Dieser Befund überrascht, bietet doch gerade eine gute Präsentation einem Institut Chancen auf Reputationsgewinn und Folgeaufträge. Jeder vierte Befragte (24,7 %) äußert Ausbaubedarf seiner Präsenta-

---

5 Als weiterführende Literatur empfehlen wir: Koreimann, Dieter S. (2002): Projektmanagement. Technik, Methodik, Soziale Kompetenz. Heidelberg: Sauer.

6 Frank Hansmann (Nymphenburg Group) bemerkte dazu am 23.09.2015 prägnant: „Eine Präsentationsfolie ist kein Wohnzimmer. Wir müssen uns hier nicht einrichten."

7 Bernd Werner (Nymphenburg Group) hat überfüllte Schaubilder in Präsentationen in einem Gespräch mit Marco Ottawa mit dem zutreffenden Begriff „Augenkirmes" umschrieben.

tionskompetenzen. Das betrifft in erster Linie die Generation Y (34,8 %), deutlich weniger die Generation X (18,2 %) und die Babyboomer (23,5 %). Die sonstigen Führungskräfte scheinen am präsentationsstärksten zu sein, sehen von ihnen doch nur 15,2 % Ausbaubedarf in dieser Kompetenz. Die Vergleichswerte bei Geschäftsführern (23,3 %) und operativ Tätigen (29,0 %) liegen deutlich höher. Einen kleineren Unterschied gibt es noch zwischen Instituts- (26,8 %) und betrieblichen Marktforschern (21,7 %).[8]

Wie in der Einleitung dieses Buchs ausführlich dargestellt, verändert sich derzeit die Welt und mit ihr die Marktforschung sehr schnell. Insofern überrascht etwas die relativ geringe Bedeutung (4,20) der **Innovationskompetenz.** Sie „umfaßt sowohl die Fähigkeit des Unternehmens, tatsächlich Innovationen hervorzubringen, als auch die Kenntnis und die Nutzung der Möglichkeiten zur Innovationsförderung durch die Mitarbeiter" (Luig/Karczmarzyk 2002, S. 286). Für Geißler/Bruhn (2016) ist der „Wille zur Innovation" einer der zentralen Erfolgsfaktoren für die Zukunftsfähigkeit eines Marktforschungsunternehmens. Geschäftsführer, die für ihr Institut und dessen Zukunft Verantwortung tragen, messen ihr mit 4,48 die höchste Bedeutung zu, gleichwohl beurteilen (ihre) operativen Mitarbeiter sie als lediglich eher wichtig (4,01). Qualitative Marktforscher (4,31) messen Innovationskompetenz eine spürbar höhere Wichtigkeit zu als ihre quantitativen (4,10) Kollegen. Einen vergleichbaren Unterschied gibt es auch zwischen (eher) international (4,33) und (eher) national (4,16) Tätigen. Trotz der überraschend geringen Bewertung dieser Kompetenz sehen, was Hoffnung für die Branche macht, immerhin 44,2 % der Marktforscher Ausbaubedarf in Innovationskompetenz. An der Spitze steht dabei die Generation Y (49,2 %), während die Babyboomer (36,2 %) das Schlusslicht bilden. In diesem Fall dürfen allerdings die Babyboomer nicht automatisch mit Geschäftsführern gleichgesetzt werden, denn die Geschäftsführer sehen für sich mit 46,2 % höheren Ausbaubedarf als die sonstigen Führungskräfte und die operativ Tätigen mit jeweils 43,7 %. Entgegen den zuvor vorgestellten Methodenkompetenzen sehen in Sachen Innovationskompetenz die quantitativen Forscher (47,2 %) deutlich höheren Ausbaubedarf als ihre qualitativen Pendants (37,7 %). Der Unterschied zwischen (eher) national (45,2 %) und (eher) international (39,5 %) ausgerichteten Forschern ist dem gegenüber nicht so stark ausgeprägt.

Eng verwandt mit der oben beschriebenen Präsentationskompetenz ist die **Rhetorik.** Ihre Wichtigkeit liegt bei 4,06, was eher wichtig entspricht. Sie ist mit 4,26 für

---

8 Verweis auf weiterführende Literatur: Hermann-Ruess, Anita (2010): Wirkungsvoll präsentieren. Das Buch voller Ideen. Göttingen: BusinessVillage Keim, Gerhard/Gailing, Virginie (2016): Gemeinsam mehr als die Summe ihrer Teile. Design und Marktforschung gestalten Transformationsprozesse der Zukunft. In: Keller, Bernhard/Klein, Hans-Werner/Tuschl, Stefan (Hrsg.): Marktforschung der Zukunft – Mensch oder Maschine. Bewährte Kompetenzen in neuem Kontext. Wiesbaden: Springer Gabler, S. 63–77 Magerhans, Alexander/Merkel, Theresa/Cimbalista, Julia (2013): Marktforschungsergebnisse zielgruppengerecht kommunizieren. Ergebnisberichte – Präsentationen – Workshops. Wiesbaden: Springer Gabler. Renz, Karl-Christof (2013): Das 1 × 1 der Präsentation. Wiesbaden: Springer

die sonstigen Führungskräfte am bedeutsamsten, während ihr die operativen Markt-forscher mit 3,96 eine deutliche geringere Wichtigkeit zumessen. Am unwichtigsten ist die Rhetorik für die quantitativen Forscher (3,88), etwas höher bei ihren qualitativen Pendants (4,06). Im Übrigen gibt es keine großen Unterschiede in der Wichtigkeitszu-schreibung. Ausbaubedarf ihrer rhetorischen Kompetenzen sehen immerhin 30,6 %, was bei den operativen Marktforschern mit 36,9 % am ausgeprägtesten ist. Die Ge-schäftsführer sehen sich demgegenüber recht gut aufgestellt und sehen nur zu 16,7 % persönlichen Ausbaubedarf. Ähnlich strukturiert sind die altersabhängigen Ergebnis-se. Einen spürbaren Unterschied gibt es noch zwischen Frauen (34,7 %) und Männern (26,9 %).

Aus Ergebnissen Geschichten zu machen, oder neudeutsch **Storytelling** ist „die Kunst des Erzählens" (Ladwig 2014, S. 3) bzw. die Einbettung von Daten in ei-ne ganze Geschichte (vgl. Eidems/Lainer 2015, S. 37), um eine „Verbindung zum Pu-blikum aufzubauen" (Ladwig 2014, S. 3). Michael Goodman, Director Digital Media Strategies beim Analystenhaus Strategy Analytics[9], bringt mit seiner Aussage: „Think beyond the numbers. What do the numbers tell you?" Storytelling auf den Punkt. Als Kompetenz der Präsentation und der Rhetorik verwandt wird sie auch mit 4,03 ähn-lich wichtig wahrgenommen. Besonders wichtig ist sie den (eher) international täti-gen Marktforschern (4,32), am unwichtigsten deren (eher) national tätigen Pendants (3,91). Die Wichtigkeitszuschreibungen sind in den einzelnen Teilbereichen der Markt-forschung recht homogen. Lediglich die qualitativen Forscher (4,18) signalisieren ei-ne spürbar höhere Wichtigkeit als ihre quantitativen Kollegen (3,96). Bewegt sich die Wichtigkeit der Kompetenz, aus Ergebnissen Geschichten zu machen, auch nur auf eher mittlerem Niveau, besteht doch bei jedem zweiten (49,4 %) Befragten Ausbaube-darf darin. Das gilt insbesondere für betriebliche Marktforscher (56,6 %) und damit deutlich mehr als bei ihren in Instituten beschäftigten Kollegen (46,0 %). Ein deutli-cher Unterschied des Ausbaubedarfs hängt daneben vom Status des Marktforschers ab. 55,2 % der operativ Tätigen bejahen ihn, hingegen nur 35,6 % der Geschäftsführer. Möglicherweise hängt das wieder mit dem Alter und der mit dem Storytelling verbun-denen Abkehr von althergebrachten Präsentationsgewohnheiten zusammen, dass nur 42,2 % der Babyboomer, jedoch 51,8 % der Generation Y bzw. 51,5 % der Generation X darin Ausbaubedarf melden.[10]

Eine vierte Qualifikation rund um die Vorstellung von Ergebnissen stellt das **Info-tainment** dar. Wichtig ist es, zwischen funktionalem und dysfunktionalem Infotain-ment zu unterscheiden. Ersteres stellt die Information, Letzteres die Unterhaltung zu

---

9 Michael Goodman in einem Gespräch gegenüber Marco Ottawa am 10.05.2016.

10 Verweis auf weiterführende Literatur: Reimann, Gabi (Hrsg.) (2005): Erfahrungswissen erzählbar machen. Narrative Ansätze für Wirtschaft und Schule. Lengerich: Pabst Science Publishers. Znane-witz, Judith/Gilch, Kim (2016): Storytelling – A guideline and an application in the Bundeswehr's (personnel) marketing. In: transfer Werbeforschung & Praxis, 62 (4), S. 30–35.

Lasten der Information in den Mittelpunkt (vgl. Dölle 2015, S. 26). Gelungenes bzw. funktionales Infotainment

> präsentiert Informationen unterhaltsam und eingängig, ohne dass der Kern der Botschaft verschüttet wird. Information und Unterhaltung gehen in diesem Fall eine gelungene Symbiose ein und vermitteln dem Zuhörer relevantes Wissen. (Dölle 2015, S. 26)

Infotainment rangiert unter den allgemeinen Methodenkompetenzen mit 3,84 an vorletzter Stelle der Wichtigkeit. Ähnlich dem Storytelling stehen auch hier die (eher) international tätigen mit 4,05 an der Spitze der Bewertung. Die (eher) national Tätigen fallen dagegen mit 3,79 ab. Einen größeren Unterschied gibt es, ebenfalls wie schon beim Storytelling, zwischen qualitativen (4,01) und quantitativen (3,67) Forschern. Geschäftsführern (4,01) ist Infotainment wichtiger als den operativen Kräften (3,76). Das Alter der Probanden wirkt sich hier nicht auf die Wichtigkeitszuschreibung aus. Ähnlich dem Storytelling sieht auch beim Infotainment jeder Zweite (48,5 %) für sich Ausbaubedarf. Das gilt vor allem für (eher) international tätige Marktforscher (56,7 %), die damit deutlich vor ihren (eher) national tätigen Kollegen (44,5 %) liegen. Analog zum Storytelling signalisieren betriebliche (54,6 %) höheren Ausbaubedarf als Institutsmarktforscher (46,3 %). Im Gegensatz zur Wichtigkeitszuschreibung gibt es bezüglich des Alters deutliche Unterschiede zwischen Generation Y (53,9 %) und Babyboomern (38,2 %). Ein weiterer deutlicher Unterschied ist geschlechtsspezifisch: Frauen (56,2 %), Männer (41,2 %).[11]

An letzter Stelle der allgemeinen Methodenkompetenzen rangiert mit 3,83 die Beherrschung von **Moderationstechniken**. Sie ist, was angesichts der verwendeten Methodiken wie Gruppendiskussionen oder Design Thinking nicht überrascht, vor allem für qualitative Forscher (4,46) bedeutsam, wohingegen sie für die quantitativen Forscher am unwichtigsten ist (3,44). Geschäftsführer (4,09) messen ihr höhere Bedeutung als operativ Tätige (3,75) zu. Ansonsten ist das Antwortverhalten eher homogen. Der Ausbaubedarf in Sachen Moderationstechnik bewegt sich über alle Befragten hinweg bei 30,4 %. Hier sehen interessanterweise die quantitativen (35,4 %) höheren Ausbaubedarf als die qualitativen (28,2 %) Forscher. Deutlich ist der Unterschied zwischen operativ Tätigen (35,7 %) und Geschäftsführern (21,1 %) bzw. Generation Y (41,1 %) und Generation X (25,3 %) sowie Babyboomer (25,5 %).

Keinerlei Ausbaubedarf bezüglich ihrer allgemeinen Methodenkompetenzen sehen lediglich 8,4 % der befragten Marktforscher. Er liegt bei den qualitativen (12,7 %) gut doppelt so hoch wie bei den quantitativen (6,1 %) Marktforschern. Unterschiede gibt es auch bei der Position, nämlich 11,1 % bei Geschäftsführern bzw. 12,1 % bei sonstigen Führungskräften gegenüber 6,0 % bei operativ tätigen. Ähnlich sieht es bei den

---

11 Als weiterführende Literatur empfehlen wir: Dölle, Annika (2015): Unterhaltungsfaktor Wissen?! – Analyse des Potenzials von Infotainment in der der Ergebnispräsentation der Marktforschung. Masterarbeit an der TH Köln.

Tab. 7: Rangfolge, Wichtigkeit und Ausbaubedarf allgemeiner methodischer Kompetenzen (eigene Darstellung).

Rang	Allgemeine methodische Kompetenzen	Wichtigkeit	Ausbaubedarf
1	Analytisches Denken	4,78	11,6 %
2	Organisationsfähigkeit	4,59	11,6 %
3	Projektmanagement	4,57	14,5 %
4	Präsentation	4,45	24,7 %
5	Innovationskompetenz	4,20	44,2 %
6	Rhetorik	4,06	30,6 %
7	Aus Ergebnissen Geschichten machen	4,03	49,4 %
8	Infotainment	3,84	48,5 %
9	Moderationstechnik	3,83	30,4 %
	Durchschnitt	4,26	29,4 %
	Keinerlei Ausbaubedarf		8,4 %

Altersclustern aus, von denen die Babyboomer zu 11,8 % keinen Ausbaubedarf melden, jedoch nur 4,3 % der Generation Y.

Die Reihenfolge und Durchschnittswerte der allgemeinen methodischen Kompetenzen gibt Tabelle 7 wieder.

In der vorgestellten Aufzählung fehlt die interkulturelle Kompetenz. Die Autoren haben auf sie verzichtet, weil sie streng genommen keine Einzelkompetenz, sondern im Sinn einer Meta-Kompetenz ein Konglomerat aus verschiedenen Einzelkompetenzen ist, zu denen vor allem Empathie, Selbstreflexion und Kommunikationsfähigkeit gehören (vgl. Loehnert-Baldermann 2016). Interessierten Lesern sind dazu die Diplomarbeit von Britta Lutz (vgl. 2010) sowie Bolten (2012), Greene Sands/Haines (2013), Heusinger von Waldegge (2013), IKUD (2011), Kumar (2006) und Schugk (2014) als Lektüre empfohlen.

5.4.2.4 Marktforschungsspezifische Methodenkompetenzen

Das zweite Cluster mit Methodenkompetenzen widmet sich den marktforschungsspezifischen Methodenkompetenzen. Sie sind sämtlich nicht nur in der Marktforschung relevant, wie zum Beispiel quantitative Methoden, die auch für die Sozialwissenschaften wichtig sind, oder Sekundärforschung, die etwa in Unternehmensberatungen eine große Rolle spielt. Sie sind jedoch allesamt für die Marktforschung kennzeichnend, was ein eigenes Kompetenzcluster rechtfertigt, oder, um Winkler (2016) zu zitieren: „Das methodische Fachwissen ist das, was Marktforschung ausmacht und unsere Kompetenz bezeugt." „Allerdings", schränkt Winkler im Folgesatz ein: „darf es in der Zukunft nicht mehr so sehr im Mittelpunkt stehen wie zuvor" (Winkler 2016).

Die **Visualisierung von Ergebnissen** stellt mit 4,45 die wichtigste Kompetenz dieses Clusters dar. Damit sind nicht nur traditionelle Formate à la Powerpoint gemeint, denn: „Die Zukunft liegt in Realtime Reports mit Dashboard-Darstellungen.

[...] Hier ist noch großes Entwicklungspotenzial für die Institute und Agenturen, ihre Kunden mit besseren Daten und Tools zu unterstützen" (Menzel 2016). Insbesondere qualitative Forscher (4,61) messen der Visualisierung von Ergebnissen eine besonders hohe Bedeutung bei, gegenüber der die Einschätzung der quantitativen Forscher (4,42) etwas abfällt. Den größten Bedeutungsunterschied gibt es zwischen (eher) international (4,60) und (eher) national tätigen (4,36) Marktforschern. Der Ausbaubedarf ist hoch und liegt bei 43,8 %. Auch hier liegen die qualitativen (53,5 %) abermals deutlich vor den quantitativen (40,3 %) Forschern. Ansonsten gibt es keine größeren Unterschiede.

Mit geringem Abstand folgen die **quantitativen Methoden** (4,42) auf Rang 2 der marktforschungsspezifischen Methodenkompetenzen. Sie sind nicht einmal für die rein quantitativ (4,62), sondern noch stärker für die sowohl quantitativ als auch qualitativ Forschenden von hoher Bedeutung. Der Abstand zu den qualitativen Forschern (3,51) ist, wenig überraschend, enorm. In der betrieblichen Marktforschung (4,55) erfreuen sich quantitative Methoden höherer Bedeutung als in Instituten (4,35). Spürbare Unterschiede gibt es noch zwischen Männern (4,54) und Frauen (4,32), wobei Alter und Position keine Rolle spielen. Ausbaubedarf ihrer quantitativen Kompetenzen sehen 11,3 % der Befragten. Er liegt bei den qualitativen (18,3 %) deutlich von den quantitativen (8,8 %) Forschern. (Eher) international tätige Marktforscher (15,4 %) sehen hier noch weitaus mehr Defizite als ihre (eher) national tätigen Kollegen (9,1 %). Den größten Unterschied gibt es zwischen Generation Y (17,0 %) und Babyboomern (5,9 %).

Mit deutlichem Abstand auf die quantitativen folgen die **qualitativen Methoden** (4,03). Vielleicht spiegelt sich darin die manchmal in Gesprächen mit Kollegen geäußerte Meinung wieder, richtige Marktforschung sei halt doch quantitativ. Dieser Befund kann aber auch in der Stichprobe begründet liegen, in der 181 Marktforschern mit qualitativem nur 71 mit quantitativem Schwerpunkt gegenüberstehen. Die Bedeutung hinsichtlich des methodischen Schwerpunkts verhält sich reziprok zu dem unter den quantitativen Methoden beschriebenen Befund. Allerdings ist der Abstand der Wichtigkeit zwischen qualitativen (4,79) und quantitativen (3,25) Forschern noch deutlich größer als dort. Wenn auch in ungleich geringerem Maß gibt es auch Unterschiede zwischen Babyboomern (4,21) und Generation Y (3,90). Den gleichen Unterschied weisen auch die Antworten von Frauen (4,19) und Männern (3,88) auf. Möglicherweise liegt das an dem höheren Frauenanteil in der qualitativen Forschung. In der Stichprobe liegt er bei 54 % gegenüber 42 % bei quantitativen Marktforschern. Der Ausbaubedarf an qualitativer Methodenkompetenz liegt mit 21,3 % über alle Befragten fast doppelt so hoch wie bei quantitativen Methoden. Erhebliche Unterschiede gibt es zwischen operativ Tätigen (27,0 %) bzw. Generation Y (32,6 %) und Geschäftsführern (13,3 %) bzw. Babyboomern (17,6 %). Ansonsten gibt es nur noch einen merklichen Unterschied zwischen quantitativen (24,3 %) und qualitativen (19,7 %) Forschern. Verglichen mit den quantitativen Methoden sprechen lediglich die qualitativ ausgerichteten Marktforscher den qualitativen Methoden eine höhere Wichtigkeit zu. Alle anderen Untermengen der Marktforscher schätzen die quantitativen Methoden höher ein.

Marketing-Kenntnisse sind, wie schon zuvor erwähnt, aufgrund des Marketings als Hauptauftraggeber für Marktforschungsstudien nicht zu vernachlässigen. Unger sah schon vor 20 Jahren die Marktforschung als „Schaltstelle zwischen Marktinformationen und internem Management" (1997, S. 353). Da die Aufträge, wie bereits geschildert, zu einem erheblichen Teil aus dem Marketing und von seinem Management kommen, ist von der Marktforschung in aus ein „erhebliches Marketing-Verständnis" (Unger 1997, S. 355) zu erwarten, um diese Aufträge richtig aufzunehmen und umzusetzen. Zunehmende Marketingkompetenz kann Marktforscher dazu befähigen, sich vom reinen Informationslieferanten zum Partner des Marketings zu entwickeln (vgl. Zerr 2015, S. 25). Dazu gehört auch das Verständnis für die zahlreichen Schnittstellen, die ein Marketing-Manager zu bedienen hat und welche wiederum Anlass für Marktforschungsstudien geben oder zumindest Einfluss auf sie nehmen (vgl. Freeman 2010, S. 226–228). In dem von Hedewig-Mohr (2016a) unter Bezug auf Usancen bei Procter & Gamble geschilderten Fall „müssen Marktforscher wichtige Entscheidungen der Produktion oder des Marketings abzeichnen, bevor sie realisiert werden können." Solche Mitbestimmung wird aber nur dann akzeptiert, wenn die Marktforscher auch über grundlegende Marketing-Kenntnisse verfügen. Eine zweite Bedeutung von Marketing-Kenntnissen für Marktforscher behandeln Sonnenschein (vgl. 2017) und Scheffler (vgl. 2015a). Sie betonen, dass Marktforscher auch in der Lage sein müssen, mit ihrer Arbeit Marketing für das eigene Unternehmen bzw. die eigene Abteilung zu machen, also Marketier in eigener Sache zu sein.

Die Befragten halten Marketing-Kenntnisse im Schnitt (3,89) für eher wichtig. Das gilt in besonders hohem Maß für Geschäftsführer (4,17) bzw. Babyboomer (4,04), deutlich weniger für operativ Tätige (3,75) bzw. Generation Y (3,74). Unterschiede zeigen sich auch zwischen betrieblichen (4,04) und Institutsmarktforschern (3,79). Ursache hierfür mag der häufigere und direkte Kontakt der erstgenannten Gruppe zu Marketiers sein. Des Weiteren sind Marketing-Kenntnisse bei qualitativen Marktforschern (3,97) wichtiger als bei quantitativen (3,75). Ausbaubedarf seiner Marketing-Kenntnisse sieht jeder fünfte Befragte (21,5 %). Das gilt besonders für die Generation Y (33,3 %) gegenüber den Babyboomern (14,7 %) und die Institute (25,4 %) im Vergleich zu den betrieblichen Marktforschungen (15,8 %). Auch die (eher) international tätigen Marktforscher (25,0 %) haben verglichen mit ihren (eher) national tätigen Kollegen (17,7 %) einen überdurchschnittlichen hohen Ausbaubedarf.[12]

Die **Stichprobenziehung** zählt zum klassischen Handwerkszeug der Marktforschung. Erstaunlicherweise liegt ihre Wichtigkeit mit 3,67 ein gutes Stück hinter der der Marketing-Kenntnisse. Bei den methodischen Schwerpunkten gibt es die größten Unterschiede zwischen gleichermaßen qualitativ wie quantitativ (3,94), quantitativen

---

12 Verweis auf weiterführende Literatur: Kotler, Philip/Armstrong, Gary/Wong, Veronica/Saunders, John (2013): Grundlagen des Marketings. 6. Aufl. München u. a.: Pearson. Kotler, Philip/Keller, Kevin Lane/Bliemel, Friedhelm (2007): Marketing-Management. Strategien für wertschaffendes Handeln. 12. Aufl. München u. a.: Pearson.

(3,73) und qualitativ (3,31) tätigen Marktforschern. Entgegen der ersten Einschätzung, Stichprobenziehung sei vor allem eine Aufgabe der operativ tätigen Marktforscher, messen diese ihr mit 3,62 eine merklich niedrigere Bedeutung als die Geschäftsführer (3,86) zu. Ein deutlicher Unterschied existiert des Weiteren zwischen (eher) national (3,87) und (eher) international Tätigen (3,42). Der Ausbaubedarf liegt mit 11,1 % auf dem Niveau der quantitativen Methoden. Die Spannweite ist in den einzelnen Teilbereichen nicht sonderlich groß, lediglich die Generation Y (15,6 %) liegt hier deutlich über den Babyboomer (6,9 %).[13]

Die **Verfahren der statistischen Datenanalyse** folgen in ihrer Wichtigkeit mit 3,63 dicht auf die Stichprobenziehung. Auch hier gibt es wieder einen enormen Unterschied zwischen quantitativen (3,99) und qualitativen (2,89) Forschern. In Instituten (3,69) besitzt die statistische Datenanalyse eine höhere Bedeutung als in betrieblichen Marktforschungen (3,49). Bei der Position im Unternehmen gibt es den größten Unterschied zwischen Geschäftsführern (3,72) und den sonstigen Führungskräften (3,49). Was das Alter anbelangt, ist die statistische Datenanalyse der Generation Y (3,84) am wichtigsten. Generation X gibt deren Wichtigkeit mit 3,51 an. Der Ausbaubedarf beläuft sich auf 27,9 %. Auch hier ist er bei quantitativen (33,7 %) höher als bei qualitativen (23,9 %) Forschern. Operativ tätige Marktforscher (31,3 %) bzw. Generation Y (34,8 %) glauben, darin mehr investieren zu müssen als Geschäftsführer (24,4 %) bzw. Babyboomer (21,6 %). Zudem gibt es noch deutliche Unterschiede bei der (inter)nationalen Ausrichtung. (Eher) international ausgerichtete Marktforscher (35,6 %) haben überhaupt den größten Ausbaubedarf in Sachen statistischer Datenanalyse, einen relativ geringen die sowohl national als auch international tätigen (21,9 %).[14]

Die **Sekundärrecherche**, „dieses Stiefkind (…) der Marktforscher" (Ottawa/Rietz 2015, S. 167), liegt in seiner Wichtigkeit mit 3,43 weit hinter den Methoden der Primärforschung. Sie ist für betriebliche Marktforscher (3,70) im Gegensatz zu Instituten (3,25) von der relativ höchsten Wichtigkeit. Qualitative (3,51) sprechen ihr höhere Bedeutung als quantitative Marktforscher (3,27) zu. Ihre Bedeutung nimmt zudem mit dem Alter zu: Generation Y (3,33), Generation X (3,42), Babyboomer (3,59). Zudem zeigt sich ein Unterschied zwischen Frauen (3,57) und Männern (3,30). Nur jeder zehn-

---

13 Verweis auf weiterführende Literatur: Groves, Robert M. et al. (2009): Survey Methodology. 2. Aufl. Hoboken NJ: Wiley. Neumann, Peter (2013): Handbuch der psychologischen Marktforschung. Stichprobenauswahl – Forschungsstrategien – qualitative und quantitative Methoden – Auswertung und Visualisierung der Daten – Präsentation der Ergebnisse. Bern: Verlag Hans Huber

14 Verweis auf weiterführende Literatur: Backhaus, Klaus/Erichson, Bernd/Plinke, Wulff /Weiber, Rolf (2011): Multivariate Analysemethoden. Heidelberg: Springer. Backhaus, Klaus/Erichson, Bernd/Weiber, Rolf (2015): Fortgeschrittene Multivariate Analysemetho-den. 14. Aufl. Heidelberg: Springer. Holling, Heinz/Schmitz, Bernhard (Hrsg.) (2010): Handbuch Statistik, Methoden und Evaluation. Göttingen: Hogrefe. Tuschl, Stefan (2015): Vom Datenknecht zum Datenhecht: Eine Reflektion zu Anforderungen an die Statistik-Ausbildung für zukünftige Marktforscher. In: Keller, Bernhard/Klein, Hans-Werner/Tuschl, Stefan (Hrsg.): Zukunft der Marktforschung. Entwicklungschancen in Zeiten von Social Media und Big Data. Wiesbaden: Springer Gabler, S. 55–69.

te Marktforscher (10,4 %) sieht für sich Ausbaubedarf in der Sekundärrecherche. Es handelt sich dabei in erster Linie um die Generation Y (14,2 %), die sich darin deutlich von den Babyboomern (7,8 %) unterscheidet. Diese Reihenfolge spiegelt sich in der Position wieder: operativ Tätige (12,3 %), sonstige Führungskräfte (10,1 %), Geschäftsführer (5,6 %).[15]

Zusammen mit rechtlichen Rahmenbedingungen bildet die **Ethik der Marktforschung** einen Normenrahmen für marktforscherisches Handeln. Allerdings sehen das neue Konkurrenten der traditionellen Marktforscher nicht zwingend so: „the key role of ethics and professional standards in market research does not appear to be shared by firms of the ‚new' economy, where business models are often based upon the erosion of customer privacy" (Nunan 2017, S. 2).

Ihre Wichtigkeit bewegt sich allerdings mit 3,43 nur auf mittlerem Niveau. Ihre Bedeutung als Hygienefaktor geht auch aus den Ausführungen von Yallop/Mowatt (vgl. 2016[16]) hervor. Relativ höchste Bedeutung besitzt sie für die Babyboomer (3,68), weitaus mehr als etwa für Generation X (3,32). Analog dazu verhält es sich bei Geschäftsführern (3,63) und operativ tätigen Marktforschern (3,33). Einen größeren Unterschied gibt es zwischen Instituten (3,56) und betrieblichen Marktforschungen (3,15). Hierin spiegelt sich möglicherweise die relative Ferne betrieblicher Marktforscher zur Marktforschungsbranche. Die Untersuchung der Autoren dieses Buches hat ergeben, dass betriebliche Marktforscher auf die Frage: „Fühlen Sie sich persönlich mehr der Branche Ihres Unternehmens, z. B. Pharma oder Automobil, oder der Marktforschungsbranche zugehörig?", auf einer elfstufigen Skala von 1 (=Marktforschung) über 6 (=Beides zu gleichen Teilen) bis 11 (=Branche meines Unternehmens) im Schnitt bei 5,73, also „Beides zu gleichen Teilen", antworten. Jacobs/Bayerl/Horton (vgl. 2013, S. 88) berichten, dass sich betriebliche Marktforscher in der Regel stärker mit ihrem eigenen Unternehmen als mit der Marktforschungsbranche identifizieren. Frauen (3,57) messen der Ethik der Marktforschung höhere Bedeutung als ihre männlichen Kollegen (3,30) zu. Der Ausbaubedarf an Ethikkenntnissen beträgt lediglich 8,8 %. Er ist am stärksten bei Generation Y (16,3 %) bzw. operativ Tätigen (11,1 %), am geringsten bei Babyboomern (2,9 %) bzw. Geschäftsführern (4,4 %) ausgeprägt.

Das der Ethik verwandte **Recht der Marktforschung** folgt mit 3,37 auf dem nächsten Rang. Es wird von den Befragten als nicht sonderlich bedeutsam wahrgenommen, nimmt in speziellen Branchen, wie etwa der Pharmaforschung (vgl. Dulinski 2012), jedoch stark an Bedeutung zu. Daneben besteht in Deutschland, sobald personenbezogene Daten verarbeitet werden, die Pflicht, schriftlich einen Datenschutzbeauftragten zu bestellen. Diese Verpflichtung wird auch nach der Novellierung des Bundes-

---

15 Verweis auf weiterführende Literatur: Jenster, Per V./Solberg Søilen, Klaus (2009): Market Intelligence. Building Strategic Insight. Kopenhagen: Copenhagen Business School Press.
16 Die von Yallop/Mowatt durchgeführte Studie bzgl. der Bedeutung von Marktforschungsethik beruht allerdings nur auf 29 qualitativen Interviews unter neuseeländischen Marktforschern.

datenschutzgesetzes (BDSG) in Folge der EU-Datenschutz-Grundverordnung ab dem 25.05.2018 weitergelten (vgl. Schweizer 2017, S. 67). Analog der Ethik der Marktforschung ist es für die Geschäftsführer (3,57) relativ am wichtigsten und wichtiger als für operative Marktforscher (3,27). Klare Bedeutungsunterschiede bestehen zwischen Instituten (3,46) und betrieblichen Marktforschungen (3,15) einerseits und qualitativen (3,54) und quantitativen (3,31) Marktforschern andererseits. Frauen (3,50) messen dem Recht analog zur Ethik der Marktforschung höheren Stellenwert als Männer (3,23) bei. Damit ähneln sich Ethik und Recht der Marktforschung in ihrer Bedeutung stark. Der Ausbaubedarf der Kompetenz bewegt sich mit 29,0 % deutlich über dem Niveau der Ethik der Marktforschung. Hier herrscht der größte Ausbaubedarf bei den qualitativen (39,4 %) gegenüber den quantitativen (33,1 %) Forschern. Ebenso sehen Institute (31,6 %) mehr Ausbaubedarf als betriebliche Marktforschungen (23,0 %). In der Hierarchie gibt es eine deutliche Diskrepanz zwischen operativ Tätigen (32,1 %) und sonstigen Führungskräften (22,2 %). Altersbedingt bekundet Generation Y zu 36,9 % Ausbaubedarf, die Babyboomer hingegen nur zu 19,6 %. Ein deutlicher Unterschied existiert auch noch zwischen gleichermaßen national und international Forschenden (34,4 %) und ihren (eher) international tätigen Kollegen (22,1 %). Das mag mit der Forderung, Kenntnisse sowohl in deutschem als auch in internationalem Recht zu besitzen, zusammenhängen.

Den letzten Platz unter den marktforschungsspezifischen Methodenkompetenzen belegt das **Erkennen von Mustern in großen Datenmengen**. Seine Bedeutung tendiert mit 3,15 zu teils-teils. Angesichts der wachsenden Bedeutung von Big Data erstaunt, dass immerhin 62 % der deutschsprachigen Marktforscher dieses Gebiet zur Marktforschung zählen (vgl. Ottawa/Winkler 2016). Am wichtigsten ist es für Geschäftsführer (3,43) gegenüber 3,06 bei den operativen Kräften. Die geringste Bedeutung besitzt diese Kompetenz für die qualitativen Marktforscher (2,63), die deutlich unter derjenigen der quantitativen (3,32) liegt. Bei Alter und Ausrichtung gibt es keine relevanten Unterschiede, dafür jedoch geschlechtsspezifische zwischen Männern (3,27) und Frauen (3,04). Auch wenn das Erkennen von Mustern in großen Datenmengen keine allzu hohe Wichtigkeit besitzt, sehen doch 27,9 % der Befragten bei dieser Kompetenz persönlichen Ausbaubedarf. Das betrifft in erster Linie die (eher) international tätigen Marktforscher (45,2 %), gefolgt von quantitativen Forschern mit 44,8 %, die sich darin deutlich von den qualitativen Forschern (23,9 %) unterscheiden.

Keinerlei Ausbaubedarf hinsichtlich ihrer marktforschungsspezifischen Methodenkompetenzen sehen 11,8 % der Probanden. Das sind vor allem Geschäftsführer (16,7 %) bzw. Babyboomer (15,7 %), worin sie sich deutlich von den operativ Tätigen (9,1 %) bzw. Generation Y (5,7 %) unterscheiden. Quantitative Forscher (6,1 %) sehen deutlich weniger Ausbaubedarf als ihre qualitativen Kollegen (11,3 %). Das gilt auch für (eher) international (7,7 %) als (eher) national (15,3 %) Ausgerichtete.

Den Überblick über die Rangfolgen der marktforschungsspezifischen Methoden bietet Tabelle 8.

Tab. 8: Rangfolge, Wichtigkeit und Ausbaubedarf marktforschungsspezifischer methodischer Kompetenzen (eigene Darstellung).

Rang	Marktforschungsspezifische methodische Kompetenz	Wichtigkeit	Ausbaubedarf
1	Visualisierung	4,45	43,8 %
2	Quantitative Methoden	4,42	11,3 %
3	Qualitative Methoden	4,03	21,3 %
4	Marketing-Kenntnisse	3,89	21,5 %
5	Stichprobenziehung	3,67	11,1 %
6	Verfahren der statistischen Datenanalyse	3,63	27,9 %
7	Sekundärrecherche	3,43	10,4 %
8	Ethik der Marktforschung	3,43	8,8 %
9	Recht der Marktforschung	3,37	29,0 %
10	Erkennen von Mustern in großen Datenmengen	3,15	27,9 %
	Durchschnitt	3,75	21,3 %
	Keinerlei Ausbaubedarf		11,8 %

5.4.2.5 IT-Methodenkompetenzen

Das dritte Teilcluster der Methodenkompetenzen beschäftigt sich mit für Marktforscher relevanten IT-Kompetenzen. Es umfasst insgesamt fünf Einzelkompetenzen, deren wichtigste das **Beherrschen einer Präsentations-Software** ist. Ihre Wichtigkeit liegt bei 4,51, also noch knapp über dem Präsentieren an sich mit 4,45. Besonders wichtig ist diese Kompetenz für betriebliche Marktforscher (4,69). Institute bewerten ihre Wichtigkeit im Vergleich dazu mit 4,39. Operative Marktforscher (4,60) beurteilen sie spürbar wichtiger als Geschäftsführer (4,28), was sich leicht daraus erklären lässt, wer in der Praxis Präsentationen erstellt. Besonders hohe Bedeutung misst ihr ebenfalls die Generation Y (4,64) zu, die damit deutlich vor den Babyboomern (4,21) liegt, die noch mit Folien für den Overhead-Projektor groß geworden sind. Ausbaubedarf signalisiert jeder zehnte (10,2 %) Marktforscher. Das betrifft insbesondere die Babyboomer (15,7 %), deutlich weniger Generation Y (8,5 %) und X (8,6 %). Ein ähnliches Bild zeigt der Vergleich von Geschäftsführern (15,6 %) einerseits und sonstigen Führungskräften (9,1 %) und operativ Tätigen (8,7 %) andererseits.

Das **Beherrschen von Excel** (4,35) folgt in der Wichtigkeit auf Rang 2. Es ist insbesondere für quantitative Marktforscher von hoher Bedeutung (4,61). Dieser Wert liegt erheblich über dem der qualitativen Forscher (3,79). Für die Generation Y (4,51) ist Excel merklich wichtiger als für die Babyboomer (4,15). Ansonsten liegen die Beurteilungen weitgehend auf einem Niveau. Ausbaubedarf ihrer Excel-Kompetenz sehen 21,8 % der Befragten. Hier führt die Generation Y mit 31,2 % gegenüber Generation X mit 15,7 %. Qualitative Forscher (25,4 %) äußern höheren Ausbaubedarf als ihre quantitativen Kollegen (19,3 %). Zudem zeigt sich hier auch ein Unterschied zwischen Frauen (25,1 %) und Männern (18,1 %).

Gerade quantitative Marktforschung wird in Gesprächen mit Marktforschern gerne mit dem **Beherrschen einer Statistik-Software** wie R oder SPSS verbunden. Insofern ist der Abstand zwischen der Wichtigkeit, eine solche Software zu beherrschen (3,57), und der Wichtigkeit von Excel (4,35) erstaunlich. Wie schon bei Excel hat auch das Beherrschen einer Statistik-Software für quantitative (3,96) die höchste, für qualitative (2,74) Marktforscher die geringste Bedeutung unter allen Marktforschergruppen. Einen deutlichen Unterschied gibt es, ebenfalls analog zu Excel, zwischen der Generation Y (3,89) und X (3,45) sowie den Babyboomern (3,36). (Eher) national Tätige (3,69) schätzen das Beherrschen einer Statistik-Software deutlich wichtiger als die (eher) international (3,27) Tätigen ein. Hinzu kommt ein deutlicher Unterschied zwischen Männern (3,69) und Frauen (3,45). Jeder vierte Befragte (24,7 %) sieht für sich Ausbaubedarf. Das gilt in erster Linie für die (eher) international ausgerichteten Forscher (33,7 %) im Vergleich zu den (eher) national Tätigen (22,5 %). Deutliche Unterschiede ergeben sich auch zwischen Generation Y (28,4 %) bzw. operativ Tätigen (27,8 %) einerseits und Babyboomer (19,6 %) bzw. Geschäftsführern (17,8 %) andererseits. Auch hier ist zu erkennen, wer mit der Statistik-Software vorwiegend arbeitet. Letztlich gibt es auch noch einen merklichen Unterschied zwischen betrieblichen Marktforschungen (27,0 %) und Instituten (22,4 %). Welche Statistik-Softwares tatsächlich von Marktforschern genutzt werden, hat Poynter unter 344 vorwiegend englischsprachigen Marktforschern untersucht (vgl. Poynter 2017). Demnach ist SPSS mit 72 % die dominierende Software, gefolgt von Excel mit 40 % und R mit 25 %. Q, SAS und Sawtooth spielen, da sie zum Teil, wie Sawtooth für Conjoints, Spezialsoftwares für einzelne Methoden sind nur eine untergeordnete Rolle (vgl. Poynter 2017, S. 5). Poynter (vgl. 2017, S. 2) geht auch auf die am häufigsten genutzten statistischen Methoden ein. Es sind Durchschnittswerte (81 %), Korrelations- (73 %) und Regressionsanalysen (65 %).

Die **Programmierung von Fragebögen** wird mit 2,95 lediglich als teilweise wichtig bewertet. Sie ist, was wenig überrascht, für quantitative Forscher (3,23) wichtiger als für qualitative (2,53). Am wichtigsten ist sie jedoch für die Generation Y (3,32) bzw. operativ Tätige (3,11) gegenüber Babyboomern (2,62) bzw. sonstigen Führungskräften (2,57). Ein deutlicher Unterschied zeigt sich auch zwischen (eher) national (3,14) und (eher) international (2,57) ausgerichteten Forschern. Ausbaubedarf ihrer Programmierkenntnisse signalisieren 17 %. Hier liegen wiederum die quantitativen Forscher mit 22,7 % an der Spitze, wohingegen nur 12,7 % der qualitativ Ausgerichteten Ausbaubedarf signalisieren. Den geringsten Ausbaubedarf sehen für sich die Geschäftsführer (11,1 %) bzw. Babyboomer (13,7 %) im Gegensatz zu den operativ Tätigen (21,0 %) bzw. Generation Y (21,3 %).

Die letzte Einzelkompetenz unter den IT-Kompetenzen stellt das **Verständnis von Netzwerk- und Serverarchitektur** dar (vgl. Ottawa 2016, S. 197). Ihr wird lediglich eine Wichtigkeit von 2,53 zugemessen. Am wichtigsten ist sie noch für Geschäftsführer (2,77) im Vergleich zu operativen Marktforschern (2,46). Auch hier legt die Bedeutung der Einzelkompetenz bei den quantitativen (2,74) deutlich über den qualitativen (2,36) Marktforschern. Ebenso liegt die Bedeutung bei Instituten (2,61) über der bei betrieblichen Marktforschungen (2,35). Einen weiteren Unterschied gibt es zwi-

Tab. 9: Rangfolge, Wichtigkeit und Ausbaubedarf von IT-Kompetenzen (eigene Darstellung).

Rang	IT-Kompetenzen	Wichtigkeit	Ausbaubedarf
1	Beherrschen einer Präsentations-Software	4,51	10,2 %
2	Beherrschen von Excel	4,35	21,8 %
3	Beherrschen einer Statistik-Software	3,57	24,7 %
4	Programmierung von Fragebögen	2,95	17,0 %
5	Verständnis von Netzwerk- und Serverarchitektur	2,53	24,0 %
	Durchschnitt	3,58	19,5 %
	keinerlei Ausbaubedarf		30,5 %

schen (eher) national (2,59) und (eher) international (2,31) ausgerichteten Forschern. Der Ausbaubedarf ist angesichts der relativ geringen Bedeutung dieser Kompetenz mit 24 % erstaunlich hoch. Er wird vor allem von der Generation X (34,8 %) im Vergleich zu den Babyboomern (15,7 %) artikuliert. Ebenfalls zeigt sich wieder der Unterschied zwischen quantitativen (29,8 %) und qualitativen (18,3 %) Forschern. Beim Fortbildungsbedarf verhalten sich (eher) national (21,1 %) und (eher) international (28,8 %) ausgerichtete Forscher reziprok zu wahrgenommenen Wichtigkeit der Kompetenz.

36,5 % der Befragten geben an, keinerlei Ausbaubedarf hinsichtlich ihrer IT-Kompetenzen zu sehen. Das betrifft in erster Linie die sonstigen Führungskräfte (49,5 %), am wenigsten die Generation Y (26,2 %). Am Alter lassen sich deutliche Unterschiede erkennen, wenn man die Generation Y mit der Generation X (40,4 %) und den Babyboomern (43,1 %) vergleicht.

Abschließend folgt wieder eine Tabelle, diesmal mit den Kennzahlen der IT-Kompetenzen (vgl. Tabelle 9).

5.4.2.6 Soziale Kompetenzen

Im Gegensatz zu dem vorherigen Cluster IT-Kompetenzen besteht das Cluster soziale Kompetenzen aus einer Vielzahl von Einzelkompetenzen, die nun im Einzelnen vorgestellt werden. Ohne eine Wertung der sozialen Kompetenzen hinsichtlich ihrer Bedeutung vorgreifen zu wollen, ist an dieser Stelle ihre Bedeutung für die Kundenzufriedenheit zu erwähnen. Eine Varianzanalyse von Kanning/Bergmann hat ergeben, dass sich die soziale Kompetenz „als der mit Abstand wichtigste Prädiktor zur Vorhersage der Kundenzufriedenheit [erweist; Anm. d. Verf.] (46 % Varianzaufklärung)" (Kanning/Bergmann 2006, S. 150).

Kommunikationsfähigkeit ist nach Ansicht der Probanden mit einer Bewertung von 4,76 für einen Marktforscher die wichtigste soziale Kompetenz. Das deckt sich mit der Aussage von Grover (2006, S. ix f.), dass aufgrund mangelnder Kommunikation zwischen Auftraggeber und Auftragnehmer von Marktforschungsstudien Ressourcen in erheblichem Maß vergeudet würden, was durch bessere Interaktion geheilt werden könne. Tress (2016) geht noch weiter, wenn er ausführt: „Gute Kommunikation ist und bleibt die Schlüsselkompetenz unserer Branche [der Marktforschungsbranche; Anm. der Verf.]." Die bisherigen Verweise und Zitate können den Eindruck erwecken, bei der Kommunikationsfähigkeit eines Marktforschers ginge es immer nur um die Kommunikation in Richtung Kunde bzw. Auftragnehmer. Sie ist aber ebenso gut innerhalb der Marktforschung, vor allem zwischen den verschiedenen Hierarchieebenen wichtig. Dazu gehört es auch durch „excellent business communication skills" (Gautschi/Campbell 2017) das „shoot-the-messenger scenario" (Gautschi/Campbell 2017) zu vermeiden, zu Deutsch, nicht der Überbringer der schlechten Botschaft zu sein und dafür gehängt zu werden. Ein weiterer Teilaspekt der Kommunikationsfähigkeit ist die Differenzierungsfähigkeit, zwischen expliziter, dem Gesagten, und impliziter Kommunikation, dem Gemeinten (vgl. Herking 2015, S. 288 und Abbildung 32). Die Ausführungen von Richter (vgl. 2016) belegen, dass diese Kommunikation in der deutschsprachigen Marktforschung kein generelles Problem darstellt. Von der hohen Gesamtbewertung der Kommunikationsfähigkeit gibt es über alle betrachteten Gruppen nur geringe Abweichungen. Der größte Unterschied findet sich bei den Positionen im Unternehmen. Geschäftsführer urteilen mit 4,87, also fast einheitlich mit sehr wichtig, die operativen Marktforscher mit „lediglich" 4,69. Jeder siebte Befragte (13,6 %) sieht für sich persönlich noch Ausbaubedarf seiner Kommunikationsfähigkeit. Das betrifft vor allem die Generation Y (22,0 %) gegenüber Generation X (9,1 %) bzw. Babyboomern (10,8 %). Ähnlich verhält es sich bei operativ Tätigen (16,7 %) gegenüber Geschäftsführern (6,7 %).[17]

Mit 4,74 folgt dichtauf die **Kundenorientierung**. Wie unter 4 dargestellt gehört die Marktforschung zu denjenigen Dienstleistungen, die besonders stark von der Mitwirkung der Kunden abhängig sind. Insofern müssen Marktforscher in der Lage sein, zu einem laufend zu kommunizieren und zum anderen stets ihre Kunden und deren Bedürfnisse im Fokus zu haben. In Deutschland gehören, zumindest in größeren und großen Instituten, dazu Key Account Manager, die „das Gesicht beim Kunden" (Scheffler 2015a) sind. Auch über die Wichtigkeit der Kundenorientierung herrscht unter den Befragten weitgehend Einigkeit. Besonders wichtig ist sie Geschäftsführern (4,86) gegenüber 4,70 bei den operativ tätigen. Die, wenn auch auf hohem Niveau, geringste Bewertung kommt von den betrieblichen Marktforschern (4,66), was möglicherweise daran liegt, dass sie keiner so großen Konkurrenzsituation wie ihre Institutskollegen ausgesetzt sind und somit unter Umständen glauben, ein wenig auf Kundenorientierung verzichten zu können. Der Ausbaubedarf in Sachen Kundenorientierung ist mit 5,4 % auffallend gering. Am höchsten ist er bei den sowohl (eher) national als

---

17 Verweis auf weiterführende Literatur: Schmidbauer, Klaus (2007): Professionelles Briefing. Marketing und Kommunikation mit Substanz. Damit aus Aufgaben schlagkräftige Konzepte werden. Göttingen: Business Village. Schugk, Michael (2014): Interkulturelle Kommunikation in der Wirtschaft. Grundlagen und Interkulturelle Kompetenz für Marketing und Vertrieb. München: Franz Vahlen.

auch (eher) internationalen Forschenden (8,6 %), am geringsten in den betrieblichen Marktforschungen (2,6 %) gegenüber 7 % in den Instituten.[18]

Wiederum existiert nur ein geringer Abstand zur nächstwichtigen sozialen Kompetenz, der **Vertrauenswürdigkeit** (4,71), für Magerhans neben der wissenschaftlichen Fundierung in ihrer Eigenschaft als Teildimension der Glaubwürdigkeit eine der beiden Grundvoraussetzungen erfolgreicher Marktforschungsarbeit (vgl. Magerhans 2016, S. 359). Basis der Glaubwürdigkeit ist „who said it" (Berlo/Lemert/Mertz 1969, S. 563), also der Absender einer Information. Die Bedeutung von Glaub- und Vertrauenswürdigkeit für Marktforscher, die von Informieren leben, ist augenscheinlich. Die Bedeutung dieser Kompetenz kommt gerade dann zum Tragen, wenn die Glaubwürdigkeit in die Disziplin Marktforschung an sich nachlässt (vgl. Hedewig-Mohr 2017). Hedewig-Mohr führt unter Verweis auf eine aktuelle Studie der Research Now Group aus, dass in Deutschland nur 34 % der Befragten Vertrauen in die Informationen der Marktforschung setzen. In den USA (48 %) und Großbritannien (45 %) liegt dieser Wert deutlich höher (vgl. Hedewig-Mohr 2017, S. 14). Auch die Vertrauenswürdigkeit wird von den Geschäftsführern am höchsten (4,90) eingeschätzt, wohingegen operative Kräfte nur mit 4,64 urteilen. Die geringste Bewertung kommt von der Generation Y (4,62) gegenüber den Babyboomern (4,79). Der Ausbaubedarf liegt mit 1,8 %, dem zweitniedrigsten aller Kompetenzen, auf sehr geringem Niveau. Als Maximum gibt die Generation Y 3,5 % an, wohingegen kein einziger Babyboomer für sich einen Ausbau seiner Vertrauenswürdigkeit für notwendig hält.

Das immer wieder diskutierte Thema **Beratungskompetenz** wird mit 4,59 ebenfalls zu den besonders wichtigen Sozialkompetenzen gezählt. Es ist vor allem für die sonstigen Führungskräfte (4,73) gegenüber 4,49 bei den operativ Tätigen und die (eher) international agierenden Marktforscher (4,73) gegenüber 4,52 bei den (eher) national Forschenden von höchster Bedeutung. Im Gegensatz zu den vorgenannten sozialen Kompetenzen besteht hier noch ein großer Ausbaubedarf (44,2 %). Er existiert vor allem bei qualitativen Forschern (56,6 %), hingegen geringer bei ihren quantitativen Kollegen (45,1 %). Alter und Position im Unternehmen spielen beim Ausbaubedarf neben der Methodik ebenfalls eine Rolle. So geben 55,8 % der Generation Y bzw. 47,7 % der operativen Marktforscher Ausbaubedarf in Beratungskompetenz an, jedoch nur 31,9 % der Babyboomer bzw. 35,4 % der Geschäftsführer. Daneben liegt der Ausbaubedarf bei den Frauen mit 47,9 % spürbar über dem der Männer (39,9 %). Wenn auch auf geringer Fallzahl[19] basierend gibt es eine Indikation, dass betriebliche Marktforschungsleiter zu rund einem Drittel nicht mit der Beratungsdienstleistung der von ihnen beauftragten Institute zufrieden sind (vgl. Heinevetter 2017, S. 15).

---

18 Verweis auf weiterführende Literatur: Shire, Karen A. (2005): Die Gestaltung der Kundeninteraktionen in wissensbasierter Dienstleistungs-arbeit: eine empirische Studie. In: Jacobsen, Heike/Voswinkel, Stephan (Hrsg.): Der Kunde in der Dienstleistungsbeziehung. Beiträge zur Soziologie der Dienstleistung. Wiesbaden: VS Verlag für Sozialwissenschaften, S. 219–239.

19 Heinevetter hat dazu 30 Leiter betrieblicher Marktforschungen befragt.

Das hängt vor allem mit fehlenden oder unzureichenden Handlungsempfehlungen zusammen (vgl. Heinevetter 2017, S. 17).

Zu einer guten Dienstleistungserbringung gehört als Grundvoraussetzung **Serviceorientierung**. Dementsprechend wird diese soziale Kompetenz auch als sehr wichtig angesehen (4,53). Das trifft in besonderem Maß auf Geschäftsführer (4,70), weniger auf operative Kräfte (4,49) zu. Die geringste Wichtigkeit sprechen der Serviceorientierung mit 4,41 die qualitativen Forscher zu. Ihren quantitativen Pendants ist sie wichtiger (4,61). Der Ausbaubedarf ist mit 3,4 % sehr überschaubar. Den größten sehen noch qualitativer Forscher und Geschäftsführer (jeweils 5,6 %), den geringsten betriebliche Marktforscher (1,3 %).

Wie schon mehrfach erwähnt, lebt die Erbringung einer hoch interaktiven Dienstleistung wie der Marktforschung von der Zusammenarbeit mehrerer Personen oder Teams. Insofern zählt auch die **Teamfähigkeit** mit 4,38 zu den wichtigen sozialen Kompetenzen. Sie bedeutet, um Becker (1994, S. 212) zu zitieren:

> Ein Mensch besitzt dann eine hohe Teamkompetenz, wenn er mit anderen Menschen wirkungsvoll zusammenarbeiten kann und dabei in der Lage ist, seine eigenen Beiträge konstruktiv mit denen anderer zu verbinden.

Die Spannweite der Einschätzung ist auch hier gering. Am ausgeprägtesten ist sie zwischen den (eher) international (4,47) und den sowohl international als auch national (4,30) Forschenden. Der Ausbaubedarf ist noch geringer als bei der Serviceorientierung, liegt er doch bei nur 2,7 %. Hier liegen die größten Unterschiede in der Hierarchiestufe, nämlich Geschäftsführer (6,7 %) zu operativ Tätigen (2,0 %) und sonstigen Führungskräften (1,0 %).

Die Tätigkeit eines Marktforschers ist unter anderem davon geprägt, dass er mit einer Vielzahl unterschiedlichster Personen, seien es Probanden, Dienstleister, Auftraggeber oder Personen, die ihm wie Datenschützer, Handlungsrahmen vorgeben (vgl. Ottawa/Rietz 2015, S. 232), interagiert. Es bedarf einer gehörigen Portion **Empathie**, um sich auf diese wechselnden Personen einzustellen und, im Idealfall, in der Lage zu sein, „in die Haut des anderen zu schlüpfen" (Becker 1994, S. 198). „Der empathische Mensch interagiert mit anderen in einer Art und Weise, daß sich diese akzeptiert und verstanden fühlen" (Becker 1994, S. 199), weil er fähig ist, „Perspektiven anderer Personen zu übernehmen" (Klieme/Artelt/Stanat 2014, S. 215). Mit Personen können sogar Tiere gemeint sein (Ernest Dichter, zitiert nach Esch/Herrmann/Sattler 2008, S. 89):

> Wenn ich Hundefutter verkaufen will, muss ich erst einmal die Rolle des Hundes übernehmen; denn nur der Hund allein weiß, ganz genau, was Hunde wollen.

Mit Niedermeier (2011, S. 22) ist Empathie

> ein Konstrukt, das häufig mit Mitgefühl, Perspektivenübernahme und Gefühlsansteckung gleichgesetzt wird. Grundlage für Empathie ist Selbstwahrnehmung, denn je offener man mit den eignen [sic!] Emotionen umgeht, desto besser können die Gefühle anderer gedeutet werden.

Die Wichtigkeit der Empathie, von Klieme/Artelt/Stanat (2014, S. 215) als „grundlegende *kognitive Voraussetzung* sozial kompetenten Verhaltens" beschrieben, wird von den Probanden mit 4,27 eingeschätzt. Besonders wichtig ist sie Geschäftsführern (4,63) bzw. Babyboomern (4,48), am unwichtigsten operativen Marktforschern (4,08) bzw. Generation X (4,06). Ein deutlicher Unterschied zeigt sich ebenfalls zwischen qualitativen (4,55) und quantitativen (4,07) Marktforschern, was vermutlich an der engeren Interaktion zwischen Forscher und Probanden bei der qualitativen Forschung liegt. Ein weiterer, wenn auch nicht so ausgeprägter Unterschied existiert zwischen (eher) international (4,46) und (eher) national (4,22) ausgerichteten Forschern. Das beruht vermutlich aus der Herausforderung, sich als international tätiger Marktforscher mit verschiedenen Kulturen und Weltanschauungen auseinandersetzen zu müssen. Der Ausbaubedarf liegt bei 6,8 %. Er ist bei den qualitativen Marktforschern mit 11,3 % am höchsten, bei den quantitativen mit 5,0 % am niedrigsten.

Das Wort **Umgangsformen** hat den Beigeschmack des Althergebrachten, um nicht zu sagen Veralteten, besitzt aber weiterhin, zumindest in der Marktforschung, seine Bedeutung (4,27). Bedeutsam sind sie nach Kaiser (vgl. 2017) gerade für Berater, die es durch gute und passend angewandte Umgangsformen schaffen können, besser in Erinnerung zu bleiben. Die Babyboomer (4,43) messen den Umgangsformen von allen Teilgruppen die höchste Wichtigkeit zu, doch der Unterschied zu Generation Y (4,22) und Generation X (4,23) ist nicht so hoch, wie vielleicht zu erwarten war. Größer ist hier der geschlechtsspezifische Unterschied zwischen Frauen (4,39) und Männern (4,15). Der Ausbaubedarf bewegt sich mit 3,4 % im unteren Bereich. Die höchsten persönlichen Defizite reklamieren die qualitativen Forscher (7,0 %) im Vergleich zu den quantitativen (2,2 %) für sich. Absolut scheinen die betrieblichen Marktforscher die besten Umgangsformen zu pflegen, sehen doch nur 1,3 % von ihnen darin Ausbaubedarf.

Kritikfähigkeit wird mit 4,25 ebenfalls als wichtig eingeschätzt. Das sehen alle Untergruppen von Marktforschern so, was die geringe Spannweite von 0,18 beweist. Am wichtigsten ist die Kritikfähigkeit Geschäftsführern, sonstigen Führungskräften und (eher) international tätigen Marktforschern (jeweils 4,34), am unwichtigsten den sowohl (eher) international als auch (eher) national Tätigen (4,16). Der Ausbaubedarf an Kritikfähigkeit liegt bei 17,0 %. An der Spitze liegen wie bei der Wichtigkeit die Geschäftsführer mit 21,1 %. Hier gibt es aber bei dieser Kompetenz keine Entsprechung bei den Altersklassen. Hier liegt der Ausbaubedarf von Generation Y (19,9 %) deutlich vor dem der Babyboomer (9,8 %).

Eng mit der Kritik- ist die **Konfliktfähigkeit** oder Resilienz verwandt. Hierunter wird die individuelle Fähigkeit von Menschen verstanden, „schwierige Lebenssituationen ohne anhaltende Beeinträchtigung zu überstehen" (Duden 2017), denn: „Bad news tends to elicit strong reactions" (Gautschi/Campbell 2017). Diese beiden Autoren (2017) empfehlen Marktforschern in diesem Zusammenhang: „Put on the Kevlar." Die Konfliktfähigkeit rangiert mit 4,16 auf einem ähnlichen Wichtigkeitsniveau wie die Kritikfähigkeit. Die (eher) international tätigen Forscher (4,35) messen ihr die höchste Wichtigkeit zu. Vergleichsweise geringer wird sie von den (eher) national Tätigen bewertet. Die insgesamt niedrigste Wichtigkeit messen ihr die quantitativen Forscher (4,08) zu. Ansonsten sind die Unterschiede in der Bewertung eher gering. Der Ausbaubedarf bewegt sich mit 23,6 % auf eher überdurchschnittlichem Niveau. Hier sehen vor allem betriebliche Marktforscher (28,3 %) persönlichen Ausbaubedarf, der bei ihren qualitativen Kollegen bei nur 21,7 % liegt. Geschäftsführer scheinen über eine besonders ausgeprägte Konfliktfähigkeit zu verfügen, denn mit 17,8 % sehen sie für sich den geringsten Ausbaubedarf aller Teilgruppen. Deutlich höher liegt er mit 27,3 % bei den sonstigen Führungskräften.

Zum Umgang mit Konflikten gehört auch **Durchsetzungsvermögen**. Seine Wichtigkeit wird mit 4,12 bewertet. Es liegt besonders den betrieblichen Marktforscher (4,28) im Vergleich zu 4,06 bei den Institutsmarktforschern am Herzen. Männern ist es am unwichtigsten (3,98), wohingegen es Frauen (4,26) für überdurchschnittlich wichtig halten. Ein spürbarer Unterschied zeigt sich zudem noch zwischen den (eher) international Forschenden (4,26) und ihren (eher) national ausgerichteten Kollegen (4,05). Der Ausbaubedarf liegt mit 30,2 % recht hoch. Hier sieht in erster Linie die Generation Y persönliche Defizite, die bei Generation Y (24,7 %) und Babyboomern (18,6 %) bei Weitem nicht so stark ausgeprägt sind. Operative Marktforscher sehen zu 34,9 % Ausbaubedarf, Geschäftsführer jedoch nur zu 23,3 %. Quantitative Forscher bekunden zu 34,8 % Ausbaubedarf, hingegen nur 25,4 % der qualitativen. Eng verwandt mit dem Durchsetzungsvermögen sind Querdenken und Streitbarkeit. 61 % der Befragten in der Branchenbefragung 2015 von Ottawa/Winkler legten auf sie zumindest eher Wert.

Auf exakt die gleiche Wichtigkeit von 4,12 wie das Durchsetzungsvermögen kommt die **Diplomatie**. Sie ist besonders den sonstigen Führungskräften (4,29) wichtig, in geringerem Maß den operativen Marktforschern (4,04). Ansonsten gibt es keine wesentlichen Unterschiede in den einzelnen Untergruppierungen. Ausbaubedarf sehen 16,8 %. Auch hier stehen die sonstigen Führungskräfte (22,2 %) an der Spitze, die operativ Tätigen (14,3 %) liegen spürbar darunter. Die Diplomaten unter den Marktforschern scheinen die qualitativen Forscher (9,9 %) zu sein. Die quantitativen Forscher sehen mit 20,4 % mehr als doppelt so häufig wie sie persönliche Defizite.

Partnerschaftlichkeit, wird mit 4,03 als eher wichtige soziale Kompetenz betrachtet. Darin spiegelt sich nicht die Bedeutung wieder, die Gritten (2016) ihr mit ihrer Aussage: „Creating partnership in the relationship is key." An dieser Stelle soll zur Verdeutlichung kurz definiert werden, was unter Partnerschaft im Geschäftsleben zu verstehen ist, nämlich „eine auf Dauer angelegte soziale und am beiderseitigen Geschäftserfolg ausgerichtete Zusammenarbeit zweier Unternehmen" (Ottawa/Falk 2016, S. 60). Schlüssel zu einer erfolgreichen Partnerschaft sind vor allem offene Kommunikation, Vertrauen und Langfristigkeit der Geschäftsbeziehung (vgl. Kaack 2016; Ottawa/Falk 2016). Sie ist Geschäftsführern (4,34), vermutlich nicht zuletzt aufgrund der Verantwortung für ihr Institut, besonders wichtig. Für operative Marktforscher (3,87) und Generation X (3,83) ist sie am unwichtigsten. Der eher geringe Unterschied zwischen Instituten (4,09) und betrieblichen Marktforschungen (3,95) zeigt, dass auch letztere von Partnerschaftlichkeit profitieren. Der Ausbaubedarf ist mit 2,0 % sehr gering. Den größten sehen die sonstigen Führungskräfte (5,1 %), gar keinen qualitativ und operativ tätige Marktforscher.[20]

Fairness gehört zu Partnerschaftlichkeit und wird mit 4,00 auch ähnlich wichtig erachtet. Hier gibt es wieder einmal alters- und positionsbedingte deutliche Unterschiede. Babyboomer (4,34) bzw. Geschäftsführer (4,26) halten Fairness für besonders wichtig, Generation Y (3,73) bzw. operativ Tätige (3,84) für besonders unwichtig. Der Ausbaubedarf an Fairness ist analog zur Partnerschaftlichkeit ebenfalls sehr gering, beträgt er doch nur 1,4 %. Wenn auch auf sehr niedrigem Niveau (3,1 %) sehen die sowohl (eher) national als auch (eher) international ausgerichteten Marktforscher noch den größten, Babyboomer hingegen keinerlei Ausbaubedarf.

Networking scheint mit 3,92 in der deutschsprachigen Marktforschungsszene nicht übermäßig wichtig zu sein. Die größte Bedeutung messen ihm die (eher) international tätigen Marktforscher (4,11), die geringste die sowohl (eher) international als auch (eher) national Tätigen (3,79) bei. Überraschend ist der Befund, dass die, wie schon erwähnt, in Verbänden und Publikationen rund um die Marktforschung deutlich unterrepräsentierten betrieblichen Marktforscher (4,02) Networking für spürbar wichtiger als ihre Kollegen aus den Instituten (3,84) halten. Networking hat auch einen positions- bzw. altersabhängigen Aspekt. So urteilen Geschäftsführer (4,07) bzw. Babyboomer (4,01) anders als operative Kräfte (3,83) bzw. Generation Y (3,79). Jeder dritte Befragte (33,8 %) äußert in Sachen Networking Ausbaubedarf. Darin tut sich die Generation Y (46,1 %) besonders hervor. Babyboomer (19,6 %) bzw. Geschäftsführer (20,0 %) sehen darin nicht einmal halb so viel Ausbaubedarf für sich, was unter Umständen deren längerer Branchenzugehörigkeit geschuldet ist. Deutliche Unterschiede ergeben sich zudem noch zwischen (eher) international (40,4 %) und (eher) national (30,6 %) ausgerichteten Forschern sowie zwischen Frauen (37,4 %) und Männern (30,6 %). Beispiele für in Zusammenarbeit mündendes Networking unter Instituten führt Hedewig-Mohr (2016) an.

---

20 Verweis auf weiterführende Literatur: Ottawa, Marco/Falk, Veronika (2016): Partnerschaft in der Marktforschung. In: Keller, Bernhard/Klein, Hans-Werner/Tuschl, Stefan (Hrsg.): Marktforschung der Zukunft – Mensch oder Maschine. Bewährte Kompetenzen in neuem Kontext. Wiesbaden: Springer Gabler, S. 47–61.

Die Frage nach der **Führungskompetenz** haben die Autoren ganz bewusst nicht nur Führungskräften gestellt, sondern sich vielmehr der Meinung angeschlossen, nahezu jeder Marktforscher habe dadurch, dass er in der Regel Studien (= Projekte) leite, eine informelle oder laterale Führungsverantwortung inne (vgl. Ottawa/Rietz 2015, S. 38 und zur lateralen Führung an sich Kühl 2017). Im Zusammenhang mit informeller Führung ist eine empirische Erhebung zur Begründung informeller Macht von Knoblach/Fink (vgl. 2012) interessant. Die Autoren haben auf Basis von 309 Interviews festgestellt, dass informelle Macht in Organisationen mehr auf positiver Interaktion und gegenseitiger Sympathie als auf Fachkompetenzen und (manipulativen) Techniken beruht. Führungskompetenz wird in ihrer Wichtigkeit mit 3,91 bewertet. Hierbei gibt es erhebliche Unterschiede, vor allem zwischen Geschäftsführern (4,49) und sonstige Führungskräften (4,54) einerseits und operativ Tätigen (3,45) andererseits. Dieser Unterschied spiegelt sich auch in den Altersklassen zwischen Babyboomern (4,28) und Generation Y (3,58) wieder. Deutliche Unterschiede treten aber auch noch an anderen Stellen auf. (Eher) international tätige Marktforscher (4,08) halten Führungskompetenz für wichtiger als (eher) national (3,81) tätige. Das gilt auch für Institute (4,06) im Vergleich zu betrieblichen Marktforschungen (3,68) sowie für Männer (4,11) verglichen mit Frauen (3,71). Der Ausbaubedarf an Führungskompetenz ist hoch, liegt er doch bei 43,6 %. Hier liegt die Generation Y mit 54,2 % an der Spitze, die Babyboomer (27,5 %) bilden das Schlusslicht. Vergleichbar ist der Ausbaubedarf nach Position, nämlich 50,8 % bei operativen Marktforschern gegenüber 32,3 % bei Geschäftsführern.

Selbstvermarktung sollte in einem fragmentierten Markt wie der deutschsprachigen Marktforschung eine gewichtige Rolle spielen, wird von den Probanden mit 3,83 aber allenfalls als eher wichtig bewertet. Wenig überraschend spielt Selbstvermarktung für die Geschäftsführer die größte Rolle (4,07) und damit deutlich mehr als für operative Forscher (3,75). Besonders unwichtig ist sie den sowohl (eher) national als auch (eher) international agierenden Marktforschern. Interessanterweise halten betriebliche Marktforscher (4,03) Selbstvermarktung für deutlich wichtiger als ihre Kollegen aus den Instituten (3,74). Einen größeren Unterschied gibt es zudem zwischen Frauen (3,94) und Männern (3,72). Der Ausbaubedarf dieser sozialen Kompetenz ist mit 39,9 % hoch. Hier liegt die Generation Y (51,1 %) an der Spitze, Babyboomer melden nur 31,4 % Ausbaubedarf. Ähnlich sieht es bei den operativ Tätigen (44,8 %) im Vergleich zu den sonstigen Führungskräften (29,3 %) aus. Reziprok zur Wichtigkeit sehen Institutsmarktforscher mit 41,9 % einen deutlich höheren Ausbaubedarf als ihre betrieblichen Kollegen (34,2 %). Ein deutlicher Unterschied besteht ebenfalls zwischen quantitativen (45,3 %) und qualitativen (36,6 %) Forschern.

Konfliktlösungstechniken erreichen eine Wichtigkeit von 3,80. Sie sind besonders den sonstigen Führungskräften (4,00) wichtig, den operativen Marktforscher (3,71) am unwichtigsten. Daneben gibt es nur noch eine nennenswerte Abweichung zwischen (eher) international (3,95) und (eher) national (3,73) ausgerichteten Marktforschern. Trotz der relativen Unwichtigkeit der Konfliktlösungstechniken ist ihr Ausbaubedarf mit 30,2 % als eher hoch zu bezeichnen. Den größten Bedarf sehen Geschäftsführer (33,3 %), den geringsten sowohl qualitativ als auch quantitativ tätige Forscher (26,8 %). Größere Unterschiede zwischen den einzelnen Gruppierungen gibt es im Ausbaubedarf nicht.

Die mit einigem Abstand unwichtigste soziale Kompetenz stellt mit 3,57 die **Akquisitionsstärke** dar. Der geringe Mittelwert darf aber nicht darüber hinwegtäuschen, dass gerade diese Kompetenz für einzelne Gruppen von Marktforschern sehr wichtig ist. So erklärt sich auch die mit Abstand größte Spreizung der Antworten unter allen sozialen Kompetenzen. Wenig überraschend ist Akquisitionsstärke besonders für Geschäftsführer (4,33) wichtig. Operative Marktforscher kommen hier nur auf eine Wichtigkeit von 3,27. Nicht so ausgeprägt ist der Unterschied zwischen den Altersklassen: Babyboomer (3,82) gegenüber Generation Y (3,39) sowie der Methodik: qualitativ (3,91) gegenüber quantitativ (3,54), ferner (eher) national (3,67) gegenüber (eher) international ausgerichtet (3,39). In erheblichem Maß unterscheiden sich jedoch die Bewertungen von Instituts- (3,94) und betrieblichen Marktforschern (2,82). Ausbaubedarf geben 37,2 % der Befragten an, am meisten qualitative Forscher (46,5 %). Auch beim Ausbaubedarf ist der Unterschied zwischen Instituten (46,0 %) und betrieblichen Marktforschungen (19,1 %) erheblich. Abgesehen vom Alter – Generation Y (41,8 %) gegenüber Babyboomer (34,3 %) – ist der Ausbaubedarf recht homogen.

Tab. 10: Rangfolge, Wichtigkeit und Ausbaubedarf von sozialen Kompetenzen (eigene Darstellung).

	Soziale Kompetenz	Wichtigkeit	Ausbaubedarf
1	Kommunikationsfähigkeit	4,76	13,6 %
2	Kundenorientierung	4,74	5,4 %
3	Vertrauenswürdigkeit	4,71	1,8 %
4	Beratungskompetenz	4,59	44,2 %
5	Serviceorientierung	4,53	3,4 %
6	Teamfähigkeit	4,38	2,7 %
7	Empathie	4,27	6,8 %
8	Umgangsformen	4,27	3,4 %
9	Kritikfähigkeit	4,25	17,0 %
10	Konfliktfähigkeit	4,16	23,6 %
11	Durchsetzungsvermögen	4,12	30,2 %
12	Diplomatie	4,12	16,8 %
13	Partnerschaftlichkeit	4,03	2,0 %
14	Fairness	4,00	1,4 %
15	Networking	3,92	33,8 %
16	Führungskompetenz	3,91	43,6 %
17	Selbstvermarktung	3,83	39,9 %
18	Konfliktlösungstechniken	3,80	30,2 %
19	Akquisitionsstärke	3,57	37,2 %
	Durchschnitt	4,21	18,8 %
	Keinerlei Ausbaubedarf		15,6 %

Keinerlei Ausbaubedarf ihrer sozialen Kompetenzen geben 15,6 % der Probanden an. Am häufigsten antworten Babyboomer (23,5 %) gegenüber Generation Y (7,8 %) so. Dagegen sehen nur 7,7 % der quantitativen im Vergleich zu 15,5 % der qualitativen Forscher keinen persönlichen Ausbaubedarf. Deutliche Abweichungen bestehen zudem zwischen betrieblichen Marktforschungen (19,7 %) und Instituten (13,6 %), Geschäftsführern (23,3 %) und operativen Marktforschern (13,1 %) sowie (eher) national (18,2 %) und (eher) international (10,6 %) ausgerichteten Forschern.

Tabelle 10 führt die Durchschnittwerte für alle 19 betrachteten sozialen Kompetenzen an.

Über alle Kompetenzcluster hinweg sehen sechs Befragte (= 1,4 %) keinerlei Ausbaubedarf irgendeiner Kompetenz.

6 Exkurs: Erwerb und Entwicklung von Kompetenzen

Dem Erwerb und der Entwicklung von Kompetenzen widmet sich eine breite Literatur aus Pädagogik, Psychologie oder Personalwirtschaft. Vor diesem Hintergrund will dieses Buch dazu nur ein paar grundlegende Gedanken wiedergeben, ohne auf das Themenfeld tiefer einzugehen. Wie bereits unter 3.5 beschrieben, ist Kompetenzerwerb ein lebenslanger Prozess. Er besteht aus institutionalisierten Bestandteilen, vor allem wenn um den Erwerb von Fach- und Methodenkompetenzen geht, aber auch, vor allem auf Sozialkompetenz bezogen, aus eher informellem Lernen, etwa in Familie, (Hoch)schule, Peer Group oder Unternehmen. Gerade in Unternehmen ist eine Vielzahl von Personen am Kompetenzerwerb beteiligt, von denen etwa Vorgesetzte, Kollegen, (interne) Kunden oder Dienstleister zu nennen sind. Eine positive Lernkultur wirkt sich auf den Kompetenzerwerb förderlich aus. Erpenbeck/Sauer (2000, S. 296) sprechen von ihr sogar als „Motor von Entwicklung und Innovation." Sonntag/Schaper/Friebe (vgl. 2005, S. 248) haben bezogen auf Lernkulturen in Unternehmen sechs Prädiktoren entdeckt, die einen signifikanten Einfluss auf die Entwicklung von Kompetenzen haben. Dabei handelt es sich in absteigender Wichtigkeit um:

- Angebot von Lern- und Entwicklungsmöglichkeiten
- Information und Partizipation
- Positive Rahmenbedingungen für das Lernen
- Wissensaustausch mit der Umwelt
- Aspekte der Personalentwicklung
- Lernen als Teil der Unternehmensphilosophie.

Zusammen besitzen diese sechs Faktoren 54 % der Varianzaufklärung. Demnach muss es im Interesse eines jedes auf die Kompetenzentwicklung seiner Mitarbeiter ausgerichteten Unternehmens sein, diese Faktoren zu erfüllen. Mit Arnold/Pätzold (2008, S. 43 f.) muss die Kompetenzentwicklung stärker „auf die Relation des qualifizierten Individuums zu seiner Umwelt" abheben, da die Kompetenz in „deutlicher Wechselwirkung zur Gesellschaft" (Arnold/Pätzold 2008, S. 44) steht.

Bevor im Folgenden der Erwerb von Kompetenzen am Beispiel der Marktforschung näher erläutert wird, beschreibt ein kleiner Exkurs im Exkurs, wie Marktforscher zu ihrer Profession gekommen sind. Die Autoren dieses Buchs haben die Frage in ihrer Branchenerhebung 2015 gestellt und dabei folgende Ergebnisse (Mehrfachnennung war möglich) erhalten:

- Direkteinstieg nach Studium/Promotion 44 %
- Beschäftigung mit Marktforschung im Studium 39 %
- Arbeit als Marktforscher im Studium 33 %
- Einstieg nach dem Studium als Quereinsteiger 24 %
- Wunsch bestand schon immer 17 %
- Studium der Marktforschung 8 %

https://doi.org/10.1515/9783110517774-006

- Berufsbegleitende Qualifikation in Marktforschung 4 %
- Ausbildung zum FAMS 2 %
- Sonstiges 5 %

Ein erheblicher Anteil der Befragten hat sich demnach schon im Studium mit Marktforschung theoretisch und/oder praktisch befasst. Immerhin jeder sechste Marktforscher hatte schon immer den Wunsch, diesen Beruf zu ergreifen. Quereinsteiger sind relativ selten, wenn auch mit 24 % keine Vernachlässigens Werte Größe.

Wie schon erwähnt (vgl. 2.2) und auch aus den vorstehenden Zahlen ablesbar, ist die Marktforschung eine Branche, in der vorwiegend Akademiker arbeiten. Aus diesem Grund kommt die angehende Marktforscher ausbildenden Hochschulen besondere Bedeutung für den Kompetenzerwerb zu. Ein grundsätzliches Problem bei der Ausbildung von Marktforschern durch Hochschulen sieht Macfarlane (2016, S. 173): „The universities are naturally reluctant to teach something that is in the state of flux – universities teach what is tried and tested, and based on established academic theory."

Kohler fordert von Hochschulabsolventen in erster Linie methodische Kompetenzen, die er in drei Hauptkompetenzen zusammenfasst.
1. Datability als „grundlegende Fähigkeit im Umgang mit Daten" (2016, S. 45)
2. Compability, also „das grundlegende Verständnis im Umgang mit dem Computer" (2016, S. 56)
3. Statability als „das grundlegende Verständnis für Statistik bei der sozialwissenschaftlichen Datenanalyse" (2016, S. 66)

Den Stellenwert der Statistik im Studium angehender Marktforscher betont auch Tuschl (vgl. 2015), wobei er gleichzeitig Verbesserungsmöglichkeiten gegenüber den aktuellen Statistikvorlesungen anmahnt und aufzeigt. Die Beschäftigung mit sozialen Kompetenzen kommt, auch wenn er sich explizit auf Sozialwissenschaftler und nicht auf Marktforscher bezieht, im Lehrplan nicht vor. Im Gegensatz zu Kohler benötigt die Ausbildung an einer Hochschule nach Ansicht von Chur (vgl. 2004, S. 18) eine „zweifache Anregung". In den regulären Lehrveranstaltungen ist das die anwendungsbezogene Förderung von Kompetenz, etwa durch Vorlesungen in Statistik oder Fragebogengestaltung. Daneben sind in speziellen Trainingsmodulen Spezialisten, gerade im Bereich von sozialen Kompetenzen, gefragt. Damit sind beispielsweise Module in Präsentation oder Zeitmanagement gemeint. Diese Meinung vertritt auch Jäger (vgl. 2004, S. 606), der die Vermittlung von Schlüsselqualifikationen als essentiellen Bestandteil universitärer Ausbildung sieht. Stern (vgl. Stern 2004, S. 607) sieht das ähnlich, verweist aber auf die nur begrenzte Lehrbarkeit dieser Qualifikationen hin. Unabhängig davon kommt Archibald[1] vor dem Hintergrund von Big Data und

---

1 Archibald gibt damit keine Einzelmeinung wieder, sondern die Quintessenz eines Symposiums der Michigan State University unter dem Motto „Educating the Market Researcher of Tomorrow".

anderen neuen Anforderungen an die Marktforschung zu dem Schluss: „the traditional skills and traits are necessary, but insufficient" (2014). Henning (2014, S. 569)
wirft der akademischen Marktforschung sogar vor, viele ihrer Papiere seien „as dry
as the Martian dust." Gleichzeitig wirft er betrieblichen Marktforschern vor, sich zu
sehr auf ihre Berufserfahrung zu verlassen und sich viel zu wenig mit akademischer
Marktforschung und ihrer Literatur auseinanderzusetzen (vgl. 2014, S. 570). In diesem
Sinn äußert sich auch Cooke (vgl. 2017, S. 3). Nunan (vgl. 2015, S. 177) mahnt in den
marktforscherischen Curricula eine größere Spannweite analytischer Fähigkeiten an.
Eine Synthese beider Meinungen liefert wiederum Archibald: „synthesizing the data
into the right solution and navigating the cultural change with the new skills are the
most important components of educating the researcher of tomorrow" (2014). Für
Nunan (vgl. 2015, S. 178) richten sich marktforscherische Studieninhalte nicht nur an
zukünftige Marktforscher, sondern sollen vor allem auch zukünftigen Entscheidern
in Unternehmen einen Eindruck davon vermitteln, was Marktforschung zu leisten im
Stande ist. Diesen Standpunkt vertritt auch Macfarlane (2016, S. 173): „It is my belief
that MR [= Market Research; Anm. d. Verf.] skills need to be taught on *all* business
courses (…) All business managers need to be data literate. "

Auf die Anforderungen an Fachangestellte/r für Markt- und Sozialforschung
(FAMS) geht Klumpe (vgl. 2016, S. 103 f.) näher ein. Sie führt u. a. Rechenfertigkei-
ten, sprachliches Ausdrucksvermögen, hohe Leistungsbereitschaft, Sorgfältigkeit,
Serviceorientierung und Affinität zu digitalen Medien an. Hinzu kommt Sicherheit
im Umgang mit Menschen, also Sozialkompetenz. In diesem Sinn äußert sich auch
Scheffler (vgl. 2016, S. 112 f.) unter besonderer Betonung der Sozialkompetenz.

Einzelne Ausbildungs- und Studiengänge rund um die Marktforschung werden
aus Platzgründen nicht diskutiert. In der Marktforschungsliteratur gehen Ottawa/
Rietz (vgl. 2015, S. 28 ff.) und Stalzer (vgl. 2007) darauf ein. Die folgenden Links
verschaffen dem interessierten Leser tiefer gehende Informationen zu ausgewählten
Ausbildungen und Studiengängen.

– Fachangestellte/r für Markt- und Sozialforschung (FAMS)
  https://www.adm-ev.de/fams-ausbildung
  https://berufenet.arbeitsagentur.de/berufenet/bkb/35268.pdf
– Bachelor in Betriebswirtschaft mit dem Schwerpunkt Marktforschung und Kon-
  sumentenpsychologie an der Hochschule Pforzheim:
  https://businesspf.hs-pforzheim.de/studium/studierende/bachelor/
  bw_marktforschung_und_konsumentenpsychologie
– Master in Markt- und Medienforschung an der TH Köln:
  https://www.th-koeln.de/studium/markt--und-medienforschung-master_3204.
  php
– Master in Public Opinion and Survey Methodology an den Universitäten Lau-
  sanne, Luzern und Neuchâtel:
  http://surveymethods-ch.weebly.com

Ergänzend dazu führt Quirk's (2017, S. 10–12) eine Reihe internationaler, vorwiegend US-amerikanischer Marktforschungsstudiengänge auf.

Jeder Marktforscher wird sich daran erinnern, dass er vermeintlich kompetent in sein Berufsleben gestartet ist. Oftmals haben sich die bislang erworbenen Kompetenzen als nicht ausreichend, vielleicht auch als nicht mehr aktuell erwiesen, weil sich Methoden, die man noch im Studium gelernt hat, sich in der Praxis als nur noch bedingt relevant erwiesen haben. Diese Situation macht schnell eine Kompetenzentwicklung im Sinn eines Prozesses, „in dem die fachliche, methodische und soziale Handlungsfähigkeit sowie die Selbstorganisationsfähigkeit (bzw. Teile dieser Facetten) erweitert, umstrukturiert und aktualisiert werden" (Erpenbeck/Sauer 2000, S. 294) notwendig. Gerade Marktforschungsinstituten, aus denen sich später auch viele betriebliche Marktforscher rekrutieren, kommt dabei eine entscheidende Rolle im Kompetenzerwerb zu. Cooke/Macfarlane (vgl. 2008, S. 344) sprechen sich in diesem Zusammenhang für einen holistischen Ansatz aus, der über die traditionellen, eher methodisch geprägten Kompetenzen der Marktforschung hinausgeht und stark vom Kompetenzerwerb durch Netzwerken (vgl. 2008, S. 347 ff.) geprägt ist.

Bleiben Kernkompetenzen auch ein Leben lang erhalten (vgl. Wittwer 2001a, S. 116), kommt es auch in späteren Berufsjahren immer wieder zu Abweichungen des bestehenden Kompetenzsets von den aktuellen Anforderungen an die individuellen oder Organisationskompetenzen. Das macht dann eine Fort- oder Weiterbildung bzgl. Fachqualifikationen notwendig. Diese beiden oftmals synonym gebrauchten Begriffe gilt es zunächst, zu unterscheiden.

> Bei einer **Fortbildung** steht eine konkrete Weiterqualifizierung im Fokus, die sich auf den derzeit ausgeübten Job bezieht. Hierbei geht es um den gezielten Erwerb weiterführender Fähigkeiten und Fertigkeiten, die für die Ausübung neuer, bevorstehender Aufgaben des Jobs ausgerichtet sind. (…) Eine **Weiterbildung** muss nicht in direktem Bezug zum bestehenden Job stehen. Hierbei geht es in erster Linie darum, das eigene Qualifikationsprofil auszubauen. (personal-wissen.net 2014)

Aufgrund des fehlenden zwingenden Bezugs zum bestehenden Beruf, in unserem Fall der Marktforschung, wird im Weiteren lediglich die Fortbildung genauer betrachtet. Mit Wittwer ist es zentrale Aufgabe der Fortbildung, nicht nur weiterführende Fähigkeiten und Fertigkeiten, sondern die individuellen Kompetenzen zu fördern. Sie verfolgt dabei aus Sicht des Mitarbeiters das Ziel, also auch noch in Zukunft als Marktforscher arbeiten zu können. Aus Sicht des die Fortbildung unterstützenden und in der Regel auch zahlenden (vgl. personal-wissen.net 2014) Betriebs steht die mit ihr erzielte erfolgreiche Wettbewerbsfähigkeit im Fokus (vgl. Wittwer 2001a, S. 120). Im Gegensatz zur alten, reaktiven Qualifizierungslogik der beruflichen Weiterbildung, deren Ziel die „Wiederherstellung der Passung von Erstausbildung und aktuellem Qualifikationsbedarf" (Wittwer 2001, S. 241) zur kurzfristigen Deckung des Qualifikationsbedarfs war, agiert die neue Weiterbildungslogik prospektiv. Dazu entdeckt und fördert sie individuelle Kompetenzen, um dem Unternehmen und dem einzelnen Mitarbeiter Entwicklungsoptionen offenzuhalten (vgl. Wittwer 2001, S. 241). Dadurch versetzt sie Mitarbeiter und Unternehmen in die Lage, auf zukünftige Veränderungen im Markt durch schnellere Anpassungsfähigkeit flexibel reagieren zu können. Das kann gerade für eine Branche im Umbruch, wie derzeit die Marktforschung, überlebenswichtig sein.

An dieser Stelle seien einige Fortbildungsangebote für Marktforscher beschrieben. Besondere Bedeutung kommt als Kompetenzenentwickler den Berufsverbänden zu, von denen im deutschen Sprachraum aufgrund seines breiten Fortbildungsangebots der BVM an erster Stelle zu nennen ist.

- Seminare des BVM:
  https://bvm.org/seminare
- Zweisemestriger Lehrgang in Market Intelligence & Consumer Research an der Fachhochschule Wiener Neustadt, Standort Wieselburg:
  https://www.amu.at/wp-content/uploads/lehrgang-consumer-science.pdf
- Berufsbegleitender Fernstudienkurs Marktforschung – Methodische Grundlagen und praktische Anwendungen an der Universität Koblenz-Landau:
  https://www.uni-koblenz-landau.de/de/aktuell/archiv-2013/pm-weiterbildung-marktforschung

Liebers/Holzhauer (vgl. 2010, S. 4 f.) haben festgestellt, dass in der qualitativen Marktforschung Learning by doing wichtiger als ein Hochschulstudium ist. Dabei spielen Mentoren schon in einem frühen Stadium der Berufstätigkeit eine wichtige Rolle. Insofern darf sich die Fortbildung nicht nur auf Verbände und sonstige externe Anbieter von Fortbildungen stützen, sondern ist vor allem eine innerbetriebliche Aufgabe.

Um, egal ob als Arbeitnehmer oder -geber, festzustellen zu können, ob das individuelle oder organisationsbezogene Kompetenzset den eigenen, aber vor allem den von Dritten geforderten Anforderungen entspricht, ist die Messung von Kompetenzen unabdingbar. Aus betrieblicher Sicht gehört dazu ein Kompetenzmanagement als „Schwungrad der Personalarbeit" (Bartscher/Stöckl/Träger 2012, S. 343). Ihm kommt neben der aktuellen Soll-/Ist-Analyse vor allem vorausschauende Funktion zu, um zukünftige Entwicklungen und ihre Bedeutung für die Kompetenzen des Unternehmens zu antizipieren (vgl. Bartscher/Stöckl/Träger 2012, S. 343). Der von Bartscher/Stöckl/Träger (vgl. 2012, S. 344) propagierte systematische Prozess des Kompetenzmanagements sieht sechs Schritte vor:

1. Abschätzung der zukünftigen strategischen Ausrichtung und Ziele des Unternehmens
2. Erstellung eines auf die zukünftige Entwicklung ausgerichteten Kompetenzkatalogs und Festlegung von Soll-Profilen
3. Aufnahme der aktuellen Kompetenzen der Mitarbeiter
4. Abgleich von Soll- und Ist-Kompetenzen, Identifikation von Handlungsfeldern und Ableitung von Maßnahmen
5. Kompetenzgespräche
6. Evaluationsgespräche im Sinn einer Erfolgskontrolle

Für Hof (vgl. 2002, S. 159) geht der letzte Schritt aber schon über die Kompetenz „als Handlungsvoraussetzung" hinaus in den Bereich der Performanz als „tatsächliche Handlungsdurchführung". Unabhängig davon muss ein Kompetenzmesssystem eine Reihe von Qualitätskriterien erfüllen. Dazu gehören nach Sauter/Staudt (vgl. 2016, S. 25 ff.) psychometrische Gütekriterien, also Validität, Objektivität und Reliabilität, die Ergonomie des Verfahrens, wie Passung oder Akzeptanz, Akzeptabilität, wie Fairness oder Feedback, sowie Praktikabilität, also etwa Schwierigkeit oder Wirtschaftlichkeit.

7 Kompetenzprofile für die deutschsprachige Marktforschung

7.1 Einführung in die Kompetenzprofile

Ursprünglich hatten die Autoren angedacht, ein einziges übergreifendes Kompetenzprofil für die gesamte deutschsprachige Marktforschung zu erstellen. Im Laufe der Auswertung der Branchenbefragung von 2016 haben sie jedoch Abstand davon genommen. Der Grund liegt in der Heterogenität der zur Erfüllung einzelner Marktforschungsaufgaben, wie z. B. Geschäftsführer oder betrieblicher Marktforscher, erforderlichen Einzelkompetenzen, was auch in den vorstehenden Ausführungen zu den einzelnen Kompetenzen deutlich geworden ist. Aus diesem Grund werden sich die folgenden Kompetenzprofile zunächst auf einzelne Gruppierungen beziehen. Im Einzelnen handelt es sich dabei um:

– Arbeitgeber: Institut, Betrieb
– Methodenschwerpunkt: qualitativ, quantitativ
– Hierarchieebene: Geschäftsführer, sonstige Führungskräfte, operativ tätige Marktforscher
– Alter: Generation Y, Generation X, Babyboomer
– Geographische Ausrichtung: (eher) national, (eher) international

Auf eigene Profile für Männer und Frauen wird verzichtet, da sich die Geschlechter alles in allem in ihrem Antwortverhalten nicht so gravierend unterscheiden, dass eigene Profile sinnvoll wären.

Die folgenden Kompetenzprofile werden analog zu einer SWOT-Analyse in vier Felder unterteilt. Die vier Felder ergeben sich aus den Mittelwerten von Wichtigkeit und Ausbaubedarf aller 60 für Marktforscher relevanten Einzelkompetenzen, bezogen auf die jeweilige Teilmenge von Marktforschern (vgl. Abbildung 13).

Quadrant A enthält Kompetenzen die sowohl überdurchschnittlich wichtig sind als auch überdurchschnittlichen Ausbaubedarf besitzen. Sie müssen, um als Marktforscher dauerhaft erfolgreich am Markt agieren zu können, kurzfristig ausgebaut werden. Quadrant B umfasst überdurchschnittlich wichtige Kompetenzen, deren Ausbaubedarf allerdings unter dem Durchschnitt liegt. Die Empfehlung für diese Kompetenzen lautet, sich über sie auf dem Laufenden zu halten, um zu erkennen, ob und ggf. wann sie ausgebaut werden müssen. Die Kompetenzen in Quadrant C sind von unterdurchschnittlicher Wichtigkeit und unterdurchschnittlichem Ausbaubedarf. Hier sind vorerst keine Aktivitäten erforderlich. Die Kompetenzen in Quadrant D schließlich sind von unterdurchschnittlicher Wichtigkeit, wobei ihr Ausbaubedarf jedoch überdurchschnittlich hoch ist. Sie muss der Marktforscher im Auge zu behalten, um nicht den Anschluss an möglicherweise in ihrer Bedeutung zunehmende Kompetenzen zu verpassen.

https://doi.org/10.1515/9783110517774-007

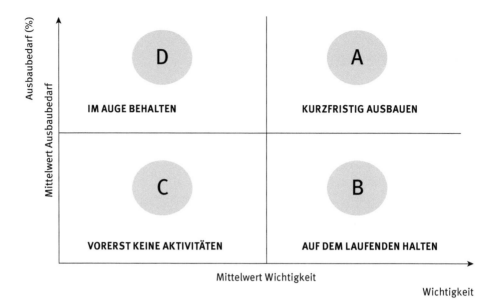

Abb. 13: Kompetenzcluster nach Wichtigkeit und Ausbaubedarf (eigene Darstellung).

Da die Darstellung aller 60 Einzelkompetenzen in einem Koordinatensystem zu unübersichtlich wird, beschränken sich die Autoren auf die graphische Darstellung des Quadranten A. Die in den übrigen Quadranten enthaltenen Kompetenzen werden lediglich verbal und tabellarisch aufgeführt.

7.2 Individuelles Kompetenzprofile für Teilgruppen der deutschsprachigen Marktforschung

7.2.1 Individuelle Kompetenzprofile nach Arbeitgeber

Aufgrund der Fallzahl sind statistisch valide Aussagen nur für Instituts- und betriebliche Marktforscher sinnvoll. Marktforscher aus der Lehre, Studenten der Marktforschung und vor allem Empfänger von Marktforschungsergebnissen können nicht separat ausgewiesen werden.

7.2.1.1 Individuelles Kompetenzprofil für Institutsmarktforscher
Statt detaillierter, alle 60 Einzelkompetenzen umfassenden Darstellungen werden gemäß der Regel, dass man mehr als drei Aufgaben oder Ziele nicht ernsthaft gleichzeitig verfolgen kann, die für die jeweilige Gruppe die drei wichtigsten Kompetenzen sowie die drei Kompetenzen mit dem höchsten Ausbaubedarf vorangestellt.

Tab. 11: Top 3-Kompetenzen der Institutsmarktforscher (eigene Darstellung).

Rang	Einzelkompetenz	Wichtigkeit
1	Kundenorientierung	4,78
1	Zuverlässigkeit	4,78
3	Analytisches Denken	4,77

Tab. 12: Top 3-Ausbaubedarfe der Institutsmarktforscher (eigene Darstellung).

Rang	Einzelkompetenz	Ausbaubedarf (%)
1	Kenntnis von der/den Branche/n der Kunden	50,0
2	Infotainment	46,3
3	Aus Ergebnissen Geschichten machen	46,0
3	Akquisitionsstärke	46,0

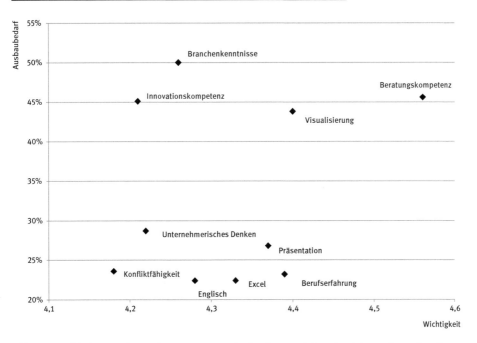

Abb. 14: Kurzfristig auszubauende Kompetenzen der Institutsmarktforscher (eigene Darstellung).

Bedeutsamste Einzelkompetenz von Institutsmarktforschern ist die Beratungs-, dicht gefolgt von der Visualisierungskompetenz. Zu den kurzfristig ausbaubedürftigen Kompetenzen gehören aus den sozialen Kompetenzen neben der Beratungskompetenz die Konfliktfähigkeit, doch neben der Visualisierung keine zweite marktforschungsspezifische Kompetenz. Dagegen finden sich gleich drei Fach- unter den besonders ausbaubedürftigen Kompetenzen, nämlich Berufserfahrung, Englisch und

Tab. 13: Einzelkompetenzen des Quadranten B bei Institutsmarktforschern (eigene Darstellung).

Kompetenzcluster	Einzelkompetenz
Personale Kompetenzen	Belastbarkeit
	Einsatzbereitschaft
	Flexibilität
	Genauigkeit
	Lernbereitschaft
	Neugier
	Zuverlässigkeit
Fachkompetenzen	Allgemeinbildung
Allgemeine Methodenkom-petenzen	Analytisches Denken
	Organisationsfähigkeit
	Projektmanagement
Marktforschungsspezifische Methodenkompetenzen	Quantitative Methoden
IT-Methodenkompetenzen	Beherrschen einer Präsentations-Software
Soziale Kompetenzen	Empathie
	Kommunikationsfähigkeit
	Kritikfähigkeit
	Kundenorientierung
	Serviceorientierung
	Teamfähigkeit
	Umgangsformen
	Vertrauenswürdigkeit

Branchenkenntnisse. Bei den drei letztgenannten Kompetenzen muss allerdings die Kurzfristigkeit des Ausbaus relativiert werden, weil insbesondere Berufserfahrung nicht schnell zu erwerben ist. Bezogen auf ein Institut bedeutet das gleichwohl, kurzfristig entsprechende Kompetenzträger einzustellen, um als gesamtes Institut konkurrenzfähig zu bleiben. Mit Präsentations- und Innovationskompetenz kommen zwei allgemeine Methodenkenntnisse hinzu. Abgerundet werden die für Institutsmarktforscher bedeutsamsten Kompetenzen durch unternehmerisches Denken und Excel.

In den Quadranten B, die überdurchschnittlich wichtigen Kompetenzen mit unterdurchschnittlichem Ausbaubedarf, fallen bei den Institutsmarktforschern die in Tabelle 13 aufgeführten Einzelkompetenzen.

Auffallend ist der geringe Ausbaubedarf, den die Institutsmarktforscher hinsichtlich ihrer personalen Kompetenzen sehen.

Zu Quadrant D, den unterdurchschnittlich wichtigen, aber von hohem Ausbaubedarf gekennzeichneten Kompetenzen, zählen folgende Einzelkompetenzen (vgl. Tabelle 14).

Hier findet sich ein nicht unerheblicher Teil der marktforschungsspezifischen Methodenkompetenzen, aber nur eine personale Kompetenz wieder.

Tab. 14: Einzelkompetenzen des Quadranten D bei Institutsmarktforschern (eigene Darstellung).

Kompetenzcluster	Einzelkompetenz
Personale Kompetenzen	Kreativität
Fachkompetenzen	Fachsprachen
	Kenntnis der Marktforschungsbranche
	Medienkompetenz
Allgemeine Methodenkompetenzen	Aus Ergebnissen Geschichten machen
	Infotainment
	Moderationstechnik
	Rhetorik
Marktforschungsspezifische Methodenkompetenzen	Erkennen von Mustern in großen Datenmengen
	Marketing-Kenntnisse
	Qualitative Methoden
	Recht der Marktforschung
	Verfahren der statistischen Datenanalyse
IT-Methodenkompetenzen	Beherrschen einer Statistik-Software
	Verständnis von Netzwerk- und Serverarchitektur
Soziale Kompetenzen	Akquisitionsstärke
	Durchsetzungsvermögen
	Führungskompetenz
	Konfliktlösungstechniken
	Networking
	Selbstvermarktung

Tab. 15: Einzelkompetenzen des Quadranten C bei Institutsmarktforschern (eigene Darstellung).

Kompetenzcluster	Einzelkompetenz
Fachkompetenzen	Sonstige Fremdsprachen
Marktforschungsspezifische Methodenkompetenzen	Ethik der Marktforschung
	Sekundärrecherche
	Stichprobenziehung
IT-Methodenkompetenzen	Programmierung von Fragebögen
Soziale Kompetenzen	Diplomatie
	Fairness
	Partnerschaftlichkeit

Zuletzt werden die dem Quadranten C zugeordneten unterdurchschnittlichen wichtigen Kompetenzen mit unterdurchschnittlichem Ausbaubedarf angeführt (vgl. Tabelle 15).

Personale und allgemeine Methodenkompetenzen finden sich in diesem Cluster nicht wieder, dafür gleich drei marktforschungsspezifische Methodenkompetenzen, darunter die Stichprobenziehung.

7.2.1.2 Individuelles Kompetenzprofil für betriebliche Marktforscher

Bei der Betrachtung der wichtigsten drei Einzelkompetenzen fällt auf, dass nur analytisches Denken sowohl von Instituts- und betrieblichen Marktforschern zu den Top 3 gezählt werden (vgl. Tabelle 16, 17 und Abbildung 15). Beim Ausbaubedarf gibt es mit „Aus Ergebnissen Geschichten machen" und Infotainment gleich zwei Kompetenzen, die beide Gruppen für extrem wichtig halten.

Tab. 16: Top 3-Kompetenzen der betrieblichen Marktforscher (eigene Darstellung).

Rang	Einzelkompetenz	Wichtigkeit
1	Analytisches Denken	4,80
2	Kommunikationsfähigkeit	4,79
3	Beherrschen einer Präsentations-Software	4,69

Tab. 17: Top 3-Ausbaubedarfe der betrieblichen Marktforscher (eigene Darstellung).

Rang	Einzelkompetenz	Ausbaubedarf (%)
1	Aus Ergebnissen Geschichten machen	56,6
2	Infotainment	54,6
3	Muster in großen Datenmengen erkennen	48,7

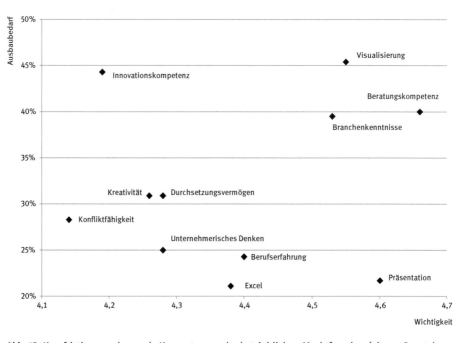

Abb. 15: Kurzfristig auszubauende Kompetenzen der betrieblichen Marktforscher (eigene Darstellung).

Von den in Quadrant A als besonders wichtig und ausbaubedürftig genannten Einzelkompetenzen fallen vor allem Beratungskompetenz, Visualisierung und Branchenkenntnisse ins Auge. Der Ausbau der Branchenkenntnisse überrascht, da sich zum einen betriebliche Marktforscher aufgrund ihrer Tätigkeit damit gut auskennen sollten, und sich zum anderen, wie bereits erwähnt, eher der Branche ihres Unternehmens als der Marktforschung zugehörig fühlen. Neben der Beratungskompetenz fallen mit Konfliktfähigkeit und Durchsetzungsvermögen noch zwei weitere Sozialkompetenzen in Quadrant A. Steht die Visualisierung als marktforschungsspezifische Methodenkompetenz allein, gesellt sich zu den Branchenkenntnissen mit der Berufserfahrung noch eine zweite Fachkompetenz. Ergänzt werden die Kompetenzen in Quadrant A um zwei allgemeine Methodenkompetenzen, nämlich Präsentation und Innovationskompetenz, zwei Personalkompetenzen, nämlich unternehmerisches Denken und Kreativität, sowie, im Gegensatz zu den Institutsmarktforschern mit dem Beherrschen von Excel auch eine IT-Methodenkompetenz.

Als überdurchschnittlich wichtige Kompetenzen mit unterdurchschnittlichem Ausbaubedarf, also Quadrant B, nennen die betrieblichen Marktforscher folgende Einzelkompetenzen.

Tab. 18: Einzelkompetenzen des Quadranten B bei betrieblichen Marktforschern (eigene Darstellung).

Kompetenzcluster	Einzelkompetenz
Personale Kompetenzen	Belastbarkeit
	Einsatzbereitschaft
	Flexibilität
	Genauigkeit
	Lernbereitschaft
	Neugier
	Zuverlässigkeit
Allgemeine Methodenkompetenzen	Analytisches Denken
	Organisationsfähigkeit
	Projektmanagement
Marktforschungsspezifische Methodenkompetenzen	Qualitative Methoden
	Quantitative Methoden
IT-Methodenkompetenzen	Beherrschen einer Präsentations-Software
Soziale Kompetenzen	Diplomatie
	Empathie
	Kommunikationsfähigkeit
	Kritikfähigkeit
	Kundenorientierung
	Serviceorientierung
	Teamfähigkeit
	Umgangsformen
	Vertrauenswürdigkeit

Tab. 19: Einzelkompetenzen des Quadranten D bei betrieblichen Marktforschern (eigene Darstellung).

Kompetenzcluster	Einzelkompetenz
Fachkompetenzen	Englisch
	Fachsprachen
	Kenntnis der Marktforschungsbranche
	Medienkompetenz
Allgemeine Methodenkompetenzen	Aus Ergebnissen Geschichten machen
	Infotainment
	Moderationstechnik
	Rhetorik
Marktforschungsspezifische Methodenkompetenzen	Erkennen von Mustern in großen Datenmengen
	Recht der Marktforschung
	Verfahren der statistischen Datenanalyse
IT-Methodenkompetenzen	Beherrschen einer Statistik-Software
Soziale Kompetenzen	Akquisitionsstärke
	Führungskompetenz
	Konfliktlösungstechniken
	Networking
	Selbstvermarktung

Die personalen, IT-methodischen und allgemeinen methodischen Kompetenzen entsprechen hundertprozentig den von den Institutsmarktforschern genannten. An Fachkompetenzen taucht in diesem Quadranten nicht einmal die von den Institutsmarktforschern genannte Allgemeinbildung auf. Im Gegensatz zu den Institutsmarktforschern werden unter den marktforschungsspezifischen Methoden neben den quantitativen auch die qualitativen Methoden gezählt. Bei den sozialen Kompetenzen nennen die betrieblichen Marktforscher mit der Diplomatie ebenfalls eine zusätzliche Einzelkompetenz.

Zu Quadrant D, den unterdurchschnittlich wichtigen, aber von hohem Ausbaubedarf gekennzeichneten Kompetenzen, zählen folgende Einzelkompetenzen.

Keine einzige personale Kompetenz fällt in diesen Quadranten. Die Fachkompetenzen werden im Vergleich zu den Institutsmarktforschern um Englisch ergänzt. Die allgemeinen methodischen Kompetenzen sind identisch zu den in diesem Quadranten von den Institutsmarktforschern genannten. Bei den marktforschungsspezifischen Kompetenzen fehlen im Vergleich qualitative Methoden und Marketing-Kenntnisse. Verständnis von Netzwerk- und Serverarchitektur fällt bei den IT-Methodenkompetenzen, Durchsetzungsvermögen bei den sozialen Kompetenzen weg.
Kommen wir zu Quadrant C, der vom geringsten Handlungsbedarf gekennzeichnet ist.

Mit der Allgemeinbildung kommt eine zweite Fachkompetenz hinzu, ebenso bei den marktforschungsspezifischen Methodenkompetenzen die Marketing-Kenntnisse

Tab. 20: Einzelkompetenzen des Quadranten C bei betrieblichen Marktforschern (eigene Darstellung).

Kompetenzcluster	Einzelkompetenz
Fachkompetenzen	Allgemeinbildung
	Sonstige Fremdsprachen
Marktforschungsspezifische Methodenkompetenzen	Ethik der Marktforschung
	Marketing-Kenntnisse
	Sekundärrecherche
	Stichprobenziehung
IT-Methodenkompetenzen	Programmierung von Fragebögen
	Verständnis für Netzwerk- und Serverarchitektur
Soziale Kompetenzen	Fairness
	Partnerschaftlichkeit

und bei den IT-Methodenkompetenzen das Verständnis für Netzwerk- und Serverarchitektur. Dafür fällt die Diplomatie aus dem Cluster soziale Kompetenzen weg.

Der Vergleich zwischen Instituts- und betrieblichen Marktforschern ergibt nur geringe Unterschiede in der Zuordnung der einzelnen Kompetenzen in die Quadranten A bis D. Das legt gemeinsame Fortbildungsprogramme nahe, wie sie vor allem der BVM anbietet.

7.2.1.3 Wechselseitige Beurteilung von Instituts- und betrieblichen Marktforschern

Institutsmarktforscher stehen oftmals in einem Lieferantenverhältnis zu ihren Kunden und Berufskollegen aus der betrieblichen Marktforschung. Aus diesem Grund ist es für sie von hoher Bedeutung, womit sie ihre Auftraggeber aus der Marktforschung überzeugen, im Idealfall sogar begeistern können. MANUFACTS (vgl. 2013) hat dazu im Jahr 2013 die Meinung von 203 betrieblichen Marktforschern und Marketing-Verantwortlichen erfragt. Wichtigste Faktoren sind professionelle Studiendurchführung, Seniorität der Projektleitung, also reiche Berufserfahrung, sowie ein angemessener Stellenwert des Kunden beim Institut, also Kundenorientierung. Des Weiteren sind gute methodische Umsetzungsvorschläge, Flexibilität, gute Handlungsempfehlungen sowie analytische Kompetenz gefragt.

Ottawa/Winkler haben zwei Mal die Instituts- und betrieblichen Marktforscher ungestützt danach gefragt, welche Kompetenzen die jeweils andere Gruppe denn noch ausbauen müsse. 2015 (vgl. Ottawa/Winkler 2015, S. 14) sahen die betrieblichen Marktforscher zu 47 % vor allem Mängel beim Wissen um Kunden, Unternehmen und Branchen, also die Unternehmen, in denen sie arbeiten, hingegen nur 8 % der Institutsmarktforscher. Damit ist auch schon die insgesamt größte Diskrepanz zwischen Eigen- und Fremdwahrnehmung angeführt. Des Weiteren gab es noch einen größeren Unterschied bei der Beratung und den Handlungsempfehlungen. Bei der Beratung konstatierten 19 % der betrieblichen Marktforscher ihren Institutskollegen Ausbaubedarf. Diese bei sich selbst lediglich 3 %. Ähnlich nämlich 14 % zu 0 % lautet die Einschätzung bezüglich der Handlungsempfehlungen.

Ein Jahr später stellt das mangelnde Wissen um Kunden, Unternehmen und Branchen der Kunden aus Sicht der Institutsmarktforscher weiterhin den größten Ausbaubedarf ihrer Institutskollegen dar. Das sagen 28 der 99 Befragten, die die diesbezügliche offene Frage nach dem Ausbaubedarf ihrer Institutskollegen beantwortet haben. Bezogen auf alle 151 antworteten betrieblichen Marktforscher macht das einen Anteil von nur noch 19 % aus. Es folgen an Ausbaubedarf Kreativität statt Standardlösungen (10 %), Beratung (10 %) und die bessere Visualisierung von Präsentationsunterlagen (9 %).

Umgekehrt sahen die Institutsmarktforscher 2015 (vgl. Ottawa/Winkler 2015a, S. 15) vor allem bei der Breite methodischen Wissens den größten Ausbaubedarf bei ihren betrieblichen Kollegen. 28 % sahen hier, im Gegensatz zu nur 9 % der betrieblichen Marktforscher, Mängel. Jeder zehnte Institutsmarktforscher wünscht sich bei seinen betrieblichen Pendants mehr Durchsetzungsstärke, eine Kompetenz, bei der aus der betrieblichen Marktforschung keine einzige Nennung kam. Hierzu gehört auch Mut, sich mit internen Kunden, mit denen der betriebliche Marktforscher im Gegensatz zum Institutsmarktforscher auch nach Studienende noch auskommen muss, ggf. auch kontrovers auseinanderzusetzen. Gefordert wird solches Durchsetzungsvermögen aber ebenso gegenüber der eigenen Einkaufsabteilung, z. B. wenn es um angemessene Preise oder die Auswahl von Dienstleistern geht. Mit 27 % Nennungen zu Ausbaubedarf spielt der Kompetenzbereich Partnerschaftlichkeit, zu dem auch noch Empathie, Verständnis für das Institut und Vermittler zwischen Kunden und Institut für die Institutsmarktforscher eine wichtige Rolle. Auch hier gab es keine einzige Nennung aus der betrieblichen Marktforschung.

Auch die Institutsmarktforscher wurden 2016 von Ottawa/Winkler gebeten Ausbaubedarf bei ihren betrieblichen Kollegen zu artikulieren. 176 von 272 befragten Institutsmarktforschern haben davon Gebrauch gemacht. Der größte Ausbaubedarf wird wie schon im Vorjahr in Sachen Methodik gesehen (11 %), gefolgt, wie schon im Vorjahr, von mehr Durchsetzungskraft im eigenen Unternehmen, v. a. gegenüber dem Einkauf (10 %) und größerer Offenheit für Innovationen (10 %).

7.2.2 Individuelle Kompetenzprofile nach methodischem Schwerpunkt

Die Fallzahl aus der zweiten Branchenbefragung lassen Aussage über Marktforscher mit qualitativem und quantitativem Schwerpunkt zu. Die Fallzahl von n = 63 lässt keine validen Aussagen über Sekundärforscher zu.

7.2.2.1 Individuelles Kompetenzprofil für Marktforscher mit qualitativem Schwerpunkt

Wenig überraschend findet sich an der Spitze der wichtigsten Kompetenzen die Beherrschung qualitativer Methoden. Allerdings rangieren nahezu gleichauf analytisches Denken und Kundenorientierung auf den Plätzen zwei und drei. Ausbaubedarf

Tab. 21: Top 3-Kompetenzen der Marktforscher mit qualitativem Schwerpunkt (eigene Darstellung).

Rang	Einzelkompetenz	Wichtigkeit
1	Qualitative Methoden	4,79
2	Analytisches Denken	4,77
3	Kundenorientierung	4,75

Tab. 22: Top 3-Ausbaubedarfe der Marktforscher mit qualitativem Schwerpunkt (eigene Darstellung).

Rang	Einzelkompetenz	Ausbaubedarf (%)
1	Beratungskompetenz	56,6
2	Visualisierung von Ergebnissen	53,5
3	Infotainment	50,7

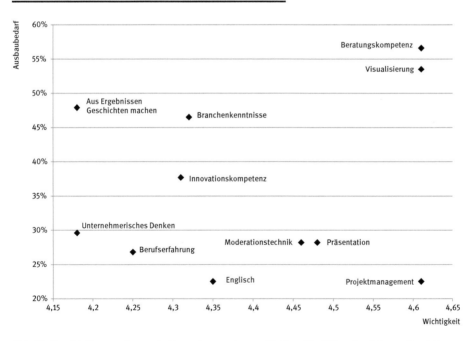

Abb. 16: Kurzfristig auszubauende Kompetenzen der qualitativen Marktforscher (eigene Darstellung).

besteht vor allem bei der Beratungskompetenz. Zu den wichtigsten Kompetenzen für qualitative Marktforscher liegen Zahlen aus der Branchenerhebung des BVM von 2009[1] vor (vgl. Liebers/Holzhauer 2010, S. 3). Demnach sind analytische Fähigkeit und Strukturiertheit, Kommunikationsstärke und Offenheit und Neugierde. Die wichtigsten beiden Kompetenzen stimmen in beiden Befragungen überein, was ihre konstante Bedeutung belegt

In Quadrant A ragen zwei Einzelkompetenzen heraus. Es sind das gleichzeitig die beiden Kompetenzen mit dem höchsten Ausbaubedarf, nämlich Beratungskompetenz und Visualisierung. Zu den Fachkompetenzen in Quadrant A gehören Branchenkenntnisse, Englisch und Berufserfahrung. Auffallend ist die relativ hohe Anzahl von fünf allgemeinen Methodenkompetenzen. Dabei handelt es sich um Projektmanagement,

Tab. 23: Einzelkompetenzen des Quadranten B bei qualitativen Marktforschern (eigene Darstellung).

Kompetenzcluster	Einzelkompetenz
Personale Kompetenzen	Belastbarkeit
	Einsatzbereitschaft
	Flexibilität
	Genauigkeit
	Kreativität
	Lernbereitschaft
	Neugier
	Zuverlässigkeit
Allgemeine Methodenkompetenzen	Analytisches Denken
	Organisationsfähigkeit
	Projektmanagement
Marktforschungsspezifische Methodenkompetenzen	Qualitative Methoden
IT-Methodenkompetenzen	Beherrschen einer Präsentations-Software
Soziale Kompetenzen	Diplomatie
	Empathie
	Kommunikationsfähigkeit
	Konfliktfähigkeit
	Kritikfähigkeit
	Kundenorientierung
	Partnerschaftlichkeit
	Serviceorientierung
	Teamfähigkeit
	Umgangsformen
	Vertrauenswürdigkeit
Fachkompetenzen	Allgemeinbildung

---

1 Diese Befragung beruht auf 1.037 Interviews.

Präsentation, Moderationstechnik, Innovationskompetenz und aus Ergebnissen Geschichte zu machen. Ergänzend kommt mit unternehmerischem Denken eine personale Kompetenz hinzu.

In Quadrant B finden sich viele Sozialkompetenzen, aber auch eine Reihe personale Kompetenzen. Als einzige marktforschungsspezifische Methodenkompetenz befindet sich mit den qualitativen Methoden auch die insgesamt für qualitative Forscher wichtigste Einzelkompetenz darunter.

Dem Quadranten D ordnen die qualitativen Forscher die folgenden Einzelkompetenzen zu.

Wie schon bei den betrieblichen Marktforschern fällt keine einzige personale Kompetenz in diesen Quadranten. Auch findet sich bei den IT-Methodenkompetenzen mit dem Beherrschen von Excel nur eine einzige Einzelkompetenz aus diesem Cluster.

Kommen wir zu Quadrant C, der vom geringsten Handlungsbedarf gekennzeichnet ist.

Quantitative Kompetenzen wie das Beherrschen einer Statistik-Software und quantitative Methoden sind für qualitative Forscher von offensichtlich nur peripherer Bedeutung. Daneben findet sich jeweils nur eine soziale bzw. Fachkompetenz im Quadranten C.

Tab. 24: Einzelkompetenzen des Quadranten D bei qualitativen Marktforschern (eigene Darstellung).

Kompetenzcluster	Einzelkompetenz
Fachkompetenzen	Fachsprachen Kenntnis der Marktforschungsbranche Medienkompetenz
Allgemeine Methodenkompetenzen	Infotainment Rhetorik
Marktforschungsspezifische Methodenkompetenzen	Erkennen von Mustern in großen Datenmengen Marketing-Kenntnisse Recht der Marktforschung Verfahren der statistischen Datenanalyse
IT-Methodenkompetenzen	Beherrschen von Excel
Soziale Kompetenzen	Akquisitionsstärke Durchsetzungsvermögen Führungskompetenz Konfliktlösungstechniken Networking Selbstvermarktung

Tab. 25: Einzelkompetenzen des Quadranten C bei qualitativen Marktforschern (eigene Darstellung).

Kompetenzcluster	Einzelkompetenz
Fachkompetenzen	Sonstige Fremdsprachen
Marktforschungsspezifische Methodenkompetenzen	Ethik der Marktforschung
	Quantitative Methoden
	Sekundärrecherche
	Stichprobenziehung
IT-Methodenkompetenzen	Beherrschen einer Statistik-Software
	Programmierung von Fragebögen
	Verständnis für Netzwerk- und Serverarchitektur
Soziale Kompetenzen	Fairness

7.2.2.2 Individuelles Kompetenzprofil für Marktforscher mit quantitativem Schwerpunkt

Liebers/Holzhauer (vgl. 2010, S. 3) gehen ebenfalls auf die wichtigsten Kompetenzen quantitativer Marktforscher ein. Nach ihrer Erhebung sind das Kundenorientierung und Dienstleistungsmentalität, analytische Fähigkeit und Strukturiertheit sowie Praxisnähe. Die Übereinstimmung zwischen den Befragungen des BVM von 2009 und von Ottawa/Winkler aus dem Jahr 2016 sind hier nicht so groß wie bei den qualitativen Forschern. Lediglich die Kundenorientierung findet sich jeweils unter den Top Drei.

Analytisches Denken und Kundenorientierung finden sich bei den quantitativen ebenso wie bei den qualitativen Forschern unter den drei wichtigsten Einzelkompetenzen. Lediglich die qualitativen Methoden werden durch Zuverlässigkeit ersetzt. Was den Ausbaubedarf anbelangt, befindet sich Infotainment jeweils auf Rang 3.

Tab. 26: Top 3-Kompetenzen der Marktforscher mit quantitativem Schwerpunkt (eigene Darstellung).

Rang	Einzelkompetenz	Wichtigkeit
1	Analytisches Denken	4,80
2	Zuverlässigkeit	4,76
3	Kundenorientierung	4,73

Tab. 27: Top 3-Ausbaubedarfe der Marktforscher mit quantitativem Schwerpunkt (eigene Darstellung).

Rang	Einzelkompetenz	Ausbaubedarf (%)
1	Aus Ergebnissen Geschichten machen	51,9
2	Kenntnis von der/den Branche/n der Kunden	48,1
2	Infotainment	48,1

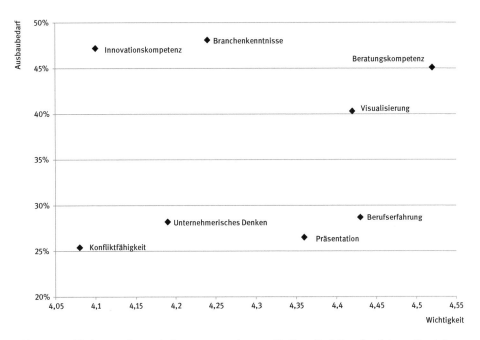

Abb. 17: Kurzfristig auszubauende Kompetenzen der quantitativen Marktforscher (eigene Darstellung).

Beratungskompetenz und Visualisierung sind in Quadrant A die hervorragenden Einzelkompetenzen. Von den Sozialkompetenzen gesellt sich die Konfliktfähigkeit zur Beratungskompetenz. Unter den Fachkompetenzen erachten die quantitativen Marktforscher Berufserfahrung und Branchenkenntnisse für gleichermaßen besonders wichtig und ausbaubedürftig. Auch hier gilt das bereits zuvor Gesagte zur Schwierigkeit, gerade diese beiden Kompetenzen kurzfristig mit dem bestehenden Personal aufzubauen. Die allgemeinen Methoden werden von Präsentation und Innovationskompetenz repräsentiert. Hinzu kommt aus dem Cluster der personalen Kompetenzen unternehmerisches Denken.

Die personalen Kompetenzen in Quadrant B entsprechen mit Ausnahme der wegfallenden Kreativität denjenigen von den qualitativen Forschern genannten. Die allgemeinen Methoden- und Fachkompetenzen stimmen in ihrer Zuordnung mit denen der qualitativen Forscher überein. Qualitative werden durch quantitative Methoden ersetzt. Sie befinden sich nicht in Quadrant A, weil ihr Ausbaubedarf als unterdurchschnittlich hoch erachtet wird. Bei den IT-Methodenkompetenzen kommt gegenüber den qualitativen Forschern das Beherrschen von Excel hinzu. Dem Quadranten B ordnen die quantitativen Forscher weniger soziale Kompetenzen zu als ihre qualitativen Pendants zu. Empathie, Partnerschaftlichkeit und Konfliktfähigkeit werden als weniger wichtig erachtet, Diplomatie hingegen kommt hinzu.

Tab. 28: Einzelkompetenzen des Quadranten B bei quantitativen Marktforschern (eigene Darstellung).

Kompetenzcluster	Einzelkompetenz
Personale Kompetenzen	Belastbarkeit
	Einsatzbereitschaft
	Genauigkeit
	Flexibilität
	Lernbereitschaft
	Neugier
	Zuverlässigkeit
Allgemeine Methodenkompetenzen	Analytisches Denken
	Organisationsfähigkeit
	Projektmanagement
Marktforschungsspezifische Methodenkompetenzen	Quantitative Methoden
IT-Methodenkompetenzen	Beherrschen einer Präsentations-Software
	Beherrschen von Excel
Soziale Kompetenzen	Diplomatie
	Empathie
	Kommunikationsfähigkeit
	Konfliktfähigkeit
	Kritikfähigkeit
	Kundenorientierung
	Partnerschaftlichkeit
	Serviceorientierung
	Teamfähigkeit
	Umgangsformen
	Vertrauenswürdigkeit
Fachkompetenzen	Allgemeinbildung

Dem Quadranten D ordnen die quantitativen Forscher die folgenden Einzelkompetenzen zu.

Bei den Fachkompetenzen kommt Englisch, bei den allgemeinen Methodenkompetenzen aus Ergebnissen Geschichten machen und Moderationstechnik hinzu. Qualitative Methoden finden sich ebenfalls hier, wohingegen im Gegenzug die quantitativen Methoden von den qualitativen Marktforschern dem unbedeutendsten Quadranten C zugeordnet werden. Deutliche Unterschiede gibt es bei den IT-Methodenkompetenzen, welche vermutlich auf der gegenüber der qualitativen Forschung stärkeren Abhängigkeit quantitativer Marktforschung von IT zusammenhängt. Die sozialen Kompetenzen stimmen in Quadrant D komplett mit denen von den qualitativen Forschern genannten überein. Mit der Kreativität kommt auch noch eine personale Kompetenz hinzu.

Schließen wir mit Quadrant C, der vom geringsten Handlungsbedarf gekennzeichnet ist.

Tab. 29: Einzelkompetenzen des Quadranten D bei quantitativen Marktforschern (eigene Darstellung).

Kompetenzcluster	Einzelkompetenz
Fachkompetenzen	Englisch Fachsprachen Kenntnis der Marktforschungsbranche Medienkompetenz
Allgemeine Methodenkompetenzen	Infotainment Rhetorik
Marktforschungsspezifische Methodenkompetenzen	Erkennen von Mustern in großen Datenmengen Marketing-Kenntnisse Qualitative Methoden Recht der Marktforschung Verfahren der statistischen Datenanalyse
IT-Methodenkompetenzen	Beherrschen einer Statistik-Software Programmierung von Fragebögen Verständnis von Netzwerk- und Serverarchitektur
Soziale Kompetenzen	Akquisitionsstärke Durchsetzungsvermögen Führungskompetenz Konfliktlösungstechniken Networking Selbstvermarktung

Tab. 30: Einzelkompetenzen des Quadranten C bei quantitativen Marktforschern (eigene Darstellung).

Kompetenzcluster	Einzelkompetenz
Fachkompetenzen	Sonstige Fremdsprachen
Marktforschungsspezifische Methodenkompetenzen	Ethik der Marktforschung Sekundärrecherche Stichprobenziehung
Soziale Kompetenzen	Empathie Partnerschaftlichkeit

Bei den marktforschungsspezifischen Methodenkenntnissen fallen im Vergleich zu den qualitativen Forschern die quantitativen Methoden weg, die naturgemäß für die quantitativen Forscher eine ungleich höhere Bedeutung besitzen. Die IT-Methodenkompetenzen fehlen aufgrund ihrer für die quantitative Forschung höheren Bedeutung hier ebenfalls.

Beim Vergleich zwischen den Kompetenzen der qualitativen und quantitativen Marktforscher fällt zunächst auf, dass sich im Gegensatz zu den qualitativen die quantitativen Methoden nicht unter den Top 3 befinden. Beide methodischen Teildisziplinen betrachten Beratungskompetenz und Visualisierung als die bedeutsamsten Einzelkompetenzen. Die Kompetenzen in Quadrant A stimmen weitgehend überein, wobei die Marktforscher mit qualitativem Schwerpunkt ergänzend zu ihren quantitativen Kollegen noch aus Ergebnissen Geschichten machen, Englisch und Projektmanagement besondere Bedeutung zu messen. Die dem Quadranten B zugeordneten Kompetenzen stimmen ebenfalls weitgehend überein. Bezüglich der IT-Methodenkompetenzen ist festzustellen, dass sie von den Marktforschern mit qualitativem Schwerpunkt eher dem Quadrant C, von denjenigen mit quantitativem Schwerpunkt eher dem Quadrant D zugeordnet werden.

7.2.3 Individuelle Kompetenzprofile nach Hierarchiestufe

Die Fallzahlen aus der Empirie lassen Aussagen über Geschäftsführer, Führungskräfte und operativ tätige Marktforscher zu. Bei den Führungskräften wird nicht in Bereichs-, Abteilungs- oder Teamleiter bzw. anderslautende vergleichbare Positionen unterschieden, da die Nomenklatur je nach Arbeitgeber zu unterschiedlich ist, um einen Vergleich herstellen zu können. Unterstützende Funktionen wie Assistenz, HR oder IT (n=9) und reine Interviewer (n=3) können mangels ausreichender Fallzahl nicht sinnvoll ausgewertet werden.

7.2.3.1 Individuelles Kompetenzprofil für Geschäftsführer

Die Top 3 der wichtigsten Kompetenzen erreichen im Durchschnitt fast das Niveau von „sehr wichtig", fallen aber, weil bei ihnen nur ein unterdurchschnittlicher Ausbaubedarf gesehen wird, nicht in den Quadranten A. Ähnlich verhält es sich bei den Einzelkompetenzen mit dem größten Ausbaubedarf, von denen sich aufgrund ihrer hohen Wichtigkeit nur die Innovationskompetenz in Quadrant A wiederfindet.

Tab. 31: Top 3-Kompetenzen der Geschäftsführer (eigene Darstellung).

Rang	Einzelkompetenz	Wichtigkeit
1	Vertrauenswürdigkeit	4,90
2	Analytisches Denken	4,87
2	Kommunikationsfähigkeit	4,87

Tab. 32: Top 3-Ausbaubedarfe der Geschäftsführer (eigene Darstellung).

Rang	Einzelkompetenz	Ausbaubedarf (%)
1	Innovationskompetenz	46,2
2	Medienkompetenz	44,6
3	Infotainment	44,4

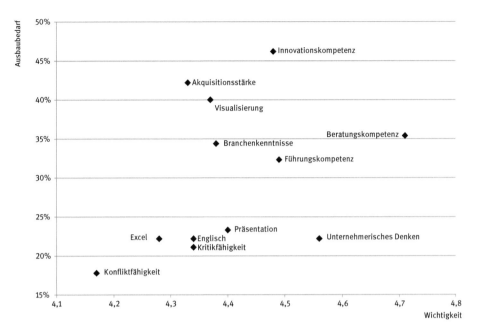

Abb. 18: Kurzfristig auszubauende Kompetenzen der Geschäftsführer (eigene Darstellung).

Die Beratungskompetenz ist auch für die Geschäftsführer von herausragender Bedeutung. Mit etwas Abstand folgen mit Innovations- und Führungskompetenz sowie unternehmerischem Denken drei Kompetenzen, die eng mit dem Leiten eines Unternehmens zusammenhängen. Sie können maßgeblich über Erfolg und Misserfolg eines Unternehmens, hier in erster Linie eines Marktforschungsinstituts, entscheiden. Neben den schon erwähnten Sozialkompetenzen Beratung und Führung finden sich in Quadrant A noch gleich drei weitere Sozialkompetenzen, nämlich Akquisitionsstärke, Kritik- und Konfliktfähigkeit. Neben der Innovationskompetenz gehört auch die Präsentation zu den besonders wichtigen allgemeinen Methodenkompetenzen. Zu den herausragenden Fachkompetenzen für Geschäftsführer zählen Englisch und Branchenkenntnisse. Hinzu kommen mit der Visualisierung eine marktforschungsspezifische Methodenkompetenz sowie mit dem Beherrschen von Excel eine IT-Methodenkompetenz.

In Quadrant B befinden sich vorwiegend personale und Sozialkompetenzen. Fach- und Methodenkompetenzen sind nur in geringem Ausmaß vertreten. Die Ursache dafür ist in der Ausrichtung der Geschäftsführer auf Führungs- und strategische Aufgaben zu suchen. Sie benötigen einen marktforscherischen Hintergrund, jedoch in aller Regel, sofern es sich nicht um kleine Unternehmen handelt, in denen sie zugleich leitend, aber auch operativ tätig sind, kein marktforscherisches Detailwissen.

Dem Quadranten D ordnen die Geschäftsführer die folgenden Einzelkompetenzen zu.

Tab. 33: Einzelkompetenzen des Quadranten B bei Geschäftsführern (eigene Darstellung).

Kompetenzcluster	Einzelkompetenz
Personale Kompetenzen	Belastbarkeit
	Einsatzbereitschaft
	Genauigkeit
	Flexibilität
	Kreativität
	Lernbereitschaft
	Neugier
	Zuverlässigkeit
Allgemeine Methodenkompetenzen	Analytisches Denken
	Organisationsfähigkeit
	Projektmanagement
Marktforschungsspezifische Methodenkompetenzen	Quantitative Methoden
IT-Methodenkompetenzen	Beherrschen einer Präsentations-Software
Soziale Kompetenzen	Empathie
	Fairness
	Kommunikationsfähigkeit
	Kundenorientierung
	Partnerschaftlichkeit
	Serviceorientierung
	Teamfähigkeit
	Umgangsformen
	Vertrauenswürdigkeit
Fachkompetenzen	Allgemeinbildung
	Berufserfahrung

Tab. 34: Einzelkompetenzen des Quadranten D bei Geschäftsführern (eigene Darstellung).

Kompetenzcluster	Einzelkompetenz
Fachkompetenzen	Fachsprachen
	Medienkompetenz
Allgemeine Methodenkompetenzen	Aus Ergebnissen Geschichten machen
	Infotainment
	Moderationstechnik
Marktforschungsspezifische Methodenkompetenzen	Erkennen von Mustern in großen Datenmengen
	Recht der Marktforschung
	Verfahren der statistischen Datenanalyse
IT-Methodenkompetenzen	Beherrschen einer Statistik-Software
	Verständnis von Netzwerk- und Serverarchitektur
Soziale Kompetenzen	Diplomatie
	Durchsetzungsvermögen
	Konfliktlösungstechniken
	Networking
	Selbstvermarktung

Tab. 35: Einzelkompetenzen des Quadranten C bei Geschäftsführern (eigene Darstellung).

Kompetenzcluster	Einzelkompetenz
Fachkompetenzen	Kenntnis der Marktforschungsbranche
	Sonstige Fremdsprachen
Marktforschungsspezifische Methodenkompetenzen	Stichprobenziehung
	Ethik der Marktforschung
	Marketing-Kenntnisse
	Qualitative Methoden
	Sekundärrecherche
Allgemeine Methodenkompetenzen	Rhetorik
IT-Methodenkompetenzen	Programmierung von Fragebögen

Quadrant D enthält, bezogen auf die einzelnen Kompetenz-Cluster, eine ausgewogene Mischung von Einzelkompetenzen.

Schließen wir mit Quadrant C, der vom geringsten Handlungsbedarf gekennzeichnet ist.

Bei Quadrant C fällt sogleich das Übergewicht der marktforschungsspezifischen Methodenkompetenzen ins Auge. Das korrespondiert mit dem zu Quadrant B Gesagten. Geschäftsführer legen ihren Fokus klar auf Führungs- und Managementkompetenzen, deutlich weniger auf Marktforschung an sich. Das schlägt sich überraschenderweise auch auf die Kenntnis der Marktforschungsbranche nieder, deren geringe Bedeutung für eine Person, die ein in dieser Branche tätiges Unternehmen leitet, erstaunt. Gleiches gilt für die geringe Bedeutung der Rhetorik.

7.2.3.2 Individuelles Kompetenzprofil für sonstige Führungskräfte

Von den wichtigsten Einzelkompetenzen findet sich nur die Beratungskompetenz aufgrund ihres hohen Ausbaubedarfs in Quadrant A wieder, aus den Top 3 bezogen auf ihren Ausbaubedarf lediglich die Visualisierung von Ergebnissen.

Analog zu den Geschäftsführern besitzt die Beratungskompetenz auch für die sonstigen Führungskräfte höchste Bedeutung. Prominent sind auch Branchenkennt-

Tab. 36: Top 3-Kompetenzen der sonstigen Führungskräfte (eigene Darstellung).

Rang	Einzelkompetenz	Wichtigkeit
1	Kommunikationsfähigkeit	4,83
2	Analytisches Denken	4,81
3	Vertrauenswürdigkeit	4,73
3	Kundenorientierung	4,73
3	Beratungskompetenz	4,73

Tab. 37: Top 3-Ausbaubedarfe der sonstigen Führungskräfte (eigene Darstellung).

Rang	Einzelkompetenz	Ausbaubedarf (%)
1	Kenntnis von der/den Branche/n der Kunden	48,5
2	Aus Ergebnissen Geschichten machen	47,5
3	Visualisierung von Ergebnissen	46,5

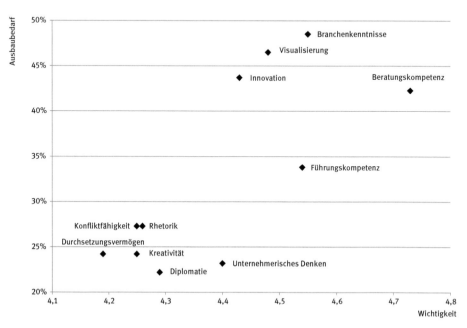

Abb. 19: Kurzfristig auszubauende Kompetenzen der sonstigen Führungskräfte (eigene Darstellung).

nisse, Visualisierung sowie Innovations- und Führungskompetenz im Quadranten platziert. Die Sozialkompetenzen Beratung und Führung werden durch Diplomatie, Konfliktfähigkeit und Durchsetzungsvermögen ergänzt. Neben der Innovationskompetenz besitzt auch die Rhetorik große Bedeutung. Die personalen Kompetenzen unternehmerisches Denken und Kreativität vervollständigen die Kompetenzen in Quadrant A.

Im Vergleich zu den Geschäftsführern findet sich in Quadrant A zu mehr als 50 % eine Übereinstimmung der Einzelkompetenzen. Gegenüber den Geschäftsführern fallen Präsentation, Englisch, Kritikfähigkeit, Akquisitionsstärke und das Beherrschen von Excel weg. Dafür kommen Diplomatie, Rhetorik, Kreativität und Durchsetzungsvermögen hinzu. Das drückt die spezielle „Hammer-Amboss-Situation" (Springer Gabler 2017) des mittleren und unteren Managements zwischen Top-Management, Mitarbeitern und, im Fall des Dienstleisters Marktforschung, auch noch internen und ex-

Tab. 38: Einzelkompetenzen des Quadranten B bei sonstigen Führungskräften (eigene Darstellung).

Kompetenzcluster	Einzelkompetenz
Personale Kompetenzen	Belastbarkeit
	Einsatzbereitschaft
	Flexibilität
	Genauigkeit
	Lernbereitschaft
	Neugier
	Zuverlässigkeit
Allgemeine Methodenkompetenzen	Analytisches Denken
	Organisationsfähigkeit
	Präsentation
	Projektmanagement
Marktforschungsspezifische Methoden	Quantitative Methoden
IT-Methodenkompetenzen	Beherrschen einer Präsentations-Software
	Beherrschen von Excel
Soziale Kompetenzen	Empathie
	Kommunikationsfähigkeit
	Kritikfähigkeit
	Kundenorientierung
	Serviceorientierung
	Teamfähigkeit
	Umgangsformen
	Vertrauenswürdigkeit
Fachkompetenzen	Allgemeinbildung
	Berufserfahrung
	Englisch

ternen Kunden aus. Hier sind vor allem gleichzeitig durchsetzungsstarke, aber auch verschiedene Interessenslagen ausgleichende Managementfähigkeit gefordert.

Die personalen Kompetenzen in Quadrant B unterscheiden sich von denjenigen der Geschäftsführer lediglich durch den Wegfall der Kreativität. Bei den allgemeinen Methodenkompetenzen kommt die Präsentation, bei den IT-Methodenkompetenzen das Beherrschen von Excel und bei den Fachkompetenzen Englisch hinzu. Das Portfolio der marktforschungsspezifischen Methoden besteht unverändert lediglich aus den quantitativen Methoden. Bei den sozialen Kompetenzen werden Fairness und Partnerschaftlichkeit durch Kritikfähigkeit ersetzt.

Dem Quadranten D ordnen die sonstigen Führungskräfte die folgenden Einzelkompetenzen zu.

Bei den Fachkompetenzen kommen in Quadrant D die Kenntnis der Marktforschungsbranche, bei den marktforschungsspezifischen Methodenkompetenzen die Marketing-Kenntnisse hinzu. Die allgemeinen Methodenkompetenzen entsprechen

Tab. 39: Einzelkompetenzen des Quadranten D bei sonstigen Führungskräften (eigene Darstellung).

Kompetenzcluster	Einzelkompetenz
Fachkompetenzen	Fachsprachen
	Kenntnisse der Marktforschungsbranche
	Medienkompetenz
Allgemeine Methodenkompetenzen	Aus Ergebnissen Geschichten machen
	Infotainment
	Moderationstechnik
Marktforschungsspezifische Methodenkompetenzen	Erkennen von Mustern in großen Datenmengen
	Marketing-Kenntnisse
	Recht der Marktforschung
	Verfahren der statistischen Datenanalyse
IT-Methodenkompetenzen	Beherrschen einer Statistik-Software
Soziale Kompetenzen	Durchsetzungsvermögen
	Konfliktlösungstechniken
	Networking
	Selbstvermarktung

Tab. 40: Einzelkompetenzen des Quadranten C bei sonstigen Führungskräften (eigene Darstellung).

Kompetenzcluster	Einzelkompetenz
Fachkompetenzen	Sonstige Fremdsprachen
Marktforschungsspezifische Methodenkompetenzen	Ethik der Marktforschung
	Marketing-Kenntnisse
	Qualitative Methoden
	Sekundärrecherche
	Stichprobenziehung
IT-Methodenkompetenzen	Programmierung von Fragebögen
	Verständnis von Netzwerk- und Serverarchitektur
Soziale Kompetenzen	Fairness
	Partnerschaftlichkeit

denen der Geschäftsführer. Einen Wegfall gibt es mit dem Verständnis von Netzwerk- und Serverarchitektur bei den IT-Methodenkompetenzen, ebenso wie mit der Diplomatie bei den sozialen Kompetenzen.

Schließen wir mit Quadrant C, der vom geringsten Handlungsbedarf gekennzeichnet ist.

Gegenüber den Geschäftsführern fallen in Quadrant C bei den Fachkompetenzen die Kenntnis der Marktforschungsbranche, bei den marktforschungsspezifischen Methodenkenntnissen die Marketing-Kenntnisse weg. Das gilt auch für die Rhetorik als einziger allgemeiner Methodenkompetenz. Bei den IT-Methodenkompetenzen kommt das Verständnis von Netzwerk- und Serverarchitektur hinzu. Außerdem finden sich im

Gegensatz zu den Geschäftsführern gleich zwei soziale Kompetenzen, nämlich Partnerschaftlichkeit und Fairness im unwichtigsten Quadranten.

Für Führungskräfte in der Position eines „Insights Leaders" oder „Senior Insight Executive" führen Russell Reynolds Associates (vgl. 2007) Kompetenzkataloge hinsichtlich „Performance Competencies" und „Personal Competencies" an, in denen sich ohne Rangfolge eine Reihe der oben erwähnten Kompetenzen, wie z. B. Methodologie der Datenerhebung, analytisches Denken oder Führungskompetenz, wiederfinden.

7.2.3.3 Individuelles Kompetenzprofil für operativ tätige Marktforscher

Keine einzige der Top 3-Kompetenzen nach Wichtigkeit und Ausbaubedarf findet sich im Quadrant A wieder.

Beratungskompetenz und Visualisierung sind die beiden bedeutsamsten Einzelkompetenzen für operativ tätige Marktforscher. Aus dem Cluster der sozialen Kompetenzen kommt zur Beratungskompetenz noch das Durchsetzungsvermögen hinzu. An Fachkompetenzen finden sich in Quadrant A Berufserfahrung und Branchenkenntnisse. Hinzu als alleinige Vertreter ihres jeweiligen Kompetenz-Clusters Präsentation (allgemeine Methodenkompetenzen), Beherrschen von Excel (IT-Methodenkompetenzen) und unternehmerisches Denken (personale Kompetenzen). Gegenüber den sonstigen Führungskräften fehlen vor allem Managementkompetenzen wie Führung, Diplomatie oder Konfliktfähigkeit.

Die personalen und marktforschungsspezifischen Methodenkompetenzen in Quadrant B entsprechen denen der sonstigen Führungskräfte, bei den allgemeinen Methodenkompetenzen fehlt hingegen die Präsentation, bei den IT-Methodenkompetenzen das Beherrschen von Excel. Bei den sozialen Kompetenzen kommt die Diplomatie hinzu. Fachkompetenzen treten überhaupt nicht auf.

Tab. 41: Top 3-Kompetenzen der operativ tätigen Marktforscher (eigene Darstellung).

Rang	Einzelkompetenz	Wichtigkeit
1	Analytisches Denken	4,74
2	Zuverlässigkeit	4,70
2	Kundenorientierung	4,70

Tab. 42: Top 3-Ausbaubedarfe der operativ tätigen Marktforscher (eigene Darstellung).

Rang	Einzelkompetenz	Ausbaubedarf (%)
1	Aus Ergebnissen Geschichten machen	55,2
2	Infotainment	51,6
3	Führungskompetenz	50,8

Tab. 43: Einzelkompetenzen des Quadranten B bei operativ tätigen Marktforschern (eigene Darstellung).

Kompetenzcluster	Einzelkompetenz
Personale Kompetenzen	Belastbarkeit
	Einsatzbereitschaft
	Flexibilität
	Genauigkeit
	Lernbereitschaft
	Neugier
	Zuverlässigkeit
Allgemeine Methodenkompetenzen	Analytisches Denken
	Organisationsfähigkeit
	Projektmanagement
Marktforschungsspezifische Methoden	Quantitative Methoden
IT-Methodenkompetenzen	Beherrschen einer Präsentations-Software
Soziale Kompetenzen	Diplomatie
	Empathie
	Kommunikationsfähigkeit
	Kritikfähigkeit
	Kundenorientierung
	Serviceorientierung
	Teamfähigkeit
	Umgangsformen
	Vertrauenswürdigkeit

Tab. 44: Einzelkompetenzen des Quadranten D bei operativ tätigen Marktforschern (eigene Darstellung).

Kompetenzcluster	Einzelkompetenz
Fachkompetenzen	Englisch
	Fachsprachen
	Kenntnisse der Marktforschungsbranche
	Medienkompetenz
Allgemeine Methodenkompetenzen	Aus Ergebnissen Geschichten machen
	Infotainment
	Moderationstechnik
Marktforschungsspezifische Methodenkompetenzen	Erkennen von Mustern in großen Datenmengen
	Marketing-Kenntnisse
	Qualitative Methoden
	Recht der Marktforschung
	Verfahren der statistischen Datenanalyse
IT-Methodenkompetenzen	Beherrschen einer Statistik-Software
	Verständnis von Netzwerk- und Serverarchitektur

Tab. 44: (Fortsetzung)

Soziale Kompetenzen	Akquisitionsstärke
	Führungskompetenz
	Konfliktlösungstechniken
	Networking
	Selbstvermarktung
Personale Kompetenzen	Kreativität

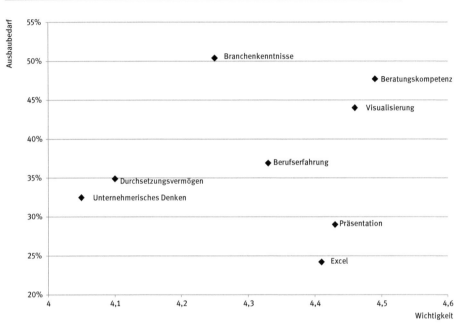

Abb. 20: Kurzfristig auszubauende Kompetenzen der operativ tätigen Marktforscher (eigene Darstellung).

Im Vergleich zu den sonstigen Führungskräften werden die Fachkompetenzen in Quadrant D um Englisch, die allgemeinen Methodenkompetenzen um Innovationskompetenz und Rhetorik, marktforschungsspezifische Methodenkompetenzen um qualitative Methoden und IT-Methodenkompetenzen um Verständnis von Netzwerk- und Serverarchitektur ergänzt. Bei den sozialen Kompetenzen wird das Durchsetzungsvermögen gegen Führungskompetenz und Akquisitionsstärke ausgetauscht. Hinzu kommt mit der Kreativität eine personale Kompetenz.

Im Vergleich zu den sonstigen Führungskräften findet sich in Quadrant C mit der Allgemeinbildung eine zweite Fachkompetenz. Von den marktforschungsspezifischen Methodenkompetenzen finden sich zwei, nämlich Marketing-Kenntnisse und qualitative Methoden, in wichtigeren Quadranten. Das gilt auch für das Verständnis von Netz-

Tab. 45: Einzelkompetenzen des Quadranten C bei operativ tätigen Marktforschern (eigene Darstellung).

Kompetenzcluster	Einzelkompetenz
Fachkompetenzen	Allgemeinbildung
	Sonstige Fremdsprachen
Marktforschungsspezifische Methodenkompetenzen	Ethik der Marktforschung
	Sekundärrecherche
	Stichprobenziehung
IT-Methodenkompetenzen	Fairness
Soziale Kompetenzen	Partnerschaftlichkeit
	Programmierung von Fragebögen

werk- und Serverarchitektur aus den IT-Methodenkompetenzen. Die beiden sozialen Kompetenzen stimmen mit denen der sonstigen Führungskräfte überein.

Was die Zuordnung der Einzelkompetenzen zu den vier Quadranten anbelangt, bestehen zwischen Geschäftsführern, sonstigen Führungskräften und operativ tätigen Marktforschern keine gravierenden Unterschiede. Besonders hohe Bedeutung besitzen durchgehend Beratung und Visualisierung. In Quadrant A ist die Innovationsfähigkeit für operativ tätige Marktforscher nicht so bedeutsam wie für Marktforscher in Leitungspositionen. Dafür spielen bei den Geschäftsführern im Gegensatz zu den beiden anderen Personengruppen die Branchenkenntnisse eine geringere Rolle. Für Manager relevante Kompetenzen wie etwa Diplomatie oder Konfliktfähigkeit sind für die operativ tätigen Marktforscher von unterdurchschnittlicher Bedeutung.

7.2.4 Individuelle Kompetenzprofile nach Alter

Beim Alter wird nach Babyboomern, Generation X und Generation Y unterschieden. Wie unter 5.4.1 dargestellt, umfassen die Babyboomer die Jahrgänge 1955–65, Generation X 1966–79 und Generation Y 1980–98. Ältere (als Babyboomer) und jüngere (= Generation Y) traten in der Branchenbefragung 2016 nur in verschwindender Fallzahl auf.

7.2.4.1 Individuelles Kompetenzprofil für Generation Y

Die drei Einzelkompetenzen mit dem höchsten Ausbaubedarf finden sich allesamt in Quadrant A, hingegen keine einzige der als besonders wichtig erachteten. Die für die Generation Y bedeutsamsten Kompetenzen zeigen eine hohe Übereinstimmung mit denjenigen der operativ tätigen Marktforscher. Höchste Bedeutung haben jeweils Beratungskompetenz, Branchenkenntnisse, Berufserfahrung und Visualisierung. Bei der Generation Y finden sich ergänzend noch Innovations- und Medienkompetenz sowie Konfliktfähigkeit.

Tab. 46: Top 3-Kompetenzen der Generation Y (eigene Darstellung).

Rang	Einzelkompetenz	Wichtigkeit
1	Analytisches Denken	4,74
2	Zuverlässigkeit	4,72
3	Kundenorientierung	4,71

Tab. 47: Top 3-Ausbaubedarfe der Generation Y (eigene Darstellung).

Rang	Einzelkompetenz	Ausbaubedarf (%)
1	Berufserfahrung	57,4
2	Kenntnis von der/den Branche/n der Kunden	56,0
3	Beratungskompetenz	55,8

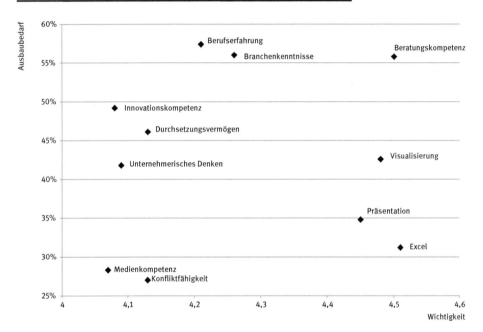

Abb. 21: Kurzfristig auszubauende Kompetenzen der Generation Y (eigene Darstellung).

Beratungskompetenz ist sowohl hinsichtlich ihrer Wichtigkeit als auch ihres Ausbaubedarfs die mit Abstand wichtigste Kompetenz für die Generation Y. Weitere besonders wichtige Sozialkompetenzen sind Durchsetzungsvermögen und Konfliktfähigkeit. Ebenfalls drei besonders wichtige Kompetenzen fallen in das Cluster Fachkompetenzen. Dabei handelt es sich um Branchenkenntnisse, Berufserfahrung und Medienkompetenz. Präsentation und Innovationskompetenz repräsentieren die allgemeinen Methodenkompetenzen. Hinzu kommen je eine IT-Methodenkompetenz (Beherrschen

Tab. 48: Einzelkompetenzen des Quadranten B bei Generation Y (eigene Darstellung).

Kompetenzcluster	Einzelkompetenz
Personale Kompetenzen	Belastbarkeit
	Einsatzbereitschaft
	Flexibilität
	Genauigkeit
	Lernbereitschaft
	Neugier
	Zuverlässigkeit
Allgemeine Methodenkompetenzen	Analytisches Denken
	Organisationsfähigkeit
	Projektmanagement
Marktforschungsspezifische Methoden	Quantitative Methoden
IT-Methodenkompetenzen	Beherrschen einer Präsentations-Software
Soziale Kompetenzen	Kommunikationsfähigkeit
	Kritikfähigkeit
	Kundenorientierung
	Serviceorientierung
	Teamfähigkeit
	Umgangsformen
	Vertrauenswürdigkeit

Tab. 49: Einzelkompetenzen des Quadranten D bei Generation Y (eigene Darstellung).

Kompetenzcluster	Einzelkompetenz
Fachkompetenzen	Fachsprachen
	Kenntnisse der Marktforschungsbranche
Allgemeine Methodenkompetenzen	Aus Ergebnissen Geschichten machen
	Infotainment
	Moderationstechnik
Marktforschungsspezifische Methodenkompetenzen	Erkennen von Mustern in großen Datenmengen
	Marketing-Kenntnisse
	Qualitative Methoden
	Recht der Marktforschung
	Verfahren der statistischen Datenanalyse
IT-Methodenkompetenzen	Beherrschen einer Statistik-Software
	Verständnis von Netzwerk- und Serverarchitektur
Soziale Kompetenzen	Akquisitionsstärke
	Führungskompetenz
	Konfliktlösungstechniken
	Networking
	Selbstvermarktung
Personale Kompetenzen	Kreativität

von Excel), marktforschungsspezifische (Visualisierung) sowie personale Kompetenz (unternehmerisches Denken).

Die Kompetenzen der Generation Y in Quadrant B entsprechen fast vollständig denen der operativ tätigen Marktforscher. Lediglich Diplomatie und Empathie aus dem Cluster der sozialen Kompetenzen fallen im Vergleich zu ihnen fort.

Im Quadranten D liegen mehrere Unterschiede zu den Zuordnungen durch die operativ tätigen Marktforscher vor. So fehlen bei den Fachkompetenzen Englisch und Medienkompetenz. Bei den allgemeinen Methodenkompetenzen kommt Rhetorik hinzu. Die übrigen Nennungen entsprechen denen der operativ tätigen Marktforscher.

Aufgrund ihres unterdurchschnittlichen Ausbaubedarfs kommt gegenüber den operativ tätigen Marktforschern bei den Fachkompetenzen Englisch hinzu, bei den sozialen Kompetenzen Diplomatie und Empathie. Ansonsten stimmen auch in Quadrant C die Nennungen mit denjenigen der operativ tätigen Marktforscher überein.

Tab. 50: Einzelkompetenzen des Quadranten C bei Generation Y (eigene Darstellung).

Kompetenzcluster	Einzelkompetenz
Fachkompetenzen	Allgemeinbildung
	Englisch
	Sonstige Fremdsprachen
Marktforschungsspezifische Methodenkompetenzen	Ethik der Marktforschung
	Sekundärrecherche
	Stichprobenziehung
IT-Methodenkompetenzen	Fairness
Soziale Kompetenzen	Partnerschaftlichkeit
	Programmierung von Fragebögen

7.2.4.2 Individuelles Kompetenzprofil für Generation X

Keine der drei wichtigsten Einzelkompetenzen findet sich in Quadrant A wieder. Mit den Branchenkenntnissen ist immerhin die Kompetenz mit dem dritthöchsten Ausbaubedarf dort zu finden. Der Schwerpunkt des Ausbaubedarfs liegt für Generation X aber klar auf der Optimierung der persönlichen Präsentation von Studienergebnissen.

Tab. 51: Top 3-Kompetenzen der Generation X (eigene Darstellung).

Rang	Einzelkompetenz	Wichtigkeit
1	Analytisches Denken	4,79
2	Kommunikationsfähigkeit	4,76
3	Kundenorientierung	4,74

Tab. 52: Top 3-Ausbaubedarfe der Generation X (eigene Darstellung).

Rang	Einzelkompetenz	Ausbaubedarf (%)
1	Aus Ergebnissen Geschichten machen	51,5
2	Infotainment	50,0
3	Kenntnis von der/den Branche/n der Kunden	44,9

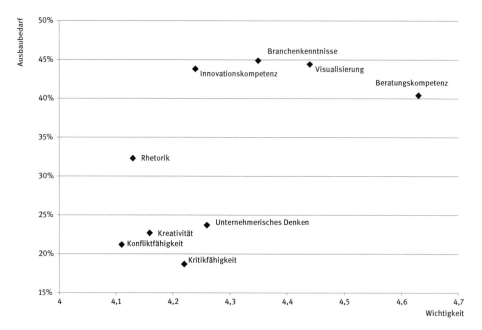

Abb. 22: Kurzfristig auszubauende Kompetenzen der Generation X (eigene Darstellung).

Auch für Generation X ist die Beratungskompetenz diejenige Einzelkompetenz mit der höchsten Bedeutung, der sich als weitere soziale Kompetenzen, wenn auch in deutlich schwächeren Bedeutung, Kritik- und Konfliktfähigkeit hinzugesellen. Die Visualisierung (marktforschungsspezifische Methodenkompetenz) genießt die zweithöchste Bedeutung, gefolgt von den Branchenkenntnissen (Fachkompetenz). Hinzukommen je zwei personale (Unternehmerisches Denken und Kreativität) und allgemeine Methodenkompetenzen (Innovationskompetenz und Rhetorik).

Im Quadranten B findet sich große Übereinstimmung mit den Nennungen durch die sonstigen Führungskräfte. Bei den sozialen Kompetenzen wird die Kritikfähigkeit durch Diplomatie und Partnerschaftlichkeit ersetzt. Ansonsten stimmen alle Nennungen überein.

Tab. 53: Einzelkompetenzen des Quadranten B bei Generation X (eigene Darstellung).

Kompetenzcluster	Einzelkompetenz
Personale Kompetenzen	Belastbarkeit
	Einsatzbereitschaft
	Flexibilität
	Genauigkeit
	Lernbereitschaft
	Neugier
	Zuverlässigkeit
Allgemeine Methodenkompetenzen	Analytisches Denken
	Organisationsfähigkeit
	Präsentation
	Projektmanagement
Marktforschungsspezifische Methoden	Quantitative Methoden
IT-Methodenkompetenzen	Beherrschen einer Präsentations-Software
	Beherrschen von Excel
Soziale Kompetenzen	Diplomatie
	Empathie
	Kommunikationsfähigkeit
	Kritikfähigkeit
	Kundenorientierung
	Partnerschaftlichkeit
	Serviceorientierung
	Teamfähigkeit
	Umgangsformen
	Vertrauenswürdigkeit
Fachkompetenzen	Allgemeinbildung
	Berufserfahrung
	Englisch

Die Kompetenzen in Quadrant B stimmen ebenfalls zu einem großen Teil mit denen von der Generation Y an dieser Stelle genannten überein. Es kommen allerdings Präsentation sowie je drei soziale (Diplomatie, Empathie, Partnerschaftlichkeit) und fachliche (Allgemeinbildung, Berufserfahrung, Englisch) Kompetenzen hinzu, die sich bei Generation Y vorwiegend in Quadrant C wiederfinden.

Auch Quadrant D ist von großen Übereinstimmungen zwischen Generation X und den sonstigen Führungskräften gekennzeichnet. Bei den marktforschungsspezifischen Methodenkompetenzen nennt Generation X die Marketing-Kenntnisse nicht. Bei den IT-Methodenkompetenzen kommt das Verständnis von Netzwerk- und Serverarchitektur, bei den sozialen Kompetenzen die Akquisitionsstärke hinzu. Gegenüber Generation Y gibt es nur wenige Unterschiede.

Tab. 54: Einzelkompetenzen des Quadranten D bei Generation X (eigene Darstellung).

Kompetenzcluster	Einzelkompetenz
Fachkompetenzen	Fachsprachen Kenntnisse der Marktforschungsbranche Medienkompetenz
Allgemeine Methodenkompetenzen	Aus Ergebnissen Geschichten machen Infotainment Moderationstechnik
Marktforschungsspezifische Methodenkompetenzen	Erkennen von Mustern in großen Datenmengen Recht der Marktforschung Verfahren der statistischen Datenanalyse
IT-Methodenkompetenzen	Beherrschen einer Statistik-Software Verständnis von Netzwerk- und Serverarchitektur
Soziale Kompetenzen	Akquisitionsstärke Durchsetzungsvermögen Konfliktlösungstechniken Networking Selbstvermarktung

Tab. 55: Einzelkompetenzen des Quadranten C bei Generation X (eigene Darstellung).

Kompetenzcluster	Einzelkompetenz
Fachkompetenzen	Sonstige Fremdsprachen
Marktforschungsspezifische Methodenkompetenzen	Ethik der Marktforschung Marketing-Kenntnisse Qualitative Methoden Sekundärrecherche Stichprobenziehung
IT-Methodenkompetenzen	Programmierung von Fragebögen Verständnis von Netzwerk- und Serverarchitektur
Soziale Kompetenzen	Fairness Partnerschaftlichkeit

Bis auf zwei bei Generation X wegfallenden Einzelkompetenzen, nämlich Verständnis von Netzwerk- und Serverarchitektur (IT-Methodenkompetenzen) und Partnerschaftlichkeit (soziale Kompetenzen) stimmen die Zuordnungen in Cluster C der Generation X mit denen der sonstigen Führungskräfte überein.

Große Übereinstimmungen bestehen auch zwischen den bedeutsamsten Kompetenzen für Generation X und den sonstigen Führungskräften. Die Top 4, Beratungs- und Innovationskompetenz, Visualisierung sowie Branchenkenntnisse, stimmen überein. Ergänzend finden sich bei den sonstigen Führungskräften in Quadrant A noch Durchsetzungsvermögen, Führungskompetenz und Diplomatie.

7.2.4.3 Individuelles Kompetenzprofil für Babyboomer

Von den Top 3-Kompetenzen der Babyboomer findet sich keine einzige, von den Top 3-Ausbaubedarfen allerdings die ausbaubedürftigste, nämlich die Visualisierung von Ergebnissen, in Quadrant A.

Beratungskompetenz, Branchenkenntnisse und Visualisierung sind für die Babyboomer die drei bedeutsamsten Einzelkompetenzen. Auffallend im Vergleich zu

Tab. 56: Top 3-Kompetenzen der Babyboomer (eigene Darstellung).

Rang	Einzelkompetenz	Wichtigkeit
1	Kommunikationsfähigkeit	4,83
2	Analytisches Denken	4,82
3	Vertrauenswürdigkeit	4,79

Tab. 57: Top 3-Ausbaubedarfe der Babyboomer (eigene Darstellung).

Rang	Einzelkompetenz	Ausbaubedarf (%)
1	Visualisierung von Ergebnissen	47,1
2	Medienkompetenz	43,5
3	Aus Ergebnissen Geschichten machen	42,2
3	Muster in großen Datenmengen erkennen	42,2

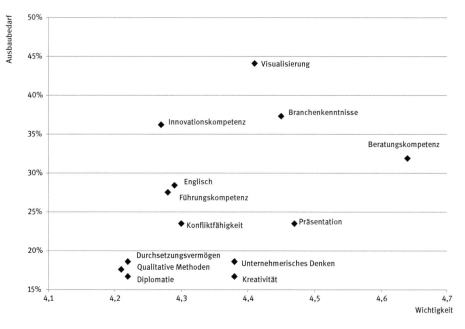

Abb. 23: Kurzfristig auszubauende Kompetenzen der Babyboomer (eigene Darstellung).

anderen Marktforschungsgruppen ist die hohe Bedeutung sozialer Kompetenzen. Neben der schon genannten Beratungskompetenz ordnen die Babyboomer dem Quadranten A mit Konfliktfähigkeit, Führungskompetenz, Durchsetzungsvermögen und Diplomatie vier weitere soziale Kompetenzen zu. Mit Englisch gibt es neben den Branchenkenntnissen eine zweite Fachkompetenz. Auch zur Visualisierung tritt mit den qualitativen Methoden eine zweite Einzelkompetenz aus ihrem Cluster (marktforschungsspezifische Methodenkompetenzen) hinzu. Je zwei Zuordnungen entfallen ebenfalls auf die allgemeinen Methodenkompetenzen (Präsentation und Innovationskompetenz) und personalen Kompetenzen (unternehmerisches Denken und Kreativität). Verglichen mit Generation X stimmen die meisten Nennungen in Quadrant A überein.

Die personalen und marktforschungsspezifischen Methodenkompetenzen, die die Babyboomer dem Quadranten B zuordnen, stimmen mit den Zuordnungen der Generation X überein. Bei den allgemeinen Methodenkompetenzen fällt die Präsentation, bei den IT-Methodenkompetenzen das Beherrschen von Excel und bei den

Tab. 58: Einzelkompetenzen des Quadranten B der Babyboomer (eigene Darstellung).

Kompetenzcluster	Einzelkompetenz
Personale Kompetenzen	Belastbarkeit
	Einsatzbereitschaft
	Flexibilität
	Genauigkeit
	Lernbereitschaft
	Neugier
	Zuverlässigkeit
Allgemeine Methodenkompetenzen	Analytisches Denken
	Organisationsfähigkeit
	Projektmanagement
Marktforschungsspezifische Methoden	Quantitative Methoden
IT-Methodenkompetenzen	Beherrschen einer Präsentations-Software
Soziale Kompetenzen	Empathie
	Fairness
	Kommunikationsfähigkeit
	Kritikfähigkeit
	Kundenorientierung
	Partnerschaftlichkeit
	Serviceorientierung
	Teamfähigkeit
	Vertrauenswürdigkeit
Fachkompetenzen	Allgemeinbildung
	Berufserfahrung

Tab. 59: Einzelkompetenzen des Quadranten D für Babyboomer (eigene Darstellung).

Kompetenzcluster	Einzelkompetenz
Fachkompetenzen	Fachsprachen Kenntnisse der Marktforschungsbranche Medienkompetenz
Allgemeine Methodenkompetenzen	Aus Ergebnissen Geschichten machen Infotainment Moderationstechnik Rhetorik
Marktforschungsspezifische Methodenkompetenzen	Erkennen von Mustern in großen Datenmengen Recht der Marktforschung Verfahren der statistischen Datenanalyse
IT-Methodenkompetenzen	Beherrschen einer Statistik-Software Beherrschen von Excel
Soziale Kompetenzen	Konfliktlösungstechniken Networking Selbstvermarktung

Tab. 60: Einzelkompetenzen des Quadranten C für Babyboomer (eigene Darstellung).

Kompetenzcluster	Einzelkompetenz
Fachkompetenzen	Sonstige Fremdsprachen
Marktforschungsspezifische Methodenkompetenzen	Ethik der Marktforschung Marketing-Kenntnisse Sekundärrecherche Stichprobenziehung
IT-Methodenkompetenzen	Programmierung von Fragebögen Verständnis von Netzwerk- und Serverarchitektur
Soziale Kompetenzen	Akquisitionsstärke Partnerschaftlichkeit

Fachkompetenzen Englisch fort. Einige Abweichungen entstehen bei den sozialen Kompetenzen. Teamfähigkeit und Umgangsformen fallen zugunsten der Fairness weg. Der Vergleich zu Generation X zeigt kaum Unterschiede.

Größere Abweichungen zwischen Babyboomer und Generation X treten auch bei der Zuordnung zu Quadrant D nicht auf. Die genannten Fach- und marktforschungsspezifischen Methodenkompetenzen stimmen überein. Rhetorik kommt bei den allgemeinen Methodenkompetenzen hinzu. Bei den IT-Methodenkompetenzen ersetzt das Beherrschen von Excel das Verständnis von Netzwerk- und Serverarchitektur. Durchsetzungsvermögen und Akquisitionsstärke fallen bei den sozialen Kompetenzen weg. Auch bei den Zuordnungen zu Quadrant D treten kaum Unterschiede zu Generation X auf.

In Quadrant C kommt es nur zu zwei Abweichungen zwischen Babyboomern und Generation X. Es handelt sich dabei um den Wegfall der qualitativen Methoden (marktforscherische Methodenkompetenz) und bei den sozialen Kompetenzen die Ersetzung von Fairness durch Akquisitionsstärke. Wiederum zeigen sich kaum Unterschiede zu Generation X.

Insgesamt lassen sich zwischen den Alterclustern keine so ausgeprägten Unterschiede wie zwischen den mit ihnen korrespondierenden Hierarchiestufen feststellen, vielmehr sind sie recht homogen.

7.2.5 Individuelle Kompetenzprofile nach geographischer Ausrichtung

Hinsichtlich der geographischen Ausrichtung wird lediglich nach (eher) national und (eher) international unterschieden. Einzelne Länder, Kontinente oder Wirtschaftsgebiete wurden als Forschungsschwerpunkt nicht erhoben.

7.2.5.1 Individuelles Kompetenzprofil für Marktforscher mit (eher) nationaler Ausrichtung

Lediglich Innovationskompetenz und Branchenkenntnisse erscheinen aus den beiden Top 3-Listen in Quadrant A.

Auch für die (eher) national tätigen Marktforscher besitzt die Beratungskompetenz herausragende Bedeutung, als zweite soziale Kompetenz durch die Konfliktfähigkeit ergänzt. Mit einigem Abstand folgen Branchenkenntnisse und Visualisierung. Zu den Branchenkenntnissen gesellt sich als zweite Fachkompetenz die Berufserfahrung. Daneben sind in Quadrant A mit Präsentation und Innovationskompetenz zwei

Tab. 61: Top 3-Kompetenzen der Marktforscher mit (eher) nationaler Ausrichtung (eigene Darstellung).

Rang	Einzelkompetenz	Wichtigkeit
1	Analytisches Denken	4,77
2	Kommunikationsfähigkeit	4,75
3	Zuverlässigkeit	4,74

Tab. 62: Top 3-Ausbaubedarfe der Marktforscher mit (eher) nationaler Ausrichtung (eigene Darstellung).

Rang	Einzelkompetenz	Ausbaubedarf (%)
1	Aus Ergebnissen Geschichten machen	52,2 %
2	Innovationskompetenz	45,2 %
3	Branchenkenntnisse	44,5 %
3	Infotainment	44,5 %

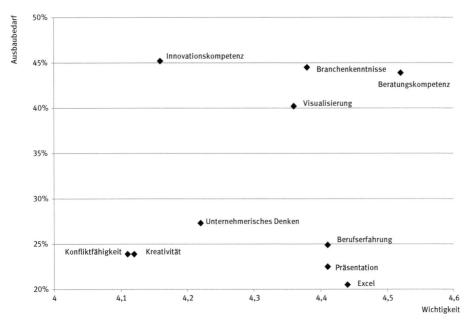

Abb. 24: Kurzfristig auszubauende Kompetenzen der (eher) national tätigen Marktforscher (eigene Darstellung).

allgemeine Methodenkompetenzen mit unternehmerischem Denken und Kreativität zwei personale sowie mit dem Beherrschen von Excel eine IT-Methodenkompetenz vertreten.

In Quadrant B findet sich aufgrund der ihnen zugeschriebenen Wichtigkeit das Gros der personalen Kompetenzen wieder. Wie schon bei anderen Teilgruppen der Marktforschung finden sich auch bei den (eher) nationalen Tätigen die quantitativen Methoden in Quadrant B. Das Beherrschen einer Präsentations-Software ist die einzige IT-Methodenkompetenz.

Tab. 63: Einzelkompetenzen des Quadranten B der (eher) national tätigen Marktforscher (eigene Darstellung).

Kompetenzcluster	Einzelkompetenz
Personale Kompetenzen	Belastbarkeit
	Einsatzbereitschaft
	Flexibilität
	Genauigkeit
	Lernbereitschaft
	Neugier
	Zuverlässigkeit

Tab. 63: (Fortsetzung)

Allgemeine Methodenkompetenzen	Analytisches Denken
	Organisationsfähigkeit
	Projektmanagement
Marktforschungsspezifische Methoden	Quantitative Methoden
IT-Methodenkompetenzen	Beherrschen einer Präsentations-Software
Soziale Kompetenzen	Diplomatie
	Empathie
	Kommunikationsfähigkeit
	Kritikfähigkeit
	Kundenorientierung
	Serviceorientierung
	Teamfähigkeit
	Umgangsformen
	Vertrauenswürdigkeit
Fachkompetenzen	Allgemeinbildung

Tab. 64: Einzelkompetenzen des Quadranten D für (eher) national tätige Marktforscher (eigene Darstellung).

Kompetenzcluster	Einzelkompetenz
Fachkompetenzen	Englisch
	Fachsprachen
	Kenntnisse der Marktforschungsbranche
	Medienkompetenz
Allgemeine Methodenkompetenzen	Aus Ergebnissen Geschichten machen
	Infotainment
	Moderationstechnik
	Rhetorik
Marktforschungsspezifische Methodenkompetenzen	Erkennen von Mustern in großen Datenmengen
	Qualitative Methoden
	Recht der Marktforschung
	Verfahren der statistischen Datenanalyse
IT-Methodenkompetenzen	Beherrschen von Excel
	Verständnis von Netzwerk- und Serverarchitektur
Soziale Kompetenzen	Akquisitionsstärke
	Durchsetzungsvermögen
	Führungskompetenz
	Konfliktlösungstechniken
	Networking
	Selbstvermarktung

Tab. 65: Einzelkompetenzen des Quadranten C für (eher) national tätige Marktforscher (eigene Darstellung).

Kompetenzcluster	Einzelkompetenz
Fachkompetenzen	Sonstige Fremdsprachen
Marktforschungsspezifische Methodenkompetenzen	Ethik der Marktforschung
	Marketing-Kenntnisse
	Sekundärrecherche
	Stichprobenziehung
IT-Methodenkompetenzen	Programmierung von Fragebögen
Soziale Kompetenzen	Fairness
	Partnerschaftlichkeit

In Quadrant D findet sich ein Gutteil der marktforscherischen Methodenkompetenzen, ergänzt um Fach-, soziale, allgemeine und IT-Methodenkompetenzen. Ähnlich verhält es sich in Quadrant C, wobei hier keine allgemeinen Methodenkompetenzen mehr vertreten sind.

7.2.5.2 Individuelles Kompetenzprofil für Marktforscher mit (eher) internationaler Ausrichtung

Mit den Branchenkenntnissen und aus Ergebnissen Geschichten zu machen, sind die hinsichtlich ihres Ausbaubedarfs zweit- und drittplatzierten Einzelkompetenzen in Quadrant A enthalten.

Beratungskompetenz und Visualisierung sind die beiden bedeutsamsten Einzelkompetenzen für (eher) international tätige Marktforscher. Mit Konfliktfähigkeit und

Tab. 66: Top 3-Kompetenzen der Marktforscher mit (eher) internationaler Ausrichtung (eigene Darstellung).

Rang	Einzelkompetenz	Wichtigkeit
1	Kommunikationsfähigkeit	4,84
2	Analytisches Denken	4,81
3	Zuverlässigkeit	4,78

Tab. 67: Top 3-Ausbaubedarfe der Marktforscher mit (eher) internationaler Ausrichtung (eigene Darstellung).

Rang	Einzelkompetenz	Ausbaubedarf (%)
1	Infotainment	56,7
2	Kenntnis von der/den Branche/n der Kunden	52,9
3	Aus Ergebnissen Geschichten machen	48,1

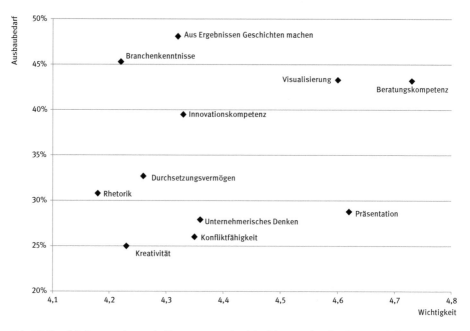

Abb. 25: Kurzfristig auszubauende Kompetenzen der (eher) international tätigen Marktforscher (eigene Darstellung).

Durchsetzungsvermögen finden sich neben der Beratungskompetenz gleich drei soziale Kompetenzen in Quadrant A. Noch häufiger, nämlich vier Mal, sind allgemeine Methodenkompetenzen vertreten. Dabei handelt es sich um Präsentation, Innovationskompetenz, Rhetorik und aus Ergebnissen Geschichten zu machen. Zwei personale (unternehmerisches Denken und Kreativität) sowie eine Fachkompetenz (Branchenkenntnisse) runden die Kompetenzen in Quadrant A ab.

Die von den (eher) international tätigen Marktforschern dem Quadranten B zugeordneten personalen Kompetenzen entsprechen komplett denjenigen, die ihre (eher) national tätigen Kollegen ebenfalls dort sehen. Das gilt ebenso für die allgemeinen und marktforschungsspezifischen Methoden- sowie für die sozialen Kompetenzen. Excel kommt bei den IT-Methodenkompetenzen hinzu. Englisch und Berufserfahrung ersetzen aufgrund ihrer höheren Wichtigkeit für das internationale Geschäft bei den Fachkompetenzen die Allgemeinbildung.

Englisch als Fachkompetenz fällt in Quadrant C aufgrund seiner bei den (eher) international tätigen Marktforschern höheren Bedeutung bei den Fachkompetenzen weg. Auch die allgemeinen Methodenkompetenzen sind gegenüber den (eher) national tätigen Marktforschern reduziert, nämlich um Rhetorik und aus Ergebnissen Geschichten zu machen. Bei den marktforschungsspezifischen Methodenkenntnissen kommen die Marketing-Kenntnisse hinzu. Das Beherrschen einer Statistik-Software

Tab. 68: Einzelkompetenzen des Quadranten B der (eher) international tätigen Marktforscher (eigene Darstellung).

Kompetenzcluster	Einzelkompetenz
Personale Kompetenzen	Belastbarkeit
	Einsatzbereitschaft
	Flexibilität
	Genauigkeit
	Lernbereitschaft
	Neugier
	Zuverlässigkeit
Allgemeine Methodenkompetenzen	Analytisches Denken
	Organisationsfähigkeit
	Projektmanagement
Marktforschungsspezifische Methoden	Quantitative Methoden
IT-Methodenkompetenzen	Beherrschen einer Präsentations-Software
	Beherrschen von Excel
Soziale Kompetenzen	Diplomatie
	Empathie
	Kommunikationsfähigkeit
	Kritikfähigkeit
	Kundenorientierung
	Serviceorientierung
	Teamfähigkeit
	Umgangsformen
	Vertrauenswürdigkeit
Fachkompetenzen	Berufserfahrung
	Englisch

ersetzt das Beherrschen von Excel. Letztlich fällt das Durchsetzungsvermögen bei den sozialen Kompetenzen weg.

Sonstige Fremdsprachen fallen selbst für die (eher) international tätigen Marktforscher in den bedeutungslosesten Quadranten C. Das gilt mit der Allgemeinbildung auch für eine zweite Fachkompetenz. Bei den marktforschungsspezifischen Methodenkenntnissen fallen die Marketing-Kenntnisse weg. IT-Methoden- und sozialen Kompetenzen entsprechen denjenigen der (eher) national Tätigen.

Insgesamt zeigt sich hinsichtlich der Einordnung von Einzelkompetenzen zu Quadranten kein großer Unterschied hinsichtlich der (eher) nationalen oder (eher) internationalen Ausrichtung der Marktforscher. Für (eher) national Tätige haben das Beherrschen von Excel und Berufserfahrung höhere Bedeutung, für (eher) international Tätige Durchsetzungsvermögen, Rhetorik und aus Ergebnissen Geschichten zu machen.

Tab. 69: Einzelkompetenzen des Quadranten D für (eher) international tätige Marktforscher (eigene Darstellung).

Kompetenzcluster	Einzelkompetenz
Fachkompetenzen	Fachsprachen
	Kenntnisse der Marktforschungsbranche
	Medienkompetenz
Allgemeine Methodenkompetenzen	Infotainment
	Moderationstechnik
Marktforschungsspezifische Methodenkompetenzen	Erkennen von Mustern in großen Datenmengen
	Marketing-Kenntnisse
	Qualitative Methoden
	Recht der Marktforschung
	Verfahren der statistischen Datenanalyse
IT-Methodenkompetenzen	Beherrschen einer Statistik-Software
	Verständnis von Netzwerk- und Serverarchitektur
Soziale Kompetenzen	Akquisitionsstärke
	Führungskompetenz
	Konfliktlösungstechniken
	Networking
	Selbstvermarktung

Tab. 70: Einzelkompetenzen des Quadranten C für (eher) international tätige Marktforscher (eigene Darstellung).

Kompetenzcluster	Einzelkompetenz
Fachkompetenzen	Allgemeinbildung
	Sonstige Fremdsprachen
Marktforschungsspezifische Methodenkompetenzen	Ethik der Marktforschung
	Sekundärrecherche
	Stichprobenziehung
IT-Methodenkompetenzen	Programmierung von Fragebögen
Soziale Kompetenzen	Fairness
	Partnerschaftlichkeit

7.3 Kompetenzprofil für Marktforscher im Allgemeinen

Es fällt auf, dass sich unter den Top 10, wenn auch an erster Stelle, mit der Visualisierung nur eine einzige methodische Kompetenz findet, daneben aber fünf personale und vier soziale Kompetenzen. Betrachtet man die arithmetischen Mittel aus den einzelnen Kompetenz-Clustern zugeordneten Einzelkompetenzen, erhält man folgende Reihenfolge.

Tab. 71: Top10 der Einzelkompetenzen nach Wichtigkeit (eigene Darstellung).

Rang	Einzelkompetenz	Kompetenz-Cluster	Wichtigkeit
1	Visualisierung	Marktforschungs-Methoden	4,78
2	Kommunikationsfähigkeit	Soziale Kompetenzen	4,76
3	Kundenorientierung	Soziale Kompetenzen	4,74
4	Zuverlässigkeit	Personale Kompetenzen	4,73
5	Vertrauenswürdigkeit	Soziale Kompetenzen	4,71
6	Genauigkeit	Personale Kompetenzen	4,61
7	Beratungskompetenz	Soziale Kompetenzen	4,59
8	Flexibilität	Personale Kompetenzen	4,57
9	Einsatzbereitschaft	Personale Kompetenzen	4,56
10	Belastbarkeit	Personale Kompetenzen	4,54

Tab. 72: Rangfolge der Kompetenz-Cluster (eigene Darstellung).

Rang	Kompetenz-Cluster	Durchschnittliche Wichtigkeit
1	Personale Kompetenzen	4,48
2	Allgemeine methodische Kompetenzen	4,26
3	Soziale Kompetenzen	4,21
4	Fachliche Kompetenzen	4,04
5	Marktforschungsspezifische methodische Kompetenzen	3,75
6	IT-Kompetenzen	3,58

Tab. 73: Top 10 der Einzelkompetenzen nach Ausbaubedarf (eigene Darstellung).

Rang	Einzelkompetenz	Kompetenz-Cluster	Ausbaubedarf
1	Aus Ergebnissen Geschichten machen	Allgemeine Methoden	49,4 %
2	Infotainment	Allgemeine Methoden	48,5 %
3	Branchenkenntnisse	Fachliche Kompetenzen	46,7 %
4	Beratungskompetenz	Soziale Kompetenzen	44,2 %
4	Innovationskompetenz	Allgemeine Methoden	44,2 %
6	Visualisierung	Marktforschungs-Methoden	43,8 %
7	Führungskompetenz	Soziale Kompetenzen	43,6 %
8	Selbstvermarktung	Soziale Kompetenzen	39,9 %
9	Akquisitionsstärke	Soziale Kompetenzen	37,2 %
10	Networking	Soziale Kompetenzen	33,8 %

Hier zeigt sich die herausragende Bedeutung der personalen Kompetenzen für Marktforscher. Die dieser Disziplin ureigenen marktforschungsspezifischen Kompetenzen rangieren deutlich abgeschlagen auf Rang 5. Das korrespondiert mit Wehdes Einschätzung, gegenüber beispielsweise Kreativität, Flexibilität oder Analysestärke seien die marktforschungstechnischen Basiskompetenzen lediglich „Hygiene-Faktoren" (2013, S. 15). Unter Rückgriff auf die Definition der Schlüsselkompetenz von Wollert (vgl. 1997,

S. 330) geht man nicht zu weit, soziale und personale Kompetenzen als die Schlüsselkompetenzen eines Marktforschers zu bezeichnen. Die Darstellung der Rangfolgen erfolgt nun noch nach den Kompetenzen mit dem höchsten bzw. niedrigsten Ausbaubedarf.

Verglichen mit den Top Ten nach Wichtigkeit befindet sich bzgl. des Ausbaubedarfs unter ihnen keine einzige personale Kompetenz, dafür vermehrt allgemeine methodische Kompetenzen. Lediglich Visualisierung und Beratungskompetenz findet sich in beiden Ranglisten wieder.

Aus dem Jahr 2016 gibt es Vergleichszahlen zu der empirischen Erhebung der Autoren dieses Buches. Sie basieren auf einer Umfrage von GreenBook, die auf 2.144 Interviews aus 70 Ländern basiert (vgl. GreenBook 2016). Tabelle 74 führt deren zehn wichtigste Fortbildungsbedarfe für Marktforscher an (vgl. GreenBook 2016, S. 34):

Beide Befragungen ergeben denselben Spitzenreiter, nämlich die Kompetenz, aus Ergebnissen Geschichten zu machen. Zudem ergeben sich unter den Top Ten

Tab. 74: Most important trainings needs (GreenBook 2016, S. 34).

Rang	Einzelkompetenz	Kompetenz-Cluster	Ausbaubedarf
1	Finding the Story in the Data	Allgemeine Methoden	38 %
2	Data Visualization Skills	Marktforschungs-Methoden	33 %
3	Aligning Business Needs to Research Methods	Marktforschungs-Methoden	32 %
4	Introduction to Emerging Technologies & Methods	Allgemeine Fachkompetenzen	31 %
5	Storytelling Skills	Allgemeine Methoden	31 %
6	Analytical Skills and Tools	Allgemeine Methoden	29 %
7	Consulting Skills	Soziale Kompetenzen	28 %
8	Influencing the C-Suite	Soziale Kompetenzen	22 %
9	Study Design	Marktforschungs-Methoden	16 %
10	Leadership Skills	Soziale Kompetenzen	13 %

Tab. 75: Bottom 10 der Einzelkompetenzen nach Ausbaubedarf (eigene Darstellung).

Rang	Einzelkompetenz	Kompetenz-Cluster	Ausbaubedarf
60	Fairness	Soziale Kompetenzen	1,4 %
59	Vertrauenswürdigkeit	Soziale Kompetenzen	1,8 %
58	Partnerschaftlichkeit	Soziale Kompetenzen	2,0 %
57	Zuverlässigkeit	Personale Kompetenzen	2,5 %
56	Teamfähigkeit	Soziale Kompetenzen	2,7 %
55	Einsatzbereitschaft	Personale Kompetenzen	2,9 %
53	Serviceorientierung	Soziale Kompetenzen	3,4 %
53	Umgangsformen	Soziale Kompetenzen	3,4 %
52	Neugier	Personale Kompetenzen	3,6 %
51	Lernbereitschaft	Personale Kompetenzen	3,9 %

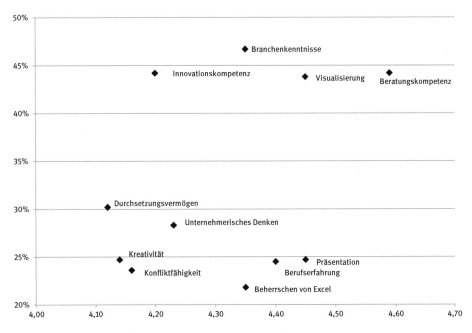

Abb. 26: Kurzfristig auszubauende Kompetenzen über alle Marktforscher.

drei weitere Übereinstimmungen. Das ist zunächst die Beratungskompetenz (Platz 4 bei Ottawa/Winkler, Platz 7 bei GreenBook), dann Visualisierung (Platz 6 bei Ottawa/Winkler, Platz 2 bei GreenBook) und schließlich Führungskompetenz (Platz 7 bei Ottawa/Winkler, Platz 10 bei GreenBook).

Abschließend werden, basierend auf der Branchenbefragung 2016 der Autoren, noch die zehn Einzelkompetenzen mit dem geringsten Ausbaubedarf angeführt.

Sie setzen sich ausschließlich aus sozialen und personalen Kompetenzen zusammen.

Nach den vorstehenden Einzelergebnissen überrascht es nicht, dass über alle Befragten hinweg die Beratungskompetenz mit Abstand die bedeutsamste Einzelkompetenz in Kombination von Wichtigkeit und Ausbaubedarf ist. Ihr folgen Visualisierung und Branchenkenntnisse (vgl. Ottawa/Winkler 2015a, S. 14). Neben der Beratungskompetenz befinden sich in Quadrant A mit dem Durchsetzungsvermögen und der Konfliktfähigkeit weitere soziale Kompetenzen. Die Visualisierung ist die einzige marktforschungsspezifische Methodenkompetenz. Neben den Branchenkenntnissen gehört auch die Berufserfahrung als zweite Fachkompetenz zu den bedeutsamsten Einzelkompetenzen für Marktforscher. Die allgemeinen Methodenkompetenzen sind durch die Präsentation und Innovationsfähigkeit vertreten. Kreativität und unternehmerisches Denken fallen in die personalen Kompetenzen. Auch das sechste Kompetenz-Cluster, die IT-Methodenkompetenzen, finden sich durch das Beherrschen von Excel in Quadrant A wieder. Das bedeutet, dass die maßgeblichen Kompetenzen aus

Tab. 76: Top 10-Kompetenzen nach Wichtigkeit und Ausbaubedarf sowie Kompetenzen in Quadrant A (eigene Darstellung).

Rang	Wichtigkeit	Ausbaubedarf	Quadrant A
1	Visualisierung	Aus Ergebnissen Geschichten machen	Beratungskompetenz
2	Kommunikationsfähigkeit	Infotainment	Visualisierung
3	Kundenorientierung	Branchenkenntnisse	Branchenkenntnisse
4	Zuverlässigkeit	Beratungskompetenz	Innovationskompetenz
5	Vertrauenswürdigkeit	Innovationskompetenz	Präsentation
6	Genauigkeit	Visualisierung	Berufserfahrung
7	Beratungskompetenz	Führungskompetenz	Unternehmerisches Denken
8	Flexibilität	Selbstvermarktung	Beherrschen von Excel
9	Einsatzbereitschaft	Akquisitionsstärke	Durchsetzungsvermögen
10	Belastbarkeit	Networking	Konfliktfähigkeit
10			Kreativität

sämtlichen Kompetenz-Clustern stammen. Das ist ein weiteres Indiz für die große Spannbreite an Kompetenzen, die ein Marktforscher zur erfolgreichen Bewältigung seiner Arbeit benötigt.

Vergleichen wir im Folgenden anhand der Tabelle 76 die wichtigsten, ausbaubedürftigsten und in Quadrant A enthaltenen Top-10-Kompetenzen.

Lediglich zwei Einzelkompetenzen erscheinen in allen drei Kategorien unter den Top Ten. Es handelt sich dabei um die Beratungskompetenz sowie die Visualisierung, also genau diejenigen Kompetenzen, die in Quadrant A die prominentesten Plätze einnehmen. Die Visualisierung wird gleichzeitig auch als wichtigste Einzelkompetenz genannt. Ebenso erscheinen genau diese beiden Kompetenzen auch in der Auflistung der Kompetenzen mit dem größten Ausbaubedarf bei GreenBook (vgl. 2016, S. 34). Daneben finden sich die unter den in Quadrant A noch die an Rang drei und vier verorteten Kompetenzen, nämlich Branchenkenntnisse und Innovationskompetenz, in den Top Ten hinsichtlich ihres Ausbaubedarfs. Alle übrigen sieben in Quadrant A erscheinenden Einzelkompetenzen haben ihre Bedeutung durch die Kombination aus relativ hoher Wichtigkeit und relativ hohem Ausbaubedarf bezogen, ohne zu den jeweiligen Top Ten zu zählen.

In Quadrant B finden sich mit Ausnahme den Quadrant A zugeordneten Kompetenzen Kreativität und unternehmerisches Denken sämtliche personalen Kompetenzen. Das bestätigt ihre einhellig geäußerte überdurchschnittliche Wichtigkeit. Von den Fachkompetenzen, die sich über alle Quadranten verteilen, findet sich in Quadrant B lediglich die Allgemeinbildung. Die allgemeinen Methodenkompetenzen, in Quadrant B durch analytisches Denken, Organisationsfähigkeit und Projektmanagement vertreten, erstrecken sich auf alle Quadranten außer C, den unwichtigsten. Mit den quantitativen Methoden findet sich in Quadrant A nur eine einzige der über alle Quadranten verteilten marktforschungsspezifischen Methodenkompetenzen. Mit

Tab. 77: Einzelkompetenzen des Quadranten B über alle Marktforscher (eigene Darstellung).

Kompetenzcluster	Einzelkompetenz
Personale Kompetenzen	Belastbarkeit
	Einsatzbereitschaft
	Flexibilität
	Genauigkeit
	Lernbereitschaft
	Neugier
	Zuverlässigkeit
Fachkompetenzen	Allgemeinbildung
Allgemeine Methodenkompetenzen	Analytisches Denken
	Organisationsfähigkeit
	Projektmanagement
Marktforschungsspezifische Methodenkompetenzen	Quantitative Methoden
IT-Methodenkompetenzen	Beherrschen einer Präsentations-Software
Soziale Kompetenzen	Diplomatie
	Empathie
	Kommunikationsfähigkeit
	Kritikfähigkeit
	Kundenorientierung
	Serviceorientierung
	Teamfähigkeit
	Umgangsformen
	Vertrauenswürdigkeit

dem Beherrschen einer Präsentations-Software ist in Quadrant B auch eine der auf alle vier Quadranten verteilten IT-Methodenkompetenz vertreten. Die sich ebenfalls auf alle vier Quadranten verteilenden sozialen Kompetenzen haben in Quadrant B mengenmäßig ihren Schwerpunkt, was Zeichen ihrer Wichtigkeit ist. Gleichzeitig signalisieren die Marktforscher, in diesen Kompetenzen relativ sicher zu sein.

Die Fachkompetenzen haben ihren Schwerpunkt in Quadrant D. Das trifft, vielleicht etwas überraschend, auch trotz zunehmender Globalisierung auf Englisch zu. Die vier allgemeinen Methodenkompetenzen gehören alle zu dem Subcluster der Informationsvermittlung. Das ist ein Indiz dafür, dass dem durchschnittlichen Marktforscher die Informationsgewinnung immer noch wichtiger als deren Vermittlung ist. Das Gros der marktforscherischen Methodenkompetenzen, darunter auch so vermeintlich wichtige wie qualitative Methoden oder Verfahren der statistischen Datenanalyse findet sich ebenfalls in Quadrant D wieder. Das Beherrschen einer Statistik-Software und das Verständnis von Netzwerk- und Serverarchitektur vertreten die IT-Methodenkompetenzen. Mit Führungskompetenz, Durchsetzungsvermögen und

Tab. 78: Einzelkompetenzen des Quadranten D über alle Marktforscher (eigene Darstellung).

Kompetenzcluster	Einzelkompetenz
Fachkompetenzen	Englisch
	Fachsprachen
	Kenntnis der Marktforschungsbranche
	Medienkompetenz
Allgemeine Methodenkompetenzen	Aus Ergebnissen Geschichten machen
	Infotainment
	Moderationstechnik
	Rhetorik
Marktforschungsspezifische Methodenkompetenzen	Erkennen von Mustern in großen Datenmengen
	Marketing-Kenntnisse
	Qualitative Methoden
	Recht der Marktforschung
	Verfahren der statistischen Datenanalyse
IT-Methodenkompetenzen	Beherrschen einer Statistik-Software
	Verständnis von Netzwerk- und Serverarchitektur
Soziale Kompetenzen	Durchsetzungsvermögen
	Führungskompetenz
	Konfliktlösungstechniken
	Networking
	Selbstvermarktung

Tab. 79: Einzelkompetenzen des Quadranten C über alle Marktforscher (eigene Darstellung).

Kompetenzcluster	Einzelkompetenz
Fachkompetenzen	Sonstige Fremdsprachen
Marktforschungsspezifische Methodenkompetenzen	Ethik der Marktforschung
	Sekundärrecherche
	Stichprobenziehung
IT-Methodenkompetenzen	Programmierung von Fragebögen
Soziale Kompetenzen	Fairness
	Partnerschaftlichkeit

Konfliktlösungstechniken finden sich gleich drei konfliktäre Situationen betreffende soziale Kompetenz in Quadrant D.

Sonstige Fachkompetenzen sind unter den Fachkompetenzen in Quadrant C ebenso ein Solitär wie die Programmierung von Fragebögen unter den IT-Methodenkompetenzen. Personale und Fachkompetenzen sind überhaupt nicht vertreten. Fairness und Partnerschaftlichkeit spielen von den sozialen Kompetenzen nur eine untergeordnete Rolle. Das ist zwiespältig zu beurteilen. Einerseits ist kritisch anzumerken, dass beide nur unterdurchschnittlich wichtig sind, andererseits ihr nur unterdurchschnittlicher Ausbaubedarf positiv zu vermerken. Mit der Stichprobenziehung, der Sekundär-recherche und der Ethik der Marktforschung bilden die marktforschungsspezifischen Methodenkompetenzen das zahlenmäßig stärkste Kompetenz-Cluster in Quadrant C.

7.4 Kritischer Abgleich der empirischen Ergebnisse zum Umgang mit Kompetenzen in der Praxis

In diesem Abschnitt werden die von den Autoren empirisch erhobenen Daten mit be-reits vorliegenden Arbeiten abgeglichen. Der erste Unterabschnitt analysiert, welche Marktforschungskompetenzen an deutschen Hochschulen vermittelt werden. Der zweite geht der Frage nach, inwieweit die Inhalte von Ausschreibungen für offene Marktforschungsstellen mit den in 7.2 vorgestellten empirischen Befunden überein-stimmen. Drittens wird untersucht, in welchem Maß das Fortbildungsprogramm der deutschsprachigen Marktforschungsverbände auf die tatsächlichen Bedürfnisse der Marktforscher eingeht.

7.4.1 Ausbildung von Kompetenzen in der Lehre

Die folgenden Ausführungen basieren auf der von Christa Wehner (Hochschule Pforz-heim) und einigen ihrer Studenten durchgeführten Analyse von deutschen Bachelor- und Masterstudiengängen mit marktforscherischen Schwerpunkten oder zumindest Inhalten (vgl. Wehner 2016). Unter dem Aspekt, welche für die Marktforschung rele-vanten Kompetenzen darin vermittelt werden, haben die Autoren dieses Buches je-weils die 15 erstplatzierten Bachelor- und Master-Studiengänge (vgl. Wehner 2016, S. 88–91) anhand ihrer Curricula analysiert. Dabei sind sie auf dasselbe Hauptpro-blem wie schon Wehner (vgl. 2016, S. 83) gestoßen, nämlich die sehr unterschiedliche Informationstiefe über einzelne Module der Studiengänge. Insofern sind die folgen-den Daten mit der Einschränkung, dass nicht jede Hochschule ausführliche Curricula für ihre Studiengänge im Internet vorhält, zu lesen.

Bei den angeführten Kompetenzen handelt es sich fast ausschließlich um markt-forschungsspezifische Methodenkompetenzen. Mit der Kommunikationsfähigkeit und der Medienkompetenz erscheinen lediglich jeweils eine soziale und Fachkompe-tenz. Keine einzige der in den Curricula angeführten Hauptinhalte bzw. zu vermitteln-den -kompetenzen wurden in der Empirie von Ottawa/Winkler dem Quadranten A als besonders bedeutsam zugeordnet. An dieser Stelle soll nicht über die Frage, der Vermittlung welchen Wissens Hochschulen zu dienen haben, diskutiert werden. Es sei aber die kritische Bemerkung erlaubt, ob die (teilweise) auf Marktforschung spe-zialisierten Studiengänge adäquat auf den Beruf des Marktforschers und seine An-forderungen vorbereiten. Anforderungs- und Qualifikationsprofil weisen bezogen auf die Marktforschung jedenfalls Abweichungen auf, was gerade Berufseinsteiger dazu

Tab. 80: Schwerpunktkompetenzen, die in den jeweils 15 für Marktforschung relevantesten deutschen Bachelor- und Masterstudiengängen vermittelt werden (eigene Darstellung).

Einzelkompetenz	Nennungen in Bachelorstudiengängen	Nennungen in Masterstudiengängen	Summe der Nennungen
Statistische Verfahren	10	9	19
Quantitative Methoden	6	8	14
Datenanalyse	4	5	9
Qualitative Methoden	4	4	8
Medienkompetenz	3	2	5
Kommunikationsfähigkeit	4	–	4
Ethik	1	2	3
Verfahren der Stichprobenziehung	–	3	3

zwingt, neben dem Einstieg in das Berufsleben auch noch in kurzer Zeit fehlende Kompetenzen zu erwerben. Vielleicht ist es aber auch Ziel der Hochschulausbildung, für die Marktforschung so wichtige Einzelkompetenzen wie Visualisierung oder Präsentation nicht in expliziten Lehrveranstaltungen, sondern implizit durch die Vergabe von Referaten oder Projektarbeiten zu vermitteln bzw. diese durch Learning by Doing die Studenten selbst erarbeiten zu lassen.

Aus den USA liegen Daten vor, welche Skills Absolventen des Master of Marketing Research (MMR); der an verschiedenen amerikanischen Hochschulen (vgl. Quirk's Marketing Research Review 2015, S. 10 f.) angeboten wird, als für sie kritische ansehen (vgl. GreenBook 2017a, S. 54). Tabelle 81 gibt jeweils in Prozent die Antworten für „Very important" an.

Auch hier zeigt sich, dass personale und soziale deutlich höher als analytische Kompetenzen betrachtet werden. Die Studie geht allerdings nicht darauf ein, in welchem Maß die oben beschriebenen Skills im Rahmen der MMR gelehrt werden. Ähnlich urteilen auch die 2.637 von GreenBook (vgl. 2017a, S. 56) weltweit befragten Anbie-

Tab. 81: Kritische Kompetenzen amerikanischer Absolventen des Master of Marketing Research (eigene Darstellung nach GreenBook 2017a, S. 54).

Rang	Category of skills	Anteil „Very important"
1	Critical thinking skills	73 %
2	Insight development skills	61 %
3	Writing communication skills	59 %
4	Verbal and presentation skills	57 %
5	Storytelling skills	52 %
6	Consultative skills	49 %
7	Tools and analytic software skills	34 %
8	Mathematic skills	25 %

ter oder Nachfrager von Marktforschung, wobei bei den Nachfragern Data Science eine hohe Bedeutung besitzt. Hinzu kommt die Forderung: „A focus on business skills that may traditionally be associated with MBA programs is equally needed"(GreenBook 2017a, S. 57). Für den Erfolg einer Studie erachten dieselben Probanden vor allem die Ableitung von Handlungsempfehlungen sowie eine klare Storyline (vgl. GreenBook 2017a, S. 61 f.) als wesentlich. Das stützt Shea (2017, S. 36):

> The expectation about the research department deliverable has changed. Knowledge is no longer enough. Management expects insights departements to recommend actions as well.

Die Autoren dieses Buches haben in ihrer Branchenbefragung im Jahr 2015 ungestützt nach der Bekanntheit von Ausbildungs- und Studiengängen zum Marktforscher im deutschen Sprachraum gefragt. Von den 553 Befragten kamen folgende Nennungen:

1. FAMS 21 %
2. Hochschule Pforzheim (Bachelor) 11 %
3. TH Köln (Master) 5 %
4. Universität Erlangen-Nürnberg (Master) 1 %
5. WU Wien (Master) 1 %
6. Sonstige 5 %

56 % der Befragten gaben überhaupt keinen Ausbildungs- oder Studiengang an. Während der Ausbildungsberuf FAMS immerhin noch jedem fünften Marktforscher bekannt ist, ist die Bekanntheit der einschlägigen Studiengänge, vor allem der explizit der Marktforschung gewidmeten in Pforzheim und Köln, noch deutlich ausbaufähig.

7.4.2 Kompetenzen in Ausschreibungen für Marktforschungsstellen

Stellenausschreibungen können ein Spiegelbild einer Branche sein. Wer schreibt aus? Wie viele Ausschreibungen gibt es überhaupt? Und, was wird von den potenziellen Bewerbern überhaupt in Sachen Kompetenzen erwartet? Lena Barth (vgl. 2016) hat in ihrer ausgezeichneten Bachelorarbeit „Der ideale Marktforscher – Welche Merkmale sind entscheidend?" Stellenausschreibungen in der Marktforschungsbranche analysiert. Ihre Analyse beruht auf einer Nettostichprobe von 223 Stellenanzeigen aus 120 unterschiedlichen Unternehmen (vgl. 2016, S. 32). Folgende Kompetenz-Cluster fanden sich in den Ausschreibungen wieder (vgl. 2016, S. 60). Die Prozentzahlen beziehen sich auf Nennungen in den Ausschreibungen.

- Fachkompetenzen k. A.
- Methodenkompetenzen 89 %
- Personalkompetenzen 88 %
- Sozialkompetenzen 83 %

Detailliert betrachtet wurden folgende Qualifikationen verlangt (vgl. Barth 2016, S. 36 ff.):

Tab. 82: In Stellenausschreibungen für Marktforscher verlangte Qualifikationen (eigene Darstellung).

Rang	Qualifikation	Anteil	Kompetenzcluster
1	Abgeschlossenes Studium[a]	90 %	Allgemeine Fachkompetenzen
2	Englisch	83 %	Allgemeine Fachkompetenzen
3	MS Office (insb. Excel)	72 %	IT-Methoden
4	Allgemeine Berufserfahrung	67 %	Allgemeine Fachkompetenzen
5	Berufserfahrung in der Marktforschung	60 %	Allgemeine Fachkompetenzen
6	Teamfähigkeit	57 %	Soziale Kompetenzen
7	Kommunikationsfähigkeit	55 %	Soziale Kompetenzen
8	Analytisches Denken	51 %	Allgemeine Fachkompetenzen
9	Selbstständigkeit	34 %	Personale Kompetenzen
10	Branchenkenntnisse	33 %	Allgemeine Fachkompetenzen
10	Deutsch	33 %	Allgemeine Fachkompetenzen
12	Statistik-Kenntnisse	30 %	Marktforschungs-Methoden
12	Interesse	30 %	Personale Kompetenzen
14	Strukturiertheit/Organisationsvermögen	29 %	Allgemeine Fachkompetenzen
15	Statistik-Software	27 %	IT-Methoden
15	Gutes Zahlenverständnis	27 %	Allgemeine Fachkompetenzen
17	Quantitative Methoden	25 %	Marktforschungs-Methoden
18	Interview-Kenntnisse	23 %	Marktforschungs-Methoden
19	Flexibilität	20 %	Personale Kompetenzen
19	Kundenorientierung	20 %	Soziale Kompetenzen
21	Qualitative Methoden	18 %	Marktforschungs-Methoden
21	Präsentationstechniken	18 %	Allgemeine Fachkompetenzen
23	Weitere Fremdsprachen	12 %	Allgemeine Fachkompetenzen
24	Beratungserfahrung	7 %	Soziale Kompetenzen
25	Führungserfahrung	6 %	Soziale Kompetenzen
26	Interkulturelle Kompetenz	2 %	Allgemeine Fachkompetenzen

[a] An Fachrichtungen wurden am häufigsten BWL (65 %), Soziologie (46 %) und Psychologie (31 %) genannt. Diese Studienfächer findet sich in derselben Reihenfolge ebenfalls in der Gehaltsstudie 2017 (vgl. marktforschung.de/questback 2017, S. 22) wieder.

Unter den Top Ten der Qualifikationen befinden sich sechs allgemeine und eine IT-Fachkompetenz, zwei soziale Kompetenzen und eine personale Kompetenz. Unter den Top Ten der Erhebung von Ottawa/Winkler (2016) hingegen fünf personale, vier soziale und eine marktforschungsspezifische Fachkompetenz. Lediglich die bei Ottawa/Winkler (2016) an zweiter Stelle rangierende Kommunikationsfähigkeit befindet sich auf Rang acht unter den Top Ten der Stellenausschreibungen. Den Stellen Ausschreibenden sind offensichtlich Fachkompetenzen deutlich wichtiger als personale und soziale Kompetenzen. Die Ursache dieser Fehleinschätzung der tatsächlichen

Wichtigkeit von Kompetenzen in der Marktforschungsbranche liegt nicht auf der Hand. Eine mögliche Ursache kann sein, dass ein abgeschlossenes Studium, englische Sprachkenntnisse oder Berufserfahrung im Sinn von Qualifikationen für Personalverantwortliche leichter „nachweisbar" bzw. „überprüfbar" sind als personale und soziale Kompetenzen. Eine zweite Hypothese, die allerdings nur für Ausschreibende mit eigener Personalabteilung, die sich federführend um die Personalauswahl kümmert, zutreffend erscheint, ist, dass die Personalauswahl von möglicherweise Marktforschungsfremden, zumindest federführend, vorgenommen wird und diese in Ermangelung eigener marktforscherischer Erfahrung die Wichtigkeit sozialer und personaler Kompetenzen unterschätzen.

Im Anschluss an die Analyse der Stellenausschreibungen hat Barth die wesentlichen Kompetenzen und Merkmale einer empirischen Untersuchung unter Marktforschern, die an Personalentscheidungen zumindest mitbeteiligt sind, unterworfen. Die Befragung ergab 328 vollständig ausgefüllte Interviews. Die Bewertung der Merkmale erfolgte auf einer ähnlichen Skala wie die Branchenbefragung der Autoren dieses Buches, nämlich von 5 (= Sehr wichtig) bis 1 (= Gar nicht wichtig). Dabei ergab sich die folgende Reihung (vgl. 2016, S. 73).

Tab. 83: Für an Personalentscheidungen beteiligte Marktforscher relevante Kompetenzen (eigene Darstellung).

Rang	Kompetenz	Wichtigkeit
1.	Persönlichkeit	4,82
2.	Erfahrung in der Marktforschung	4,32
3.	Methodenkenntnis	4,20
4.	Branchenkenntnis	4,03
5.	Allgemeine Erfahrung	3,89
6.	Fachrichtung	3,60
7.	Noten	3,44
8.	Auslandserfahrungen	3,31
9.	Abschlussgrad	3,24
10.	Studiendauer	2,96
11.	Hochschulart	2,92
12.	Außercurriculares	2,76

Aufgrund der unterschiedlichen Fragebögen, Barth legt einen Schwerpunkt auf ausbildungsbezogene Faktoren, der bei Ottawa/Winkler fehlt, lassen sich nicht alle Merkmale bzw. Kompetenzen miteinander vergleichen. Die Persönlichkeit wird bei Barth mit 4,82 höher als das arithmetische Mittel aller personalen Kompetenzen bei Ottawa/ Winkler (4,48) gewichtet. Beide Befragungen in der Marktforschungsbranche haben jedoch übereinstimmend ergeben, dass die Persönlichkeit des Marktforschers und die damit verbundenen personalen Kompetenzen das wichtigste Kompetenzfeld darstellen. Die Bedeutung der Berufserfahrung bzw. Erfahrung in der Marktforschung ist in beiden Untersuchungen mit 4,40 (Ottawa/Winkler) und 4,32 (Barth) nahezu identisch. Ähnlich sieht es auch mit den methodischen Kenntnissen bzw. Kompetenzen aus, die Barth mit 4,20, Ottawa/Winkler mit 4,22 angeben, wenn man bei Letzteren quantitative (4,42) und qualitative (4,03) Methodenkenntnisse arithmetisch mittelt. Einen größeren Unterschied gibt es bei den Branchenkenntnissen, die Barth mit 4,03, Ottawa/Winkler mit 4,35 erheben.

Aufschlussreich ist auch ein Vergleich der in den empirischen Befunden dem, bezogen auf alle Marktforscher, Quadrant A zugeordneten mit der Reihenfolge der in den Stellenausschreibungen geforderten Kompetenzen. Fünf der elf Einzelkompetenzen aus Quadrant A finden sich auch in den Ausschreibungen wieder, und zwar Beherrschen von Excel (Rang 3), allgemeine Berufserfahrung (Rang 4), Berufserfahrung in der Marktforschung (Rang 5), Branchenkenntnisse (Rang 10), Präsentation (Rang 21) und Beratungskompetenz bzw. -erfahrung (Rang 24). Ihrer Wichtigkeit gemäß werden lediglich Excel und Berufserfahrung häufig in den Ausschreibungen verlangt. Branchenkenntnisse rangieren im Mittelfeld, Präsentation und Beratung am Ende der Nennungen. Visualisierung wird überhaupt nicht genannt, wobei in Betracht gezogen werden muss, dass diese Kompetenz möglicherweise in Präsentation implizit enthalten sein kann. Unternehmerisches Denken, Innovationskompetenz, Konfliktfähigkeit, Kreativität und Durchsetzungsvermögen erscheinen in Barths Auflistung überhaupt nicht. Die mit 90 % häufigste Anforderung, nämlich ein abgeschlossenes Studium taucht wiederum in der Empirie der Autoren nicht auf, weil es sich dabei um keine Kompetenz, sondern eine formale Qualifikation handelt. Englisch, mit 83 % am zweithäufigsten genannt, wird in seiner Bedeutung in den Stellenausschreibungen überschätzt. Alles in allem treffen die Anforderungen der Stellenausschreibungen nicht die wirklich bedeutsamen Kompetenzen.

Tab. 84: In den von Korostoff (2017) analysierten Stellenausschreibungen verlangte Skills (eigene Darstellung).

Rang	Skill
1.	Big Data
2.	Business Intelligence
3.	Data Analysis
4.	Data Visualization
5.	Market Intelligence
6.	Market Research
7.	Questionnaire/Survey Research
8.	R Statistics
9.	Strategic Marketing
10.	User Experience (UX)

Diese Aussage wird durch eine im Mai 2017 von Kathryn Korostoff (vgl. 2017) durchgeführte Analyse von mehr als 30.000 Stellenanzeigen auf LinkedIn und Indeed. com bestätigt. Hierbei ist allerdings zu bemerken, dass es sich dabei im Gegensatz zu Barths Analyse um US-amerikanische und nicht um deutschsprachige Stellenausschreibungen handelte. Deshalb seien aufgrund der begrenzten Vergleichbarkeit nur die Top 10 der geforderten Kompetenzen bzw. Skills tabellarisch angeführt.

Die genannten Skills unterscheiden sich weitgehend von den durch Barth erhobenen.

Am Ende dieses Abschnitts sei Barths Schlussfolgerung auf ihre Ausgangsfrage, wie der ideale Marktforscher auszusehen habe, lautet (2016, S. 75), zitiert:

> Im Gesamten kann festgehalten werden, dass die entscheidenden Punkte die Berufserfahrung, Methodenkenntnisse und vor allem die Persönlichkeit sind, wobei hier eine sehr große Zahl an Eigenschaften in allen Bereichen von Bedeutung ist.

7.4.3 Fortbildung in marktforscherischen Kompetenzen

Nach Ausbildung und Stellensuche folgt ein Vergleich der empirischen Befunde der Autoren mit den Fortbildungsprogrammen der deutsch-, und beim vsms auch französischsprachigen Berufsverbände, also BVM, adm, DGOF, VMÖ und vsms. Fortbildungsprogramme finden sich nahezu ausschließlich beim BVM, der an 53 Terminen 50 unterschiedliche Seminare anbietet (vgl. BVM 2016). Hinzu kommen zwei Kurse des vsms (vgl. vsms 2017). Tabelle 85 zeigt deren Verteilung auf Themenbereiche.

Tab. 85: Verteilung der Seminare von BVM und vsms auf Themenbereiche (eigene Darstellung).

Themenbereich	Anzahl der Seminare
Methoden der Marktforschung	15
Statistik und Datenanalyse	13
Management, Skills und Recht	12
Grundlagen der Marktforschung	8
Angewandte Marktforschung (Spezialgebiete der Marktforschung)	7

Die Vermittlung marktforscherische Methodenkenntnisse nimmt, zählt man alle Themenbereiche außer Management, Skills und Recht zusammen, mit 78 % den Löwenanteil der Seminare ein. Auch hier gilt das bezogen auf die Studiengänge und ihre Inhalte Gesagte, nämlich eine nur eingeschränkte Übereinstimmung mit den besonders bedeutsamen Kompetenzen. Aus Quadrant A der empirischen Befunde finden sich im Seminarangebot Beratertraining, wirkungsvolle Präsentationen, Excel für Marktforscher und Kreativitätstechniken wieder. Beratungskompetenz als bedeutsamster

Einzelkompetenz widmen sich gleich zwei Seminare des BVM. Fortbildung in Sozial-kompetenzen wird über die Beratung hinaus kaum angeboten.

Insgesamt zeigt sich sowohl bei Studium als auch bei Ausschreibungen und Fort-bildung eine deutliche Abweichung von den Kompetenzen, die Marktforscher einer-seits für wichtig und andererseits für besonders ausbauwürdig halten. Vielmehr liegt der Schwerpunkt auf marktforschungsspezifischen Methoden und, bei den Stellen-ausschreibungen zusätzlich, auf formalen Qualifikationen.

8 Marktforscher als Berater

8.1 Hoffnungsträger Marktforschungsberatung

In beiden Branchenerhebungen unter deutschsprachigen Marktforschern (vgl. Otta-wa/Winkler 2015a, S. 12 und Ottawa/Winkler 2016) haben die Autoren dieses Buches weitgehend identische Batterien von 13 bzw. 15 Items abgefragt. Die Probanden hatten die Aufgabe, sie auf einer Elferskala von 1 (= Sehr große Chance) bis 11 (= Sehr großes Risiko) einzuordnen.

Tab. 86: Chancen und Risiken der Marktforschung (eigene Darstellung).

Rang	Thema	2016	2015
1	Beratung durch Marktforscher	2,65	2,76
2	Mobile Research	3,14	3,64
3	Zunehmende Vielfalt der Marktforschungsmethoden	3,32	3,50
4	Social Media Analysen	4,02	4,35
5	Globalisierung	4,10	–
6	Big Data	4,15	4,31
7	Implizite Forschung	4,66	–
8	Datenschutzanforderungen	5,84	5,67
9	Beschleunigung der Ergebnislieferung	5,86	6,01
10	Do-it-yourself-Marktforschung in Unternehmen	6,88	7,22
11	Konkurrenten außerhalb der etablierten Marktforschung, wie z. B. Google oder IBM	7,13	–
12	Forschung unter Verzicht auf die Anonymisierung der Probanden	7,65	6,71
13	Vermischung von Marktforschung mit Marketing- und Verkaufsaktionen	7,96	6,93
14	Sinkende Response Rates	8,40	–
15	Kostendruck	8,40	7,70
	Abnehmende Relevanz traditioneller Marktforschung	–	6,02

Die Items mit fehlenden Werten wurden entweder 2015 oder 2016 nicht erhoben.

Die drei größten Hoffnungsträger der Marktforschung haben sich von 2015 auf 2016 nicht verändert. Sowohl 2015 als auch 2016 wurde die Beratung durch Markt-forscher mit deutlichem Abstand auf die anderen Themen als größte Chance für die Marktforschung gesehen. Das gilt für sämtliche in der unter 7.2 aufgeführten Unter-gruppen von Marktforschern. Mobile Research, 2015 noch auf Rang 3 und von Batinic (2017) als „ein [...] Wendepunkt in der Marktforschung" eingeschätzt, hat mit der zu-nehmenden Vielfalt der Marktforschungsmethoden der Platz getauscht und sich in der Wahrnehmung als Chance spürbar ggü. 2015 gesteigert. Hierzu tragen neue An-wendungsfelder bei, wie etwa die von Appleton (vgl. 2017) oder Schmelz (vgl. 2017) be-schriebene mobile Ethnografie, für die Probanden als „vergleichsweise unterhaltsame

https://doi.org/10.1515/9783110517774-008

Art der Marktforschung" (Wieghardt/Knod 2017, S. 39) beschrieben, mobile Forschung am Point-of-Action (vgl. Lüttschwager 2017), der Einsatz von Beacons (vgl. Fischer/ Jud 2017) oder Mobile Diaries (vgl. Jager/Neundorfer 2012). Herausragende Bedeutung kommt dabei nach Friedrich-Freksa dem Smartphone als „allgegenwärtige[m] First Screen" (2017) zu, was dazu führt, dass 2016 die mobile die stationäre Internetnutzung übertroffen hat (vgl. Friedrich-Freksa 2017). Yazbeck/Scarlet (2013, S. 52) sehen darin förmlich einen Paradigmenwechsel: „It's not mobile research, it's research in a mobile world." Wenngleich der Anteil der Befragungen per Mobile App 2015 erst bei 1 % lag (vgl. Scheffler/Klumpe/Wachter, S. 15), müssen sich die Programmierer von Online-Befragungen schon heute auf eine verstärkte Nutzung von kleinen Bildschirmen für Befragungen einstellen (vgl. Baigger/Knöller 2017; Brosnan/Grün/Dolnicar 2017; Kampmann 2016), denn insgesamt wird schon fast jede dritte Befragung am mobilen Endgerät ausgefüllt (vgl. GreenBook 2017, S. 27). Dazu eignen sich nach Ansicht von Hudson (vgl. 2015, S. 35 f.) insbesondere kurze, App-basierte Befragungen. Ein weiterer Aspekt der mobilen Befragungen ist die Repräsentativität von Onlinebefragungen, da die Nutzung bestimmter (mobiler) Endgeräte zur Beantwortung von Umfragen signifikant mit soziodemographischen Charakteristika einhergeht (vgl. Brosnan/Grün/ Dolnicar 2017, S. 48 f.)

Weitere Chancen für die deutschsprachige Marktforschung stellen Social Media Analysen, Globalisierung und Big Data, tendenziell auch noch implizite Forschung dar. Wie effektiv diese Methoden durch vorwiegend nordamerikanische betriebliche Marktforscher eingeschätzt werden, veranschaulicht The Q Report 2017 (vgl. Quirk's 2017, S. 11).

Angesichts der oftmals in den Medien beschworenen Globalisierungsangst der Deutschen überrascht die überwiegende Einschätzung der vorwiegend deutschen Probanden, Globalisierung sei eine Chance. Vielleicht hängt das mit den Chancen, die sich deutschen Instituten im Ausland bieten, zusammen. So ist der Anteil des Inlandumsatzes deutscher Institute „von 43 % im Jahr 2010 über 32 % im Jahr 2014 auf 30 % im Jahr 2015 gesunken" (Scheffler/Klumpe/Wachter 2016, S. 13). Die GfK beispielsweise erwirtschaftet das Gros ihres Umsatzes inzwischen im Ausland (vgl. Scheffler/ Klumpe/Wachter 2016, S. 13). Selbst mittelgroße Institute wie etwa GIM, concept m oder Eye-Square gründen Tochtergesellschaften in China oder den USA. Sie folgen entweder ihren deutschen Kunden in deren neue Märkte oder erschließen sich neue Märkte, die in Sachen Marktforschung wie China (vgl. Statista 2017c) oder Indien (vgl. Statista 2017d) noch nicht gesättigt sind. Social Media Analysen, deren Hype schon vorbei zu sein scheint, werden noch als Chance genannt, obschon die aktuelle Diskussion um Chat Bots die Aussagekraft ihrer Ergebnisse fraglich erscheinen lässt (vgl. Harms/Schmidt 2017; planung&analyse 2017).

Big Data scheint analog zur Globalisierung ein zweischneidiges Schwert zu sein. Einerseits spielt Big Data die Rolle einer Art Konkurrenzveranstaltung zur traditionellen, teilweise auch vom Datenschutz als in diesem Zusammenhang größter Herausforderung (vgl. Batel 2017, S. 59) limitierten Marktforschung, andererseits bietet es

Marktforschern die Gelegenheit, ihre bisherigen Analysefähigkeiten auszubauen und als „sinnvolle Ergänzung" (Batel 2017, S. 62) für neue Geschäftsmodelle zu adaptieren:

> Big Data does not necessarily eliminate the role of the researcher or eradicate their bias. Instead, the knowledge, skills and influence of the researcher are becoming increasingly important in the quest to draw meaningful insights from the growing sea of Big Data. (Moon 2015, S.16)

Für Park (Research & Results 2016) gilt sogar: „Big Data und Marktforschung sind kein Widerspruch, sondern zwei sich ergänzende Disziplinen." Es gibt sogar Stimmen (Strong 2016, S. 500), für die Big Data „a huge new opportunity for market research" darstellt. Gleichwohl wird Big Data auch als „einer der zentralen Game Changer in unserer Branche" (Förstel 2017) betrachtet.

Ähnlich den Social Media Analysen erweckt aber auch Big Data den Eindruck, seinen Hype schon hinter sich zu haben (vgl. Eberl 2016). Es findet sich sogar explizite Kritik an Big Data, wie etwa: „Es kommt nicht auf das Datenvolumen an, sondern auf die richtigen Daten in der richtigen Varianz" (Bloching/Luck/Ramge 2015, S. 10). Die drei genannten Autoren stellen dem Anspruch von Big Data, möglichst viele Daten zu sammeln, den Begriff Smart Data im Sinne von ergebnisorientierter und ressourcenschonender Datenanalyse entgegen (vgl. Bloching/Luck/Ramge 2015, S. 64; Seitz 2016, S. 83). Big Data kann aber nur dann eine Chance für die Marktforschung sein, wenn ihre Akteure dafür offen sind, „Daten aus den unterschiedlichsten Quellen zu akzeptieren und zu integrieren" (Drummond-Dunn 2016). Gleichzeitig sieht Rodenhausen (vgl. 2013, S. 348) in den Marktforschern diejenigen, die aus Big Data Smart Data machen. Als weiterführende Literatur zum Einfluss von Big Data auf die Marktforschung sei die diesbezügliche Masterarbeit von Batel (vgl. 2017) empfohlen. Gleichzeitig benötigt Big Data die Marktforschung, „um zu lernen, wie von den Eigenschaften und dem Verhalten eines Kunden auf dessen Einstellung zu schließen ist" (Schettler, 2014). Die Begründung für über Big Data entdecktes Kundenverhalten, muss demnach gerade von qualitativer Marktforschung hinsichtlich seiner Ursachen und Beweggründe analysiert werden (vgl. Spitzer/Küppers 2017, S. 45).

Implizite Forschung wird im Vergleich zu den vorgenannten Themen spürbar geringer, aber immer noch als Chance wahrgenommen. Vielleicht befindet sich dieses Thema auch erst in einer Aufwärtsbewegung, was spätere Branchenbefragungen zeigen müssen. Zwischen Chance und Risiko befinden sich Datenschutzanforderungen (vgl. Wiegand 2016 und Wiegand 2016a) und die Beschleunigung der Ergebnislieferung. Chancen in Sachen (mangelnder) Datenschutz ergeben sich für die Marktforschung aus dem von Bloching/Luck/Ramge als „Privatheits-Schizophrenie" (2015, S. 233) bezeichneten unterschiedlichen Umgang mit privaten und persönlichen Daten. Was Menschen auf der einen Seite an Datenschutz, z. B. gegenüber Marktforschungsinstituten fordern, geben sie in Social Media bereitwillig preis, woraus sich wiederum Chancen für Marktforscher ergeben.

Deutliche Veränderungen gab es binnen des eines Jahres zwischen den beiden Befragungen, wenn auch in Richtung Risiko bei der Forschung unter Verzicht auf die Anonymisierung der Probanden, der Vermischung von Marktforschung mit Marketing- und Verkaufsaktionen sowie dem Kostendruck. Do-it-yourself-Marktforschung in Unternehmen wird, auch wenn sie in Summe weiterhin zum Risiko (vgl. Seitz 2016, S. 84) tendiert, doch etwas chancenreicher als 2015 aufgefasst. Insofern ist Dreßens Aussage: „Das Aufkommen der DIY-Research-Software bedroht die Marktforschung nicht im Kern. Vielmehr wird sie die Branche beleben..." (Dreßen 2014) bemerkenswert. Ähnliches berichten auch Franzen/Strehlau (vgl. 2013, S. 6). Positive Aspekte kann der Do-it-yourself-Marktforschung ebenfalls Neundorfer (vgl. 2012), nämlich die Schaffung kreativer, kostensparender Forschungsansätze, abgewinnen. Dem widerspricht Gritten (vgl. 2016), wenn sie für Institute die Gefahr sieht, obsolet zu werden bzw. auch Rodenhausen, wenn er das bisherige Geschäftsmodell der Institute und deren Rolle als „Garant für Qualität und Professionalität" (2016, S. 12) bedroht sieht. Eine Gefahr für klassische Marktforscher besteht allerdings darin, dass Do-it-yourself-Marktforschung Methodenwissen teilweise entbehrlich machen kann (vgl. Gaspar/Neus/Buder 2016, S.7). Angesichts der unter 7.4.1 geschilderten Schwerpunkte der Lehre wäre dadurch, überspitzt gesagt, zum Teil irrelevantes Wissen produziert worden. Besonders gefährlich für das Geschäftsmodell traditioneller Marktforschung wird es, wenn die über Do-it-yourself-Marktforschung generierten Daten auch noch kostenlos abgegeben werden (vgl. Gaspar/Neus/Buder 2016, S. 9). Die Beschleunigung der Datenlieferung wird im Schnitt weder als Chance noch als Bedrohung gesehen. Zum Vergleich sei auf die 2016 Quirk's Corporate Researcher survey (vgl. Courtright 2016), in der 42 % der befragten betrieblichen Marktforscher angaben, es sei für sie immer oder oft eine Herausforderung, eine Studie hinreichend schnell abzuschließen. Dabei spielt gerade sie eine herausragende Rolle, wenn, wie die Autoren dieses Buches aus eigener Berufserfahrung wissen, Marketing und andere Kunden der Marktforschung immer schneller Ergebnisse fordern (vgl. Gaspar/Neus/Buder 2016, S. 14). Dass das, wie Lütters (vgl. 2016) ausführt, auch zu fehlerbedingte Qualitätsverlusten führen kann, liegt auf der Hand.

Interessant ist in diesem Zusammenhang das Ergebnis einer von Jacobs/Bayerl/Horton (vgl. 2013, S. 86 f.) unter Marktforschern[1] unter anderem zu deren Selbstbild durchgeführten Erhebung. Demnach identifizieren sich alle drei befragten Teilgruppen, nämlich selbstständige Marktforschungsberater, aber auch betriebliche und Institutsmarktforscher, am häufigsten mit dem Begriff Berater. Einen entsprechenden Befund ergab auch die Befragung der Hochschule Pforzheim (vgl. 2013, S. 20) unter 60 Marktforschern, die die wachsende Bedeutung der Beratungskompetenz von Marktforschern als den wichtigsten Trend rund um die Prozessveränderung benannt haben. Des Weiteren spiegelte sich Ähnliches schon 2007 im Antwortverhalten der befrag-

---

[1] Die Ergebnisse beruhen auf 381 Interviews.

ten Marktforscher auf die Aussage: „Zukünftig wird es noch wichtiger sein, Marktforschung und Unternehmensberatung zu verbinden" (Höllger/Müller-Sinik 2007, S. 45). 54 % urteilten „trifft voll und ganz zu" und weitere 25 % „trifft eher zu". Die Studie von marketagent.com (vgl. 2015)[2] hat, zumindest für Österreich, durchaus gegensätzliche Ergebnisse erbracht. So taucht bei einer ungestützten Spontan-Assoziation zur Markt- und Meinungsforschung Beratung als expliziter Begriff nicht unter der Top 13-Nennungen (~4,6 %) auf. Demgegenüber ist der Tenor einer Befragung von Petch/Wheals[3] (vgl. 2013, S. 322):

> The overwhelming view was that, in order to increase margin and build revenues, most market research companies would do well to provide professional consultancy services.

Die Bedeutung der Beratung durch Marktforscher zeigt sich auch in der Behandlung dieses Themas in der einschlägigen marktforscherischen Fachpresse bzw. -literatur (vgl. Eidems/Lainer 2015; Lübbert 2016; planung&analyse 2016, S. 15). Bezogen auf betriebliche Marktforscher fragt Korostoff (2013, S. 48) direkt ein wenig provokativ:

> Many companies have in-house legal and in-house counsel and in-house ad agencies; are market researchers less able to maintain professional fortitude? I don't think so.

Neben Empirie und Fachpresse ist auch die Firmierung von Marktforschungsinstituten ein Indiz für die wachsende Bedeutung der Beratung. Eidems/Lainer (vgl. 2015, S. 36) sehen sogar schon in Instituten einen Trend zur Arbeitsteilung in Berater- und Datenspezialistenfunktionen. Angesichts des im Gegensatz zur Schweiz (vgl. Statista 2017) stagnierenden Marktes für Marktforschungsdienstleistungen in Deutschland und Österreich (vgl. Statista 2017a und 2017b) versucht manches Institut, mit der (Marktforschungs)-Beratung ein zweites Standbein aufzubauen. Beispiele dafür sind etwa Haberl Research & Consulting GmbH aus Wien, mrc marketing research & consulting ag aus Zug, Phaydon research+consulting GmbH & Co.KG, concept m research + consulting GmbH aus Köln sowie Point-Blank International Marketing Research & Consultancy GmbH aus Berlin aus. Angesichts der prognostizierten Wachstumsraten der deutschen Unternehmensberatungsbranche (vgl. Statista 2017e; consulting.de 2017) ist diese Diversifizierung nachvollziehbar. WPP geht inzwischen soweit, einige seiner Töchter zu dem Beratungsunternehmen Kantar Consulting zusammenzulegen und über es gezielt auch Marktforschungsberatung anzubieten (vgl. Hedewig-Mohr 2018).

Bevor genauer auf die Beratung durch Marktforscher eingegangen wird, muss kurz ein Trend erwähnt werden, der in der Literatur vor schon fast 20 Jahren diskutiert wurde (vgl. Erdmann 1999; Gadeib 1998), aber erst in den letzten andert-

---

2 Die Umfrage beruht auf 352 Online-Interviews unter österreichischen Kommunikationsexperten aus Marktforschung, Werbern und Auftraggebern für Werbung.
3 Die Autoren geben keine ihrer Untersuchung zugrundeliegende Fallzahl an.

halb Jahren auch in der Praxis größere Bedeutung erlangt hat. Es handelt sich dabei um Virtual Reality (VR) als Methode der Marktforschung. Aufgrund ihrer erst in der letzten Zeit gestiegenen Bedeutung ist sie von Ottawa/Winkler in ihren Branchenerhebungen zur Marktforschung noch nicht berücksichtigt worden. Die Anwendungsfelder von VR in der Marktforschung sind vielfältig. Dazu zählen beispielsweise Regaltests (vgl. Riemer/König 2017), partielle Simulationen von Car Clinics (vgl. Zwissler 2017), Duftentwicklung für Waschmittel (vgl. Goisbault/Kerrad/Vignon Marès 2017) sowie die Werbeforschung (vgl. Daimler/Herzog 2017). Einen guten Überblick über aktuelle Anwendungsfelder von VR bietet Hedewig-Mohr (vgl. 2017b).

8.2 Beratungskompetenzen

8.2.1 Der Begriff der Beratung

Da in den nächsten Abschnitten der Begriff Beratung immer wieder verwendet wird, ist zunächst zu klären, was unter Beratung überhaupt zu verstehen ist. Das Gabler Wirtschaftslexikon (Springer Gabler 2017a) definiert Beratung als:

> Abgabe und Erörterung von Handlungsempfehlungen durch Sachverständige, wobei von den Zielsetzungen des zu Beratenden und von relevanten Theorien unter Einbeziehung der individuellen Entscheidungssituation des Auftraggebers auszugehen ist.

Die DIN EN 16114:2011-12 (DIN 2011, S. 8), die sich den Unternehmensberatungsdienstleistungen widmet, beschreibt eine Unternehmensberatungsdienstleistung als:

> Zusammenstellung multidisziplinärer geistiger Arbeiten im Bereich der Managementtätigkeiten mit dem Ziel, Werte zu schaffen oder Veränderungen zu fördern, indem Beratung oder Lösungen bereitgestellt werden oder indem Maßnahmen getroffen werden oder indem anzuliefernde Leistungen hergestellt werden.

An dieser Stelle muss trotz einer eigenen Industrienorm für Unternehmensberatungsdienstleistungen darauf hingewiesen werden, dass Berater im Gegensatz etwa zu Steuerberater oder Wirtschaftsprüfer kein geschützter Begriff ist, sondern eine Berufsbezeichnung, die sich jedermann unbeachtet seiner individuellen Fähigkeiten und Kompetenzen zulegen kann.

Eine interessante Definition von Berater bietet onpulson.de (vgl. 2017) an, nämlich:

> Ein Berater ist eine Person mit ausgewiesenem Fachgebiet, die einer Organisation unabhängiges Expertenwissen zu bestimmten Bereichen der Unternehmenstätigkeit anbietet.

Nach dieser Definition darf sich jeder Institutsmarktforscher Berater nennen, da er mit der Marktforschung über ein ausgewiesenes Fachgebiet verfügt und von der Organisation, der er es anbietet, zumindest formell, unabhängig ist. Nach Ansicht der Autoren dieses Buchs greift die Definition von onpulson.de zu weit, da sie die von Springer Gabler (vgl. 2017a) und DIN (vgl. 2011, S. 8) geforderte theoretische Fundierung bzw. geistige Arbeit nicht ausdrücklich anführt. Somit könnten auch Handwerker unter die Berater subsumiert werden.

Im Vergleich zu der Tätigkeit eines Marktforschers finden sich unter Bezug auf die ersten beiden angeführten Definitionen Parallelen zwischen Beratung und Marktforschung. Das sind zum einen die geistige Arbeit, zum anderen die Erarbeitung von Lösungen im Sinn von Handlungsempfehlungen. Unter 8.2.3 wird noch genauer auf Übereinstimmungen und Unterschiede zwischen Marktforschung und Beratung eingegangen.

8.2.2 Kompetenzen für klassische Berater

Bevor näher auf den Begriff Marktforschungsberatung und das, was einen Marktforschungsberater ausmacht bzw. er an Kompetenzen mitbringen muss, eingegangen wird, werden an dieser Stelle die Kompetenzen eines klassischen Beraters beschrieben. Ebenso wenig wie bislang in der marktforscherischen gibt es auch in der Literatur zur Beratung keinen verbindlichen Kanon dessen, was ein Berater können bzw. an Kompetenzen mitbringen muss. Die Deutsche Gesellschaft für Beratung German Association for Counseling e. V. (DGfB) hat in neun Punkten ihr Verständnis von Beratung (vgl. Deutsche Gesellschaft für Beratung o. J.) definiert. Dazu gehören

1. Fachverständnis
2. Tätigkeitsfelder und Aufgaben von Beratung
3. Vertrauensverhältnis und Beratungsbeziehung
4. Wert- und Zielorientierung
5. Standards für die Qualifikation von Beratungsfachkräften
6. Wissenschaftliche Fundierung der Beratungskonzepte
7. Beratungswissen/Expertenwissen
8. Qualitätssicherung und Evaluation
9. Organisation

Daraus ergeben sich die wesentlichen Merkmale der Beraterfunktion, wie sie Bredl (vgl. 2008, S.19) anführt:
- entgeltliche Dienstleistung
- zeitliche Begrenztheit
- externer Status (außerhalb der Hierarchie des Klientensystems)
- Zielorientierung
- intensive Kommunikation

– führend-helfende Funktion auf Basis einer partnerschaftlichen Zusammenarbeit
mit dem Klienten
– eingeschränkte Verantwortungsübernahme

Einen Kompetenzkatalog für Berater enthält das Beratungsverständnis nicht, doch
geben Punkte wie Vertrauensverhältnis oder wissenschaftliche Fundierung erste An-
haltspunkte für erforderliche soziale Kompetenzen bzw. formale Qualifikationen eines
Beraters.

Bredl (vgl. 2008, S. 56) gliedert die Beratungsfähigkeit in fachliche, methodische
und soziale Aspekte. Zur fachlichen Beratungsfähigkeit zählen Wissen und Erfahrung,
zur methodischen einerseits die permanente Informationsaufnahme und -verarbei-
tung einerseits sowie „die Beherrschung fundamentaler Problemlösungs- und Ent-
scheidungsmethoden" (Bredl, S. 56), zur sozialen die Entfaltung der eigenen Persönlichkeit als Voraussetzung selbstständigen Handels sowie der Wissenstransfer zum
Klienten. Auf die dazu gehörigen Teilkompetenzen (vgl. 2008, S. 58) und die Kriteri-
en, nach denen Klienten Berater aussuchen (vgl. 2008, S. 59) geht Bredl noch tiefer
ein. Grundsätzlich muss ein Berater zwei Kompetenzfelder abdecken, die technische
im Sinn von Problemverständnis und -lösung sowie die menschliche Dimension, die
sich auf das Zwischenmenschliche in der Organisation des Klienten einerseits und
zwischen Klienten und Berater andererseits bezieht (vgl. Kubr 2002, S. 5).

Luig/Karczmarzyk (2002, S. 285 f.) führen acht „weiche Faktoren" (Luig/Karczma-
rzyk 2002, S. 284) an, über die ein guter Berater verfügen muss. Es handelt sich dabei
um

– Visionsfähigkeit
– Zielbildungsfähigkeit (= Fähigkeit zur Umsetzung von Visionen)
– Werte und Leitbilder
– Organisationsfähigkeit (entspricht weitgehend der Flexibilität)
– Kommunikationsfähigkeit
– Interaktionsfähigkeit
– Innovationsfähigkeit
– Fähigkeit zur Förderung des Mitarbeiterpotenzials

Von diesen Faktoren ist das Gros bereits als Kompetenz für Marktforscher beschrieben worden. Sie spielen im Beratungsprozess (vgl. Kubr 2002, S. 21 ff.; Schwan/Seipel
2002, S. 206) an drei Stellen eine entscheidende Rolle. Kommunikations- und Interaktionsfähigkeit sind bei der „Gestaltung eines beteiligungs- und partizipationsfähi-
gen Projektdesigns" (Luig/Karczmarzyk 2002, S. 290) notwendig, um rechtzeitig die
vom Beratungsprojekt betroffenen Mitarbeiter des Klienten für das Projekt zu gewinnen und sie in es zu integrieren. Vor allem Kommunikationsfähigkeit ist dann gefordert, wenn es gilt, Projektbeschlüsse von den Mitarbeitern umsetzen zu lassen und
Feedbackschleifen zu organisieren. Wenn es darum geht, im Projekt eine klienten-
spezifische Vorgehensweise zu entwickeln, sind vor allem Kooperationsfähigkeit und

Kenntnisse vom Unternehmen des Klienten erforderlich (vgl. Luig/Karczmarzyk 2002, S. 291 f.). Dennoch hängt der Erfolg eines Beratungsprojekts nicht nur von den „weichen Faktoren" ab, vielmehr gilt: „Eine ausschließliche Konzentration auf weiche Faktoren[4] wird das Unternehmensergebnis genauso wenig positiv beeinflussen wie die ausschließliche Konzentration auf harte Faktoren" (Luig/Karczmarzyk 2002, S. 292). Zusammenfassend betrachtet beruht die Kompetenz von Unternehmensberatern „zunächst auf Wissen bzw. auf einem Wissensvorsprung gegenüber den zu beratenden Unternehmen" (Bredl 2005, S. 6).

Die Fähigkeiten und Kompetenzen interner Organisationsberater oder Inhouse Consultants hat Mulder (vgl. 2010, S. 22) untersucht[5]. Sie lassen sich wie folgt zusammenfassen.

– Soziale/Kommunikationskompetenz
– Networking
– Flexibilität und Offenheit
– Reflexionsfähigkeit und Lernkompetenz
– Beratungskompetenz[6]
– Prozesskompetenz
– Anschlussfähigkeit an das System
– Vertrauenswürdigkeit

Eine wichtige, das Netzwerken betreffende Kompetenz führt Krizanits (2009, S. 276) an:

> Alle Mitglieder interner Beratungsfunktionen verfügen über eine Doppelzugehörigkeit: Neben der Mitgliedschaft in der Organisation gibt es eine Art implizite dotted line zur professionellen Community. Hier werden best practices ausgetauscht; über diesen Weg organisieren die internen Beratungsfunktionen Fremdbeobachtung und Lernen für die Organisation.

Diese dotted line vernachlässigen zumindest deutsche Marktforscher aus dem betrieblichen Spektrum eklatant, wenn man sich einerseits an der mangelnden Präsenz betrieblicher Marktforscher in Verbänden, Lehre und Publikation orientiert, andererseits die Selbsteinschätzung ihrer Branchenzugehörigkeit in Betracht zieht (vgl. 5.4.2.4). Wiedenfeld (vgl. 2012) wünscht hier einen Wandel von einer passiv-rezeptiven zu einer pro-aktiven Haltung, die es dem Marktforscher ermöglicht, zunehmend auch die Umsetzung von Themen mitzugestalten.

Summarisch, also weniger auf Einzelkompetenzen bezogen, entwickeln Osarek/ Hoffmann (2008, S. 96) eine Formel für Beraterexzellenz:

---

4 Ungeachtet dessen stellt nach Bredl (vgl. 2005, S. 213) die sozial-kommunikative Kompetenz die wichtigste Kompetenz des Unternehmensberaters dar.
5 Die Resultate beruhen lediglich auf einer Fallzahl von sieben. Sie sollen an dieser Stelle jedoch illustrierend wiedergegeben werden.
6 In den Augen der Autoren dieses Buchs eine Erklärung des Phänomens durch sich selbst.

Beraterexzellenz = (Business Skills + Anteilnahme + Soft Skills + Tools + Erfahrung + Leidenschaft + Neutralität) × 110 %

Unter Business Skills sind Spezialgebiete wie Architektur, Personalauswahl, aber
auch Marktforschung zu verstehen (vgl. Osarek/Hoffmann 2008, S. 97 f.). Anteilnahme meint weniger Empathie, sondern vielmehr die Bereitschaft oder Grundein-
stellung im Sinn des englischen Begriffs „attitude", das Problem des Klienten zu
seinem eigenen zu machen (vgl. Osarek/Hoffmann 2008, S. 102). Für Schwan/Seipel
ist Empathie so wichtig, dass sie von der Beratung als „Sozialberuf" (2002, S. 189)
sprechen. Zu den Soft Skills zählen Osarek/Hoffmann (vgl. 2008, S. 107) unter anderem Freundlichkeit, Überzeugungskraft, Storytelling, Humor oder die Fähigkeit,
Sicherheit zu vermitteln. Zu den Tools gehören nach Osarek/Hoffmann (vgl. 2008,
S. 107 ff.) auch Methoden, im Sinne eines Methodenbaukastens. Wichtig hierbei ist,
nicht in jeder Situation dieselbe Methode einzusetzen, sondern sie im Sinne von
kompetentem Handeln situationsadäquat einzusetzen. Erfahrung und Leidenschaft
sind selbsterklärend. Letztere Eigenschaft besitzen Marktforscher zumindest unter
Bezug auf ihr traditionelles Berufsbild, in hohem Maß. In der Branchenuntersuchung
2015 von Ottawa/Winkler stimmten 85 % der Aussage: „Ich betreibe meinen Beruf
mit Leidenschaft, weil man da vieles lernen und den Blick für das große Ganze be-
kommen kann", zumindest eher, fast jeder zweite sogar voll zu. Selbsterklärend ist
auch die Neutralität, die aufgrund ihrer besonderen Bedeutung für Berater an dieser
Stelle herausgehoben werden soll. Osarek/Hoffmann (2008, S. 123) begründen das
mit:

> Neutrale Berater sind eine wirksame Medizin gegen Betriebsblindheit, welche sich in einem Un-
> ternehmen durch die permanente Fixierung auf das Tagesgeschäft und die eingespielten Abläufe
> beinahe zwangsläufig einstellt.

Das Reflektieren ist für Rommel (vgl. 2013, S. 54) eine besonders wichtige Fertigkeit des
Beraters. Es bezieht sich vor allem darauf, im Sinn eines aktiven Zuhörens, das vom
Klienten Gesagte mit eigenen Worten wiederzugeben, um sicherzustellen, ihn richtig verstanden zu haben. Für Rommel ist daneben Beratung „primär ein Handel mit
Beziehungen" (2013a, S. 36), womit er allerdings nicht Netzwerken, sondern in erster Linie Moderation und Vermittlung zwischen den am Beratungsprojekt Beteiligten
meint. Das bedeutet aber nicht, um falscher Harmonie Willen, allem, was der Klient
wünscht, zuzustimmen. Vielmehr gilt: „Ein guter Berater muss auch seinen Kunden
widersprechen."[7] Auf die Rolle der Klienten für die Kompetenzentwicklung von Beratern weist Herking (2015, S. 679) hin, wenn sie ausführt, dass das Nachfrageverhal-
ten der Klienten auch von der *„Qualität pädagogischer Entwicklungsprozesse* in Beratungsunternehmen" abhängt. Ausführlich gehen Schwan/Seipel (vgl. 2002, S. 61 ff.)

---

[7] Zitat von Konrad Zerr, Hochschule Pforzheim, in einem Telefonat mit Marco Ottawa am 25.02.2016.

auf den Einfluss der Klienten auf die Beratungsleistung sowie deren Erwartungshaltungen an Berater (vgl. 2002, S. 182 ff.) ein.

8.2.3 Abgleich der Kompetenzen von Marktforschern und klassischen Beratern

Die Beratungskompetenz setzt sich aus zwei grundlegenden Komponenten zusammen (vgl. Osarek/Hoffmann 2008, S. 96; Herking 2015, S. 279). Es sind einerseits Fachkompetenzen, die sich auf einzelne Kunden oder Branchen erstrecken können, z. B. IT oder Autobau, andererseits Sozial- und Methodenkompetenzen, die beratungstypisch sind und somit den Grundstock jeglicher Beratungstätigkeit bilden. Herking führt im Folgenden (vgl. 2015, S. 279 ff.) acht Kompetenzen an, die sie in ihrer Eigenschaft als „explizite *Berater*kompetenzen" (2015, S. 293) als „die Kompetenzgrundlage für die Ausübung der Beratungstätigkeit" (2015, S. 293) ansieht. Es sind das im Einzelnen:
- Expertenkompetenz
- Vermittlungskompetenz
- Projektmanagementkompetenz
- Problemlösungskompetenz
- Analysekompetenz
- Kommunikationskompetenz
- Beziehungskompetenz
- Antizipationskompetenz

Diese acht „explizite[n] *Berater*kompetenzen" sind für Herking (2015, S. 293) der „*Basispool*" der Beratungstätigkeit. Lippitt/Lippitt (vgl. 2014, S. 227) führen eine Liste von 13 Fähigkeiten, über die ein Berater verfügen muss, an. Im Vergleich zu der vorstehenden Aufzählung von Herking kommen unter anderem noch Change-Kompetenzen, Kreativität und die Fähigkeit, sich selbst als Berater zu erneuern, hinzu. Schwan/Seipel (vgl. 2002, S. 33) betonen die Wichtigkeit von auf den Klienten bezogenen Umfeld- und Branchenkenntnissen. Dieser Punkt wurde in seiner unzureichenden Ausprägung von den durch Ottawa/Winkler (vgl. 2015a, S. 14) befragten betrieblichen Marktforschern deutlich thematisiert. Ferner gehören „überdurchschnittliche **Leistungsbereitschaft und -fähigkeit**" (Schwan/Seipel 2002, S. 38) zu den Grundkompetenzen eines Beraters.

Einige dieser Kompetenzen, wie etwa Projektmanagement, sind bereits bei den empirischen Ergebnissen von Ottawa/Winkler (2016) eingeführt werden, anderer bedürfen noch einer kurzen Erklärung. Die Expertenkompetenz basiert auf dem „*Wissensfundament aus verschiedenen Beratungsprojekten* in unterschiedlichen Unternehmen" (Herking 2015, S. 279) sowie substantiell auf faktenbasierter Analyse und Branchenverständnis (vgl. Fink 2009, S. 1). Die Vermittlungskompetenz bezieht sich auf den Wissenstransfer vom Berater zum Klienten (vgl. Herking 2015, S. 282). Wichtig ist dabei nicht nur die reine Wissensvermittlung, sondern auch der „*Implementations-aspekt*, d. h. der Berater erschafft über sein Vermittlungshandeln die Grundlage für eine gelingende Realisierung der konzeptionellen Projektergebnisse" (Herking 2015, S. 282). Herking (2015, S. 283) sieht in der Vermittlung sogar ein „zentrales Kennzeichen von Beratung", ein Aspekt, über den später im Zusammenhang mit der Beratungstätigkeit durch Marktforscher noch zu sprechen sein wird. Ähnlich zentral, nämlich als „grundlegende *Methodenkompetenz* eines Unternehmensberaters" sieht Herking (2015, S. 283) auch Kompetenzen in Projektmanagement. Unter der Antizipationskompetenz versteht Herking (vgl. 2015, S. 291) die Fähigkeit, potenzielle zukünftige Probleme durch Analyse präventiv vorauszusehen. In Ergänzung zu den acht angeführten Beratungskompetenzen sieht Herking auch die maßgeblich auf Lernbereitschaft fußende **Veränderungskompetenz** als sehr wichtig für eine erfolgreiche Beratertätigkeit an (vgl. 2015, S. 300).

Niedereichholz/Niedereichholz (2008, S. 224 ff.) verlangen von einem erfolgreichen Berater die folgenden Kompetenzen:
- Interkulturelle Kommunikation
- Präsentation
- Teamentwicklung und Diversity Management

Eine „positive Einstellung zur Teamarbeit" (Stiens 2002, S. 75) ist eine wesentliche Grundvoraussetzung für eine erfolgreiche Beratungstätigkeit, bewegen sich Berater doch nahezu ausschließlich unter anderen Personen und in Teams. Stiens nennt auch Empathie (vgl. 2002, S. 74) gute Englischkenntnisse und Mobilität (vgl. 2002, S. 77) als weitere Grundvoraussetzungen des Beratergeschäfts. Hinzu kommen hohe Belastbarkeit (vgl. Stiens 2002, S. 78) und „ein Höchstmaß an Motivation" (Stiens 2002, S. 78) für den Beruf. Teamfähigkeit und Kommunikation stehen auch an der Spitze der von Beratungsunternehmen von ihren (künftigen) Mitarbeitern geforderten Kompetenzen (vgl. Stiens 2002, S. 80 f.).

Statt von einem Marktforschungsberater spricht Bertrand von „hybrid researcher" (2016, S. 3). Dieser „hybrid researcher" setzt sich für sie aus den Komponenten „Market Researcher", „Analyst" und „Strategy Consultant" (Bertrand 2016, S. 3) zusammen. Die Beratungsfunktion umfasst dabei vier Aspekte:
- Think critically about what it means for the client
- Ask the right questions from the client
- Get to the so what
- Recomment, advise (Bertrand 2016, S. 3)

Resümierend fällt auf, dass die Kompetenzanforderungen an Unternehmensberater und Marktforscher große Übereinstimmungen zeigen. Dazu gehören vor allem ein hohes Maß an Empathie, Arbeiten vorwiegend im Projektmodus sowie hohe Analysekompetenz. Typisch für einen Berater ist die Bereitschaft, und (hoffentlich) auch Fähigkeit, seinen Klienten nicht nur Wissen zu vermitteln, sondern auch an der Umsetzung der Projektergebnisse, z. B. in Gestalt von Umsetzungsworkshop (vgl. Förstel 2017), mitzuwirken (vgl. Herking 2015, S. 282; Fink 2008, S. 22). Er ist idealtypisch in der Lage, das Problem des Kunden zu seinem eigenen zu machen.

8.2.4 Gemeinsamkeiten und Unterschiede von Beratung und Marktforschung

Im vorhergehenden Abschnitt sind schon einzelne Gemeinsamkeiten, aber auch Unterschiede von Marktforschung und Beratung beschrieben worden. Sie werden in diesem Abschnitt systematisch behandelt.

Im Gegensatz vor allem zur klassischen Unternehmensberatung, die sowohl in Hinblick auf die Branchen als auf die Themen, wie z. B. Strategie- oder Personalberatung, sehr breit aufgestellt ist, handelt es sich bei der Marktforschung eher um eine Spezialdisziplin, die zwar ebenfalls in vielen Branchen tätig ist, doch stets den Fokus auf die Gewinnung von Informationen und Insights legt. Sie basiert vor allem auf einem empirischen Datenfundament, das aus verschiedenen Primär- und Sekundärquellen gespeist wird. Auch die klassische Unternehmensberatung bedient sich der Marktforschung, wobei sich gerade die größeren Beratungsunternehmen auch der Marktforschung, vor allem in Gestalt der Sekundärforschung bedienen, teilweise sogar eigene Sekundärforschungsabteilungen unterhalten. Teilweise bieten sie wie Homburg & Partner (vgl. marktforschung.de 2017) oder mtp (vgl. mtp 2017) auch Primärforschung an, die dann aber eher als Embedded Service im Rahmen eines Beratungsprojekts zu verstehen ist. Aufgrund ihrer Spezialisierung müssen Marktforscher über tiefgehende Kenntnisse der Marktforschungsmethodik und der Marktforschungsbranche verfügen. Demgegenüber benötigen Berater gegenüber Marktforschern vertiefte Kenntnisse der Betriebswirtschaftslehre. Auch wenn manche Berater über Jahre gleich Zeitarbeitern für und bei ihren Klienten tätig sind, sind ihre Einsätze grundsätzlich befristet. Das gilt auch für Institutsmarktforscher. Die Tätigkeit betrieblicher Marktforscher ist jedoch auch Dauer angelegt. Somit tragen sie im Gegensatz zu den Erstgenannten auch dauerhafte Verantwortung für den Unternehmenserfolg. Ihr befristeter Einsatz im Unternehmen des Klienten kann es für Berater mit sich bringen, dass sie auch in Projekten eingesetzt werden, die diejenigen, die in ihnen arbeiten „verbrennen" können.

Projektarbeit ist sowohl für die Arbeitsweise von Beratern wie von Marktforschern kennzeichnend. Ebenso erbringen beide Berufsgruppen Dienstleistungen, deren Erfolg von hohem Mitwirkungsgrad der Kunden bzw. Klienten abhängt. Ausgangspunkt der Arbeit beider ist ein tiefgehendes Verständnis ihrer Kunden und deren Probleme. Insofern ist sowohl in der Marktforschung als auch in der Beratung ein gutes Briefing zwingende Voraussetzung für den Projekterfolg. Beide Professionen benötigen, da sie mit und am Menschen arbeiten, ein hohes Maß an Sozialkompetenz, vor allem an Empathie, um sich in Kunden, deren Mitarbeiter und Kunden hineinzuversetzen. Im Idealfall entwickelt sich jeweils Vertrauen als Basis für die gemeinsame Beziehung.

Spezifika der Marktforschung

– Tiefe Spezialkenntnisse, insb. der Marktforschungsmethodik
– Kenntnis der Marktforschungsbranche
– Empirisches Datenfundament
– Dauerhafter Einsatz (betriebliche Marktforschung)
– Dauerhafte Verantwortung (betriebliche Marktforschung)

Gemeinsamkeiten

– Ausgangspunkt: Verständnis des Kunden und seines Problems
– Dienstleistung
– Hoher Mitwirkungsgrad des Kunden/Klienten
– Projektarbeit
– Hohe Sozialkompetenz, insb. Empathie
– Vertrauen/Beziehungsbasis
– Handlungsempfehlungen/Lösungen

Spezifika der Beratung

– Befristeter Einsatz
– Auch Übernahme von Jobs, die „verbrennen"
– Temporäre Verantwortung
– Breites Einsatzfeld, v. a. bei Unternehmensberatern
– Vertiefte BWL-Kenntnisse

Abb. 27: Spezifika und Gemeinsamkeiten von Marktforschung und Beratung (eigene Darstellung).

Letztlich erarbeiten beide Professionen für ihre Kunden Lösungen und Handlungs-empfehlungen.

Abbildung 27 fasst Spezifika und Gemeinsamkeiten von Marktforschung und Beratung noch einmal graphisch zusammen.

Resümierend lässt sich also feststellen, dass Beratung und Marktforschung über so viele Gemeinsamkeiten hinsichtlich Kompetenzen und Geschäftsmodell verfügen, dass eine Kombination der beiden Dienstleistungen grundsätzlich gut zu bewerkstelligen ist.

8.3 Modelle der Marktforschungsberatung

In der Literatur wird bislang lediglich ein einziges Modell der Marktforschungsberatung beschrieben. Es stammt von Ottawa/Rietz (vgl. 2015, S. 243). Bevor es im nächsten Abschnitt näher vorgestellt wird, seien die zehn von Lewis (2010, S. 29) für betriebliche Marktforscher identifizierten key performance indicators vorgestellt, die der genannten Gruppe von Marktforschern im eigenen Unternehmen höhere strategische (vgl. GreenBook 2016, S. 67) und Beratungsrelevanz ermöglichen sollen. Um diese Ziel zu erreichen, muss ein betrieblicher Marktforscher Folgendes tun bzw. erfüllen:

1. Driven by impact
2. Brings leadership to strategic priorities
3. Creates departmental intellectual property
4. Recognized as a business partner
5. Innovates
6. Integrates and collaborates
7. Develops rich consumer and market insights
8. Communicates for impact
9. Optimizes internal and external sourcing
10. Continually raises the bar

Einige der Gedankengänge von Lewis sollen kurz beleuchtet werden. So stellt er die etwas provokative Frage: „If there is little or no marketplace impact as a result of the research investment, why should they [= senior manager; Anm. d. Verf.] keep investing?" Forschungsergebnisse müssen also Handlungsrelevanz besitzen. Daneben spielt eine Kultur der Zusammenarbeit eine wesentliche Rolle (vgl. Lewis 2010, S. 31). Des Weiteren benötigen beratende Marktforscher mit Lewis (vgl. 2010, S. 32) zum einen Kenntnisse des Projektmanagements sowie eine gegenüber dem traditionellen Marktforscher erweiterte Perspektive.

8.3.1 Das kompetenzorientierte Modell nach Ottawa/Rietz

Das Modell der Beratung durch Marktforscher von Ottawa/Rietz geht von der Prämisse aus, die bisherige Wertschöpfungskette vom Informationsbedarf bis zur Präsentation aufgrund der im ersten Teil dieses Buches geschilderten Bedrohungen der Marktforschungsbranche zu verlängern. Das kann in drei Richtungen geschehen, nämlich nach vorne, also dem Informationsbedarf vorgelagert, horizontal, im Sinn einer Vertiefung der bestehenden Aufgaben sowie nach hinten, also zeitlich nach der Ergebnispräsentation (vgl. Abbildung 28)

Nach vorne kann die Wertschöpfungskette der Marktforschung, etwa durch das Aufdecken von Forschungslücken, die proaktive Bereitstellung von (Sekundär)informationen oder auch die proaktive Eigenforschung ohne einen expliziten Auftrag aus der (internen) Kundschaft (vgl. Ottawa/Rietz 2015, S. 236 f.), verlängert werden. Beispiele für eine Vertiefung der bestehenden Aufgaben sind die Erweiterung des Verteilerkreises von Studienergebnissen, etwas, das vor allem die betriebliche Marktforschung betrifft, oder die Erweiterung des methodischen Portfolios auf Basis eines kontinuierlichen Screenings des Marktforschungsmarktes und seiner Anbieter (vgl. Ottawa/Rietz 2015, S. 234 ff.). Zu den Erweiterungsmöglichkeiten der Wertschöpfungskette über die Ergebnispräsentation hinaus sind zum Beispiel die Ableitung

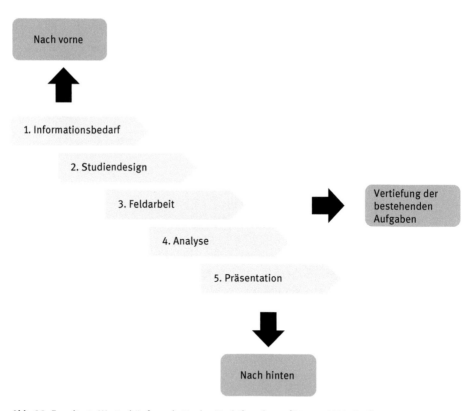

Abb. 28: Erweiterte Wertschöpfungskette der Marktforschung (Ottawa 2014, S. 4).

von Handlungsempfehlungen oder die Mitarbeit an Umsetzungsworkshops auf Basis von Marktforschungsergebnissen zu nennen. Für Förstel sind sie mittlerweile „Herzstück eines Reports" (2017) geworden, die oftmals in einem Workshop gemeinsam mit den Kunden erarbeitet werden. Gleichzeitig konstatierten Top-Entscheider in deutschen Unternehmen 2013 nur 35 % gegenüber 52 % im Jahr 2007, dass immer „Handlungsempfehlungen aus den Marktforschungsstudien abgeleitet werden" (Franzen/ Strehlau 2013, S. 4). Daraus leiten Franzen/Strehlau (2013, S. 5) ab: „Die Branche hat es in den vergangenen 6 Jahren offensichtlich nicht geschafft, eine stärkere Markterfolgs- und Problemlösungskompetenz zu vermitteln." Des Weiteren eignet sich das kontinuierliche Sparring mit den Kunden in Sachen Marktforschung (vgl. Ottawa/ Rietz 2015, S. 237 ff.). Es kann dazu führen, rechtzeitig die Sorgen und Bedürfnisse der Marktforschungskunden aufzunehmen. Gleichzeitig „ist der Zugang zu ihren Kunden das zentrale Kapital der Marktforschung" (Maicher 2017). Neben ihm gibt es für Maicher (2017) noch zwei weitere zentrale Erfolgsfaktoren für Marktforscher, nämlich den „Zugang zu den „Objekten der Beobachtung"" sowie das „Know-how zur Analyse".

Die Beratung durch Marktforscher bezieht sich vor allem auf den der Präsentation nachgelagerten Zeitraum. Sie kann aber auch schon im Vorfeld einer Studie zum

Tragen kommen, indem Marktforscher im Vorfeld konkreter Fragestellungen ihrer Kunden diese marktforschungsmethodisch beraten. Den Mehrwert einer solchermaßen beraterisch aufgestellten Marktforschung in Institut oder Betrieb fasst Wiedenfeld (2013) prägnant zusammen:

> Diese beratungsorientiert aufgestellte Marktforschung stellt sicher, dass sie laufend eng an den Bedürfnissen des Unternehmens agiert und damit bestmöglich in der Lage ist, sich an die immer schneller wandelnden Anforderungen des Unternehmens anzupassen und neue Lösungsansätze zu entwickeln. Sie entwickelt sich zum Business-Enabler und liefert echten Mehrwert für das Unternehmen gerade in Zeiten des raschen Wandels.

Ohne auf die den Rahmen dieses Buches sprengende Herleitung des Modells von Ottawa/Rietz näher einzugehen, wird es in Abbildung 29 in Summe dargestellt.

Grundvoraussetzung für Marktforschung und Beratung gleichermaßen sind Neutralität und Unabhängigkeit (vgl. Kubr 2002, S. 7 f.), ohne die oftmals keine validen Ergebnisse und Handlungsempfehlungen erzeugt werden können. Analog zu den empirischen Befunden von Ottawa/Winkler (vgl. 2015 und 2016) haben Soft-Skills im Sinn sozialer Kompetenzen und Kenntnisse des zu beratenden Bereichs oder Unternehmens eine hohe Bedeutung, welche durch Grundwissen in Betriebswirtschaft, Unternehmensführung und Projektmanagement ergänzt. Verfügen Personen vor dem Hintergrund von Neutralität und Unabhängigkeit über einschlägige Soft-Skills, BWL- und Bereichskenntnisse, verfügen sie über Beratungskompetenz. Diese Beratungskompetenz ist aber nur ein Grundgerüst, das noch nicht für eine branchen- oder tätigkeitsspezifische Beratungstätigkeit wie in unserem Fall der Marktforschung befähigt. Dazu bedarf es marktforschungsspezifischer Methodenkompetenzen. Damit ist bezogen auf Kompetenzen und Fähigkeiten ein Marktforscher in der Lage, beratend tätig zu werden. Er wird aber nur dann bei seinen Klienten Akzeptanz finden und Erfolg haben, wenn er ihr Vertrauen besitzt oder im Laufe der Beratungstätigkeit erwerben kann (vgl. Maister/Green 2000, S. 7 ff.). Erst dann kann er sich mit Fug und Recht Marktforschungsberater nennen.

8.3.2 Weiterentwicklung des kompetenzorientierten Modells nach Ottawa/Rietz

Die bisherigen Ausführungen haben gezeigt, dass Marktforscher, die sich in Richtung Berater weiterentwickeln möchten, zunächst ein solides marktforscherisches Fundament benötigen, von dem aus sich dann weitere Tätigkeiten erschließen können. Aus diesem Grund haben die Autoren dieses Buches das soeben vorgestellte Modell von Ottawa/Rietz „gedreht". Ottawa/Rietz sind in ihrem Modell von Beratungskompetenz ausgegangen, welche um marktforscherische Kompetenzen erweitert einen Marktforschungsberater ergeben. Die Autoren dieses Buchs gehen aus den zuvor genannten Gründen den umgekehrten Weg, da sich ihr Modell an Marktforscher richtet.

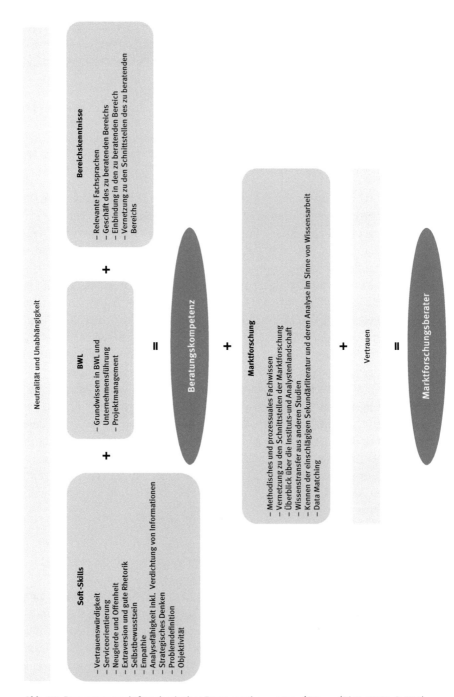

Abb. 29: Parameter marktforscherischer Beratungskompetenz (Ottawa/Rietz 2015, S. 243).

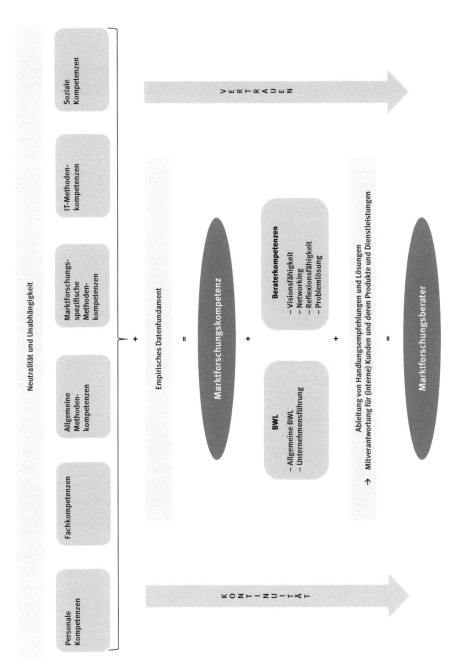

Abb. 30: Überarbeitetes Modell marktforscherischer Beratungskompetenz (eigene Darstellung).

Weiterhin stellen Neutralität und Unabhängigkeit zwei unabdingbare Voraussetzungen für marktforscherischen Handeln dar. Basis erfolgreicher marktforscherischer Tätigkeit bilden die sechs unter 5.4 für Marktforscher als relevant definierten Kompetenzcluster. Sie bilden quasi die marktforschungsimmanente Kompetenz. Um für Dritte, also die Abnehmer von Marktforschung, einen Mehrwert zu erbringen, bedarf es zusätzlich eines empirischen Datenfundaments im Sinn einer forschungsbasierten Beratung. Aus ihm und den sechs Kompetenzclustern ergibt sich somit die gesamte Marktforschungskompetenz. Um als Marktforscher erfolgreich beratend tätig werden zu können, bedarf es vertiefter betriebswirtschaftlicher Kenntnisse, die das Gros der Marktforscher aus seiner Ausbildung nicht automatisch mitbringt (vgl. marktforschung.de/questback 2017, S. 22). Hinzu kommen beratungsspezifische Kompetenzen wie etwas Visions- oder Reflexionsfähigkeit. Um für die Kunden über die reine marktforscherische Leistung einen wirklichen Mehrwert erbringen zu können, gehört die Ableitung von Handlungsempfehlungen und Lösungen unabdingbar zum Leistungsspektrum eines beratenden Marktforschers. Will er von seinen Kunden nicht nur als Datenlieferant und Ratgeber, sondern als Mitwirkender an ihrem Geschäft akzeptiert werden, muss er bereit sein, dafür auch Verantwortung zu übernehmen. Das gilt in erster Linie für betriebliche Marktforscher, die exklusiv für ihr eigenes Unternehmen arbeiten. Sofern Institutsmarktforscher konkurrenzfrei für einen Kunden arbeiten, ist es aber auch für sie vorstellbar, stärker in die Geschäftsprozesse ihres Kunden eingebunden zu werden als es das traditionelle Rollenbild eines Marktforschungsinstituts vorsieht.

Neben der bereits genannten Neutralität und Unabhängigkeit bilden Kontinuität und Vertrauen zwei weitere Säulen, um als Marktforschungsberater akzeptiert und erfolgreich zu sein (vgl. 8.3.3). Wesentlich ist vor allem das Vertrauen, das die Klienten in den Marktforschungsberater setzen. Es ist fundamentaler Bestandteil der Beratungskompetenz[8] und zahlt nicht nur auf die spezielle Marktforschungsberatung ein (vgl. Struck 2013, S. 24 f.). Das Vertrauen ist auch insofern von höchster Wichtigkeit, um „über die faktischen Daten hinaus *informelle Informationen* zu erhalten" (Herking 2015, S. 289). Mit dem Vertrauen korrespondiert die Kontinuität. Beratungsleistung durch Marktforscher, insbesondere durch betriebliche Marktforscher, ist von Dauerhaftigkeit gekennzeichnet. Sie wiederum basiert auf dem Vertrauen, das der Kunde dem beratenden Marktforscher entgegenbringt und welches sich erst über einen längeren Zeitraum gewinnen lässt. All die vorgenannten Kompetenzen, Aktivitäten und Rahmenbedingungen sind, Bereitschaft, Erlaubnis und Fähigkeit des einzelnen Marktforschers vorausgesetzt, sich dorthin zu entwickeln, um Marktforschungsberater zu werden.

---

8 Für Salber (2016) ist Vertrauen „die Grundlage für das Wachstum jeder Marke oder Unternehmung",
also auch der Unternehmung Marktforschungsberatung.

Durch die Kombination mit Beratung macht die Marktforschung aus Insights im Idealfall eine wertschöpfende Produktion, die hilft, „faktenbasiert Business-Fragestellungen [zu] beantworten" (Buckler 2017, S. 28). Gleichzeitig besteht eine Chance, den Einfluss der Marktforschung im Top-Management zu steigern. Hagins/Courtright (vgl. 2013) berichten, dass bezüglich der Beeinflusser von wichtigen Entscheidungen von möglichen Punkten lediglich 15 auf Primärforschung entfallen, was hinter Gesprächen mit Schlüsselkunden (18 Punkte) und Beratungen mit dem Management-Team (17 Punkte) nur Platz drei ausmacht. Auf C-Level und bei Vice Presidents außerhalb des Marketings liegen sogar noch Finanzdaten vor Marktforschungsergebnissen. Lediglich bei den Vice Presidents aus dem Marketing ist die Marktforschung nach den Gesprächen mit Schlüsselkunden die zweitwichtigste Quelle.

8.3.3 Beziehungsorientiertes Modell der Beratung durch Marktforscher

Das Modell von Ottawa/Rietz unterstellt, dass unerlässliche Rahmenbedingungen wie Neutralität und Unabhängigkeit des beratenden Marktforschers, ein Bündel an Kompetenzen und das sich daraus im Idealfall ergebende Vertrauen zwischen Berater und Klienten aus einem traditionellen Marktforscher einen Marktforschungsberater machen können. Das reicht aber aus Sicht der Autoren dieses Buches noch nicht aus, denn das bisherige Modell vernachlässigt mit Ausnahme des Vertrauens den Beziehungsaspekt der Beratungsdienstleistung. Die Ausführungen zu Dienstleistungen (vgl. 4) rekapitulierend ist festzuhalten, dass die Beratung eine stark individualisierte und maßgeblich auf die Mitwirkung des Klienten bzw. Auftraggebers angewiesene Dienstleistung ist (vgl. Engelhardt/Kleinaltenkamp/Reckenfelderbäumer 1992, S. 35). In Lehrbüchern zur Marktforschung wird die Dienstleistung Marktforschung oft rein prozessorientiert dargestellt (vgl. Aaker/Kumar/Day 2006, S. 78; Burns/Bush/Sinha 2014, S.69; Weis/Steinmetz 2012, S. 34 f.). Aus dem Blickwinkel der Beziehung zwischen den drei Hauptakteuren am idealtypischen Marktforschungsprozess, nämlich Bedarfsträger für die Studie, z. B. die Marketing-Abteilung eines Unternehmens, betrieblicher Marktforschung und Marktforschungsinstitut, ist zu hinterfragen, wie diese drei Beteiligten miteinander kommunizieren und interagieren. Im schlimmsten Fall tritt die betriebliche Marktforschung als Gatekeeper zwischen Institut und Bedarfsträger auf. Daraus ergibt sich im Extremfall, dass Bedarfsträger und ausführendes Institut erst bei der Präsentation in persönlichen Kontakt zueinander treten. Diese Extremvariante des Prozessablaufs wird in der Realität eher selten sein, doch legen nach den persönlichen Erfahrungen der Autoren recht viele betriebliche Marktforscher Wert darauf, dass zumindest die wesentliche Kommunikation im Laufe einer Studie ausschließlich über sie als „Außenkante" des beauftragenden Unternehmens gegenüber seinem Dienstleister Institut läuft, wie Abbildung 31 verdeutlicht.

Dieses Vorgehen hat den Vorteil, dass der betriebliche Marktforscher jederzeit umfänglich über die Studie informiert ist, er andererseits jegliche Detailinformation, z. B.

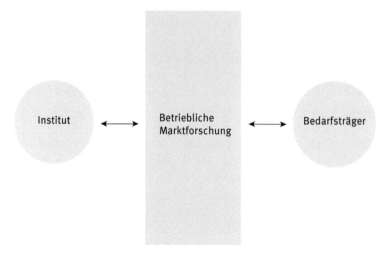

Abb. 31: Traditionelles Beziehungsmodell im Rahmen einer Marktforschungsstudie (eigene Darstellung).

zu Stimuli für Konzepttests, für die er selbst u. U. keinen Mehrwert erbringt, persönlich an das Institut weitergeben muss, was zu Informationsverlusten und Zeitverzögerungen führen kann. Aus Sicht des Instituts gleicht seine Informationslage dabei dem Blick auf einen Eisberg. Durch die mangelnde direkte Kommunikation zwischen ihm und dem Bedarfsträger der Studie kennt es im Zweifel nur die expliziten, also über dem Wasserspiegel liegenden Informationen. Das Gros der Informationen, nämlich die impliziten, bleibt unter Wasser verborgen und verhindert damit eine möglichst umfassende Information des Instituts zu den Beweg- und Hintergründen für die Studie (vgl. Back/Beuttler 2006, S. 69; Ottawa/Falk 2016, S. 52 f.). Ein Klassiker aus der Praxis ist dabei, wie schon früher angeführt, ein vom Marketing beauftragtes Mystery Shopping. Explizit wird im Institutsbriefing als Ziel der Studie die Messung und damit verbundene Optimierung der Vertriebsleistung angegeben, ein Ziel, dass auch vom Vertrieb mitgetragen werden kann. Implizit dienen solche Studien gerne als Mittel, den Vertrieb und seine (mangelnde) Leistung bei der Geschäftsleitung anzuschwärzen, um im Extremfall von eigenen Versäumnissen bei der Vermarktung des Produkts, wie etwa schlechter Kommunikation, abzulenken.

Die Folge solchen Informationsverhaltens muss nicht immer zum Scheitern der Studie führen, hindert jedoch in aller Regel das Institut daran, optimale, da auf optimaler Informationslage basierende Studienergebnisse abzuliefern. Letztendlich verursacht der Gatekeeper-Habitus Nichtverstandensein auf Seiten von Institut und Bedarfsträger.

Die Lösung dieses Nichtverstandensein, die, wenngleich in geringerem Maß als das Institut, auch den Bedarfsträger betrifft, indem beispielsweise Anforderungen des Instituts, weil sie der betrieblichen Marktforschung nicht zusagen, gar nicht erst zu

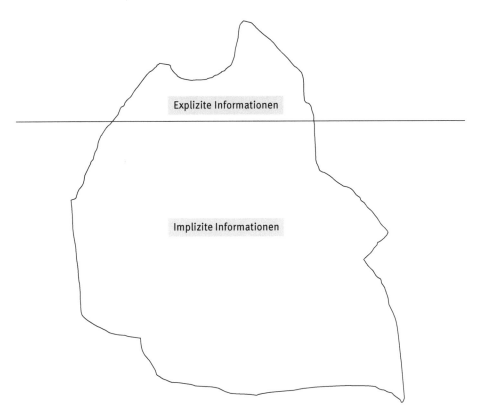

Abb. 32: Explizite und implizite Informationen im Rahmen einer Marktforschungsstudie (eigene Darstellung).

ihm vordringen, liegt in einer Öffnung der Kommunikation und der Schaffung von zusätzlichen Beziehungen. Der betriebliche Marktforscher nimmt dabei nicht mehr die Rolle eines Gatekeepers, sondern vielmehr die eines Katalysators ein, der aufgrund seiner doppelten Verankerung im Unternehmen des Bedarfsträgers und in der Marktforschungsbranche den die gesamte Studie begleitenden Austausch im Sinn eines „relationship managers" (Petch/Wheals 2013) zwischen den Beteiligten fördert und moderiert.[9] Ihm obliegt es vor allem, Institut und Bedarfsträger in direkte Beziehung, Kommunikation und Interaktion miteinander zu setzen. Abbildung 33 illustriert diese Öffnung durch die Schaffung einer revolvierenden Kommunikation im Sinn von Ennsfelner/Bodenstein/Herget (2014, S. 34), nach denen Ziel einer jeden Beratung ist,

---

9 Nach der Branchenstudie 2015 von Ottawa/Winkler sehen es 54 % der Befragten oft als ihre wichtigste Aufgabe an, im Rahmen einer Studie die unterschiedlichen Wünsche und Erwartungen an die Marktforschung unter einen Hut zu bringen.

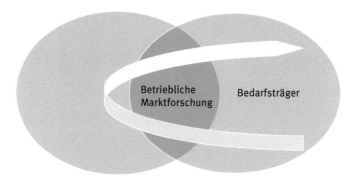

Abb. 33: Katalysatorfunktion der betrieblichen Marktforschung (eigene Darstellung).

„über einen **stabilen Kommunikationsprozess** mit dem Kunden die gewünschten Ergebnisse zu erzielen."

Das Modell erfordert von allen Beteiligten, vor allem aber von den betrieblichen Marktforschern, Kommunikationswillen und -fähigkeit. An dieser Stelle erschließt sich auch, warum die Kommunikationsfähigkeit die wichtigste soziale Kompetenz im erweiterten Beratungsmodell von Ottawa/Rietz ist. Erst sie ist in der Lage, aus dem fast ausschließlich kompetenzorientierten Beratungsmodell unter Zuhilfenahme einer seiner wichtigsten Einzelkompetenzen ein sowohl kompetenz- als auch trilateral beziehungsfundiertes Beratungsmodell zu machen. Der Marktforscher ist in seiner Rolle als beratender Marktforscher ein Übersetzer zwischen Markt, Institut und Unternehmen. Erst der offene Austausch mit allen an einer Studie Beteiligten versetzt sowohl Instituts- als auch betriebliche Marktforscher in die Lage, Beratungsleistungen zu erbringen. Dazu kann es unter Umständen, vor allem für betriebliche Marktforscher, notwendig sein, Silodenken im eigenen Unternehmen zu bekämpfen, um Wissen allen Beteiligten zugänglich zu machen bzw. alle Beteiligten zur Zusammenarbeit zu bewegen. Denn Silos sind, um Vermaak (2017) zu zitieren: „Good for Grain, Bad for Market Research". Aus diesem Grund fordert Omiyale (2018) die Marktforscher auf: „To be successful in the future, researchers must break down silos and work collaboratively to drive meaningful change". Allerdings darf nicht unbeachtet bleiben, dass bei gleichzeitiger Nutzung externer und interner Beratung leicht ein Spannungsfeld entstehen kann (vgl. Ennsfellner/Bodenstein/Herget 2014, S. 16 f.).

Im Idealfall erreicht ein Marktforscher, gleichgültig ob in Institut oder Betrieb, das Niveau eines „trusted advisor"[10] (Maister/Green 2000, S. 8). Lewis (2010, S. 30) definiert den „trusted advisor" als „the first person you call when you have a problem and the last person you call before making a decision." Das bedeutet für Marktforscher eine Studie nicht nur von Anfang bis Ende zu begleiten, sondern auch nach ihrem Abschluss ihren (internen) Kunden mit Rat und Tat zur Seite zu stehen. Vorausset-

---

10 vgl. zu dem Begriff „trusted advisor" auch Grover/Vriens (2006, S. 5 ff.).

zung dafür ist: „Becoming a trusted advisor at the pinnacle level requires an integration of content expertise with organizational and interpersonal skills" (Maister/Green 2000, S. 8). Dabei ist es nach Knoblach/Fink besonders wichtig, als „fachkundiger, vertrauenswürdiger und freundlicher Ratgeber" (2012, S. 767) statt als (manipulativer) Taktiker (vgl. 2012, S. 767) aufzutreten. Daneben muss er das Geschäft seines Kunden und die Möglichkeiten von dessen Firma verstehen (vgl. Lewis 2010, S. 30). Vertrauen ist demnach der Schlüssel, als Marktforscher beraterisch erfolgreich tätig zu sein. Er agiert dabei in verschiedenen Rollen „as a mirror, a sounding board, a confessor, a mentor, and even, at times, the jester or fool" (Maister/Green 2000, S. 10). Für Santee (2016, S. 27) ist „becoming an influencer or trusted advisor (...) our [der Marktforscher; Anm. d. Verf.] most important job." In Anlehnung an Aristoteles bedarf es für Santee (2016, S. 27) dreier Elemente, um Einfluss zu gewinnen: „*logos* – the logical appeal; *pathos* – the power of an emotional appeal; and *ethos* – influence through credibility and character."

An dieser Stelle muss aber darauf hingewiesen werden, dass eine funktionierende Kommunikation in Verbindung mit allen für die Marktforschungsberatung erforderlichen Kompetenzen allein noch keine hinreichende Begründung für marktforscherische Beratungsleistungen darstellt. Es bedarf zusätzlich noch der Bereitschaft aller drei Beteiligten, sich auf eine marktforscherische Beratung einzulassen. Push-Faktoren seitens der Marktforscher aus Institut und/oder Betrieb allein reichen nicht aus, zu Marktforschungsberatern zu werden, wenn auf Seiten der Bedarfsträger im Unternehmen nicht die Bereitschaft existiert, in Marktforschern mehr als bloße Informations- und Datenlieferanten zu sehen, anstatt sie auch außerhalb von Studien und Informationsbeschaffung in die Optimierung ihres Geschäfts einzubinden. Ebenso unzureichend sind reine Pull-Faktoren seitens der Bedarfsträger, wenn ihre Dienstleister nicht bereit und/oder in der Lage sind, sie mit Marktforschungsberatung zu unterstützen, sondern sich ihrerseits, unter Umständen unter Bezug auf falsch verstandenes Standesrecht, auf eine Beraterrolle nicht einlassen.

8.4 Inhalte der Marktforschungsberatung

Die im vorhergehenden Kapitel vorgestellten Modelle sagen eher wenig über die konkrete Ausgestaltung der Beratung durch Marktforscher aus. „Both marketeers and market researchers believe that insight professionals should play a strategic role. But how remains the question" (Bosma 2017). Wie kann die Vision vom beratenden Marktforscher „instead of being data supplier it [the agency; Anm. d. Verf.] becomes relationship manager" (Petch/Wheals 2013) Realität werden. Dem Versuch, diese Frage zu beantworten, seien zwei Anmerkungen zur Beratung von Kollegen durch Kollegen vorangestellt. Den Kollegen, die ein Marktforscher berät, wird er im beruflichen Kontext vermutlich noch häufig begegnen. Da Beratung, und sei es nur durch die Konfrontation der internen Kunden mit unangenehmen Fakten über Markt oder

Kunden, auch schwierige und unangenehme Aspekte umfasst, sind soziale Kompetenzen von großer Bedeutung, um als beratender Marktforscher keine „verbrannte Erde" zu hinterlassen (vgl. Lins 2017). Gleichzeitig kann die Beratung von Kollegen auch befriedigend sein, denn: „Wer gute Arbeit leistet, sieht die Erfolge seines Tuns jeden Tag und erlebt die Bestätigung durch Kollegen" (Lins 2017). Drittens muss die Bereitschaft, als „ausgelernter" Marktforscher nach u. U. vielen Berufsjahren etwas nicht dem originären Kanon der Marktforschung Zuzurechnendes zu erlernen, gegeben sein (vgl. Arnold/Pätzold 2008, S. 45). Zu fragen ist allerdings vor dem Hintergrund der immer wieder von Marktforschern beklagten mangelnden Work-Life-Balance[11], ob Marktforscher überhaupt noch Ressourcen für (zusätzliche) Beratungsleistungen haben. Gleichwohl sehen aber auf Basis derselben Befragung 65 % noch Kraftreserven für zusätzliche Aufgaben. Insofern lohnt es sich, über Beratung durch Marktforscher nachzudenken, ohne zwangsweise Gefahr zu laufen, seine Mitarbeiter und sich selbst mit dieser Aufgabe kapazitiv zu überfordern.

Eine erste Anregung für die Einsatzfelder von marktforscherischer Beratung orientiert sich an den Ausführungen Kubrs (vgl. 2002, S. 16 ff.), wie Berater im Allgemeinen genutzt werden können.

Wie eine Gewichtung der einzelnen Beratungstätigkeiten aussehen kann, verdeutlichen Ennsfelner/Bodenstein/Herget (vgl. 2014, S. 24 ff.) am Beispiel der österreichischen Beratungsunternehmen. Die eigentliche Beratungsleistung nimmt demnach lediglich einen Anteil von 51 % der Umsetzvolumina ein. Eine konkrete Aufgabenbeschreibung beratenden Marktforscher findet sich bei Eidems/Lainer (2015, S. 37). Sie umfasst die folgenden Tätigkeiten:

– Selbstständige Betreuung nationaler und internationaler Kunden sowie deren Beziehungsmanagement
– Leitung komplexer Projekte
– Umfassende Betreuung zu umfassenden Fragestellungen, z. B. aus dem Marketing und zu Marktforschungsmethoden
– Durchführung von komplexen, vorrangig internationalen Marktforschungsprojekten im Einzelnen (vom Angebot bis hin zu Ergebnispräsentationen)
– Koordination interner und externer Dienstleister

Mit Ausnahme des dritten Punktes, der Betreuung zu umfassenden Fragestellungen, unterscheidet sich die Auflistung nicht sonderlich von der Aufgabenbeschreibung eines Senior Researchers oder Teamleiters in der Marktforschung. Inwieweit die genannte umfassende Betreuung sich auch auf der Ergebnispräsentation nachgelagerte Aufgaben bezieht, lassen die Autorinnen offen.

---

11 In der Branchenerhebung 2015 von Ottawa/Winkler gab die Hälfte der befragten Marktforscher an, dass bei ihnen allenfalls teilweise von Work-Life-Balance die Rede sein könne. Dabei urteilte die Generation Y nur geringfügig kritischer als Generation X und diese wiederum nur geringfügig kritischer als die Babyboomer.

Tab. 87: Nutzung von Beratern (eigene Darstellung nach Kubr 2002, S. 16 ff.).

Einsatzmöglichkeit	Relevanz für Marktforscher
Providing information	Grundaufgabe der Marktforschung
Providing specialist resources	Marktforscher sind Spezialisten auf ihrem Gebiet
Establishing business contacts and linkages	Insbesondere für betriebliche Marktforscher relevant, wenn es um Suche und Auswahl von Instituten, Analysten etc. geht
Providing expert opinions	Marktforscher sprechen mit Experten, wie z. B. Ärzten, Analysten, aber auch Kunden des beauftragenden Unternehmens. Im Idealfall sind sie selbst Experten für bestimmte Themen oder Branchen.
Doing diagnostic work	Ebenfalls eine Grundaufgabe der Marktforschung
Developing action proposals	Ein guter Marktforscher muss in der Lage sein, aus seinen Analysen Handlungsempfehlungen abzuleiten.
Developing systems and methods	Diese stark umsetzungsorientierte Aufgabe kann aufgrund zeitlicher und kompetenzbezogener Kapazitäten in der Regel nur ansatzweise von Marktforschern erfüllt werden.
Planning and managing organizational changes	Auch diese stark umsetzungsorientierte Aufgabe kann aufgrund zeitlicher und kompetenzbezogener Kapazitäten in der Regel nur ansatzweise von Marktforschern erfüllt werden.
Training and developing management staff	In Ausnahmefällen, wie z. B. der Nutzung von Analystenzugängen, denkbar
Counselling and coaching	Vor allem für betriebliche Marktforscher kaum umsetzbar

Als notwendige Anforderungen, um die Beratungsfunktion ausfüllen zu können, nennen Eidems/Lainer (2015, S. 37 f.) folgende Punkte:

– Abgeschlossenes Studium der Sozialwissenschaften/Betriebswirtschaftslehre, idealerweise mit Schwerpunkt Marketing, Marktforschung oder Statistik
– Mindestens 3 Jahre Berufserfahrung in der Marktforschung und/oder in der Beratung
– Erfahrung in der Kundenbetreuung und in der Koordination von komplexen, internationalen Forschungs- und Beratungsprojekten
– Umfassende Kenntnisse der Methoden der empirischen Forschung und Beratung
– Beratungskompetenz, d. h. herausragende Kontakt- und Kommunikationsfähigkeit sowie Präsentationserfahrung, hohe Selbstständigkeit und Organisationstalent, verbunden mit ausgeprägter Teamfähigkeit, Belastbarkeit und Flexibilität
– Ausgezeichnete Deutsch- und Englischkenntnisse in Wort und Schrift
– Sehr gute MS-Office- und SPSS-Kenntnisse/Methoden der qualitativen Sozialforschung

Die Anforderungen ähneln dem von Ottawa/Rietz (vgl. 2015, S. 243) aufgestellten Modell der Marktforschungsberatung.

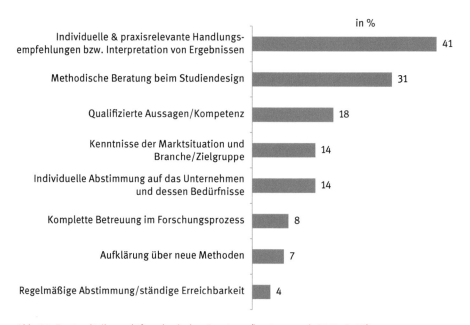

in %

Individuelle & praxisrelevante Handlungs-empfehlungen bzw. Interpretation von Ergebnissen	41
Methodische Beratung beim Studiendesign	31
Qualifizierte Aussagen/Kompetenz	18
Kenntnisse der Marktsituation und Branche/Zielgruppe	14
Individuelle Abstimmung auf das Unternehmen und dessen Bedürfnisse	14
Komplette Betreuung im Forschungsprozess	8
Aufklärung über neue Methoden	7
Regelmäßige Abstimmung/ständige Erreichbarkeit	4

Abb. 34: Bestandteile marktforscherischer Beratung (best research 2012, S. 32).

Die folgenden, im Vergleich zu Kubrs soeben vorgestellter Auflistung mehr ins Detail gehenden Ausführungen erheben keinen Anspruch auf Vollständigkeit, sondern sollen vielmehr als Anregungen für eigene Überlegungen der Leser dienen. Um diese Anregungen nicht willkürlich aneinanderzureihen, werden sie anhand des Ablaufs einer klassischen Studie vorgestellt, wobei der von Ottawa (vgl. 2014, S. 4) vorgestellten Erweiterung der marktforscherischen Aktivitäten vor dem Briefing bzw. nach der Präsentation besondere Bedeutung zukommt. Best research (vgl. 2012, S. 32) liefert dazu auf Basis von 183 befragten Marktforschungsentscheidern in Großunternehmen empirische Ergebnisse. Das Besondere an diesen Ergebnissen ist, dass die Marktforschung von ihren Auftraggebern beurteilt wird.

Dabei ragen mit 41 % der End- (Praxisrelevante Handlungsempfehlungen) und mit 31 % der Anfangspunkt (Methodische Beratung beim Studiendesign) der üblichen marktforscherischen Wertschöpfungskette heraus. Auch bei der Frage, in welchen Punkten sich Institute im Hinblick auf ihre Beratungsleistung verbessern sollten, stehen wiederum die Handlungsempfehlungen mit 21 % an der Spitze (vgl. Abbildung 35).

Wie von Ottawa/Winkler (vgl. 2015a, S. 14) aufgezeigt, spielt das Verständnis der Klienten und ihres unternehmerischen Umfelds eine wichtige Rolle. Dazu gehören auch die Erfolgsfaktoren und Hemmnisse interner Berater im Allgemeinen. Sie sind in Tabelle 88 aufgeführt.

Von der Anzahl her überwiegen die Hemmnisse. Da jedoch auch schlagkräftige Argumente wie höhere Geheimhaltung und niedrigere Kosten für interne Berater spre-

Abb. 35: Verbesserungspotenzial der Institute hinsichtlich marktforscherischer Beratung (best research 2012, S. 33).

Tab. 88: Erfolgsfaktoren und Hemmnisse von Inhouse-Consultants im internen Markt (eigene Darstellung nach Niedereichholz/Niedereichholz 2008, S. 202 f.).

Erfolgsfaktoren	Hemmnisse
Kenntnis von Kultur und Prozessen	Zu starke Verhaftung in der Unternehmenskultur
Kenntnis informeller Gegebenheiten	Mangelnde Neutralität
Kenntnis der (informellen) Entscheidungsträger	Betriebsblindheit
Geheimhaltung und Loyalität	Weigerung, Rationalisierungsprojekte durchzuführen
Schnellerer Projektstart durch Insiderwissen	Rücksicht auf starke Betriebsräte
Kenntnis des Betriebsrats und seiner Präferenzen	Mangelnde Akzeptanz aufgrund desselben „Stallgeruchs"
Geringere Kosten	Interne Blockadehaltung
	Geringeres Renommee als externe Berater
	Angst vor späteren Konsequenzen nach Rückkehr in eine Linientätigkeit
	Regulierung der Arbeitszeit (Arbeitszeitgesetz)

chen, muss jeweils im Einzelfall, etwa unter Berücksichtigung zur Verfügung stehender Kapazitäten, entschieden werden, ob interne, externe Berater oder eine Kombination aus beidem eingesetzt werden. Einige der Punkte finden sich so oder so ähnlich auch als Kriterien, wenn es in der betrieblichen Marktforschung darum geht, eine

Studie in Eigenregie oder durch ein Institut durchführen zu lassen. Dazu zählen z. B. Kosten, Betriebsblindheit oder Verschwiegenheit (vgl. Ottawa/Rietz 2015, S. 117).

Welche Ansatzpunkte für Beratung durch Marktforscher ergeben sich nun während des Ablaufs einer Studie und darüber hinaus? Die Autoren dieses Buchs sehen diesbezüglich vier Haupthandlungsfelder:

1. Briefing
2. Handlungsempfehlungen
3. Umsetzung der Handlungsempfehlungen
4. Dauerhafter Austausch/Netzwerken (Relationship Management)

Den Beginn der Beratungsbeziehung sieht Wiedenfeld (vgl. 2012) im **Briefingge-spräch**, dass sie als Beratungsgespräch versteht. Wenn aus dem reinen Entgegennehmen von Kundenwünschen ein beratungsorientierter Dialog auf Augenhöhe wird, haben die beteiligten Marktforscher bereits einen beraterischen Mehrwert im Sinne eines optimierten Studienaufsatzes geliefert. Zu diesem Dialog gehören für den beratenden Marktforscher vor allem das genaue Hinterfragen, wofür die späteren Studienergebnisse genau benötigt werden und was der Kunde wirklich benötigt (vgl. Bosma 2018), der Hinweis auf andere Quellen, z. B. vorhandene Primär- und Sekundärstudien, die die Fragestellung beantworten, sowie das Aufzeigen von Lösungen im Sinn von Studiendesigns. So wird das Briefing zu einem der zentralen Beratungspunkte im Rahmen der Zusammenarbeit von Marktforscher und Kunde.

Als Marktforscher **Handlungsempfehlungen** abzugeben, ist in der Branche nicht unumstritten, doch inzwischen in weiten Kreisen der Branche akzeptiert (vgl. best research 2012, S. 32). Appleton hält es sogar für „essentiell" (2017). Entscheidend ist dabei, dass es sich dabei nicht lediglich um Handlungsvermutungen, sondern um wissenschaftlich fundierte Empfehlungen handelt, die auf qualitativ hochwertiger Forschung beruhen (vgl. Esters 2016, S. 101 f.). Diese „Erkenntnisse in Worte [zu] formulieren"[12] ist für Michael der Kern der Marktforschungsberatung. In diesem Sinn äußern sich auch Werner, wenn er Marktforschungsberatung als „Inside Based Consulting"[13] definiert, und Wiedenfeld (2012). Für Letztere wird dann aus der Marktforschungs- eine Beratungsleistung, „wenn auf die Fragestellung bezogene alternative Szenarien aufgezeigt werden und/oder konkrete Empfehlungen ausgesprochen werden." Berücksichtigt werden müssen gleichwohl die Folgen falscher oder fehlerhafter Beratung. Beratende Marktforscher, gerade aus Instituten, müssen unter Umständen dafür haften (vgl. Günther 2017).

Die Beratungstätigkeit von Marktforschern kann aber auch noch weitergehen, indem diese sich an der **Umsetzung** der von ihnen gegebenen Handlungsempfehlungen beteiligen. Franzen (2008) geht soweit, zu sagen: „dass nur ein wirksames und

---

12 Christian Michael, damals SSI Deutschland, in einem Gespräch mit Marco Ottawa am 06.04.2016.
13 Bernd Werner, Nymphenburg Group, in einem Gespräch mit Marco Ottawa am 19.10.2015.

interdisziplinär aus Marktforschern und Linienmanagement gebildetes Umsetzungs- und Follow-Up-Management einen nachhaltigen Beitrag der Marktforschung für den Unternehmenserfolg gewährleistet." Diese Aufgabe ist vor allem aufgrund von Kosten für Institute eher von betrieblichen, deren Lohnkosten „eh da" sind, als von Institutsmarktforschern zu leisten. In der Praxis gilt das Franzens Aussage (2008): „Die Rolle der internen Marktforschung ist passiv und für die Umsetzung der Ergebnisse im Unternehmen wenig relevant" auch heute noch. Ein (betrieblicher) Marktforscher kann nur dann Berater sein, wenn er nicht nur auf Aufträge zur Durchführung von Studien oder Sekundärrecherchen wartet, sondern aktiv Verantwortung für die Umsetzung einfordert. Das wurde schon 2007 (vgl. Höllger/Müller-Sinik, S. 47) von 79 % (Top-Two-Boxes) der Befragten bejaht. Neundorfer wirft jedoch ein, dass man Beratungskompetenz „nur bei einzelnen extrovertierten, mutigen Forscherpersönlichkeiten" (2012) fände. Die Autoren dieses Buches haben die ermunternde Erfahrung gemacht, dass diese Rolle unabhängig davon sogar von ihnen zunehmend durch ihre Auftraggeber eingefordert wird. Ersteres bestätigen auch die empirischen Befunde von WFA/brainjuicer (vgl. 2016, S. 18). Dazu gehört eine proaktive Einstellung der Marktforscher, um beraten zu können und Einfluss auf das Management und seine Entscheidungen zu nehmen.

Neben den eigentlichen Inhalten der Beratung durch Marktforscher ist ein **dauerhafter Austausch** zwischen Klienten und beratenden Marktforschern äußerst wichtig. Das steht zwar in Widerspruch zum temporären Charakter des Beratungsgeschäfts (vgl. Kubr 2002, S. 8), ist aber nach Ansicht der Autoren für eine erfolgreiche Beratungstätigkeit durch Marktforscher unabdingbar, um tiefer in das Geschäft der (internen) Kunden einzudringen und es somit möglichst umfassend zu verstehen. Diese Aussage bezieht sich vor allem auf betriebliche Marktforscher, da sie auch in Zeiten, in den nicht gerade Studien durchgeführt werden, kostenlos ihren internen Klienten zur Verfügung stehen. Wichtig ist dabei auch, nicht auf Anfragen aus dem Kundenkreis zu warten, sondern proaktiv an der Umsetzung von Themen mitzuwirken und eigene Ideen einzubringen (vgl. Wiedenfeld 2012). Wie eine permanente Beratung beschaffen sein kann, schildern Gräper/von Corvin (2002, S. 344 f.), Ottawa/Rietz (vgl. 2015, S. 240) und Wiedenfeld (vgl. 2012). Zu den Austauschpartnern gehören aber keinesfalls nur (interne) Kunden, sondern auch die professionelle Community, also die Marktforschungsbranche, zu der ein beratenden Marktforscher eine zumindest implizite dotted line unterhalten sollte (vgl. Krizanits 2009, S. 276), um sich bezüglich Entwicklungen und Neuerungen der Branche zum Wohl seiner Klienten auf dem Laufenden zu halten, sie ggf. sogar zu beeinflussen.

Wie sieht nun die Zukunft der Beratung durch Marktforscher aus? Trends lassen sich in Ermangelung empirischer Daten derzeit nicht valide ableiten, doch haben Ennsfelner/Bodenstein/Herget (2014, S. 196) aus vier Branchenstudien sieben Trends für die Unternehmensberatung destilliert. Es handelt sich dabei um:
- Langfristige Partnerschaften von Beratungsunternehmen mit Kunden,
- Bereitstellung von externen Sichtweisen für die Kunden,

- Berater sorgt für einen Know-how-Transfer ins Kundenunternehmen,
- Thematische Spezialisierung von Beratungsunternehmen wird wichtiger,
- Beratungsunternehmen sind für Konzeption und Implementierung zuständig,
- Netzwerke von verschiedenen Beratungsunternehmen, die ein Projekt gemeinsam durchführen,
- Anwendung von standardisierten Beratungsmethoden und -prozessen.

Der erste Trend kann nur im Sinne von Marktforschern, gerade aus Unternehmen sein, hilft er doch Umsätze und Arbeitsplätze zu sichern. Die Bereitstellung externer Sichtweisen für den Kunden ist das Kerngeschäft der Marktforschung und darf damit als erfüllt betrachtet werden, wenngleich in Sachen Insights und der Konzentration auf knappe Kernergebnisse noch Ausbaubedarf besteht. Know-how-Transfer ist gerade von Instituten durch neue Marktforschungsmethoden, Offenheit beim Kunden vorausgesetzt, leistbar. Die thematische Spezialisierung ergibt sich aus der Disziplin Marktforschung. Die Zuständigkeit für Konzeption und Implementierung dürfte jedoch den traditionellen Marktforscher, auch wenn er beratungsaffin ist, von seinen Kapazitäten und Kompetenzen her überfordern. Beispiele für Netzwerke existieren, zumindest in Anfängen, bereits wie unter 3.4 erwähnt. Netzwerke bzw. Zusammenschlüsse sind auch zwischen Marktforschungs- und Beratungsunternehmen im Sinn einer „Problemlösungsallianz" (Di Figlia 2013, S. 340) denkbar. Die oftmals von Marktforschern beklagte Schwierigkeit, „in großen Unternehmen auf C-Level-Ebene Gehör zu finden" (Georg 2015), lässt sich möglicherweise mit solchen Allianzen bekämpfen (vgl. Georg 2015).

Standardisierte Methoden und die Prozesse kennt die Marktforschung, gerade im Bereich der Kundenzufriedenheitsforschung, zuhauf. Aufgrund dieses grundlegenden Verständnisses für die Standardisierung von Dienstleistungen ist auch ein Transfer in Richtung Beratung vorstellbar. Die Beratungstrends scheinen demnach für Marktforscher kein grundsätzliches Umdenken und Betreten von Neuland darzustellen. Neuland wären für traditionelle Marktforscher jedoch die Durchschnittsgehälter von Beratern, deren Median 2017 bei 79.000 € (vgl. consulting.de 2017b, S. 7) lag. Strategieberater verdienten im Median 85.000 €, Personalberater 69.000 € und Berater aus den Bereichen Organisation/Prozesse/Projektmanagement bei 68.000 € (vgl. consulting.de 2017b, S. 17). Für 2017 hat consulting.de (vgl. 2017a) das mittlere Bruttojahresgehalt eines festangestellten Unternehmensberaters mit 74.000 € ermittelt. Damit liegen sie erheblich über den in der Marktforschung gezahlten Gehältern, die 2017 bei durchschnittlich 57.000 € (vgl. marktforschung.de/questback 2017) lagen. Ob sich jedoch durch eine Ausweitung der Marktforschungstätigkeit in Richtung Beratung auch die Gehälter beratender Marktforscher in Richtung Beratergehälter entwickeln werden, ist bei der gerade in Instituten herrschenden Lohnpolitik zumindest zweifelhaft. Nebenbei sei erwähnt, dass der Akademikeranteil unter den Beratern mit 96 % (vgl. consulting.de 2016, S. 42) noch höher als bei den Marktforschern mit 93 % (vgl. marktforschung.de/questback 2017, S. 18) liegt. Die Verteilung auf einzelne Studiengänge sieht jedoch gänzlich anders aus. Bei den Beratern lauten die Top 3 Wirtschaftswissenschaften (54 %), Ingenieurwissenschaften (19 %) sowie Mathematik und Naturwissenschaften (8 %) (vgl. consulting.de 2016, S. 43). Geistes- und Naturwissenschaften spielen im Gegensatz zu den bevorzugten Studienrichtungen späterer Marktforscher keine Rolle.

All die Vorschläge, als Marktforscher beratend tätig zu werden, haben jedoch geringe Chancen auf Erfolg, wenn der beratende Marktforscher sich eine auf seine möglicherweise als überlegen eingeschätzte Wissen beruhende arrogante Attitüde zulegt. Für ihn gilt das von Fink (2017) über Unternehmensberater Gesagte:

> Arroganz und eine übersteigerte Hybris sind natürlich schon per se keine Eigenschaften, die man gerne für sich in Anspruch nimmt. In der Beratung können sie zusätzlich einen ganz unmittelbaren Einfluss auf den Erfolg oder Misserfolg eines Projektes haben. Unsere Studien zeigen, dass die Mitarbeiter auf Kundenseite seltener das tun, was ihnen ein arroganter Berater nahelegt, selbst dann, wenn sie den Ratschlag inhaltlich für sinnvoll halten.

Vielmehr muss ein Berater bemüht sein, sich eine gute Reputation zu erarbeiten, um als solcher Erfolg zu haben, denn: „Je besser die Reputation eines Beraters ist, desto größer ist die Wahrscheinlichkeit, dass die Mitarbeiter des Kunden tun, was er empfiehlt" (Fink 2017). Ähnlich sieht es Große Holforth, für den „Referenzen über durchgeführte Projekte der am besten geeignete Marketing Content für Berater" (2016) sind.

Als Resümee der Beratung durch Marktforscher seien einerseits Petch/Wheals (2013, S. 322): „in order to increase margin and build revenues, most market research companies would do well to provide professional consultancy services", andererseits Klein (2015) zitiert:

> Bei allen Möglichkeiten der Prozessoptimierung in der Datengewinnung – der [sic!] wichtigste Benefit der Marktforschung macht die Beratung aus, die Fähigkeit, einen Auftraggeber im Dialog nahtlos bei der Gewinnung und Nutzung der Ergebnisse zu begleiten.

9 Zukunftskompetenzen entwickeln im Kontext von Hochschule und Arbeitswelt 4.0: Integration von Design Thinking in Lehre und Studium

9.1 Einleitung: Kompetenzen im Wandel – mit Blick auf Studium und Arbeitswelt

Zukunftskompetenzen entwickeln: „Die Studierenden von heute sind die Neuzugänge auf dem Arbeitsmarkt von morgen." Auch der Bildungs- und Entwicklungsauftrag von Hochschulen strebt das Ziel an, die Studierenden zu befähigen, in der globalisierten Welt der Zukunft erfolgreich zu agieren.

Welche Kompetenzen werden Studierende für diese Arbeitswelt benötigen? Wie schätzen Unternehmen die Arbeitswelt der Zukunft ein?

In einer aktuellen Studie zur Hochschulbildung für die Arbeitswelt 4.0 geben hierzu beispielsweise 89 % der Unternehmen an, dass die Zusammenarbeit zwischen Teams in der Arbeitswelt der Zukunft wichtiger werden wird. Ferner wird der stärkeren Verknüpfung von praktischen und theoretischen Lerninhalten (70 %) eine hohe Relevanz zugeschrieben. Für 71 % der Unternehmen gewinnen überfachliche Kompetenzen in der Hochschulbildung im Hinblick auf die Arbeitswelt der Zukunft an Bedeutung (Stifterverband, 2016)[1].

Auch aus Sicht der Hochschulen nimmt die Ausrichtung von Studium und Lehre auf – an aktuellen und zukünftigen Entwicklungen der Arbeitswelt[2] orientierten – Kompetenzen einen hohen Stellenwert ein („Employability"): Im Vordergrund der akademischen Ausbildung steht daher heute die Kompetenzorientierung, und nicht mehr die reine Wissensvermittlung. Vorlesungen und Seminare mit reiner Fachvermittlung erscheinen, auch aus hochschuldidaktischer Sicht, nicht mehr ausreichend, um Studierende auf die Anforderungen in der Arbeitswelt vorzubereiten.

Projekt- und problembasiertes Lernen anhand realer Fragestellungen aus der Unternehmenspraxis und der Einsatz neuer Arbeitsweise wie Design Thinking ermöglicht eine produktive und kreative Lehr-/Lernkultur, in der lösungsorientiert zusammengearbeitet werden kann.

Anmerkung: Dieses Kapitel wurde verfasst in Zusammenarbeit mit **Ivonne Preusser**, **Lara Cremer** und **Pia Müller**, TH Köln.

1 Hochschul-Bildungs-Report 2020 des Stifterverbands für die Deutsche Wissenschaft, Jahresbericht 2016.

2 Hierbei wird nicht explizit in Arbeits- und Lebenswelt unterschieden, gemeint sind damit auch gesellschaftliche, soziale, wissenschaftliche Bereiche und die vielfältigen Berufswege in Wissenschaft, Forschung und Praxis.

https://doi.org/10.1515/9783110517774-009

Der folgende Beitrag geht der Frage nach, wie Lehre kompetenzorientiert gestaltet werden kann und wie Studierende bereits im Rahmen ihres Studiums Kompetenzen für zukünftige Handlungsfelder entwickeln können. Hierzu wird ein neu konzipiertes Lehrformat im Masterstudiengang Markt- und Medienforschung an der TH Köln vorgestellt. Einem projektbasierten Ansatz folgend, verbindet der Kurs verschiedene interaktive Lernmethoden und Design Thinking mit einer aktuellen Aufgabenstellung aus der Praxis.

Digitalisierung, Innovations- und Wettbewerbsdruck sowie eine neue einflussnehmende Rolle der Kunden sind Faktoren, die die heutige Arbeitswelt massiv prägen und zu tiefgreifenden Veränderungen des Marktgeschehens führen (Preusser/Bruch 2014; PwC 2016). Unternehmen sind daher mehr denn je gefordert, die Kunden stärker in den Mittelpunkt des unternehmerischen Handelns zu stellen. Aus Forschung und Praxis gilt eine Ausrichtung auf den Kunden und dessen Bedürfnisse zunehmend als Erfolgsfaktor im Wettbewerb (Bruhn 2016, Hinterhuber/Matzler, 2009; IBM Global C-Suite Study 2013). Vor diesem thematischen Hintergrund ist das Lehrkonzept (fach-)inhaltlich auf „Customer Centricity" und Fragestellungen zu Kunden im Fokus von Unternehmensaktivitäten ausgerichtet.

Ein Schwerpunkt dieses Beitrags bilden Kundenzentrierung und Design Thinking mit der Darstellung, wie diese Denk- und Arbeitsweise in Lehre und Studium der Markt- und Medienforschung integriert werden kann. Erfahrungen mit dem kundenzentrierten Prozess des Design Thinkings werden aus Sicht der Studierenden dargestellt und konkrete Beispiele sowie Ergebnisse aus der Projektarbeit angeführt.

9.2 Hintergrund Unternehmenswelt: Kunden im Fokus von Praxis und Forschung

Kundenzufriedenheit goes Customer Centricity

Das Verhalten der Kunden und deren Bedürfnisse zu verstehen, ist zu einem zentralen Wettbewerbsfaktor für Unternehmen im heutigen Wirtschaftsumfeld geworden. Erkenntnisse über eine kundenzentrierte Unternehmensführung („Customer Centricity") sowie über Interaktionen von Kunden und Mitarbeitern gewinnen daher zunehmend an Relevanz.

Nicht nur vor dem Hintergrund von steigendem Innovationsdruck und digitalem Wandel – sondern auch durch die Rollenänderung der Kunden („Customer Empowerment") – wird eine stärkere Kundenorientierung zur zentralen Zielgröße für Unternehmen. In den letzten Jahren hat daher eine Ausrichtung auf die Kundenbedürfnisse („Customer Centricity") verstärkte Aufmerksamkeit von Forschung und Praxis erfahren:

– So steht etwa bei Audi die Mission „Wir begeistern Kunden weltweit" im Mittelpunkt der neuen „Strategie 2020",
– bei der Deutschen Telekom bestimmt die Leitlinie „Customer delight drives our action" das Handeln aller Mitarbeiter – konzernweit
– und auch die Allianz stellt zukünftig „True Customer Centricity" ins Zentrum der neuen Strategie und setzt – gruppenweit – mit „Make superior customer experience the top priority for all our actions" ein konsequent kundenorientiertes Ziel.

Auch internationale Studien zeigen seit längerem diese Entwicklung auf und weisen auf den steigenden Stellenwert einer Kundenfokussierung aus Unternehmenssicht hin. Weltweit befragt, nennen über 1500 Top-Manager aus 60 Ländern die Kundennähe als höchste Priorität (88 %) ihrer strategischen Ausrichtung und Ziel der nahen Zukunft, deutlich vor dem Umsatz (51 %) (IBM Global CEO Study 2010). Diese Ergebnisse werden auch in einer weiteren, aktuellen Studie bestätigt. Für 90 % der befragten Führungskräfte in 83 Ländern hat die Bindung der Kunden die stärkste Auswirkung auf die Unternehmensstrategie (PwC 2016).

Obgleich jedoch die Notwendigkeit und Relevanz vielfach betont wird, erscheint die Realisierung einer „spürbare" Ausrichtung auf den Kunden in der Unternehmenspraxis schwierig (vgl. u. a. Gulati 2007 und 2010; Schögel/Herhausen 2011; Preusser 2017). Denn Studien der letzten Jahre zeichnen ein fast gleichbleibendes Bild: So geben 80 % der Unternehmen an, einzigartige Kundenerlebnisse zu bieten – aber nur 8 % der Kunden teilen diese Ansicht (Bain/Compa 2005). Einer weiteren Studie zufolge, behaupten 91 % der Unternehmen einen starken Kundenfokus zu besitzen, nur 10 % der Kunden stimmen dem zu (Forrester Research 2012[3]). Dies ist jedoch nicht nur aus Sicht der Kunden relevant. Auch im Hinblick auf die Innovationsfähigkeit von Unternehmen wird eine Ausrichtung an den Bedürfnissen der Kunden wirksam. So gilt das Fehlen dieser als einer der Hauptgründe für das Scheitern von Innovationen (Reichwald et al. 2007; Schallmo 2017). Studien hierzu zeigen beispielsweise auf, dass eine frühzeitige Integration von Kunden in einen Entwicklungsprozess den Innovationserfolg steigern kann (vgl. Freudenthaler-Mayrhofer/Sposato 2017; Brenner/ Uebernickel 2015).

Vor diesem Hintergrund gewinnen daher kundenzentrierte Managementansätze wie Customer Centricity oder Vorgehensweise wie Design Thinking, die die Bedürfnisse der Nutzer ins Zentrum stellen, in der Unternehmenspraxis und in Wissenschaft/ Forschung an Bedeutung.

Design Thinking wurde ursprünglich als Innovationsmethode für Produkte und Services an der Universität Stanford entwickelt und hat Unternehmen aus dem Silicon Valley – wie Google, Apple oder Tesla – geprägt. Design Thinking nimmt inzwischen

---

3 In: Brown/Brown (2014): The Customer Culture Imperative: A Leader's Guide to Driving Superior Performance.

eine zentrale Rolle in der Arbeitsweise erfolgreicher Innovatoren und wird zunehmend auch von deutschen Unternehmen wie Allianz, BMW oder Deutsche Bank für vielfältige Fragestellungen und Problembereiche angewandt (u. a. bei Produkt- und Serviceentwicklung, bei Prozessgestaltungen, technologischen und soziale Innovationen).

Relevanz für das Studium

Für Studierende der Markt- und Medienforschung sind Kenntnisse und Wissen zu Customer Centricity und Design Thinking bedeutsam, um einerseits die im Praxisumfeld zunehmenden Denk- und Arbeitsweisen kennenzulernen und anderseits Kompetenzen und Erfahrungen zu diesen Themenfeldern bereits im Studium zu erwerben

Darüber hinaus vereint und integriert Design Thinking grundlegende Methoden der Markt- und empirischen Sozialforschung und ist daher für Studierende dieser Fachrichtung ein originäres Anwendungsfeld. So gehören etwa die Erforschung von Konsumenten- und Nutzerbedürfnissen, die Entwicklung kundenorientierter Produkte sowie auch das Testen von Konzepten und Prototypen bei den Zielgruppen zum Methodenspektrum des Studiengangs.

Dies zeigt sich auch in der Denk- und Arbeitsweise bei Design Thinking: Verstehen und das „Hineinversetzen" in den Kunden dienen dem Ziel, eine auf den Nutzer ausgerichtete Lösung zu entwickeln und stellt somit die – potenziellen – Kunden und Konsumenten ins Zentrum der Aktivitäten. Dies bedeutet auch, dass Forschung eine zentrale Aufgabe innerhalb des Prozesses einnimmt.

Dieser Ansatz passt beispielsweise auch zu aktuellen Herausforderungen im Marketing, wo die Beziehungen zu Kunden – anstelle des Produkts – zunehmend in den Fokus rücken (CRM – Customer Relationship Management/Kundenbindung).

Insbesondere in der Marktforschungsbranche haben Customer Centricity und vor allem Design Thinking in letzter Zeit hohe Aufmerksamkeit erlangt und an Bedeutung gewonnen – so widmete sich beispielweise die Fachtagung des Berufsverbands Deutscher Markt und Sozialforscher im Jahr 2017 dem Thema „Design Thinking – Kundenorientierung neu gedacht/gemacht!".

Ein thematischer Schwerpunkt dieses Beitrags ist daher Design Thinking und der Darstellung gewidmet, wie dies im Rahmen eines neu konzipierten Lehrformats in die universitäre Ausbildung von Studierenden der Markt- und Medienforschung eingebunden werden kann. Im nachfolgenden Kapitel wird zunächst der Bildungs- und Hochschulkontext dargestellt sowie der Rahmen für die Ziele und das Kompetenzverständnis der heutigen universitären Ausbildung aufgespannt.

9.3 Hintergrund Hochschulkontext: Kompetenzorientierung und Employability in Lehre und Studium

9.3.1 Bildungsziele und Auftrag der Hochschulen

Aus dem Leitbild im Hochschulentwicklungsplan 2020 der TH Köln wird deutlich: Für die Hochschule „sind die wissenschaftliche Qualifizierung, die Berufsbefähigung in einem sich ständig wandelnden, internationalen Arbeitsumfeld und die Entwicklung der Persönlichkeit der Studierenden wesentliche Bildungsziele" (FH Köln 2011, S. 6).

Im Hinblick auf diese Bildungs- und Entwicklungsziele sowie vor dem Hintergrund des europäischen Bologna-Prozesses ist die Kompetenzorientierung in der heutigen Hochschulbildung von zentraler Bedeutung. So sieht es auch die TH Köln „als ihren Auftrag an, die Studierenden zu befähigen, in der globalisierten Welt der Zukunft erfolgreich zu agieren. Neben der wissenschaftlichen und fachlichen Qualifikation fördert das Studium daher soziale Kompetenzen, Kommunikations- und Kritikfähigkeit sowie interdisziplinäres und interkulturelles Denken" (FH Köln 2011 S. 7).

Besonderen Stellenwert erlangt daher in der Hochschulbildung die Ausrichtung auf – an aktuellen und zukünftigen Entwicklungen der Arbeitswelt orientierten – Kompetenzen („Employability").

Ziel des Kompetenzerwerbs ist hierbei nicht nur die Aneignung von Wissen, sondern die Vermittlung, Einübung und Entwicklung von Fähigkeiten, dieses Wissen bei konkreten Aufgaben und Problemstellungen anwenden zu können (Schaper 2012)[4].

Diese Kompetenzorientierung geht auch mit einem Paradigmenwandel im europäischen Bildungs- und Hochschulkontext einher, welcher auch als *„Shift from Teaching to Learning"* beschrieben wird. Mit diesem Perspektivenwechsel wird im Hochschulbereich unter anderem die Entwicklung weg von der Stoffzentrierung in der Lehre hin zur Kompetenzorientierung im Studium beschrieben (Bachmann 2014).

Bei diesem Verständnis von Hochschullehre liegt der Fokus daher nicht mehr auf der reinen Inhaltsvermittlung („Content-Orientierung"), sondern auf den Ergebnissen des Lernens und den Strategien, mit denen sie erreicht werden („Output-Orientierung") und bedeutet, Lehre vom Lernen her zu denken und zu gestalten und den Erwerb von Kompetenzen in den Mittelpunkt zu stellen (Wildt 2013). Ferner geht damit eine Ausrichtung auf den Lernenden (Studierendenzentrierung) und eine Rollenänderung der Lehrenden einher, im Sinne eines *„Shifts from sage on the stage to guide on*

---

4 Vgl. HRK-*Fachgutachten zur Kompetenzorientierung in der Lehre*, Hochschulrektorenkonferenz – *Projekt Nexus (Schaper, 2012)*. Die Hochschulrektorenkonferenz (HRK) befasst sich seit 2010 gemeinsam mit dem Bundesministerium für Bildung und Forschung (BMBF) im Projekt nexus mit der Weiterentwicklung der Studienprogramme und der Sicherung der Studienqualität.

the side[5]. Mit diesen Entwicklungen im Hochschul- und Bildungskontext lässt sich daher die Zielausrichtung von Studium und Lehre beschreiben mit „vom Lehren zum Lernen", „vom Lehrziel zum Lernergebnis" und „vom Inhalt zur Kompetenz".

9.3.2 Kompetenzverständnis im Bildungs- und Hochschulkontext

Kompetenzbegriff

Der heutigen Hochschulbildung liegt ein Kompetenzverständnis zugrunde, welches Kompetenz als Befähigung definiert, „in Anforderungsbereichen, die durch hohe Komplexität, Neuartigkeit bzw. Unbestimmtheit und hohe Ansprüche an die Lösungsqualität gekennzeichnet sind, angemessen, verantwortlich und erfolgreich zu handeln. Befähigungen zu einem solchen Handeln beinhalten zu integrierende Bündel von komplexem Wissen, Fertigkeiten, Fähigkeiten, motivationalen Orientierungen, (Wert-) Haltungen in Bezug auf die Anforderungsbereiche" (Schaper, 2012 S. 29).

Demzufolge ist Kompetenz als Potenzial zu verstehen, in komplexen Situationen erfolgreich handeln zu können. Hierzu sind zusätzlich zu Wissen auch Bereitschaft (Motivation) und insbesondere Fähigkeiten der Anwendung (Können) erforderlich. Es bedarf daher – über die Aneignung von Wissen hinaus – vor allem der Entwicklung von Fähigkeiten, dieses Wissen in konkreten Situationen anwenden zu können (Handlungskompetenz). Im Verständnis einer übergeordneten Kompetenz umfasst „Handlungskompetenz" daher die Bereiche[6] Fach-, Methoden, Sozial- und Selbstkompetenz (u. a. Nerdinger/Blickle/Schaper 2011; Braun/ Gusy/Leidner/Hannover 2008). Fachliche wie überfachliche Kompetenzen müssen daher zusammenwirken, um Handlungsfähigkeit zu ermöglichen.

Kompetenzorientierte Lehr-/Lerngestaltung

So ist nicht nur vor dem Hintergrund neuerer Erkenntnisse der Lernforschung (Bachmann 2014; Schaper 2012), sondern auch aus der evidenzbasierten Hochschulbil-

---

5 Der Begriff wurde zunächst von Alison King (1993) angeführt und beschreibt einen Wechsel des Lehr- und Rollenverständnis von „sage-and-recipient-to-guide-and-participant" (Morrison, 2014,S. 3) als weniger Frontalunterricht und Instruktion hin zu einer mehr partizipativeren Lehr-/Lernkultur.

6 Diese Kompetenzfacetten bilden daher zunehmend auch eine Grundlage der Lehrevaluationen an Hochschulen (z. B. bei kompetenzorientierten Evaluationsinstrumenten wie etwa BEvaKomp (Braun et al. 2008). Fachkompetenz bedeutet, dass Studierende ihre Kenntnisse, ihr Verstehen, ihre Anwendungsfähigkeiten und Analysefähigkeiten erweitern. Methodenkompetenz bezieht sich auf die Fähigkeit einer Person, effektiv Arbeit zu planen, und auf die Beherrschung relevanter Arbeitstechniken. Sozialkompetenz bezieht sich auf Fähigkeiten zur erfolgreichen Realisierung von Zielen und Plänen in sozialen Interaktionssituationen und zeigt sich in kommunikativen und kooperativen Verhaltensweisen. Selbstkompetenz beschreibt eine produktive Einstellung des Individuums gegenüber Lernen und Selbstentwicklung und bezieht auch auf Fähigkeiten zur Selbstwahrnehmung (z. B. zur Reflexion eigener Fähigkeiten) und zur Selbstorganisation (z. B. Zeitmanagement) ein.

dungsforschung (Kuh/O'Donnell/Reed 2013; Schneider/Mustafić 2015; Winteler/ Forster 2007) bekannt, dass das Vermitteln von Wissen im traditionellen Vorlesungs- stil nicht ausreicht, um nachhaltige Lernerfolge zu erreichen.

Kompetenzerwerb gelingt nicht durch „passives" Lernen, sondern erfordert die aktive, handelnde und problemorientierte Auseinandersetzung mit den Inhalten.

Um daher „träges Wissen"[7] zu vermeiden (d. h. Kenntnisse, die zwar angeeignet, aber nicht handlungswirksam werden) sind interaktive, handlungsorientierte Lehr- formen bedeutsam, wie z. B. problem- und projektbasiertes oder forschendes Lernen, bei denen Anwendungs- und Praxisbezüge von Lerninhalten verdeutlicht werden.

Anforderungen aus der Arbeitswelt und projektbasiertes Arbeiten

Entwicklung und Etablierung neuer, interaktiver Lehrformate sind nicht nur ein Er- gebnis der Lernforschung, sie tragen auch den veränderten Anforderungen aus der Arbeitswelt Rechnung.

Digitaler Wandel, dynamischer Wettbewerb und auch die hiermit einhergehenden Veränderungen der Arbeitswelt (**New Work, Arbeit 4.0**) bringen neuartige Fragestel- lungen und komplexere Probleme hervor, für deren Lösung häufig multidisziplinäre Projektteams beauftragt werden.

Fundiertes Fachwissen ist daher nicht mehr alleiniger Garant für erfolgreiches Handeln: Teamfähigkeit, Kommunikations- und Problemlösefähigkeiten, Projektma- nagement sowie interdisziplinäres, vernetztes Denken und innovative Lösungsfin- dung gewinnen an Relevanz.

Hier setzt „projektbasierte Lernen" an: „Die Studierenden erhalten (...) eine Auf- gabe, die sie als Team bearbeiten: ein fachliches Problem, für das sie selbst einen Lö- sungsweg entwickeln und das sie mit Beratung, aber weitgehend eigenverantwortlich, bearbeiten" (Gotzen 2013, S. 1).

Im Rahmen des Lehrformats „**Projektarbeit**" werden die Studierenden bereits während ihrer universitären Ausbildung an die zukünftigen Anforderungen der Ar- beitswelt herangeführt und erweitern im konkreten Handeln ihre Kompetenzen. Das Lösen einer praktischen Problemstellung geht daher über die Sammlung von Fakten- wissen hinaus und fördert das Denken in Zusammenhängen. Darüber hinaus entwi- ckeln die Studierenden „berufsrelevante Handlungskompetenzen, wenn sowohl der Prozess als auch das Ergebnis durch Reflexion und Feedback begleitet wird" (Gotzen 2013, S. 1).

Das projektbasierte Lehrformat – durch Lehrende geplant, vorbereitet und be- treut – gilt als effektive Antwort auf die Frage, wie Lehre gestaltet werden kann, so dass sich Kompetenzen anwendungsbezogen und auf die Herausforderungen der Ar-

---

[7] vgl. Renkl, Alexander (1996). Träges Wissen: Wenn Erlerntes nicht genutzt wird. Psychologische Rundschau. 47, S. 78–92.

beitswelt ausgerichtet entwickeln können (vgl. Walker/Leary 2009; Alfieri et al. 2011, Scholkmann/Küng 2016[8]).

9.3.3 Lernimpulse im Rahmen des Lehrformats „projektbasiertes Arbeiten"

Lehren in Projekten nutzt diese Arbeitsform als Rahmen, der bei den Studierenden eine Breite von Fähigkeiten anspricht und Lernimpulse anbietet: Durch „problembasiertes Lernen" (problem-based learning), „Tiefgang" (immersion) sowie „Simulation und Reflexion" (simulation) können die Studierenden nachhaltige Lernerfolge in Bezug zu ihren zukünftigen Handlungssituationen erzielen (vgl. u. a. Carleton/Leifer 2009; Reinmann/Mandl 2006).

Problembasiertes Lernen (problem-based learning)
Durch das problembasierte Lernen wird der Realitätsbezug und damit auch die Relevanz der Ausbildung für die Arbeitswelt anhand einer aktuellen Herausforderung eines Unternehmens aus der Praxis hergestellt. So basiert die Projektarbeit der Studierenden auf einer realen Aufgabenstellung eines Unternehmens aus der Markt- und Kundenforschung.

Tiefgang (immersion)
Den Studierenden ermöglicht die reale Aufgabenstellung eine Lerntiefe, indem sie sich an den Problemkontext aus Sicht des Unternehmens und des Nutzers annähern.

In der Immersionsphase werden daher verschiedene Perspektiven – wie z. B. des Kunden oder potenziellen Nutzers – eingenommen, um diese zu verstehen und Empathie zum Kunden aufzubauen.

Durch die Anwendung von verschiedenen Methoden der Marktforschung – wie etwa Beobachtungen, Tiefeninterviews und Nutzeranalysen – sollen die Studierenden zu einer breiten Wissensbasis über explizite sowie auch implizite Bedürfnisse der Kunden gelangen – mit dem Ziel, im weiteren Verlauf Lösungen generieren zu können, die den Kunden entsprechen (Brown, 2008).

Ferner ist die Arbeitsweise durch Phasen von divergierendem und konvergierendem Denken gekennzeichnet In divergierenden Phasen gilt es, methodisch gestützt, den Ideenraum zu einer Problemstellung zu erweitern: einen „Blick über den Tellerrand" zu gewinnen. In konvergierenden Phasen werden hingegen die Ergebnisse der divergierenden Phase ausgewertet und konkretisiert (vgl. Uebernickel/Brenner 2016).

---

8 In diesen Studien wurden problembasierte Lehrformen untersucht. Beispielsweise zeigt die Metanalyse von Alfieri et al. (2011) über 164 Studien mit Schülern und Studierenden auf, dass problembasiertes, begleitendes Lernen fähigkeitsförderlicher als traditionellere Formen des Lernens wie Vorlesungen und Seminare ist (mit einer Effektstärke von d = 0,30).

Reflexion und Simulation (simulation)

Darüber hinaus werden unterschiedliche Team- und Lösungsstrategien in der Kursgruppe simuliert. In Abhängigkeit von der jeweiligen Projektphase und Teilaufgabe organisieren sich die Studierenden dabei nach bestimmten Rollen oder nutzen eine kollektive Organisationsform und lösen Probleme als Gruppe. Diese adaptive Form der Projektbearbeitung und ein iterativer Prozess ermöglichen den Studierenden, verschiedene Methoden anzuwenden und Neues auszuprobieren. So werden die Studierenden u. a. durch die Denk- und Arbeitsweise des Design Thinking ermutigt, Ideen zu konkretisieren und „sichtbar greifbar " auszudrücken.

Diese flexiblen und adaptiven Arbeitsformen prägen unter dem Begriff **„Agilität"** auch das Arbeitsumfeld in der heutigen Wirtschaft, wo zunehmend agile Methoden bei Produktentwicklung und Projektmanagement (wie Scrum, Kanban, Lean Startup) gefordert sind. Dies benötigt erweiterte Kompetenzen und neue Formen der Kooperation, um sich schnell auf verändernde Kundenbedürfnisse und Marktanforderungen einstellen zu können.

Die Lernimpulse eines projektbasierten Lehrformats verfolgen das Ziel, die Studierenden der Markt- und Medienforschung bereits in der Ausbildung in die Lage zu versetzen, aktuellen Herausforderungen aus der Praxis mit innovativen Problemlösungen zu begegnen und dabei (disziplin-) übergreifend zu kommunizieren und zu kollaborieren.

9.4 Überblick Lehrkonzept: Darstellung des Kurses und Einbindung in den Studiengang

9.4.1 „Customer Centricity" im Masterstudiengang Markt- und Medienforschung an der TH Köln

Die TH Köln bietet an der Fakultät für Informations- und Kommunikationswissenschaft seit 2011 den Masterstudiengang Markt- und Medienforschung (Master of Science (M. Sc.)) an.

Das Profil des Vollzeitstudiengangs weist eine Ausrichtung auf die empirische Methodik und der angewandten Forschung auf. In vier Semestern erwerben die Absolventen die Fähigkeit zur selbständigen Durchführung von Forschungsaufgaben in der beruflichen Praxis und sind für leitende Tätigkeiten sowohl in der Markt- und Kundenforschung als auch in der Medienforschung qualifiziert.

Für diesen Studiengang wurde ein Lehrkonzept für ein Wahlpflichtmodul im dritten Semester entwickelt. Vor dem Hintergrund der zuvor dargestellten Kompetenzorientierung in der Lehre sowie mit Blick auf die Relevanz von „Customer Centricity" in der Praxis basiert die Kursgestaltung auf einem problem-based-Learning-Ansatz und integriert verschiedene interaktive Lernmethoden und Design Thinking.

Im Wintersemester 2016/17 wurde der Kurs „Customer Centricity" erstmalig für Studierende im dritten Fachsemester angeboten.

Nachfolgend wird dargestellt, wie der fachliche Schwerpunkt „Kundenzentrierung" anhand eines Praxisprojekts in die Kursgestaltung integriert wird und wie Studierende für ein Unternehmen aus dem Bankensektor – u. a. mit einem Design Thinking Ansatz – ein Konzept erarbeiteten, das die Kundenbedürfnisse in den Mittelpunkt stellt.

9.4.2 Kurskonzept und -umsetzung: Bezugsrahmen und Themenfokus

Den fachlich-thematischen Rahmen bildet eine interdisziplinäre Betrachtung und praxisrelevante Auseinandersetzung mit Fragen rund um „Customer Centricity". Kunden und Nutzer stehen im Fokus. Dem Begriffsverständnis einer kundenzentrierten Unternehmensführung nach, werden die Managementebenen – Strategie, Struktur/ Führung und Werte/Kultur – auf den Kunden ausgerichtet und in den Mittelpunkt des unternehmerischen Handelns gesetzt (vgl. Preusser 2017; Schögel/Herhausen 2012).

Hierzu werden in der Veranstaltung Theorien, Forschungsergebnisse und Praxisbeispiele vorgestellt sowie Ansätze und Best-Practices diskutiert. Anhand eines hypothetischen Projekts aus der Praxis wird das Thema Kundenzentrierung vertieft und in der Folge ein Umsetzungskonzept für das Unternehmen erarbeitet.

Phase 1: Wissen & Aneignen – Theorie und Praxis
Kenntnisse über „Customer Centricity" werden anhand von Theorie-Input und Praxis-Impulsen vermittelt sowie mit anwendungsbezogenen Übungen und Methoden ergänzt.

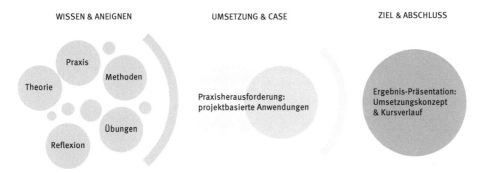

Abb. 36: Kursüberblick: Ziele, Struktur und Phasen – Schwerpunkt: Kundenzentrierung eines Unternehmens anhand eines Praxisprojekts (eigene Darstellung).

Phase 2: Umsetzung & Case – Projektbearbeitung

In Workshops und Kleingruppen wird der hypothetische Praxis-Case aus dem Banken-sektor „kundenzentrierte Neupositionierung einer Traditionsmarke" erarbeitet (pro-zessorientiertes, kreatives Vorgehen: „Herausforderungen verstehen – Lösungsideen entwickeln" – „Konzept erarbeiten").

Phase 3: Ziel & Abschluss – Projektergebnis

In der Abschlussveranstaltung wird das erarbeitete Konzept (Umsetzungsvorschlag, Handlungsempfehlungen) vor Praxisexperten präsentiert und der Kursverlauf vorge-stellt.

9.4.3 Beschreibung Case: Herausforderung aus der Praxis

Finanzbereich im Umbruch: *Digitalisierung, struktureller Wandel und neue Mitbewer-ber auf dem Markt sind Faktoren, die die heutige Finanzwelt massiv prägen.*

Das Unternehmen aus dem Bankensektor ist mit tiefgreifenden Markt- und Wett-bewerbsveränderungen konfrontiert und hat daher einen Wandel von der bisherigen produkt- hin zu einer kundenzentrierten Unternehmensstrategie eingeleitet[9]. Mit dem neuem (Marken-)Versprechen *„Wir machen es den Menschen einfach, ihr Leben besser zu gestalten"* stellt das Unternehmen in den Leitlinien nicht mehr die Produkte – wie Bausparverträge – in den Mittelpunkt der Kommunikation, sondern relevante The-men passend zu den Bedürfnissen und Interessen ihrer Kunden. Die Kommunikation im Rahmen von Werbekampagnen ist jedoch nur ein Element[10]. Die kundenzentrierte Strategie und das neue Kundenversprechen müssen von den Mitarbeitern verinner-licht und für die Kunden erlebbar werden.

Hier setzen die Studierenden an und erarbeiten im Verlauf des Kurses ein Umset-zungskonzept.

Die Themenwahl des Projekts hat einen deutlichen Bezug zur Marktforschungs-branche und erfordert über Analysen hinaus auch die eigenständige Entwicklung ei-nes Konzepts und konkrete Empfehlungen für das strategische Management.

Die Abbildung 37 zeigt die Einbettung des Projekts in das Kurskonzept und den zeitlichen Verlauf über das Semester auf.

Nach der ersten vierwöchigen Phase zur Wissensaneignung und Aufspannen des Themenfelds „Customer Centricity" beginnt die Phase 2 mit der Vorstellung des Pro-jekts und einem Briefing. In diesem Treffen stellt der Projektpartner den Studieren-

---

9 https://www.dsgv.de/de/presse/reden/150902_handelsblatt_jahrestagung_rede_GF.html (DSGV 2015).

10 https://www.dsgv.de/de/presse/pressemitteilungen/160111_PM_Kampagnenstart_Einfach_1.html (DSGV 2016).

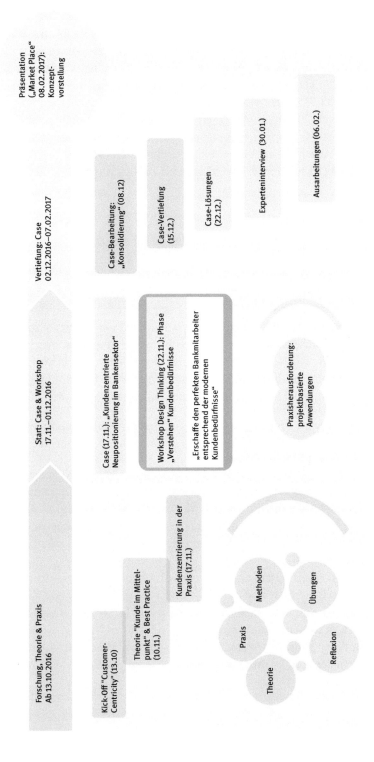

Abb. 37: Kursgestaltung: Rahmen, Aktivitäten und zeitlicher Verlauf (eigene Darstellung).

den das Unternehmen, Problemhintergrund und Herausforderung sowie die zentrale Fragestellung zur Bearbeitung vor. Im Anschluss hieran beginnt die Projektarbeit zunächst mit einem Design Thinking Workshop, um ein gemeinsames Verständnis für die Problemstellung zu entwickeln. Im weiteren Verlauf werden in den wöchentlichen Veranstaltungen die Projektschritte erarbeitet, Lösungsideen entwickelt und reflektiert. Unterstützt durch verschiedener Lehr-/Lernmethoden und moderierter Prozessbegleitung wird die Ergebniserarbeitung – auch anhand eines Experteninterviews aus der Praxis – vertieft und das Konzept mit entsprechenden Maßnahmen von der Kursgruppe entwickelt. Im Anschluss an die neunwöchige Projektlaufzeit wird dem Praxispartner das Ergebnis im Rahmen einer Abschlussveranstaltung vorgestellt und diskutiert (Phase 3).

9.4.4 Stellenwert und Funktion von Design Thinking im Lehrkonzept

Eine zentrale Rolle für die Bearbeitung des Projekts nimmt die Design Thinking Methode ein, um Kundenbedürfnisse tiefergehend zu verstehen und „sichtbar" zu machen.

Bei Design Thinking, auch Human Centered Design genannt, stehen die Menschen im Fokus – als Nutzer und Kunden, die im Mittelpunkt der Lösungen stehen. Die systematische und prozessorientierte Herangehensweise ist geprägt durch eine konsequente Ausrichtung auf das Verstehen und „Hineinversetzen" in die Nutzer.

Ferner ist Design Thinking durch eine Denk- und Arbeitsweise (Mindset) geprägt, die ein offenes Arbeitsumfeld schafft, in das sich die Teammitglieder kreativ und kollaborativ einbringen können.

Design Thinking Umsetzung im Kursverlauf

Die Projektbearbeitung beginnt mit einem ganztägigen Design Thinking Workshop.

Hierbei erleben die Teilnehmenden – bestehend aus der Projektgruppe und externen Personen aus Hochschule und Praxis – den gesamten Design Thinking Prozess und entwickeln innovative Lösungen zu der projektbezogenen Aufgabenstellung: *„Erschaffe den perfekten Bankmitarbeiter entsprechend der modernen Kundenbedürfnisse."*

Während des Workshops durchlaufen die multidisziplinären Teams – in einem Wechsel aus methodischen Inputs und intensiver Gruppenarbeit – die Stufen des Design Thinking Prozesses und wenden verschiedene praktische Methoden und Werkzeuge der jeweiligen Phase selbst an.

Der Design Thinking Workshop wurde in Zusammenarbeit mit den Gründern der Protostart GmbH[11] an der TH Köln durchgeführt.

---

[11] Die Gründer Anna Abelein und Yannis Beuke sind Absolventen des Hasso-Plattner-Instituts in Potsdam, welches die in Europa umfassendste Design Thinking Ausbildung anbietet. Einen herzlichen Dank an beide für die inspirierende Zusammenarbeit und Unterstützung.

9.4.5 Grundlagen des Design Thinkings: Prozess und Prinzipien

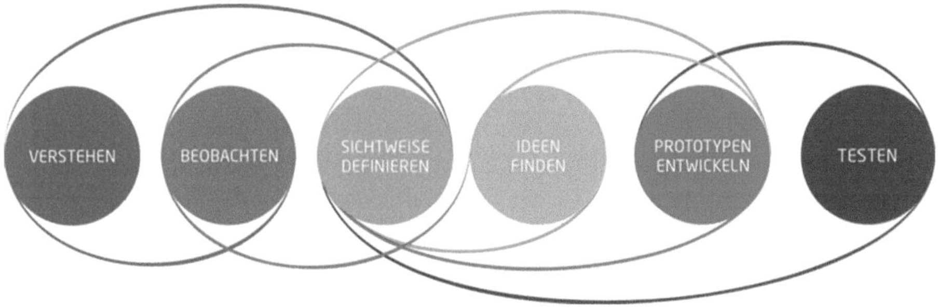

Abb. 38: Design Thinking Prozess (Hasso-Plattner-Institut 2017).

Ein Design Thinking Prozess besteht aus mehreren Phasen, in denen sich schrittweise der Lösung angenähert wird: Verstehen, Beobachten, Sichtweise definieren, Ideen generieren, Prototypen und Testen. Der Prozess ist non-linear und iterativ.

Der Ansatz des Design Thinkings kann verstanden werden als „a discipline that uses the designer's sensibility and methods to match people's needs with what is technologically feasible and what a viable business strategy can convert into customer value and market opportunity" (Brown 2009, S. 86).

Prinzipien

Das zentrale Prinzip, das Philosophie und Aktivitäten von Design Thinking prägt, ist „Human Centered Design: Menschen und die Erkenntnisse über deren Bedürfnisse stellen den Ausgangspunkt für Lösungen dar, die nicht nur attraktiv, sondern auch realisierbar und marktfähig sind" („the human rules", Meinel/Leifer 2015). Ideen werden in Prototypen zu greifbaren Lösungen umgewandelt, welche auf den folgenden Komponenten basieren: (technologische) Machbarkeit, (wirtschaftliche) Tragfähigkeit und (menschliche) Erwünschtheit (Hasso-Plattner-Institut 2017).

Ein Wechsel aus divergentem und konvergentem Denken prägt den Prozess: So gilt es, u. a. bei der Exploration des Problems und Ideengenerierung die Variationsbreite zu erfassen (divergent öffnend) sowie bei Synthese und Prototyping an der Konkretisierung von Ergebnissen zu arbeiten (konvergenten fokussierend). Mit einer Balance aus analytischem und intuitivem (non-linearem) Denken wird angestrebt, dass Lösungen nicht nur valide, sondern auch reliabel sind (vgl. Freudenthaler-Mayrhofer/Sposato 2017).

Weitere Prinzipien, die die Arbeits- und Denkweise des Design Thinkings kennzeichnen (vgl. Brenner/Uebernickel 2016), sind:
– das Lernen aus Fehlern („fail forward"),
– der Bau von Prototypen, um Lösungen frühzeitig ausprobieren zu können („make it tangible"),

– das direkte Testen und Validieren durch Kunden und Nutzer,
– das iterative Vorgehen im Prozess, um die Lösung ständig weiterzuentwickeln,
– die Arbeit in einem kreativen Arbeitsumfeld mit passenden Räumen und den richtigen Materialien.

Ein Design Thinking Team wird mit Personen aus unterschiedlichen Disziplinen bzw. Fachrichtungen gebildet und bringt kollaborativ Know-how und Erfahrungen aus verschiedenen Bereichen zusammen, um von unterschiedlichen Sichtweisen und Strategien zu profitieren und neue Perspektiven schaffen (Prinzip „Interdisziplinärität") (Gürtler/Meyer 2013).

In der Praxis – insbesondere in Hinblick auf die Innovationsfähigkeit von Unternehmen – wird Design Thinking eine hohe Relevanz zugeschrieben: Einer der Hauptgründe für das Scheitern von Innovationen ist die fehlenden Ausrichtung an den Bedürfnissen der Kunden (vgl. Reichwald et al. 2007). Empirische Studien zeigen, dass beispielsweise eine frühzeitige Integration von Kunden in den Entwicklungsprozess den Erfolg von Innovationen deutlich steigern kann (vgl. Freudenthaler-Mayrhofer/Sposato 2017; Brenner/Uebernickel 2015). Dies findet Berücksichtigung in einem Design Thinking Prozess: Der potenzielle Kunde kann schon in relativ frühen Konzeptionsstadien den Prototypen ausprobieren und seine Meinung rückmelden, sowie eventuelle Probleme bei der Nutzung sichtbar machen, was wiederum sehr wertvolle Informationen für die Weiterentwicklung darstellen und das Floprisiko reduzieren kann (vgl. Schallmo 2017).

Ein thematischer Schwerpunkt dieses Beitrags ist Design Thinking und die Darstellung, wie ein Design Thinking Prozess in die universitäre Ausbildung von Studierenden der Markt- und Medienforschung eingebunden werden kann. Das nächste Kapitel[12] vollzieht hierzu einen Perspektivenwechsel: Design Thinking und die Erfahrungen mit dieser Arbeitsweise werden aus Sicht der Studierenden dargestellt sowie konkrete Beispiele und Ergebnisse aus der Projektarbeit angeführt.

9.5 Einblick Kursumsetzung: Perspektivenwechsel und Kurserlebnis von Design Thinking

Jeder Student hatte wahrscheinlich innerhalb seines Studiums schon einmal die Befürchtung: *„Bringe ich nach dem Studium ausreichend Kompetenzen für meinen zukünftigen Beruf mit? Erlerne ich nur Fachkompetenzen? Wie ist es mit Methoden-, Handlungs-, personalen oder sozialen Kompetenzen?"* Vorurteile, wir Studenten würden zu

---

12 Weiterführende Literatur zu Design Thinking und den eingesetzten Methoden: Sowohl einführend oder vertiefend bei Freudenthaler-Mayrhofer/Sposato (2017); Gürtler/Meyer (2013); Lewrick et al. (2017); Schallmo (2017) und Uebernickel et al. (2015).

‚Fachidioten' *ausgebildet* werden, oder, wie es der Titel eines Artikels in „Der Welt" beschreibt: „*Die Unis produzieren Theorietrottel und Langweiler*" (Jeges 2015), verstärken diese Annahmen. Inwiefern sich diese Vorurteile bestätigen lassen, ist laut einer für Deutschland repräsentativen Umfrage von YouGov im Jahr 2016 jedoch nicht gänzlich eindeutig zu beantworten: 43 % der Befragten stimmen zu, Studenten erlernen nur Fachwissen und gleichviele lehnen dies ab (Wichmann 2016).

Neue Konzepte für die konsequente Ausrichtung eines Unternehmens auf seine Kunden erlernen: hört sich auch wieder sehr fachbezogen an, oder? Nein, denn innerhalb des Kurses wurde uns Studierenden eine thematische Herangehensweise offeriert, die sich für viele als etwas gänzlich Neues herausstellte.

Ausgangspunkt war ein Case mit realem Bezug aus dem Bankenbereich: Wie kann ein in den Medien verbreitetes Kundenversprechen der Bank ganzheitlich, innerhalb aller Unternehmensebenen verankert und verinnerlicht werden, sodass dies bei der letzten Instanz, dem Kunden, spürbar vermittelt und vor allem das Versprechen auch eingehalten wird? (Schögel/Herhausen 2012, S. 211 ff.; Coenen 2010, S. 36 und 39 ff.; Preusser 2017, S. 125 ff.).

Um dieser Herausforderungen gerecht zu werden, einem quasi ‚realen Kunden' ein spezifisches, individuelles auf das Unternehmen abgestimmtes und real umsetzbares Konzept bereitzustellen, wurde ein Mix aus Theorie, Methoden, ständiger Reflexion, Übungen, Best Practice Cases und einem Experteninterview angewandt – wobei rückblickend der Kern der Ideengewinnung über die Methode ‚Design Thinking' generiert wurde.

Doch ein Lösungskonzept zu erarbeiten, dass wir ganz „klassisch" in einer Powerpoint-Präsentation festhalten, stand nicht im Fokus, denn wir sind *,raus aus unserer Komfortzone'* getreten und haben über eine neue Methode, dem *Design Thinking*, einen für uns ganz neuen Ansatz der Ideenfindung und Problemlösung angestrebt, ungewohnt nach dem Motto „*Fail early and often!*"

In einer Welt, in der Kundenwünsche dynamisch sind und Unternehmen nach ständig neuen Losungsansätzen suchen, stellt Design Thinking den Kunden und seine Wünsche in den Mittelpunkt und nimmt dessen Denkweise als Grundlage, um möglichst nutzernahe Produkte oder Dienstleistungen zu konzipieren (vgl. Schallmo 2017, S. 14).

Aber ist nicht auch der Kunde immer das zentrale Objekt in der Marktforschung? Obwohl wir dies in unserem Studiengang als eine Selbstverständlichkeit wahrgenommen haben, waren wir umso erstaunter, dass uns in unserer ersten Kursstunde die vermeintlich einfache Aufgabe, „*Erinnert euch an ein besonders positives Kundenerlebnis*", überhaupt nicht so leicht wie erwartet fiel. Erst nach einem intensiven Austausch konnte sich dann doch jeder für ein mehr oder weniger einprägendes Kundenerlebnis entscheiden. Es zeigte sich dann, dass sich diese Diskrepanz – zwischen den von Unternehmen wahrgenommenem Kundenfokus und dem von den Kunden tatsächlich Empfundenen – auch in einer Studie widerspiegelt: 91 % der Unternehmen behaupten, eine starke Kundenfokussierung zu besitzen, doch nur 10 % derer

Kunden stimmen dem zu (vgl. Forrester Research 2012 in 9.2). Eigentlich ist es Aufgabe der Marktforschung, genau diese Lücke zu verkleinern, doch, dass wir als Studenten in der ersten Stunde genau an dieser Frage gescheitert sind, veranschaulicht, dass wir als zukünftige Marktforscher vielleicht einen neuen Ansatz in Betracht ziehen sollten, um Kundenwünsche besser identifizieren zu können, weniger auf „klassische" Befragungsmethoden zurückgreifend und vielmehr auf innovative, nutzerzentrierte Methoden gestützt. Denn genau auf dies zielt Design Thinking ab: Weg von der reinen Produkt- hin zur Nutzerfokussierung!

Die ersten Phasen des Design Thinking Prozesses beschäftigen sich intensiv damit, den Kunden zu **verstehen**, ihn ausführlich über seine Bedürfnisse zu befragen, aber auch in seinem tatsächlichen Nutzerverhalten zu beobachten, eigentlich ganz die klassische Marktforschung. Interessant ist, dass die darauffolgende Ideenfindung nicht mit einem theoretischen Konzept abschließt, sondern die Anfertigung eines sog. ‚*Prototyps*' verlangt, sodass ein Produkt oder eine Serviceleistung unmittelbar erlebbar gemacht werden.

9.5.1 Design Thinking: Ein etwas unkonventioneller Workshop

Unser Design Thinking Workshop stand gemäß unserer Kursthematik unter dem Motto: *„Erfinde den perfekten Bankmitarbeiter, passend zu modernen Kundenbedürfnissen"*. Bereits der Einstieg in das Seminar gestaltete sich anders als gewohnt. Anstelle einer klassischen Vorstellungsrunde lernten wir die Teilnehmer über ein Improvisationsspiel in der großen Gruppe kennen und bereiteten unseren Geist auf diese Weise für die kreative Ideenfindung des Design Thinkings vor.

Doch was hat uns der Design Thinking Workshop gebracht? Um dieses darzustellen, wollen wir nun anhand der sechs Phasen ***Verstehen, Beobachten, Sichtweise definieren, Ideen finden, Prototypen*** und ***Testen*** (vgl. 9.4.5) unserer Erfahrungen und den Mehrwert von Design Thinking exemplarisch darstellen.

1. Verstehen

Semantische Analyse: Um zunächst ein allgemeines Verständnis über die Thematik zu erhalten, starten die Teams jeweils mit einer *„semantische Analyse"* des Workshop-Mottos, in dem Wort für Wort analysiert und die unterschiedlichen Auffassungen und Assoziationen der Teammitglieder mittels eines Brainstormings generiert werden – *Stellen wir die Frage vom Kopf auf die Füße!*

Charette: Die Analyse von Nutzern, Kontexten und Problemen liefert einen Überblick über mögliche Nutzer und Stakeholder und deren Bedürfnisse. Nach einem Brainstorming sowie einer Diskussion, werden diese Probleme gruppiert und einzelne Nutzergruppen identifiziert sowie gesondert betrachtet – *Lasst uns menschenzentriert denken!*

Extremnutzer-Map: Eine Analyse der Extremnutzer deckt Intentionen und Interessen verschiedener Kundensegmente und ihren jeweiligen Nutzungskontexten auf. So überlegten wir bspw. kollektiv, welche diversen Kundengruppen eine Bank haben kann und welche individuellen Motivationen bzw. Bedürfnisse damit verbunden sein könnten. An dieser Stelle wurde der Gehalt einer interdisziplinären Teamzusammensetzung deutlich, denn die Ansichten der einzelnen Mitglieder variierten stark je nach Alter, beruflichem oder regionalem Hintergrund, aber auch nach der jeweiligen Lebenssituation. Der vielschichtige Austausch erweiterte das allgemeine Verständnis in der Gruppe und half dabei, eine Map von Extremnutzern sowie deren Nutzungszusammenhängen aufzustellen. Folglich wurden erste Blickwinkel eröffnet, welche Anforderungen die unterschiedlichen Kundensegmente an einen ‚perfekten Bankberater' haben könnten – *Lasst uns unsere Blickwinkel erweitern, um die Nutzerperspektive zu verstehen!*

Research Planning: Übergang zwischen der ersten und zweiten Phase, in welchem eine Struktur entwickelt wird, um in der Folgephase gezielt an die Beobachtung der potenziellen Nutzergruppen heranzugehen. Wir wollen den Nutzer nicht nur verstehen, wir wollen uns mit qualitativen Vorgehensweisen bestmöglich in den Nutzer hineinversetzen können. Dies bedarf natürlich einer Struktur! *Die kreativen und noch diffusen Ideen in eine Struktur bringen!*

2. Beobachten

Tiefeninterviews: Im nächsten Schritt gilt es, durch Beobachtung und Tiefeninterviews die aufgestellten Hypothesen zu den Nutzern zu überprüfen. Ziel der Interviews ist es, relevante Motive, das Verhalten, die Absichten oder Einschätzungen von Menschen zu verstehen. So machten wir uns in die Kölner Südstadt auf und interviewten anhand eines groben, vorab aufgestellten Leitfadens Passanten über ihre Erfahrungen mit Bankberatern. Um die Rolle des Nutzers noch genauer nachempfinden zu können, gingen einige von uns sogar selbst in eine Bankfiliale und simulierten einen Kundenkontakt. Das Schlüsselwort ist *Immersion – Fühlen wir uns in den Menschen hinein!*

3. Sichtweise definieren

Storytelling: Die gesammelten Informationen ‚geschichtenhaft' austauschen. Jedes Mitglied der Gruppe berichtet detailliert von seinen interviewten Personen, indem es die gewonnenen Erkenntnisse möglichst auch aus deren Perspektive vorträgt. Entlang einer Nutzer-Galerie werden nebeneinander die sog. ‚Personas' dargestellt – *Erzählt uns von den Menschen, so lebendig wie möglich!*

In dieser Phase im Design Thinking Prozess wurde uns der Wert von Visualisierungen deutlich. Anhand von Visualisierungen – etwa auf Post-Its – werden die Informationen und Erkenntnisse zusammengefasst, strukturiert und Muster identifiziert (vgl. hierzu u. a. Gürtler/Meyer 2013, S. 44 f.). Durch diese Skizzen wurde das vorhandene Wissen explizit visualisiert und damit kommunizierbar gemacht. *Lasst die Kunden sprechen!*

Personas: Synthese der aus der Phase der Beobachtung erkannten Kundentypen/-gruppen. Die Personas werden, so gut wie es die Recherche/Beobachtung zulässt, bzgl. ihrer Motive, Hintergründe, Wünsche, Werte und Normen als fiktive Charaktere beschrieben. Sie sind Stellvertreter der fokussierten Kundengruppen, um sich im weiteren Prozessverlauf bei der Entwicklung und Bewertung von Ideen an ihnen auszurichten (vgl. Pruitt/Adlin 2006, S.11). Sie entstehen durch die Synthese der Erkenntnisse, die während der Feldforschung gewonnen werden konnten.

Die Personas der Befragten werden dann mit ihrem jeweiligen Keyfact-Profil schlagwortartig untereinander angeheftet, gefolgt von einem farblichen Clustering nach interessanten, überraschenden und widersprüchlichen Beobachtungen der Personas. In diesem Zusammenhang zeigte sich für uns die Relevanz der Beobachtungsphase in einem Innovationsprozess, denn so hatten die zwei Teams vorab in Frage gestellt, ob im Zeitalter der Digitalisierung besonders junge Menschen überhaupt noch den persönlichen Kontakt zu einem Bankmitarbeiter wünschen und nicht lieber alles selbstgesteuert über eine App erledigen möchten. Umso mehr staunten wir alle nicht schlecht, als bei der Vorstellung der Personas deutlich wurde, dass vor allem sehr junge Personen nach einer persönlichen Beratung suchen – nur um einen der überraschenden Aspekte zu nennen – *Erwarte das Unerwartbare!*

Abb. 39: Design Thinking Prozess: Entwicklung von Personas (eigenes Bild).

Point-of-view: Aus allen aufgezeigten Profilen entscheiden sich die Teams schließlich jeweils für genau eine Persona, für deren Bedürfnisse und Anforderungen dann in der nächsten Phase konkrete Lösungsansätze entwickelt werden sollen – *Fokussieren und Identifizieren!*

So trafen wir Pascal, einen hippen 22-jährigen BWL-Studenten, der als Digital-Native völlig unabhängig ist und einen Bankberater überhaupt nicht benötigt. *Wer ist unser Nutzer?*

Wir waren inspiriert, zu entdecken, dass Pascal trotz seiner Selbstbestimmtheit besonders in komplexeren Bankangelegenheiten, ein großes Bedürfnis nach Sicherheit und einer vertrauensvollen Beratung hat. *Was ist unsere Erkenntnis?*
So versuchten wir, ihm zu helfen, indem wir nach Lösungsansätzen suchten, die seine beiden konträr scheinenden Wünsche harmonisieren sollten. *Welches Bedürfnis hat der Nutzer?*

4. Ideen finden

Reverse Brainstorming, Hot Potato & Superhero-Brainstorming: Gestartet mit einem Reverse-Brainstorming, um zu überlegen, was die Situation des ausgewählten Nutzers eher verschlimmern als verbessern würde, über die ‚Hot Potato‘, bei welcher der scheinbar ‚heiße‘ Ball erst weitergeben werden darf, wenn man eine neue Idee äußert, bis hin zum Superhero-Brainstorming, ganz nach der Frage, wie ein Superheld unserer Persona helfen würde. Ziel dieser Techniken ist es, zunächst auf schnelle, impulsartige Weise so viele kreative Lösungsvorschläge wie möglich zu generieren, um sich aus diesen schließlich auf einen Ansatz zu fokussieren, der im Rahmen des Workshops konkret umgesetzt werden soll – *Lasst uns unkonventionell und kreativ sein in der Ideenfindung!*

5. Prototypen entwickeln

Auf die Plätze, fertig, prototypen: Mit voller Euphorie wurde in unseren Teams 30 Minuten lang gebastelt, geknetet und gemalt. Die Anfertigung eines Prototyps im Design Thinking Prozess hat keinesfalls den Anspruch, ein fertig einführbares Produkt zu erstellen, sondern vielmehr den Zweck, einen Gegenstand oder eine Dienstleistung erlebbar zu machen und diese unmittelbar von den potenziellen Nutzern testen zu lassen. Bei Änderungswünschen oder festgestellten Nutzungsproblemen kann der Prototyp dementsprechend somit kurzerhand und einfach angepasst bzw. weiterentwickelt werden. Diese Einfachheit ermöglicht innerhalb des Design Thinkings auch eine sich wiederholende Durchführung von einzelnen Phasen, ohne dabei hohe Kosten oder viel Zeit in misslungene Konzeptionen investiert zu haben (vgl. Gürtler/Meyer 2013, S. 55–57) – *Mit kreativem Selbstbewusstsein Ideen haptisch und visuell erlebbar machen!*

In unserem Fall entwickelten beide Teams unabhängig voneinander interessanterweise zwei sehr ähnliche Prototypen, die im groben einer Art ‚Tinder für Kunden

Abb. 40: Anfertigung eines Prototyps (eigenes Bild).

und Bankberater' gleichkamen, bei welchem der Kunde sich seinen Bankberater nach seinen individuellen Präferenzen über eine Website/App selber aussuchen und mit ihm über diese einfach in persönlichen Kontakt treten kann.

Die Projektaufgabe des Kurses war, ein umfassenderes Lösungskonzept zur kundenzentrierten Unternehmensstrategie zu erarbeiten und daher galten unsere Prototypen nur als Beispiel des Machbaren ohne den Gedanken an eine Weiterentwicklung, zumal die eigentliche Testphase im Rahmen des eintägigen Workshops nicht integriert gewesen ist.

9.5.2 Key Learnings: Design Thinking Impulse in die Case-Bearbeitung implementieren

Doch wie hat uns dieser Workshop für unsere weitere Arbeit bereichert?
Über den Tellerrand hinausschauen: Zum einen hat uns Design Thinking gelehrt, alles ganzheitlich zu betrachten. So war uns schnell bewusst, dass es für ein von den Mitarbeitern nach außen gelebtes Kundenversprechen (Kundenzentrierung) nicht ausreichen würde, nur bei den Angestellten mit Kundenkontakt anzusetzen (so wie wir es wahrscheinlich ohne den Design Thinking Prozess getan hätten), sondern ebenfalls die Führungsebenen mit einzubeziehen und auch die Kunden selber.

Sinnvolle Arbeitsweise – effektiv und integrativ: Wie auch schon im Workshop entschied sich der Kurs dazu, in kleinen Teams an geeigneten Maßnahmen für die jeweiligen Ebenen (Top-Management, Mittleres Management, Mitarbeiter und Kunde) zu arbeiten. Besonders der Management-Bereich stellte sich als wesentliche Instanz, aber auch als Hindernis heraus, denn hier muss „Customer Centricity" primär implementiert und von der Geschäftsleitung vorgelebt werden (Top-down), bevor es im Unternehmen weitergegeben und von den Mitarbeitern verinnerlicht werden kann (Bottom-up). An anderer Stelle fragten wir uns, wie wirksam denn eine Anweisung des Vorgesetzten zu einem Seminar sei, bei der die Mitarbeiter in Gesprächsleitlinien zum neuen Markenversprechen geschult werden sollen. So versuchten wir, uns in die Situation der Mitarbeiter hineinzuversetzen und überlegten, ob so eine Maßnahme denn motivierend wäre und auch dabei helfen würde, die Kundenbedürfnisse besser zu verstehen. Die Perspektive der Mitarbeiter einzunehmen, half uns, Lösungsansätze zu entwickeln und zu integrieren, die wir selber als attraktiv und unterstützend empfinden würden.

Reflexion, Diskursivität, iteratives und kritisches Vorgehen: In unseren wöchentlichen Projektmeetings berichteten wir fortwährend die Arbeitsergebnisse unserer Kleingruppe, diskutierten diese im gesamten Kurs und wurden von der Dozentin durch den Prozess geleitet. Gewissermaßen konnte man diese Vorgehensweise mit der Phase des Prototypens gleichsetzen, denn so gaben wir uns gegenseitig Woche für Woche Feedback, wurden gecoacht und führten daraufhin manche Ideen fort und verwarfen wiederum jene, die nach ausführlicher Abwägung doch nicht optimal erschienen. Ein Beispiel für das Vorgehen erlebten wir bei der Konzipierung eines Kunden-Mitarbeiter-Events. Mit dem Ziel, den Kunden und den Mitarbeiter zusammenzuführen und die neuen Werte gemeinsam im Rahmen eines Events erlebbar zu machen, mündete der erste Vorschlag in einem traditionellen Fest: Hüpfburg, Grillen und Co., eben der klassische Tag der offenen Tür. Bis uns die Frage gestellt wurde, ob wir denn selber als Kunde einer Einladung mit entsprechender Tagesordnung nachkommen würden.

Kurzerhand wurde die Hüpfburg für Kinder durch einen virtuellen Smartphone-Parcours zum Münzen sammeln à la Pokemon-Go ersetzt und das Grillfest am Nachmittag durch eine Party am Abend mit Diskjockey sowie einem Social-Media-Influencer- und Musica.ly-Star-Treffen eingetauscht. Zusätzlich integrierten wir in das Event-Programm auch ein Escape-Game, bei dem Kunden und Mitarbeiter zusammen nach dem Motto *„Teamwork ist einfach"* eine Aufgabe lösen. Orientiert am neuen Versprechen stand auch der Musica.ly-Star-Workshop unter dem Motto *„Star sein ist einfach"* und das Event mit einem Beatbox-Weltmeister und Kundenberater[13] zu *„Beat-Box ist einfach"*. Weg von dem langweiligen, etwas konservativ belasteten Wording ‚Tag der offenen Tür‘, trauten wir uns, ganz neue Elemente aufzunehmen.

Empathie & Immersion: Ein weiteres wichtiges Element, das wir aus dem Design Thinking mitgenommen haben, ist die Aufbringung von Empathie bzw. sich immer

---

13 Kevin O'Neal, Kundenberater und Beat-Box-Weltmeister: https://www.youtube.com/watch?v= KjlOjXgShDI.

in gewisse Personengruppen hineinversetzen zu können. Besonderes Highlight unsere Recherche war das Werbevideo einer belgischen Bank[14], in der Kinder den Job eines Bankberaters übernehmen und den Kunden in ihrer „einfachen" Sprache, gewisse Bankservices und Produkte erklärten. Als ein eher unkonventionelleres Vorgehen sprach dies genau die herausgefundenen Bedürfnisse unserer Befragten an, Bankangelegenheiten kundennah und vor allem kundenverständlich zu erklären. Der Spot stieß im Kurs auf große Begeisterung. Inspiriert durch das Video entwarfen wir daraufhin die Maßnahme eines Kinder-Workshops, in dem die Mitarbeiter der Bankfiliale zunächst ihren Kindern, Enkeln etc. erklären sollen, was sich hinter bestimmten Produkten verbirgt, damit diese im Anschluss in ihren Worten wiedergeben können, was Mama, Papa, Oma oder Opa bei der Arbeit machen. Der Gedanke dahinter: Einfachheit sowie die Freude daran zu lernen, wie man den Kunden auch ohne viel Fachjargon gut beraten kann. Neben der inhaltlichen Umsetzung, regte uns der Spot darüber hinaus dazu an, ihn als unkonventionelles Mittel der Initialzündung innerhalb eines Kick-Off-Events für den Mitarbeiter zu nutzen.

Heraustreten aus der ,Komfortzone' und das Annehmen neuer Blickwinkel: Design Thinking ist von seiner Idee her schon eine Methode, die darauf ausgerichtet ist, herkömmliche, d. h. innerhalb des Studiums erlernte, Ideengenerierungsprozesse zu „revolutionieren".

Sich Problemstellungen aus neuen Blickwinkeln zu stellen, führte uns über Best Practice Beispiele[15] zu einem Interview mit einem „Customer Centricity Experten" aus dem Versicherungsbereich, Herr Schillings, Leiter Kundenbeziehungsmanagement bei der BARMER. So waren wir selbstverständlich auch neugierig, ob unser Konzept in der Praxis standhalten kann. Neben Fragen zu dem intern implementierten Customer-Centricity-Ansatz des Unternehmens, welcher uns innerhalb der Entwicklungsphase ständig inspirierte, konnte auch unser Konzept noch innerhalb seines Entstehens auf seine Umsetzbarkeit geprüft werden.

Design Thinking, Theorie und Praxis verbinden: Festzuhalten ist, dass das entstandene Konzept ohne Design Thinking Erfahrung wohl eher auf klassischen Lehrbüchern gestützt wäre, was wir natürlich nicht verurteilen wollen, doch stellte sich die Methode als eine interdisziplinäre, ganzheitliche und übergreifende heraus, die verschiedene Kompetenzen fordert aber auch entwickelt, neue Räume und Perspektiven der Problembearbeitung aufzeigt, sich darüber hinaus einwandfrei wieder an die Theorie zurückbinden lässt. Es wurden für die einzelnen Unternehmensebenen mehrere konkrete Planungs- und Umsetzungsphasen entwickelt und detaillierte, vielleicht sogar unkonventionelle Maßnahmen intensiv ausgearbeitet, die sich gegenseitig stärken und das gemeinsame Ziel der Kundenzentrierung im Mittelpunkt tragen. Anstelle

---

14 Das Video kann unter folgenden Link eingesehen werden: https://www.youtube.com/watch?v= ofUy-rvbOAk.

15 aus dem Finance-, Versicherungs- sowie Beratungsbereich vgl. u. a. in Preusser 2017.

reine Top-down- oder Bottom-up-Ansätze zu verfolgen, ließ uns das Design Thinking erfahren und verstehen, alle Unternehmensebenen gleichsam zu involvieren.

So haben wir zum Schluss einen Projektstrukturplan (natürlich nicht so umfangreich wie im Projektmanagement) erarbeiten können, der unser Konzept mit der Theorie verbindet und für die Praxis verwendbar macht. Abbildung 41 stellt den entwickelten Lösungsansatz dar, der hier inhaltlich nicht detaillierter vorgestellt wird.

9.5.3 Marketplace: Die Projektergebnisse innovativ vorstellen

Ganzheitliche Betrachtung, über den ‚Tellerrand hinausschauen' und Ideen erlebbar machen, getreu dieser Leitgedanken, die wir während des Kursverlaufes und besonders durch den Design Thinking Workshop kennen gelernt hatten, gestaltete sich auch die Abschlusspräsentation unserer Arbeitsergebnisse.

Hingegen gewohnter Vortragsweisen – wie etwa „klassische" Powerpoint-Präsentationen, die oft zeitlich sehr begrenzt sind und nur wenig Raum für Austausch und Diskussion zulassen – erlernten wir mit dem ‚Marketplace' eine neue Methode, die es uns erlaubte, in einem mehrstündigen Abschlussworkshop intensiv mit dem Auftraggeber sowie weiteren Praxisexperten über unser erarbeitetes Konzept in den Dialog zu treten.

Über mehrere Stationen und unter der Einbindung von diversen multimedialen Installationen führten wir die Teilnehmer schrittweise durch unsere durchlebte Journey bis hin zur detaillierten Vorstellung des Lösungskonzeptes. Die Freiheit, viele kreative Elemente für die Darstellung nutzen zu können sowie die Gäste jederzeit aktiv miteinzubinden, verlieh dem Abschlussworkshop eine ganz besondere Dynamik und ermutige den Kurs dazu, ‚auf Augenhöhe' mit den Praxisexperten zu diskutieren und eigene Aspekte selbstbewusst zu vertreten.

Studierende vs. Experten?

Ein wenig Nervosität besteht seitens der Studenten gewiss immer, wenn es um die Frage geht, ob das Erarbeitete dem prüfenden Blick erfahrener Fachleute standhalten kann. Der Kursverlauf, die permanent iterativen Vorgänge, Rückbindung von Theorie und Praxis sowie die Entfaltungsmöglichkeit einer etwas unkonventionelleren Denkweise, befähigten uns jedoch dazu, mit Mut und Überzeugung für unsere innovativen Ideen zu stehen und das Publikum mit selber Begeisterung an unserem Erlebten teilhaben zu lassen. Diese Interaktion zwischen Redner und Zuhörer stellte sich dabei als eine ganz neue Form des Feedbacks heraus. So nahmen wir Meinungsverschiedenheiten mit den Experten nicht etwa als negative Kritik, sondern viel mehr als positive Impulse auf: Ganz nach dem iterativen Leitgedanken: *Was ist möglich, was nicht, und was ist trotzdem toll!* Das ermöglichte einen konstruktiven sowie zielführenden Dialog

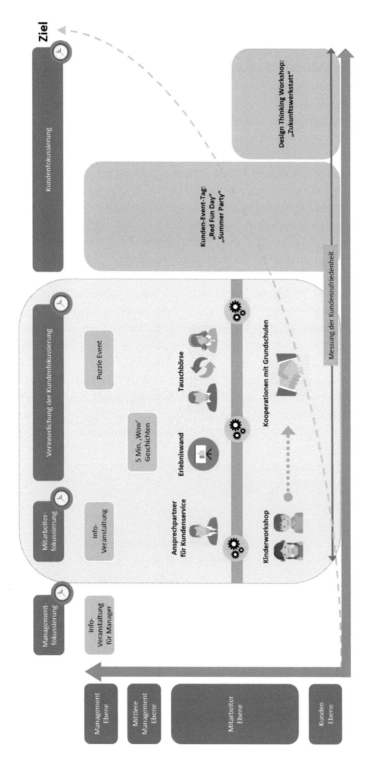

Abb. 41: Entwickelter Projektplan (eigene Darstellung).

und sorgte dafür, dass wir von den Praxisvertretern als gleichberechtigte wie ebenso kompetente Diskussionspartner wahrgenommen wurden.

Selbstverständlich waren die sehr positiven Resonanzen sowohl seitens des Auftragsgebers als auch von den anderen Fachleuten zu unserer Projektarbeit sowie den erarbeiteten Maßnahmen und Handlungsempfehlungen eine große Anerkennung für uns. Doch dies war nur ein Aspekt der wertvollen Erkenntnisse, welche wir aus dem gesamten Kurs mitgenommen haben.

Wenn wir nochmal auf den Ausgangspunkt zurückkommen: „Studenten sind ‚Fachidioten' und erlernen nichts Praxisrelevantes und die Studenten haben Angst nicht über ausreichende Kompetenzen zu verfügen" (Jeges, 2015). Hat sich an diesen Ängsten nach Absolvierung des Kurses etwas verändert? Ja! Wir haben unter Beweis gestellt, dass wir in der Lage sind, an eine reale Problemstellung aus der Praxis heranzutreten. Auch der Design Thinking Ansatz hat uns den Mut finden lassen, vorhandene Kompetenzen gänzlich neu zu erleben wie auch neue zu stärken. Natürlich haben wir Teamfähigkeit und Ausdauer – im (auch anstrengenden) Prozess – festigen können, doch waren es auch weitere Kompetenzen, wie ein starkes Selbstbewusstsein, sich komplexen Fragestellungen und Experten zu stellen, den Willen auch scheitern zu dürfen, konventionelle Denkmuster gänzlich aufzubrechen und aus einem Pool an innovativen Ideen die bestmögliche Kundenlösung (auch haptisch) auszusuchen.

Über den Tellerrand hinausschauen und in die Praxis hinein, das können wir für unser weiteres Studium sowie unsere zukünftigen Arbeitsfelder optimal nutzen.

9.6 Zusammenfassung: (Ein-)Blick auf Kompetenzen in Studium und Praxis

Die Studierenden von heute sind die Neuzugänge auf dem Arbeitsmarkt von morgen und dieser ist von zunehmender Dynamik, Komplexität und Interdisziplinarität geprägt.

Der Beitrag rückte vor diesem Hintergrund die Frage nach einer Zukunftskompetenz für die Marktforschung und nach dem Beitrag der Hochschulbildung in den Mittelpunkt. Es wurde der Frage nachgegangen, welchen Beitrag die Hochschule hierbei leisten kann und ein Beispiel vorgestellt, wie Studierende der Markt- und Medienforschung bereits im Rahmen ihres Studiums Kompetenzen entwickeln können, die nah an den Anforderungen einer immer dynamischeren Wirtschafts- und Arbeitswelt liegen – und nah am Menschen selbst.

Vorgestellt wurde ein neu konzipiertes Lehrformat im Wahlpflichtmodul „Customer Centricity", in dem mit Hilfe von Design Thinking eine Aufgabenstellung aus der Praxis projektbasiert bearbeitet wurde sowie interdisziplinär, kollaborativ und iterativ Lösungsideen konkretisiert wurden. Als Ergebnis dieses Prozesses: ein Umsetzungskonzept und Projektplan mit ausgearbeiteten Empfehlungen für das strategische Management.

Die Evaluation des Kurses durch die Studierenden stützt die intendierten Lernziele und Integration von Design Thinking, und zeigt eine Stärkung von fachlichen wie überfachlichen Kompetenzen für zukünftige berufliche Handlungsfelder auf. Diese Einschätzung spiegelt sich auch in den Rückmeldungen aus der Praxis wider, von Seiten des Projektpartners wie von den Unternehmensvertretern bei der Ergebnispräsentation. Exemplarisch seien zwei Feedbacks angeführt: „Die Kreativität und Vielfalt der präsentierten Lösungen haben mich begeistert. Die Bearbeitung einer konkreten Problemstellung aus der Praxis fand ich ebenfalls sehr gelungen. Die erarbeiteten Konzepte und Umsetzungsvorschläge hatten eine sehr hohe Qualität und Praxistauglichkeit. Ich bin davon überzeugt, dass Design Thinking für Studierende eine sehr wertvolle Methode für die aktuelle und kommende Arbeitswelt ist" (Simone Weltzin, Geschäftsführerin Priotas GmbH). „Design Thinking kann als systematisch angewandte Methode auch erfahrenen Praktikern aus Kundenservice, Marketing, Produktentwicklung und vor allem auch Führungskräften erfolgreich Augen öffnen und den Blick auf den eigenen Kunden schärfen. Als fester Bestandteil des modernen Lehrplans öffnet die Methode dem Studierenden frühzeitig den Blick auf das, was wirklich zählt: den Kunden und seine Bedürfnisse" (Guido Kiell, Leiter Kundenforschung Organomics GmbH).

Ausblick: Für den nachfolgenden Studienjahrgang wird ein Kurs nach diesem Lehrkonzept mit einem Praxispartner angeboten. Bei dieser Aufgabenstellung eines internationalen Konzerns stehen die eigenen und potenziellen Kunden im Mittelpunkt, entlang eines nutzerzentrierten Design Thinking Prozesses.

10 Handlungsempfehlungen an Marktforscher

So wie praktische Handlungsempfehlungen die Quintessenz einer Marktforschungs-studie darstellen, soll es auch in diesem Buch sein. Im folgenden Kapitel finden sich, sortiert nach den einzelnen Berufsgruppen von Marktforschern, den Akteuren dieser „wonderfully interesting and rewarding profession" (Courtright/Sehmer 2016), Umset-zungsempfehlungen. Den Autoren ist es dabei wichtig, sie bewusst als komprimierte Aufforderung mit Praxisbezug zu gestalten. Sie sollen die Überleitung der bisherigen wissenschaftlich fundierten Aussagen auf die operative Handlungsebene darstellen.

Die Handlungsempfehlungen richten sich an verschiedene Zielgruppen und nicht ausschließlich an Marktforscher, vielmehr auch an Menschen, die Marktforschung be-stellen, um später deren Ergebnisse nutzen zu können. Sie sind bewusst kurzgefasst, weil sie in der Regel schon in diesem Buch erläutert worden sind. Gemeinsam ist ih-nen, der Befürchtung: „My feeling is that, if we do not grasp the opportunity in front of us, we may reach the point of no return for our industry" (Florès 2016, S. 15), entge-genzuwirken. Vielleich gelingt es der Branche solchermaßen, die Aussage des Klima Index Marktforschung (vgl. TH Köln 2016, S. 6) zu korrigieren, nach der zwar 62 % der deutschen Marktforscher die Branche als Arbeitgeber für attraktiv halten, aber ihr nur 33 % in Zukunft wachsende Attraktivität attestieren.

Zuvor sei allerdings noch ein letzter kurzer Exkurs gestattet, der sich auf die Zu-kunftsvision der deutschsprachigen Marktforscher bezieht, nach der Ottawa/Winkler in ihrer Branchenerhebung 2016 gefragt haben. Mit Abstand am häufigsten wurde der Marktforscher als Berater genannt. Mit etwa der Hälfte der Nennungen folgen gleich-auf innovative Marktforschung, sprich neue Methoden, sowie der 360-Grad-Blick auf Kunden und Märkte genannt, auf dessen Basis Marktforscher zu wirklichen Entschei-dungsvorbereitern werden sollen.

Eine weitere Zukunftsvision stellt möglicherweise das Coaching dar. In Abwand-lung des gängigen Aufgabengebiets eines Coaches im wirtschaftlichen Umfeld, näm-lich primär der Optimierung der Führungsleistung (vgl. Gablers Wirtschaftslexikon 2018), ist hier vielmehr an die Weiterentwicklung marktforscherischer Qualifikation von Fach- und Führungskräften zu denken, um diese in die Lage zu versetzen, Markt-forscher sowie deren Arbeit und Ergebnisse optimal nutzen zu können. Denkbar ist des Weiteren ein mediatorisches Coaching durch vor allem betriebliche Marktforscher bei (Kommunikations-)problemen zwischen verschiedenen an Marktforschungsstu-dien beteiligten Abteilungen. Die Autoren dieses Buches sind gespannt, ob sich die Beratung als Zukunft und nicht nur als Zukunftsvision der Marktforschungsbranche erweisen wird.

https://doi.org/10.1515/9783110517774-010

10.1 Handlungsempfehlungen für Institutsmarktforscher

1. Geben Sie Ihren Kunden offene, ehrliche und vor allem überzeugende Handlungsempfehlungen mit (vgl. Buckler 2017, S. 29), auch wenn die Wahrheit unter Umständen unbequem ist. Achten Sie darauf, dass Ihre Handlungsempfehlungen vor
   allem realistisch und nicht zu generisch sind.
2. Manches Institut führt in seiner Firma bereits die Begriffe „Consulting" oder
   „Beratung". Belassen Sie es nicht dabei, sondern leben Sie inspirative, faktenba-
   sierte Beratung und legen Sie Ihren Fokus nicht ausschließlich auf die Methodik
   (vgl. Buckler 2017, S. 29; Winkler 2016).
3. Vergessen Sie über dem zuvor Genannten nicht, dass Ihre Arbeit auf belastbarem
   Datenmaterial beruht, mit dem vor allem Sie auf Basis Ihrer methodischen Qualifikation umgehen können (vgl. Tress 2017).
4. Seien Sie Ihren Kunden in der immer unübersichtlicher werdenden Methoden-
   landschaft ein Lotse, der den besten Weg zu den gesuchten Antworten weist
   (vgl. 1.3.4; Smaluhn 2017).
5. Bauen Sie Ihr Wissen über die Unternehmen, Branchen, Märkte und Konkurrenten Ihrer Kunden aus, um sie und ihr Umfeld bestmöglich zu verstehen, denn
   „nach der Studie, ist vor der Studie."
6. Lernen Sie, die Fach- und Branchensprachen Ihrer Kunden zu verstehen und im
   Idealfall auch zu sprechen.
7. Öffnen sie sich für neue Themen wie Big Data, Virtual Reality oder Data Science
   (vgl. Florès 2016, S. 16; Michael 2016, S. 27), denn: „Für die Marktforschung gilt,
   dass das gemütliche Bewohnen von Methodeninseln ein Ende hat" (Schroiff 2015).
   Streben Sie zu dem eine engere Vernetzung mit Technologieunternehmen aus den
   o. g. Gebieten an (vgl. Michael 2016, S. 27).
8. Versuchen Sie, schneller zu liefern, ohne signifikante Qualitätsabstriche zu machen oder begründen/besprechen Sie die Zeit, die Sie brauchen, damit es keine
   bösen Überraschungen gibt für Sie und Ihre Kunden gibt.
9. Überraschen Sie Ihre Kunden auch in „auftragsloser Zeit" mit Informationen, zum
   Beispiel Eigenstudien aus Ihrem Haus. Das erinnert Ihre Kunden an Sie, ohne so
   aufdringlich wie Werbeanrufe zu wirken.
10. Achten Sie bei der Fortbildung Ihrer Mitarbeiter nicht nur auf fachlich-methodi-
    sche Themen. Versuchen Sie vielmehr, Defizite bei ihren sozialen Kompetenzen
    aufzudecken und wirksam gegen sie anzuarbeiten.
11. Halten Sie sich und Ihren Mitarbeitern vor Augen, dass Sie als Institutsmarktfor-
    scher häufig in wechselnden und sehr heterogenen Teams arbeiten. Dabei kommt
    Ihnen u. U. implizit die Rolle eines Teambuilders zu.
12. Sorgen Sie dafür, dass sie gerade traditionellere Mitarbeiter auf die vorgestellten
    Neuerungen vorbereiten und einen „Mind Change" herbeiführen.
13. Haben Sie keine Angst, andere Marktforscher zu treffen. Nutzen Sie die zahlrei-
    chen Veranstaltungen Ihrer Standesverbände, wie z. B. die Regionalabende des

BVM, um sich und Ihr Portfolio vor allem bei potenziellen Kunden bekannter zu machen.

14. Scheuen Sie nicht davor zurück, mit anderen Instituten zusammenzuarbeiten. So können Sie Kompetenzen bündeln und Zeit gewinnen.

15. Arbeiten Sie an Ihren Internetauftritten. Die Homepages einiger Institute ähneln eher dem DOS-Menü der Neunzigerjahre als der zeitgemäßen Präsentation ihrer Leistungen.

10.2 Handlungsempfehlungen für betriebliche Marktforscher

1. Sehen Sie Ihre Auftraggeber in erster Linie nicht als bloße Kollegen, sondern als (interne) Kunden, die Ihren Arbeitsplatz sichern. Dazu gehört es auch, deren Geschäft, z. B. durch Hospitationen bei ihnen, zu durchdringen und ihr Fachvokabular zu verstehen und zu sprechen.

2. Seien Sie Ihren internen Kunden ein Lotse durch die immer weiter steigende Zahl der Informationsquellen (vgl. Smaluhn 2017).

3. Erstellen Sie Insights, „die Wirkung zeigen" (de Ruyck 2017, S. 17). Versuchen Sie, dafür zu sorgen, dass Insights nicht in Schubladen oder auf Festplatten vergessen werden, sondern trauen Sie sich, zu fragen, was mit der Investition in Marktforschung gemacht wird.

4. Lassen Sie es nicht mehr zu, dass Institute Berichte bzw. Präsentation ohne werthaltige Insights und Handlungsempfehlungen abgeben, denn: „Knowledge is no longer enough. Management expects insight departments to recommend actions as well" (Shea 2017, S. 36).

5. Sorgen Sie ebenfalls dafür, dass diese Insights auch als Entscheidungsgrundlage genutzt werden (vgl. Shea 2017, S. 37). „Marktforschung muss als Managementaufgabe in den Unternehmen begriffen werden" (Franzen/Strehlau 2013, S. 7).

6. Dabei unterstützt es Sie, sich in die Jour Fixes und Projekte Ihrer internen Auftraggeber einzubringen (vgl. Stiens 2002, S. 75) und ihnen auf Basis eines wachsenden Vertrauensverhältnisses zu zeigen, welchen Mehrwert eine dauerhafte Betreuung durch die Marktforschung erbringen kann (vgl. Florès 2016, S. 16). Dieses Vorgehen wird Ihre Visibilität in Ihrem Unternehmen erhöhen (vgl. Hagins/Courtright 2013a, S. 52) und Sie gleichzeitig im Lauf der Zeit zu einer Vertrauensperson für Ihre internen Kunden machen. Im Idealfall steigern Sie dadurch auch Ihren eigenen Stellenwert in Ihrem Unternehmen (vgl. best research 2012, S. 11 f.). Dazu trägt es auch bei, Leidenschaft für ihre Profession zu zeigen.

7. Halten Sie sich und Ihren Mitarbeitern vor Augen, dass Sie als betrieblicher Marktforscher häufig in wechselnden und sehr heterogenen Teams arbeiten. Dabei kommt Ihnen u. U. implizit die Rolle eines Teambuilders zu (vgl. Ottawa/Rietz 2015, S. 38).

8. Intensivieren Sie die Vor- (Briefing) und Nachbereitung von Studien und erzeugen Sie dadurch Mehrwert u. a. durch eine höhere Studienqualität für Ihr Unternehmen und Ihre internen Kunden.

9. Warten Sie nicht, bis sie neue Aufträge erhalten. Verstehen Sie sich vielmehr als „Impulsgeber" (Franzen/Strehlau 2013, S. 3), der auch Studien von sich aus anregt und durchführt, wenn sie für sein Unternehmen einen Mehrwert erzielen.

10. Versorgen Sie Ihre internen Kunden laufend mit Sekundärforschung und sonstige Informationen rund um deren Themen. Gerade die Newsletter von Analysten bieten dazu zahlreiche Anregungen.

11. Trauen Sie sich an neue Methodiken heran, auch wenn diese nicht zwingend von traditionellen Marktforschungsdienstleistern stammen. Sie ermöglichen Ihnen u. U. schneller und preiswerter bei gleicher Qualität Ergebnisse als konservative Methoden. Agieren Sie in diese Richtung, bevor es andere Kollegen aus IT oder Customer Relationship Management statt Ihrer tun (vgl. Raben/Florès 2015).

12. Vergessen Sie bei aller Begeisterung für neue Methoden die altbewährten nicht, denn: „transformation means being able to embrace new methods, while still respecting and utilizing traditional approaches." (Kettle 2017)

13. Immer wieder werden betriebliche Marktforschungsabteilungen geschlossen, weil ihr Mehrwert nicht immer klar zu Tage tritt. Wagen Sie es, in das Thema Beratung im Sinn faktenbasierter Beratung einzusteigen, um sich ein zusätzliches und vor allem wertschöpfendes Aufgabengebiet zu erschließen.

14. Überlegen Sie sich, wem außerhalb Ihres bisherigen Stammes an internen Kunden Ihre Forschungsergebnisse noch Nutzen stiften können und erschließen Sie sich so neue Kontakte und Kunden.

15. Trauen Sie sich, in Projekten oder Folgeaktivitäten von Studien Verantwortung zu übernehmen. Oftmals verfügen Marktforscher über ein enormes Fachwissen über die erforschten Gegenstände, das sie als „strategic insights partners" (Shea 2017, S. 36) nutzstiftend in solche Aktivitäten einbringen können.

16. Suchen Sie nach einem zutreffenderen Begriff für das, was Sie schon jetzt, aber gerade vor allem zukünftig tun müssen, als es der Begriff „Marktforschung" vermittelt (vgl. Spangenberg 2014).

17. Verlassen Sie den (schützenden) Kokon Ihres Unternehmens und engagieren Sie sich in Netzwerken (PUMa) oder Verbänden, um näher am Puls der Marktforschung zu sein, sich mit anderen Marktforschern auszutauschen oder stärker die Stimme der betrieblichen Marktforschung zur Geltung zu bringen.

10.3 Handlungsempfehlungen für Auftraggeber und Nutzer von Marktforschung

1. Überlegen Sie sich vor jeder Studie genau, was Sie mit ihr erreichen wollen. Welche Fragen bringen Sie voraussichtlich weiter? Was ist zu früheren Studien redundant, was sonst wie entbehrlich?
2. Nehmen Sie sich die Zeit, Ihr Studienbriefing schriftlich zu formulieren. So beschäftigen Sie sich intensiv mit der Fragestellung und vermeiden später mögliche Unklarheiten in der Vorbereitung und Umsetzung der Studie.
3. Widmen Sie Ihren Dienstleistern aus der Marktforschung die nötige Zeit, um im Briefing zu erfahren, welche expliziten, aber auch impliziten Fragestellungen Sie beschäftigen.
4. Bringen Sie sich aktiv in die Gestaltung von Fragebogen, Leitfaden etc. ein. Sie wissen am besten, was Sie wissen wollen.
5. Nutzen Sie die Gelegenheit, bei Studien zu hospitieren. Gerade Marketiers haben nur selten die Gelegenheit, auf „echte" Kunden zu treffen. Zudem bietet Ihnen eine Hospitation die Möglichkeit, eventuelle Unschärfe am Leitfaden oder Fragebogen zu Beginn der Feldzeit zu erkennen und zu beseitigen.
6. Akzeptieren Sie keine Ergebnispräsentation ohne aussagekräftige und realistische Handlungsempfehlungen.
7. Fordern Sie von Ihren internen und externen Marktforschungsdienstleistern umsetzungstaugliche Ergebnisse, die zu einer nachhaltigen Lösung Ihrer Probleme beitragen (vgl. Franzen/Strehlau 2008, S. 47).
8. Nutzen Sie Ihre betriebliche Marktforschung, aber durchaus auch externe Dienstleister wie Institute breiter als bislang. Nutzen Sie das oftmals tiefe Fachwissen Ihrer betrieblichen Marktforscher zu Ihren Produkten in Jours Fixes, Projekten, Workshops etc. und beteiligen Sie im Umkehrschluss interdisziplinäre Teams an der Gestaltung und Umsetzung von Studien (vgl. Franzen/Strehlau 2008, S. 47).

10.4 Handlungsempfehlungen für Marktforschungs-Verbände

1. Zeigen Sie sich und das Tun und Können mehr in der Öffentlichkeit, denn: „We have the opportunity, through our unique interactions with the public, to establish this ownership and convey the value of our field. We must start to influence and educate the users of market research better…" (Courtright/Sehmer 2016).
2. Schärfen Sie das zunehmend verschwimmende Profil der Marktforschung (vgl. Batel 2016, S. 26).
3. Ermutigen Sie Ihre Mitglieder, die Marktforschungsbranche neu zu erfinden und geben Sie Ihnen dazu die nötigen Rahmenbedingungen (vgl. Gaspar/Neus/Buder 2016).

4. Versuchen Sie, „die Data-Scientist in die Branche zu holen, um die Community zu vergrößern" (Schillewaert 2017).
5. Öffnen Sie sich darüber hinaus für weitere relevante Anbietergruppen, die nicht zur klassischen Marktforschung gehören, aber in ihrem Umfeld tätig sind (vgl. Scheffler 2017a. S. 9).
6. Stoßen Sie eine Diskussion an, ob der Begriff Marktforschung heutzutage nicht eher hinderlich als vorteilhaft für die Branche ist (vgl. Nunan 2017, S. 2; Scheffler 2017).
7. Vertreten Sie, gerade bezüglich der Verschärfungen im Umgang mit potenziellen Probanden, standhaft die Interessen unserer Branche.
8. Ermutigen Sie Ihre Mitglieder, ihr Portfolio um Beratungsleistungen zu erweitern und bieten Sie entsprechende Fort- und Weiterbildungen an. Das gilt insbesondere für junge Marktforscher: „New researchers are well trained in research methods but lack an understanding of how to be strategic and consultative" (Shea 2017, S. 36).
9. Orientieren Sie sich bei Ihren Fortbildungsangeboten an den tatsächlich bedeutsamen Kompetenzen.
10. Unterstützen Sie vor allem junge oder neue Marktforscher, die für sie zwingend notwendigen Sozialkompetenzen zu erwerben.

10.5 Handlungsempfehlungen für Marktforschung Lehrende

1. Lehren Sie nicht nur die Methodik der Marktforschung, sondern vermitteln Sie nach Möglichkeit auch soziale Kompetenzen.
2. Nutzen Sie dazu doch einmal Formate außerhalb von Seminaren und Vorlesungen wie z. B. Tutorien, die ältere Semester halten.
3. Zeigen Sie in Ihren Lehrveranstaltungen, dass Marktforschung keine statistiklastige Hilfswissenschaft des Marketings sein muss, sondern durchaus ‚sexy' (Florès 2016, S. 17) sein kann.
4. Bieten Sie Projektarbeiten an, damit Ihre Studenten in der Theorie Gelerntes praxisnah anzuwenden üben können (vgl. 9).
5. Bringen Sie Ihren Studenten auch moderne Forschungsmethoden wie Design Thinking (vgl. 9) nahe.
6. Halten Sie engen Kontakt zu Verbänden und innovativen Dienstleistern, um am Puls der marktforscherischen Zeit zu bleiben.
7. Bauen Sie sich oder Ihrem Lehrstuhl ein Netzwerk zu Marktforschungspraktikern auf, um Ihnen und Ihren Schützlingen frühen und möglichst intensiven Kontakt zur Marktforschungsszene zu ermöglichen.
8. Etablieren Sie Lehrveranstaltungen, im Idealfall sogar Lehrstühle, für Zukunftsthemen wie etwa Big Data oder Data Science wie an der Universität Mannheim (vgl. planung&analyse 2016a).

10.6 Handlungsempfehlungen für Marktforschung Lernende

1. Fordern Sie von Ihren Ausbildern, egal ob an einer Hochschule oder bei den FAMS in einem Institut die Beschäftigung mit zukunftsträchtigen Themen ein.
2. Nutzen Sie praxisnahe Lehrveranstaltungen, wann immer sie Ihnen angeboten werden (vgl. 9).
3. Bemühen Sie sich als Studenten, Praktika in Instituten und betrieblichen Marktforschungen zu absolvieren. Bringen Sie sich dort aktiv ein. Es soll auch heute noch Praktikanten geben, die vorwiegend zum Kopieren und Aufbessern von Powerpoint-Präsentation eingesetzt werden. Gehören Sie nicht dazu.
4. Angesichts der geringen Bedeutung, die soziale und personale Kompetenzen im Studium oder zumindest in den Curricula genießen, bemühen Sie sich darum, außerhalb des Curriculums solche Kompetenzen zu erwerben. Das können sie beispielsweise über die Betreuung jüngerer Kommilitonen oder ehrenamtliches Engagement in Vereinen, Pfarren oder Bürgerinitiativen tun.
5. Besuchen Sie Marktforschungsveranstaltungen, z. B. die Regionalabende des BVM, um frühzeitig potenzielle Arbeitgeber auf sich aufmerksam zu machen und sich ein Netzwerk in der Marktforschungsszene aufzubauen.

Abkürzungsverzeichnis

ACCI	After Customer Contact Interview
adm	Arbeitskreis Deutscher Markt- und Sozialforschungsinstitute e. V.
BVM	BVM Berufsverband Deutscher Markt- und Sozialforscher e. V.
BWL	Betriebswirtschaftslehre
DIN	Deutsche Industrienorm
DQR	Deutscher Qualifikationsrahmen für lebenslanges Lernen
DSGV	Deutscher Sparkassen- und Giroverband
EU	Europäische Union
FAMS	Fachangestellte/r für Markt- und Sozialforschung
FH	Fachhochschule
HR	Human Resources
IT	Information Technology
KMK	Kultusministerkonferenz
MMR	Master of Marketing Research
PoS	Point of Sale
PUMa	Plattform Unternehmensmarktforscher
TH	Technische Hochschule
UNIDO	United Nations Industrial Development Organization
USP	Unique Selling Proposition
VMÖ	Verband der Marktforscher Österreichs
VR	Virtual Reality
vsms	Verband Schweizer Markt- und Sozialforschung
WU	Wirtschaftsuniversität

https://doi.org/10.1515/9783110517774-011

Literatur

[1] Aaker, David A./Kumar, V./Day, George S. (2006): Marketing Research. 9. Aufl. Hoboken NJ: Wiley.

[2] Achtenhagen, Frank/Baethge, Martin (2007): Kompetenzdiagnostik als Large-Scale-Assessment im Bereich der beruflichen Aus- und Weiterbildung. In: Prenzel, Manfred/Gogolin, Ingrid/Krüger, Heinz-Hermann (Hrsg.): Kompetenzdiagnostik. Zeitschrift für Erziehungswissenschaft. Sonderheft 8/2007, S. 50–70.

[3] adm (2016): Stellungnahme des ADM Arbeitskreis Deutscher Markt- und Sozialforschungsinstitute e. V. zum Referentenentwurf des Bundesministeriums des Innern eines Gesetzes zur Anpassung des Datenschutzrechts an die Verordnung (EU) 2016/679 und zur Umsetzung der Richtlinie (EU) 2016/880 vom 23. November 2016 (DSAnpUG-EU).

[4] Alfieri, Louis/Brooks, Patricia J./Aldrich, Naomi J./Tenenbaum, Harriet R. (2011): Does discovery-based instruction enhance learning? In: Journal of Educational Psychology- 103 (1), S. 1–18.

[5] Angermeier, Georg (o. J.): Kompetenz. Online im Internet: http://www.enzyklo.de/lokal/40006&page=47http://www.enzyklo.de/lokal/40006&page=47 (abgerufen am 25.11.2016).

[6] Appleton, Edward (2017): If Context is King, Qual is Queen. Online im Internet: http://www.planung-analyse.de/news/pages/protected/show.php?id=9980 (abgerufen am 16.01.2017).

[7] Archibald, Gregg (2014): Educating the Market Researcher of Tomorrow. Online im Internet: http://www.greenbookblog.org/2014/06/02/educating-the-market-researcher-of-tomorrow (abgerufen am 15.05.2017).

[8] Arnold, Rolf/Pätzold, Henning (2008): Bausteine zur Erwachsenenbildung. Hohengehren: Schneider.

[9] Baacke, Dieter (1996): Medienkompetenz – Begrifflichkeit und sozialer Wandel. In: von Rein, Antje (Hrsg.): Medienkompetenz als Schlüsselbegriff. Bad Heilbrunn: Julius Klinkhardt, S. 112–124.

[10] Bachmann, Heinz (2014): Kompetenzorientierte Hochschullehre. Die Notwendigkeit von Kohärenz zwischen Lernzielen, Prüfungsformen und Lehr-Lern-Methoden. 2. Aufl. Bern: hep-Verlag.

[11] Back, Louis/Beuttler, Stefan (2006): Handbuch Briefing. Effiziente Kommunikation zwischen Auftraggeber und Dienstleister. 2. Aufl. Stuttgart: Schäffer-Poeschel.

[12] Backhaus, Klaus/Erichson, Bernd/Plinke, Wulff/Weiber, Rolf (2011): Multivariate Analysemethoden. 13. Aufl. Heidelberg: Springer.

[13] Backhaus, Klaus/Erichson, Bernd/Weiber, Rolf (2015): Fortgeschrittene Multivariate Analysemethoden. 14. Aufl. Heidelberg: Springer.

[14] Bader, Reinhard (1989): Berufliche Handlungskompetenz. In: Die berufsbildende Schule. 41, 2, S. 73–77.

[15] Bader, Reinhard (2000): Arbeits- und erfahrungsorientiertes Lernen in berufsbildenden Schulen. In: Dehnbostel, Peter (Hrsg.): Arbeits- und erfahrungsorientierte Lernkonzepte. Bielefeld: Bertelsmann, S. 11–23.

[16] Baier, Daniel (2006): Marketing III (Dienstleistungsmarketing). Vorlesung an der TU Cottbus.

[17] Baigger, João Felipe/Knöller, Jochen (2017): Mobile first? – Auf jeden Fall. Online im Internet: http://www.planung-analyse.de/news/pages/protected/show.php?id=10055 (abgerufen am 30.03.2017).

[18] Barth, Lena (2016): Der ideale Marktforscher – Welche Merkmale sind entscheidend? – Eine empirische Untersuchung des Anforderungsprofils. Bachelorthesis an der Hochschule Pforzheim.

https://doi.org/10.1515/9783110517774-012

[19]   Bartscher, Thomas/Stöckl, Juliane/Träger, Thomas (2012): Personalmanagement. Grundlagen, Handlungsfelder, Praxis. München: Pearson Deutschland.

[20]   Batel, Bianca (2016): Big Data versus Smart Data in der Marktforschung (Technologie versus Mensch + Technologie). Seminararbeit im Modul Aktuelle Tendenzen der Markt- und Medienforschung an der TH Köln.

[21]   Batel, Bianca (2017): Zwischen gläsernen Menschen und transparenten Methoden: Der Einfluss von Big Data auf die Marktforschung. Masterarbeit an der TH Köln.

[22]   Batinic, Bernard (2017): Mobile Research – Wendepunkt für die Marktforschung. Online im Internet: https://www.marktforschung.de/hintergruende/themendossiers/mobile-research-2017 (abgerufen am 08.08.2017).

[23]   Bauer, Erich (2009): Internationale Marketingforschung. Informationsgewinnung für das internationale Marketing. 4. Aufl. München: Oldenbourg.

[24]   Beck, Christoph (2007): Kompetenz-Studie. Welche Kompetenzen fordern die Unternehmen von Bewerbern? Koblenz: Fachhochschule Koblenz.

[25]   Becker, Robert (1994): Besser miteinander umgehen. Die Kunst des interaktiven Managements. Wiesbaden: Gabler.

[26]   Beinschab, Sabine (2016): Marktforscher – kein Traumjob? Online im Internet: http://www.marktforschung.de/hintergruende/marktforschung-international/marktforschung-in-oesterreich/marktforschung/marktforscher-kein-traumjob (abgerufen am 10.02.2017).

[27]   Beinschab, Sabine (2017): Über die Herausforderungen deutscher Marktforscher in Österreich. Online im Internet: http://www.marktforschung.de/hintergruende/marktforschung-international/marktforschung-in-oesterreich/marktforschung/ueber-die-herausforderungen-deutscher-marktforscher-in-oesterreich (abgerufen am 10.03.2017).

[28]   Berekoven, Ludwig/Eckert, Werner/Ellenrieder, Peter (2009): Marktforschung. 12. Aufl. Wiesbaden: Gabler.

[29]   Berlo, David K./Lemert, James B./Mertz, Robert J. (1969): Dimensions for Evaluating the Acceptability of Message Sources. In: Public Opinion Quarterly, 33(4), S. 563–576.

[30]   Bernecker, Michael/Weihe, Kerstin (2011): Kursbaustein Marktforschung. Berlin: Cornelsen.

[31]   Bernien, Maritta (1997): Anforderungen an eine qualitative und quantitative Darstellung der beruflichen Kompetenzentwicklung. In: Kompetenzentwicklung '97 – Berufliche Weiterbildung in der Transformation – Fakten und Visionen. Münster u. a.: Waxmann, S. 17–83.

[32]   Bertrand, Gaelle (2016): From Collection to curation. Future-proofing your Research skills. Online im Internet: http://newmr.org/presentations/ef8c3851 (abgerufen am 22.10.2017).

[33]   best research (2012): Praxisrelevanz der Marktforschung 2012.

[34]   Bloching, Björn/Luck, Lars/Ramge, Thomas (2015): Smart Data. Datenstrategien, die Kunden wirklich wollen und Unternehmen wirklich nützen. München: Redline.

[35]   Böhler, Heymo (2004): Marktforschung. 3. Aufl. Stuttgart: Kohlhammer.

[36]   Bolten, Jürgen (2012): Interkulturelle Kompetenz. 5. Aufl. Erfurt: Landeszentrale für politische Bildung Thüringen.

[37]   Bosma, Durk (2017): Judge or Explorer: The Future Role of the Market Researcher. Online im Internet: http://www.greenbookblog.org/2017/12/20/judge-or-explorer-the-future-role-of-the-market-researcher (abgerufen am 11.01.2018).

[38]   Bosma, Durk (2018): The One Question Every Market Researcher Should Ask. Online im Internet: http://www.greenbookblog.org/2018/01/04/the-one-question-every-market-researcher-should-ask (abgerufen am 11.01.2018).

[39]   von Bothmer, Henrik (2004): Berufliche Kompetenzen. Einführung in Begriffe und Verfahren. Heidelberg: heidelberger institut beruf und arbeit.

[40]   Boyatzis, Richard E. (1982): The Competent Manager. A Model for Effective Performance. New York u. a.: John Wiley & Sons.

[41] Bradley, Nigel (2010): marketing research tools & techniques. 2. Aufl. Oxford: Oxford University Press.

[42] Brandstätter, Heike (2016): Regionale Marktforschung und ihre Herausforderungen. Online im Internet: http://www.marktforschung.de/hintergruende/marktforschung-regional/ marktforschung-regional-muenchen/einzelansicht-muenchen/regionale-marktforschung-und-ihre-herausforderungen (abgerufen am 10.02.2017).

[43] Braun, Edith/Gusy, Burkhard/Leidner, Bernhard/Hannover, Bettina (2008): Das Berliner Evaluationsinstrument für selbsteingeschätzte, studentische Kompetenzen (BEvaKomp). In: Diagnostica. 54 (1), S. 30–42.

[44] Braunecker, Claus (2007): Alles Marktforschung. Das multifunktionale Rollenbild vieler Betriebsmarktforscher. In: VMÖ (Hrsg.): Handbuch der Marktforschung. 2. Aufl. Wien: facultas.wuv, S. 48–54.

[45] Bredl, Klaus (2005): Kompetenz von Beratern. Analyse des Kompetenzerwerbs bei Unternehmensberatern im Kontext der Expertiseforschung. Regensburg: Inaugural-Dissertation an der Universität Regensburg.

[46] Bredl, Klaus (2008): Kompetenz von Beratern. Analyse des Kompetenzerwerbs bei Unternehmensberatern im Kontext der Expertiseforschung. Saarbrücken: VDM Verlag Dr. Müller.

[47] Brenner, Falk/Uebernickel, Walter (Hrsg.) (2016): Design Thinking for Innovation: Research and Practice. Cham: Springer International Publishing.

[48] Broda, Stephan (2006): Marktforschungs-Praxis. Konzepte, Methoden, Erfahrungen. Wiesbaden: Gabler.

[49] Brosnan, Kylie/Grün, Bettina/Dolnicar, Sara (2017): PC, phone or tablet? Use, preference and completion rates for web surveys. In: International Journal of Market Research. Vol. 59, Issue 1, S. 35–55.

[50] Brown, Linden R./Brown, Christopher L. (2014): The Customer Culture Imperative: A Leader's Guide to Driving Superior Performance. New York: McGraw-Hill Education.

[51] Brown, Tim (2008): Design Thinking. In: Harvard Business Review. 86. (6), S. 84–92.

[52] Brown, Tim (2009): Change by Design: How design thinking transforms organizations and inspires innovation. New York City: Harper Business.

[53] Broy, Manfred (2016): Kompetenz. In: Schneider, Ralf/Becker, Robert/Schreier, Marion (Hrsg.): Potenziale entdecken. Wiesbaden: Springer, S. 85–89.

[54] Bruhn, Manfred (2009): Das Konzept der kundenorientierten Unternehmensführung. In: Hinterhuber, Hans H./Matzler, Kurt (Hrsg.), Kundenorientierte Unternehmensführung. 6. Aufl. Wiesbaden: Gabler, S. 33–68.

[55] Bruhn, Manfred (2016): Kundenorientierung: Bausteine für ein exzellentes Customer Relationship Management (CRM). München: Beck-Wirtschaftsberater im dtv.

[56] Buber, Renate/Holzmüller, Hartmut H. (Hrsg.) (2009): Qualitative Marktforschung: Konzepte – Methoden – Analysen. 2. Aufl. Wiesbaden: Gabler.

[57] Buckler, Frank (2017): Das ist ein „Nasengeschäft". In: planung&analyse. 2/2017, S. 28–29.

[58] Burns, Alvin C./Bush, Ronald F./Sinha, Nilanjana (2014): Marketing Research. International Edition, 7. Aufl. Boston u. a.: Pearson.

[59] businessdictionary.com (2017): skill. Online im Internet: http://www.businessdictionary.com/definition/skill.html (abgerufen am 02.06.2017).

[60] BVM (2016): Gemeinsames Positionspapier von Bundesvorstand und Fachbeirat zur Abgrenzung von Tätigkeiten der Markt- und Sozialforschung von anderen Tätigkeiten. Online im Internet: https://bvm.org/fileadmin/pdf/Vorstand/2016-06_BVM-Positionspapier_ Abgrenzung_gegenueber_anderen_Taetigkeiten.pdf (abgerufen am 04.11.2017).

[61]   Carleton, Tamara/Leifer, Larry (2009): Stanford's ME310 course as an evolution of enginee-
       ring design. In: Proceedings of the 19th CIRP Design Conference–Competitive Design. Cran-
       field University Press.

[62]   Chur, Dietmar (2004): Schlüsselkompetenzen – Herausforderungen für die
       (Aus-)Bildungsqualität an Hochschulen. In: Stifterverband für die Deutsche Wissenschaft
       (Hrsg.): Schlüsselkompetenzen und Beschäftigungsfähigkeit – Konzepte für die Vermittlung
       überfachlicher Qualifikationen an Hochschulen. Essen, S. 16–19.

[63]   Clow, Kenneth E./James, Karen E. (2014): Essentials of Marketing Research. Putting Research
       into Practice. Los Angeles u. a.: SAGE.

[64]   Coenen, Christian (2010): Hierarchieübergreifende Umsetzung von Serviceorientierung – Eine
       handlungsbezogene Betrachtung aller Unternehmensebenen. In: Bruhn, Manfred/Stauss,
       Bernd: Serviceorientierung im Unternehmen. Wiesbaden: Gabler, S. 33–61.

[65]   consulting.de (2016): Gehaltsstudie 2016.

[66]   consulting.de (2017): Managementberatungen wachsen erneut zweistellig. Online
       im Internet: https://www.consulting.de/nachrichten/alle-nachrichten/consulting/
       managementberatungen-wachsen-erneut-zweistellig (abgerufen am 07.08.2017).

[67]   consulting.de (2017a): Consulting: Viel Einsatz, wenig Ausgleich. Online im Internet: https://
       www.consulting.de/job-karriere/arbeiten-im-consulting/consulting/consulting-viel-einsatz-
       wenig-ausgleich/ (abgerufen am 31.08.2017).

[68]   consulting.de (2017b): Gehaltsstudie 2017.

[69]   Cooke, Mike (2017): Viewpoint: ‚Is technological change threatening the very existence of
       „traditional" survey research and, if so, what should we do about it¿. In: International Journal
       of Market Research. Vol. 59, No. 2, S. 153–156.

[70]   Cooke, Mike/Macfarlane, Phyllis (2008): Training the next generation of market researchers.
       In: International Journal of Market Research. 51, 3, S. 341–361.

[71]   Courtright, Melanie (2016): Automated research: Bringing new efficiencies to corporate in-
       sights? Online im Internet: https://www.quirks.com/articles/automated-research-bringing-
       new-efficiencies-to-corporate-insights (abgerufen am 01.06.2017).

[72]   Courtright, Melanie/Sehmer, Luke (2016): Clipboards, Calls and Focus Groupies. The public
       perception of market research and the implications for the future. Amsterdam: ESOMAR.

[73]   Daimler, Daniel/Herzog, Eva (2017): Zukunft ist jetzt. In: Research & Results. 6/2017,
       S. 40–43.

[74]   Dannenberg, Markus/Barthel, Sascha (2004): Effiziente Marktforschung. Bonn: Moderne
       Industrie.

[75]   daswirtschaftslexikon.com (o. J.): Kompetenz und Kompetenzmanagement. Online im Inter-
       net: http://www.daswirtschaftslexikon.com/d/kompetenz_und_kompetenzmanagement/
       kompetenz_und_kompetenzmanagement.htm (abgerufen am 13.01.2017).

[76]   de Ruyck, Tom (2017): Betriebliche Forschung: Schnell, agil und wirksam. In: pla-
       nung&analyse. 4/2017, S. 16–18.

[77]   Dehnbostel, Peter (2003): Informelles Lernen: Arbeitserfahrungen und Kompetenzerwerb aus
       berufspädagogischer Sicht. Online im Internet: http://www.swa-programm.de/tagungen/
       neukirchen/vortrag_dehnbostel.pdf (abgerufen am 30.06.2017).

[78]   Dehnbostel, Peter/Gillen, Julia (2005): Kompetenzentwicklung, reflexive Handlungsfähigkeit
       und reflexives Handeln in der Arbeit. In: Gillen, Julia et al. (Hrsg.): Kompetenzentwicklung in
       vernetzten Lernstrukturen. Bielefeld: Bertelsmann, S. 27–42.

[79]   Deltl, Johannes (2011): Strategische Wettbewerbsbeobachtung. So sind Sie Ihren Konkurren-
       ten laufend einen Schritt voraus. 2. Aufl. Wiesbaden: Gabler.

[80]   Deutsche Gesellschaft für Beratung German Association for Counseling e. V. (DGfB) (o. J.):
       Beratungsverständnis.

[81] Di Figlia, Michael (2013): Vom Marktforscher zum Berater – Wer braucht eigentlich noch Research? In: Müller-Peters, Horst (Hrsg.): Marktforschung in der digitalisierten Welt. Köln: marktforschung.de, S. 339–341.

[82] Dierks, Sven (2017): Ich weiß nichts – spare aber Geld. Online im Internet: http://www. horizont.net/planung-analyse/nachrichten/mafo.spitzen-Ich-weiss-nichts--spare-aber-Geld-159300 (abgerufen am 07.07.2017).

[83] Dimitrova, Diana (2008): Das Konzept der Metakompetenz. Theoretische und empirische Untersuchung am Beispiel der Automobilindustrie. Wiesbaden: Gabler.

[84] DIN Deutsches Institut für Normung e. V. (2011): DIN EN 16114:2011-12.

[85] Dölle, Annika (2015): Unterhaltungsfaktor Wissen?! – Analyse des Potenzials von Infotainment in der der Ergebnispräsentation der Marktforschung. Masterarbeit an der TH Köln.

[86] Dörner, Dietrich (2005): Handeln. In: Schütz, Astrid/Selg, Herbert/Lautenbacher, Stefan (Hrsg.): Psychologie. Eine Einführung in ihre Grundlagen und Anwendungsfelder. 3. Aufl. Stuttgart: Kohlhammer, S. 329–352.

[87] DQR (Deutscher Qualifikationsrahmen für lebenslanges Lernen) (2013): Handbuch zum Deutschen Qualifikationsrahmen. Struktur – Zuordnungen – Verfahren – Zuständigkeiten.

[88] Dreßen, Hilarius (2014): Die IKEAisierung der Marktforschung: DIY-Befragungen auf dem Vormarsch. Online im Internet: http://www.marktforschung.de/marktforschungdossier/ diy-forschung-google-surveymonkey-co-grossangriff-auf-institute/die-ikeaisierung-der-marktforschung/ (abgerufen am 09.09.2014).

[89] Drucker, Peter F. (1954): The Practice of Management. New York: Harper & Row.

[90] Drummond-Dunn, Denyse (2016): Warum „Data Scientist" den Marktforschern gefährlich werden können. Online im Internet: http://www.planung-analyse.de/news/pages/protected/ show.php?id=9577 (abgerufen am 13.05.2016).

[91] DSGV (2015): Impulsvortrag von Georg Fahrenschon anlässlich der Handelsblatt-Jahrestagung „Banken im Umbruch". Online im Internet: https://www.dsgv.de/de/presse/reden/150902_ handelsblatt_jahrestagung_rede_GF.html (abgerufen am 11.11.2017).

[92] DSGV (2016): Sparkassen wollen mit Kundenorientierung punkten. Online im Internet: https: //www.dsgv.de/de/presse/pressemitteilungen/160111_PM_Kampagnenstart_Einfach_1.html (abgerufen am 11.11.2017).

[93] Duden (2017): Resilienz. Online im Internet: http://www.duden.de/rechtschreibung/Resilienz (abgerufen am 31.05.2017).

[94] Duden (2017a): Skill. Online im Internet: http://www.duden.de/woerterbuch/englisch-deutsch/skill (abgerufen am 06.06.2017).

[95] Dulinski, Ulrike (2012): Vom Marktforscher zum Rechtsanwalt. In: BVM inbrief. Januar 2012, S. 20–21.

[96] Eberl, Markus (2016): Vorsicht vor der Data-Mining-Hölle. Online im Internet: http://www. planung-analyse.de/news/editorspick/pages/protected/Vorsicht-vor-der-Data-Mining-Hoelle_9780.html (abgerufen am 15.09.2016).

[97] Edelmann, Doris/Tippelt, Rudolf (2007): Kompetenzentwicklung in der beruflichen Bildung und Weiterbildung. In: Prenzel, Manfred/Gogolin, Ingrid/Krüger, Heinz-Hermann (Hrsg.): Kompetenzdiagnostik. Zeitschrift für Erziehungswissenschaft. Sonderheft 8/2007, S. 128–146.

[98] Eidems, Judith/Lainer, Doris (2015): Strategisches Human Resource Management in der Marktforschung von heute für morgen. In: Keller, Bernhard/Klein, Hans-Werner/Tuschl, Stefan (Hrsg.): Zukunft der Marktforschung. Entwicklungschancen in Zeiten von Social Media und Big Data. Wiesbaden: Springer Gabler, S. 31–54.

[99] Engelhardt, Werner H./Kleinaltenkamp, Michael/Reckenfelderbäumer, Martin (1992): Dienstleistungen als Absatzobjekt. Bochum: Ruhr-Universität Bochum.

[100] Ennsfelner, Ilse/Bodenstein, Robert/Herget, Josef (2014): Exzellenz in der Unternehmens-beratung. Qualitätsstandards für die Praxis. Inklusive der EN 16114. Wiesbaden: Springer Gabler.

[101] Erdmann, Andreas (1999): Verminderung des Produkteinführungsrisikos durch Virtual Reality-unterstützte Konzepttests. Lohmar, Köln: Josef Eul Verlag.

[102] Ericsson, K. Anders/Smith, Jacqui (1991): Prospects and limits of the empirical study of exper-tise: an introduction. In: Ericsson, K. Anders/Smith, Jacqui (Hrsg.): Toward a general theory of expertise. Prospects and limits. Cambridge u. a.: Cambridge University Press, S. 1–38.

[103] Erpenbeck, John (1996): Synergetik, Wille, Wert und Kompetenz. In: Ethik und Sozialwissen-schaften. 7/4, S. 611–613.

[104] Erpenbeck, John/Heyse, Volker (2007): Die Kompetenzbiographie. Wege der Kompetenzent-wicklung. Münster u. a.: Waxmann.

[105] Erpenbeck, John/von Rosenstiel, Lutz (Hrsg.) (2003): Handbuch Kompetenzmessung. Erken-nen, verstehen und bewerten von Kompetenzen in der betrieblichen, pädagogischen und psychologischen Praxis. Stuttgart: Schäffer-Poeschl.

[106] Erpenbeck, John/Sauer, Johannes (2000): Das Forschungs- und Entwicklungsprogramm „Lernkultur Kompetenzentwicklung". In: Arbeitsgemeinschaft Qualifikations-Entwicklungs-Management; Geschäftsstelle der Arbeitsgemeinschaft Betriebliche Weiterbildungsforschung (Hrsg.): Kompetenzentwicklung 2000. Lernen im Wandel – Wandel durch Lernen. Münster: Waxmann, S. 289–335.

[107] Esch, Franz-Rudolf/Herrmann, Andreas/Sattler, Henrik (2008): Marketing. Eine management-orientierte Einführung. 2. Aufl. München: Franz Vahlen.

[108] ESOMAR (2017): Weltumsatz leicht angestiegen. Online im Internet: http://www.horizont. net/planung-analyse/nachrichten/Esomar-Global-Market-Research-Report-Weltumsatz-ist-leicht-angestiegen-161648 (abgerufen am 21.10.2017).

[109] ESOMAR/ICC (2016): ICC/ESOMAR International Code on Market, Opinion and Social Research and Data Analytics.

[110] Esters, Melanie (2016): Forschen, um zu verändern. In: Markenartikel. 10/2016, S. 100–102.

[111] Euler, Dieter (2001): Manche lernen es – aber warum? – Lerntheoretische Fundierungen zur Entwicklung von sozial-kommunikativen Handlungskompetenzen. In: Zeitschrift für Berufs- und Wirtschaftspädagogik. 97. Band, Heft 3, S. 346–374.

[112] Euler, Dieter/Reemtsma-Theis, Monika (1999): Sozialkompetenzen? Über die Klärung einer didaktischen Zielkategorie. In: Zeitschrift für Betriebs- und Wirtschaftspädagogik. 95. Band, Heft 2, S. 168–198.

[113] Europäische Union (o. J.): Der europäische Qualifikationsrahmen für lebenslanges Lernen. Online im Internet: http://www.ecvet-info.de/_media/na_eqr_0911_03_web.pdf (abgerufen am 21.11.2016).

[114] Fachhochschule Köln (2011): Hochschulentwicklungsplan – Strategischer Rahmenplan 2020. Online im Internet: https://www.th-koeln.de/mam/downloads/deutsch/hochschule/profil/hochschulentwicklungsplan2020.pdf (abgerufen am 10.11.2017).

[115] Faix, Axel/Kupp, Martin (2002): Kriterien und Indikatoren zur Operationalisierung von Kern-kompetenzen. In: Bellmann, Klaus et al. (Hrsg.): Aktionsfelder des Kompetenz-Managements. Ergebnisse des II. Symposiums Strategisches Kompetenz-Management. Wiesbaden: Deut-scher Universität-Verlag, S. 59–83.

[116] Faix, Werner G./Laier, Angelika (1996): Soziale Kompetenz. Wettbewerbsfaktor der Zukunft. 2. Aufl. Wiesbaden: Gabler.

[117] Fantapié Altobelli, Claudia (2007): Marktforschung. Methoden – Anwendungen – Praxisbei-spiele. Stuttgart: utb.

[118] Fantapié Altobelli, Claudia/Hoffmann, Sascha (2011): Grundlagen der Marktforschung. Konstanz: UVK Verlagsgesellschaft.

[119] FH Köln (2011): Hochschulentwicklungsplan 2020. Online im Internet: https://www.th-koeln.de/mam/downloads/deutsch/hochschule/profil/hochschulentwicklungsplan2020.pdf (abgerufen am 11.11.2017).

[120] FH Wien (2011): Kompetenzatlas. Online im Internet: http://kompetenzatlas.fh-wien.ac.at (abgerufen am 04.11.2017).

[121] Fink, Dietmar (2009): Strategische Unternehmensberatung. München: Franz Vahlen.

[122] Fink, Dietmar (2017): Intellektuelle Vielfalt ist Pflicht. Online im Internet: https://www.consulting.de/hintergruende/themendossiers/consulting-2017-work-forward/einzelansicht/intellektuelle-vielfalt-ist-pflicht (abgerufen am 01.05.2017).

[123] Fischer, Beat/Jud, Silvana (2017): Marktforschung mit Beacons. In: planung&analyse. 1/2017, S. 63.

[124] Fischer, Felix/Tuck, Gareth (2016): Wearables-Technologie in der Marktforschung. Online im Internet: http://www.marktforschung.de/hintergruende/themendossiers/apparative-messung/dossier/wearables-technologie-in-der-marktforschung/ (abgerufen am 09.02.2017).

[125] Fließ, Sabine (2006): Prozessorganisation in Dienstleistungsunternehmen. Stuttgart: Kohlhammer.

[126] Florès, Laurent (2016): Market research industry, tipping point or no return? In: International Journal of Market Research. Vol. 58, Issue 1 S. 15–17.

[127] Forrester Research (2012): In: Brown, Linden R./Brown, Chris L. (2014): The Customer Culture Imperative. A Leader's Guide to Driving Superior Performance. New York: McGraw-Hill.

[128] Förstel, Henner (2017): Interview. Online im Internet: https://www.marktforschung.de/hintergruende/themendossiers/agiles-projektmanagement-wie-flexibel-ist-marktforschung/dossier/von-interaktiven-dialogen-lebenden-projekten-und-dem-herzstueck-eines-reports (abgerufen am 19.05.2017).

[129] Franzen, Othmar (2008): Motor für Veränderungen. Studie zum Stellenwert der Marktforschung. In: Research & Results. 3/2008, S. 46.

[130] Franzen, Ottmar/Strehlau, Ralf (2008): Motor für Veränderungen. Studie zum Stellenwert der Marktforschung. In: Research & Results. 3/2008, S. 46–47.

[131] Franzen, Ottmar/Strehlau, Ralf (2013): Marktforschung – Motor für Veränderungen. Hauptergebnisse. Online im Internet: http://www.konzept-und-markt.com/tl_files/PDFs/Fachbeitraege/Marktforschung%20-%20Motor%20fuer%20Veraenderungen%20Summary.pdf (abgerufen am 19.05.2017).

[132] Freeman, R. Edward (2010): Strategic Management. A Stakeholder Approach. Cambridge u. a.: Cambridge University Press.

[133] Freiling, Jörg (2002): Terminologische Grundlagen des Resource-based View. In: Bellmann, Klaus et al. (Hrsg.): Aktionsfelder des Kompetenz-Managements. Ergebnisse des II. Symposiums Strategisches Kompetenz-Management. Wiesbaden: Deutscher Universität-Verlag, S. 3–28.

[134] Freudenthaler-Mayrhofer, Daniela/Sposato, Teresa (2017): Corporate Design Thinking. Wiesbaden: Springer Gabler.

[135] Friedrich-Freksa, Malte (2017): Beschleuniger digitaler Transformationsprozesse. Online im Internet: http://www.planung-analyse.de/news/editorspick/pages/protected/Beschleuniger-digitaler-Transformationsprozesse-_10010.html (abgerufen am 15.02.2017).

[136] Friedrich-Freksa, Malte/Lütters, Holger (2016): Die Zukunft ist Gegenwart. In: Research & Results. 6.2016, S. 44–45.

[137] Gablers Wirtschaftslexikon (2018): Online im Internet: http://wirtschaftslexikon.gabler.de/ Definition/coaching.html (abgerufen am 12.01.2018).

[138] Gadeib, Andera (1998): Neue Wege für die Marktforschung im Internet. Forschungsansätze zur Methodenentwicklung. In: RWTH Themen. 1, S. 59–62.

[139] Gaspar, Claudia/Neus, Andreas/Buder, Fabian (2016): Von Mauern und Windmühlen: Warum sich die Marktforschung neu erfinden muss. Die fünf Elemente der Veränderung und Ideen für die Zukunft. In: Keller, Bernhard/Klein, Hans-Werner/Tuschl, Stefan (Hrsg.): Marktforschung der Zukunft – Mensch oder Maschine. Bewährte Kompetenzen in neuem Kontext. Wiesbaden: Springer Gabler, S. 1–27.

[140] Gautschi, Isabel/Campbell, Sean (2017): Researchers, it's OK to give bad news (and here's how to do it). Online im Internet: https://www.quirks.com/articles/researchers-it-s-ok-to-give-bad-news-and-here-s-how-to-do-it (abgerufen am 11.07.2017).

[141] Geißler, Holger/Bruhn, Bianca (2016): „Der Wille zur Innovation". Online im Internet: https://www.marktforschung.de/hintergruende/interviews/marktforschung/der-wille-zur-innovation (abgerufen am 22.10.2017).

[142] Georg, Christiane (2015): „Das werden sehr spannende Zeiten". Online im Internet: https://www.marktforschung.de/hintergruende/interviews/marktforschung/das-werden-sehr-spannende-zeiten (abgerufen am 03.05.2017).

[143] Gillen, Julia et al. (Hrsg.) (2006): Kompetenzentwicklung in vernetzten Lernstrukturen. Bielefeld: Bertelsmann.

[144] Goisbault, Isabelle/Kerrad, Line/Marès, Marie-Clarté Vignon (2017): Der Duft aus der Waschküche. In: planung&analyse. 5/2017, S. 50–51.

[145] Gotzen, Susanne (2013): Projektbasiertes Lernen. Online im Internet: https://www.th-koeln.de/mam/downloads/deutsch/hochschule/profil/lehre/steckbrief_projektbasiertes_lernen.pdf (abgerufen am 10.11.2017).

[146] Gouthier, Matthias/Schmid, Stefan (2003): Customers and customer relationship in service firms: The perspective of the resourced-based view. In: Marketing Theory. Volume 3(1), S. 119–143.

[147] Gräper, Sebastian/von Corvin, Barbara (2013): Mehr als reine Datenlieferanten – Vom Marktforscher zum Berater. In: Müller-Peters, Horst (Hrsg.): Marktforschung in der digitalisierten Welt. Köln: marktforschung.de, S. 343–345.

[148] GreenBook (2016): Grit Report, 2016 Q1-Q2.

[149] GreenBook (2017): Grit CPR Report. 2017 Global Respondent Engagement Study.

[150] GreenBook (2017a): Grit Report. 2017 Q1-Q2.

[151] Greene Sands, Robert R./Haines, Thomas J. (2013): Promoting Cross-Cultural Competence in Intelligence Professionals. A new perspective on alternative analysis and the intelligence process. In: Small Wars Journal. Apr 25 2013. Online im Internet: smallwarsjournal.com/printpdf/14036 (abgerufen am 04.11.2017).

[152] Greenspan, Stephen/Granfield, James M. (1992): Reconsidering the Construct of Mental Retardation; Implications of a Model of Social Competence. In: American Journal of Mental Retardation. Vol. 96, No. 4, S. 442–453.

[153] Gritten, Adele (2016): The client-agency relationship needs a little TLC. Online im Internet: http://www.marktforschung.de/hintergruende/kolumne/marktforschung/the-client-agency-relationship-needs-a-little-tlc (abgerufen am 10.02.2017).

[154] Gritten, Adele (2016a): The polymath versus the specialist: The role of talent in our post-digital research world. Online im Internet: https://www.marktforschung.de/hintergruende/kolumne/marktforschung/the-polymath-versus-the-specialist-the-role-of-talent-in-our-post-digital-research-world (abgerufen am 05.05.2016).

[155] Große Holforth, Dominik (2016): „Tue Gutes und sprich darüber": Referenzmarketing in der Beratung. Online im Internet: https://www.consulting.de/hintergruende/kolumne/einzelansicht/tue-gutes-und-sprich-darueber-referenzmarketing-in-der-beratung (abgerufen am 01.05.2017).

[156] Grote, Sven/Kauffeld, Simone/Frieling, Ekkehart (Hrsg.) (2006): Kompetenzmanagement. Stuttgart: Schäffer-Poeschel.

[157] Grote, Sven/Kauffeld, Simone/Denison, Katrin/Frieling, Ekkehart (2006): Kompetenzen und deren Management: ein Überblick. In: Grote, Sven/Kauffeld, Simone/Frieling, Ekkehart (Hrsg.): Kompetenzmanagement. Stuttgart: Schäffer-Poeschel, S. 15–32.

[158] Grover, Rajiv (2006): Introduction. The Changing World of Marketing Research. In: Grover, Rajiv/Vriens, Marco (Hrsg.): Marketing Research. Uses, Misuses and Future Advances. Thousand Oaks, London, New Delhi: SAGE, S. ix-x.

[159] Groves, Robert M. et al. (2009): Survey Methodology. 2. Aufl. Hoboken NJ: Wiley.

[160] Gruber, Hans (1994): Expertise. Modelle und empirische Untersuchungen. Opladen: Westdeutscher Verlag.

[161] Grunwald, Guido/Hempelmann, Bernd (2012): Angewandte Marktforschung. Eine praxisorientierte Einführung. München: Oldenbourg.

[162] Gulati, Ranjay (2007): Abschied vom Silodenken. In: Harvard Business Manager. 12, S. 90–106.

[163] Gulati, Ranjay (2010): Reorganize for resilience: Putting customers at the center of your business. Boston: Harvard Business Press.

[164] Günther, Martin/Vossebein, Ulrich/Wildner, Raimund (1998): Marktforschung mit Panels. Arten – Erhebung – Analyse – Anwendung. Wiesbaden: Springer.

[165] Günther, Ralph (2017): Die größten Risiken für Consultants. Online im Internet: https://www.consulting.de/hintergruende/kolumne/einzelansicht/wenn-ein-guter-rat-zum-business-killer-wird (abgerufen am 03.05.2017).

[166] Gürtler, Jochen/Meyer, Johannes (2013): 30 Minuten Design Thinking. Offenbach: GABAL Verlag GmbH.

[167] Haderlein, Noemi (2017): XYZ – Generationen auf dem Arbeitsmarkt. Online im Internet: https://www.absolventa.de/karriereguide/tipps/xyz-generationen-arbeitsmarkt-ueberblick (abgerufen am 21.02.2017).

[168] Hagins, Brett/Courtright, Melanie (2013): MR users offer researchers a self improvement plan. Online im Internet: https://www.quirks.com/articles/c-level-mr-users-offer-researchers-a-self-improvement-plan (abgerufen am 02.06.2017).

[169] Hagins, Brett/Courtright, Melanie (2013a): We have our marching orders. In: Quirk's Marketing Research Review. February 2013, S. 50–53.

[170] Hague, Paul/Hague, Nick/Morgan, Carol-Ann (2013): Market Research in Practice. How to get greater insight from your market. 2. Aufl. London, Philadelphia: Kogan Page.

[171] Harms, Christopher/Schmidt, Sebastian (2017): Chatbots statt Matrix-Fragen? In: planung&analyse. 3/2017, S. 28–31.

[172] Hassler, Jens (2013): Zur Organisation von Marketingabteilungen (Marketingorganisation). Eine Analyse unter Berücksichtigung von verschiedenen Determinanten. Bachelor-Thesis an der Hochschule für Technik Stuttgart.

[173] Hasso-Plattner-Institut (2017): Was ist Design Thinking? Online im Internet: https://hpi-academy.de/design-thinking/was-ist-design-thinking.html (abgerufen am 08.08.2017).

[174] Hasso-Plattner-Institut (2017a): Mindset, Design Thinking. Online im Internet: https://hpi.de/school-of-design-thinking/design-thinking/mindset.html (abgerufen am 08.08.2017).

[175] Häusel, Hans-Georg (Hrsg.) (2014): Neuromarketing. Erkenntnisse der Hirnforschung für Markenführung, Werbung und Verkauf. 3. Aufl. Freiburg: Haufe-Lexware.

[176] Hedewig-Mohr, Sabine (2016): Weltweit und schnell unterwegs. In: planung&analyse. 4/2016, S. 62–63.

[177] Hedewig-Mohr, Sabine (2016a): Wettbewerbsvorteile durch Knowledge-Management sichern. Online im Internet: http://www.planung-analyse.de/news/editorspick/pages/protected/Wettbewerbsvorteile-durch-Knowledge-Management-sichern_9892.html (abgerufen am 07.11.2016).

[178] Hedewig-Mohr, Sabine (2017): Vertrauen bröckelt. In: planung&analyse. 1/2017, S. 12–15.

[179] Hedewig-Mohr, Sabine (2017a): WIN: Ein gewinnendes Netzwerk. Online im Internet: http://www.horizont.net/planung-analyse/nachrichten/WIN-Ein-gewinnendes-Netzwerk-157139 (abgerufen am 05.05.2017).

[180] Hedewig-Mohr, Sabine (2017b): Eintauchen in Wissen. In: planung&analyse. 5/2017, S. 12–15.

[181] Hedewig-Mohr, Sabine (2018): WPP bietet Unternehmensberatern Paroli. Online im Internet: http://www.horizont.net/planung-analyse/nachrichten/Kantar-Consulting-gegruendet-Kantar-Consulting-gegruendet-163853 (abgerufen am 09.01.2018).

[182] Heinevetter, Kevin (2017): Bedürfnisanalyse von Marktforschungsleitern. Projektarbeit im Studiengang Wirtschaftspsychologie, Lehrveranstaltung Praxistransferprojekt an der Rheinischen Fachhochschule Köln.

[183] Henning, Jeffrey (2014): Academic researchers are from Mars... In: International Journal of Market Research. Vol. 56, Issue 5, S. 569–570.

[184] Herking, Tanja-Vera (2015): Der kompetente und professionelle Unternehmensberater. Wiesbaden: Springer Fachmedien.

[185] Hermann-Ruess, Anita (2010): Wirkungsvoll präsentieren. Das Buch voller Ideen. Göttingen: BusinessVillage.

[186] Herrmann, Andreas/Homburg, Christian (2000): Marktforschung. Wiesbaden: Gabler.

[187] Herzog, Julia/Lüttwitz, Stefanie (2016): Hospitation. Referat im Rahmen der Vorlesung „Betriebliche Marktforschung" an der TH Köln im Wintersemester 2016/2017.

[188] Heusinger von Waldegge, Sylke (2013): Interkulturelle Kompetenz und ihre Bedeutung in der Geschäftswelt. In: Kersten, Wolfgang/Wittmann, Jochen (Hrsg.): Kompetenz, Interdisziplinarität und Komplexität in der Betriebswirtschaftslehre. Wiesbaden: Springer, S. 71–85.

[189] Hilber, Jörg (2009): Was Marktforscher und Marktforscherinnen können sollen. Aus- und Weiterbildung in der Marktforschung: Bestandesaufnahme und Anforderungsliste. In: vsms Verband Schweizer Markt- und Sozialforscher (Hrsg.): Jahrbuch 2009, S. 22–25.

[190] Hinterhuber, Hans H./Matzler, Kurt (Hrsg.) (2009): Kundenorientierte Unternehmensführung: Kundenorientierung-Kundenzufriedenheit-Kundenbindung. Wiesbaden: Springer-Gabler.

[191] Hochbein, Marko (2013): Soziale Kompetenz – Was ist das? In: Organisationsberatung, Supervision, Coaching. 20, S. 447–460.

[192] Hochschule Pforzheim (2013): Studie zur Dienstleistungsmarktforschung. Masterstudiengang Service Marketing.

[193] Hof, Christiane (2002): (Wie) lassen sich soziale Kompetenzen bewerten? In: Clement, Ute/Arnold, Rolf (Hrsg.): Kompetenzentwicklung in der beruflichen Bildung. Opladen: Leske + Budrich, S. 153–166.

[194] Hofstetter, Helmut (2012): Dienen und leisten – Welcome to Service Science. Ein Kompendium für Studium und Praxis. München: Oldenbourg.

[195] Höllger, Tanja/Müller-Sinik, Kerstin (2007): Kundenbeziehung 2015. Was muss Marktforschung leisten? Köln: psychonomics AG in Kooperation mit der Fachhochschule Köln und planung&analyse.

[196] Holling, Heinz/Schmitz, Bernhard (Hrsg.) (2010): Handbuch Statistik, Methoden und Evaluation. Göttingen: Hogrefe.

[197] Hudson, Paul (2015): Keeping pace with the change. Adapting research panels and communities for a mobile environment. In: Quirk's Marketing Research Review. November 2015, S. 34–37.

[198] Hüttner, Manfred/Schwarting, Ulf (2002): Grundzüge der Marktforschung. 7. Aufl. München, Wien: R. Oldenbourg.

[199] IBM Global CEO Study (2010): Unternehmensführung in einer komplexen Welt. IBM Institute for Business Value. Online im Internet: http://www-935.ibm.com/services/de/ceo/ceostudy2010 (abgerufen am 06.11.2017).

[200] IBM Global C-Suite Study (2013): Der Kunde entscheidet mit – Wie Kunden Unternehmensentscheidungen aktiv beeinflussen. IBM Institute for Business Value. Online im Internet: http://www-935.ibm.com/services/multimedia/c-suite-study-2013-de.pdf (abgerufen am 10.11.2017).

[201] IKUD (2011): Interkulturelle Kompetenz. Online im Internet: https://www.ikud-seminare.de/veroeffentlichungen/interkulturelle-kompetenz.html (abgerufen am 10.02.2017).

[202] Jacobs, Gabriele/Bayerl, Saskia/Horton, Kate (2013): Marktforscher (M/W) – Ein Traumberuf? In: Müller-Peters, Horst (Hrsg.): Marktforschung in der digitalisierten Welt. Köln: marktforschung.de, S. 85–89.

[203] Jager, Alexandra/Neundorfer, Lisa (2012): Im smartphone veritas. Mobile Diaries als Ergänzung und Korrektiv bei qualitativen Online-Studien. In: Research & Results. 1.2012, S. 30–32.

[204] Jäger, Wolfgang (2004): Pro. In: Jäger, Wolfgang/Stern, Elsbeth: Schlüsselqualifikationen als eigenständiges Modul? In: Forschung & Lehre. 11/2004, S. 606–607.

[205] Jahn, Detlev/Sarcander, Steve/Wagner, Ralf (2004): Basiswissen Marktforschung. Band 1: Datenerhebung. Frankfurt: planung&analyse.

[206] Jain, Subhash C./Griffith, David A. (2011): Handbook of Research in International Marketing. 2. Aufl. Cheltenham, Northampton MA: Edward Elgar.

[207] Janska, Anna (2015): Two paths to the same place. How neuromarketing and qualitative research can form a beautiful friendship. In: Quirk's Marketing Research Review. January 2015, S. 34–39.

[208] Jeges, Oliver (2015): Die Unis produzieren Theorietrottel und Langweiler. In: Die Welt Online. Online im Internet: https://www.welt.de/debatte/kommentare/article141484541/Die-Unis-produzieren-Theorietrottel-und-Langweiler.html (abgerufen am 10.08.2017).

[209] Jennings, Tim (2015): Template: Job Role Description – Information Manager. Ovum.

[210] Jenster, Per V./Solberg Søilen, Klaus (2009): Market Intelligence. Building Strategic Insight. Kopenhagen: Copenhagen Business School Press.

[211] jobintree.com (2016): Définition Compétence. Online im Internet: http://www.jobintree.com/dictionnaire/definition-competence-49.html (abgerufen am 01.12.2016).

[212] Kaack, Jürgen (2016): Tandems machen Tempo. Online im Internet: https://www.mittelstandswiki.de/wissen/Partnerschaften_im_Mittelstand (abgerufen am 10.02.2017).

[213] Kaiser, Linda (2017): „Wenn Sie mit formalen Umgangsformen aufwarten können, bleiben Sie in Erinnerung". Online im Internet: https://www.consulting.de/hintergruende/interviews/einzelansicht/wenn-sie-mit-formalen-umgangsformen-aufwarten-koennen-bleiben-sie-in-erinnerung (abgerufen am 11.11.2017).

[214] Kamenz, Uwe (2001): Marktforschung. Einführung mit Fallbeispielen, Aufgaben und Lösungen. 2. Aufl. Stuttgart: Schäffer-Poeschl.

[215] Kampmann, Matthias (2016): Vom Umgang mit dem kleinen Screen. In: planung&analyse. 1/2016, S. 46–47.

[216] Kandula, Srinivas R. (2013): Competency-Based Human Resource Management. Delhi: PHI Learning.

[217] Kanning, Uwe Peter (2002): Soziale Kompetenz – Definition, Strukturen und Prozesse. In: Zeitschrift für Psychologie. 210 (4), S. 154–163.

[218] Kanning, Uwe Peter (2009): Diagnostik sozialer Kompetenzen. 2. Aufl. Göttingen u. a.: Hogrefe.

[219] Kanning, Uwe Peter/Bergmann, Nina (2006): Bedeutung sozialer Kompetenzen für die Kundenzufriedenheit: Zwei Studien. In: Zeitschrift für Arbeits- und Organisationspsychologie. 50 (N. F. 24) 3, S. 148–154.

[220] Kastin, Klaus S. (2008): Marktforschung mit einfachen Mitteln. Daten und Informationen beschaffen, auswerten und interpretieren. 3. Aufl. München: Deutscher Taschenbuch Verlag.

[221] Kauffeld, Simone/Grote, Sven/Frieling, Ekkehart (2003): Das Kasseler-Kompetenz-Raster (KKR). In: Erpenbeck, John/Rosenstiel, Lutz von (Hrsg.): Handbuch Kompetenzmessung. Erkennen verstehen und bewerten von Kompetenzen in der betrieblichen, pädagogischen und psychologischen Praxis. Stuttgart: Schäffer-Poeschl, S. 261–281.

[222] Keim, Gerhard/Gailing, Virginie (2016): Gemeinsam mehr als die Summe ihrer Teile. Design und Marktforschung gestalten Transformationsprozesse der Zukunft. In: Keller, Bernhard/Klein, Hans-Werner/Tuschl, Stefan (Hrsg.): Marktforschung der Zukunft – Mensch oder Maschine. Bewährte Kompetenzen in neuem Kontext. Wiesbaden: Springer Gabler, S. 63–77.

[223] Keller, Bernhard/Klein, Hans-Werner/Tuschl, Stefan (Hrsg.) (2015): Zukunft der Marktforschung. Entwicklungschancen in Zeiten von Social Media und Big Data. Wiesbaden: Springer Gabler.

[224] Keller, Bernhard/Klein, Hans-Werner/Tuschl, Stefan (Hrsg.) (2016): Marktforschung der Zukunft – Mensch oder Maschine. Bewährte Kompetenzen in neuem Kontext. Wiesbaden: Springer Gabler.

[225] Kerler, Jörg (2015): Erforderliche Skills in der Marktforschung. E-Mail von Jörg Kerler an Marco Ottawa vom 15.01.2015.

[226] Kettle, Tyler (2017): Researchers, you can respect tradition while embracing the new. Online im Internet: https://www.quirks.com/articles/researchers-you-can-respect-tradition-while-embracing-the-new (abgerufen am 20.06.2017).

[227] Kihlgren, Jörgen (2014): Vad är kompetens? Online im Internet: https://www.ledarna.se/Chefsguider/chefen-som-rekryterare1/kravprofilen/vad-ar-kompetens (abgerufen am 09.12.2016).

[228] King, Alison (1993): From sage on the stage to guide on the side. In: College teaching. 41 (1), S. 30–35.

[229] Klee-Patsavas, Sandra (2016): Powerpoint war gestern. In: planung&analyse. 3/2016, S. 31.

[230] Klein, Hans-Werner (2015): Ich sehe was, was Du nicht siehst? Predictive Analytics! Online im Internet: https://www.marktforschung.de/hintergruende/themendossiers/big-data/dossier/ich-sehe-was-was-du-nicht-siehst-predictive-analytics (abgerufen am 03.05.2017).

[231] Klieme, Eckhard (2004): Was sind Kompetenzen und wie lassen sie sich messen? In: Pädagogik. 6/04, S. 10–13.

[232] Klieme, Eckhard/Artelt, Cordula/Stanat, Petra (2014): Fächerübergreifende Kompetenzen: Konzepte und Indikatoren. In: Weinert, Franz E. (Hrsg.): Leistungsmessungen in Schulen. 3. Aufl. Weinheim und Basel: Beltz, S. 203–218.

[233] Klieme, Eckhard/Hartig, Johannes (2007): Kompetenzkonzepte in den Sozialwissenschaften und im erziehungswissenschaftlichen Diskurs. In: Prenzel, Manfred/Gogolin, Ingrid/Krüger, Heinz-Hermann (Hrsg.): Kompetenzdiagnostik. Zeitschrift für Erziehungswissenschaft. Sonderheft 8/2007, S. 11–29.

[234] Klieme, Eckhard/Leutner, Detlev (2006): Kompetenzmodelle zur Erfassung individueller Lernergebnisse und zur Bilanzierung von Bildungsprozessen. Beschreibung eines neu eingerichteten Schwerpunktprogramms der DFG. In: Zeitschrift für Pädagogik. 52/6, S. 876–903.

[235] Kluckhohn, Clyde et al. (1951): Values and Value-Orientations in the Theory of Action. In: Parsons, Talcott/Shils, Edward A. (Hrsg.): Toward a General Theory of Action. Cambridge: Harvard University Press, S. 388–433.

[236] Klumpe, Bettina (2016): Fachangestellte(r) für Markt- und Sozialforschung. Berufsausbildung im dualen System. In: König, Christian/Stahl, Matthias/Wiegand, Erich (Hrsg.): Human Resources. Qualitätsaspekte der Ausbildung in der empirischen Forschung. Wiesbaden: Springer, S. 96–106.

[237] Klumpe, Bettina/Wachter, Bernd (2017): Marktforschung in Deutschland 2016. In: adm (Hrsg.): Jahresbericht 2016, S. 12–17.

[238] Knoblach, Bianka/Fink, Diemtar (2012): Warum wir tun, was andere wollen: Psychologische Determinanten informeller Macht in Organisationen. In: Zeitschrift für betriebswirtschaftliche Forschung (ZfbF). 64 Jahrgang, November 2012, S. 747–771.

[239] Koch, Jörg (2012): Marktforschung. Grundlagen und praktische Anwendungen. 6. Aufl. München: Oldenbourg.

[240] Koch, Jörg/Gebhardt, Peter/Riedmüller, Florian (2016): Marktforschung. Grundlagen und praktische Anwendungen. Berlin: deGruyter Oldenbourg.

[241] Kohler, Ulrich (2016): Anforderungen an Hochschulabsolventen oder: was Mitarbeiter in einem empirisch ausgerichteten Forschungsprojekt können sollten? In: König, Christian/Stahl, Matthias/Wiegand, Erich (Hrsg.): Human Resources. Qualitätsaspekte der Ausbildung in der empirischen Forschung. Wiesbaden: Springer, S. 42–77.

[242] Kommission der Europäischen Gemeinschaften (2001): Einen europäischen Raum des lebenslangen Lernens schaffen. Online im Internet: https://www.bibb.de/dokumente/pdf/foko6_neues-aus-euopa_04_raum-lll.pdf (abgerufen am 30.06.2017).

[243] Koppelmann, Udo (2004): Beschaffungsmarketing. 4. Aufl. Wiesbaden: Springer.

[244] Koreimann, Dieter S. (2002): Projektmanagement. Technik, Methodik, Soziale Kompetenz. Heidelberg: Sauer.

[245] Korostoff, Kathryn (2013): Extreme makeover. Research as a profit center? It's closer than you think. In: Quirk's Marketing Research Review. January 2013, S. 46–49.

[246] Korostoff, Kathryn (2017): Breaking the career bubble. Today's MR jobs are expanding traditional roles. In: Quirk's Marketing Research Review. August 2017, S. 26–29.

[247] Kotler, Philip/Armstrong, Gary/Wong, Veronica/Saunders, John (2013): Grundlagen des Marketing. 6. Aufl. München u. a.: Pearson.

[248] Kotler, Philip/Keller, Kevin Lane/Bliemel, Friedhelm (2007): Marketing-Management. Strategien für wertschaffendes Handeln. 12. Aufl. München u. a.: Pearson.

[249] Kou, Yue/Jia, Zhiyong/Wang, Yihua (2013): A Comparative Research on Competency and Competence, Competency Model and Competence Model. In: Xu, Jiuping/Yasinzai, Masoom/Lev, Benjamin (Hrsg.): Proceedings of the Sixth International Conference on Management Science and Engineering Management. London: Springer, S. 681–693.

[250] Krizanits, Joana (2009): Die systemische Organisationsentwicklung – wie sie wurde was sie wird. Wien: facultas.wuv.

[251] Krüger, Judith (2017): Lassen Sie sich nicht das Denken abnehmen! Online im Internet: http://www.horizont.net/planung-analyse/nachrichten/Online-Special-Software-Lassen-Sie-sich-nicht-das-Denken-abnehmen--162412 (abgerufen am 11.11.2017).

[252] Krystek, Ulrich et al. (2007): Vorlesung Marktforschung. TU Berlin. WS 2007/08.

[253] Kubr, Milan (2002): Management Consulting. 4. Aufl. Genf: International Labour Office.

[254] Kuh, George D./O'Donnell, Ken/Reed, Sally D. (2013): Ensuring quality & taking high-impact practices to scale. Washington: AAC&U, Association of American Colleges and Universities.

[255] Kuhagen, Ilka (2016): In 48 Stunden um die Welt. Qualitative Blitz Community befragt Po-kémon Go-Spieler. Online im Internet: http://www.research-results.de/fachartikel/2016/ausgabe-5/in-48-stunden-um-die-welt.html (abgerufen am 29.11.2016).

[256] Kühl, Stefan (2017): Laterales Führen. Wiesbaden: Springer.

[257] Kumar, Naveen/Ravindran G. (2011): Competency has a Strategy to Improve Communication but it Relates more to Experience or Expertise in LMW Ltd. Online im Internet: www.cpmr.org.in/opinion/vol1/issue1/Articles/7.pdf (abgerufen am 19.11.2016).

[258] Kumar, V. (2006): International Marketing Research. In: Grover, Rajiv/Vriens, Marco (Hrsg.): Marketing Research. Uses, Misuses and Future Advances. Thousand Oaks, London, New Delhi: SAGE, S. 628–645.

[259] Kuß, Alfred (2007): Marktforschung. Grundlagen der Datenerhebung und Datenanalyse. 2. Aufl. Wiesbaden: Gabler.

[260] Kuß, Alfred/Eisend, Martin (2010): Marktforschung. 3. Aufl. Wiesbaden: Gabler.

[261] Kuß, Alfred/Wildner, Raimund/Kreis, Henning (2014): Marktforschung – Grundlagen der Datenerhebung und Datenanalyse. 5. Aufl. Wiesbaden: Springer.

[262] Ladwig, Wibke (2014): Content-Marketing: von den Wörtern zum Storytelling. White Paper des Siegfried Vögele Instituts, Königstein.

[263] Le Boterf, Guy (2010): Construire les compétences individuelles et collectives. Agir et réussir avec compétence. Paris: Eyrolles.

[264] Lewis, Ian (2010): A road map to increased relevance. How to take your inhouse-research practices to the next level. In: Quirk's Marketing Research Review. January 2010, S. 28–34.

[265] Lewrick, Michael/Link, Patrick/Leifer, Larry (Hrsg.) (2017): Das Design Thinking Playbook – Mit traditionellen, aktuellen und zukünftigen Erfolgsfaktoren. Zürich: Vahlen Verlag.

[266] Liebers, Christine/Holzhauer, Brigitte (2010): On oder Off ? Biografien und Ausbildung von qualitativen Marktforschern. In: planung&analyse. 2010, S. 1–5.

[267] Lins, David (2017): Was spricht für eine Karriere im Inhouse Consulting? Sechs Kern-fragen kurz beantwortet. Online im Internet: http://juniorconsulting.net/inhouse-consulting/karriere-im-inhouse-consulting (abgerufen am 29.05.2017).

[268] Lippitt, Gordon/Lippitt, Ronald (2014): Beratung als Prozess. Was Berater und ihre Kunden wissen sollten. Wiesbaden: Springer Gabler.

[269] Loehner-Baldermann, Elizabeth (2016): Interkulturelle Kompetenz – Was genau ist das? Online im Internet: http://merionconsulting.de/node/62 (abgerufen am 20.07.2016).

[270] Lowey, Stefanie/Czampik, Stefan/Lütze, Birgitt (2005): Die Kompetenzhaltigkeit moderner betrieblicher Assessments. In: Arbeitsgemeinschaft Betriebliche Weiterbildungsforschung e. V./Projekt Qualifikations-Entwicklungs-Management. Münster: Waxmann, S. 723–759.

[271] Lübbert, Claas (2016): Vom Marktforscher zum Berater. Online im Internet: https://www.marktforschung.de/hintergruende/themendossiers/vom-marktforscher-zum-berater (abgerufen am 14.06.2016).

[272] Luig, Alexandra/Karczmarzyk, André (2002): Zur Bedeutung weicher Faktoren für und in Bera-tungsleistungen. In: Mohe, Michael/Heinecke, Hans Jürgen/Pfriem, Reinhard (Hrsg.): Consul-ting – Problemlösung als Geschäftsmodell. Stuttgart: Klett-Cotta, S. 281–292.

[273] Lütters, Holger (2016): Zurück zum Handwerk. Online im Internet: http://www.planung-analyse.de/news/blog/pages/protected/Zurueck-zum-Handwerk-_8749.html (abgerufen am 20.10.2016).

[274] Lütters, Holger (2017): „Sprich mit mir!" In: planung&analyse. 5/2017, S. 58–60.

[275] Lüttschwager, Frank (2017): Mobile Marktforschung – wie geht es weiter? Online im Internet: http://www.planung-analyse.de/news/pages/protected/show.php?id=10057 (abgerufen am 23.03.2017).

[276] Lutz, Britta (2010): Effiziente Marktforschung auf internationalen Märkten. Diplomarbeit an der Fachhochschule Bielefeld.

[277] Macfarlane, Phyllis (2016): Developing research skills in emerging economies – a dilemma. In: International Journal of Market Research. Vol. 58, Issue 2, S. 171–173.

[278] Magerhans, Alexander (2016): Marktforschung. Wiesbaden: Springer Fachmedien.

[279] Magerhans, Alexander/Merkel, Theresa/Cimbalista, Julia (2013): Marktforschungsergebnisse zielgruppengerecht kommunizieren. Ergebnisberichte – Präsentationen – Workshops. Wiesbaden: Springer Gabler.

[280] Maicher, Lutz (2017): Wie die Digitalisierung die Marktforschung verändert. Online im Internet: http://www.horizont.net/planung-analyse/nachrichten/planunganalyse-Insights-2017-Wie-die-Digitalisierung-die-Marktforschung-veraendert-159639 (abgerufen am 07.08.2017).

[281] Maister, David H./Green, Charles H. (2000): The trusted advisor. New York: Free Press.

[282] Malhotra, Naresh K. (2009): Basic Marketing Research. A Decision-Making Approach. 3. Aufl. Harlow u. a.: Prentice Hall.

[283] Malhotra, Naresh K. (2015): Essentials of Market Research. Global Edition. Harlow u. a.: Pearson.

[284] Malhotra, Naresh K./Birks, David F./Wills, Peter A. (2012): Market Research: an applied approach. Harlow u. a.: Pearson.

[285] Manpower Group (2016): Millenials im Karriere-Marathon: So gewinnen Unternehmen weltweit die bald größte Generation. Online im Internet: https://www.manpowergroup.de/neuigkeiten/studien-und-research/millennials-im-karriere-marathon (abgerufen am 02.06.2017).

[286] MANUFACTS (2013): Kundenzufriedenheit mit Marktforschungsinstituten 2013 – nachgefragt bei betrieblichen Marktforschern. Online im Internet: https://www.marktforschung.de/hintergruende/die-branche-in-zahlen/kundenzufriedenheit-mit-marktforschungsinstituten (abgerufen am 27.05.2016).

[287] Marketagent.com (2015): 360° Studie. Stellenwert und Image der Markt- & Meinungsforschung in Österreich. Online im Internet: http://www.marketagent.com/webfiles/pdf/latestnews/Einladung360grad_www.pdf (abgerufen am 02.06.2017).

[288] marktforschung.de (2017): Homburg & Partner. Online im Internet: https://www.marktforschung.de/anbieter-leistungen/unternehmen/marktforschungsinstitut/homburg-partner (abgerufen am 08.07.2017).

[289] marktforschung.de/questback (2017): Gehaltsstudie 2017.

[290] McClelland, David C. (1973): Testing for Competence Rather Than for „Intelligence". In: American Psychologist. January 1973, S. 1–14.

[291] McDaniel Jr., Carl/Gates, Roger (2015): Marketing Research. 10. Aufl. Hoboken NJ: Wiley.

[292] McQuarrie, Edward F. (2016): The Market Research Toolbox. 4. Aufl. Los Angeles u. a.: SAGE.

[293] Meffert, Heribert (1986): Marktforschung, Grundriß mit Fallstudien. Wiesbaden: Gabler.

[294] Meffert, Heribert/Bruhn, Manfred (2012): Dienstleistungsmarketing: Grundlagen – Konzepte – Methoden. 7. Aufl., Wiesbaden: Gabler.

[295] Meffert, Heribert/Burmann, Christoph/Kirchgeorg, Manfred (2015): Marketing. Grundlagen marktorientierter Unternehmensführung. Konzepte – Instrumente – Praxisbeispiele. 12. Aufl. Wiesbaden: Springer Gabler.

[296] Meinel, Christoph/Leifer, Larry (2015): Introduction–Design thinking is mainly about building innovators. In: Plattner, Hasso/Meinel, Christoph/Leifer, Larry (Hrsg.): Design Thinking Research. Cham: Springer International Publishing, S. 1–11.

[297] Menzel, Sabine (2016): Pre-Testing, Realtime Reports und das Warten auf den nächsten Moonshot. Online im Internet: http://www.marktforschung.de/hintergruende/

themendossiers/e-commerce-motivationen-barrieren-und-hebel/dossier/pre-testing-realtime-reports-und-das-warten-auf-den-naechsten-moonshot (abgerufen am 10.02.2017).

[298] Mertens, Dieter (1974): Schlüsselqualifikationen. In: Sonderdruck aus: Mitteilungen aus der Arbeitsmarkt- und Berufsforschung. 7. Jg., S. 36–43.

[299] Michael, Christian (2016): Die Grenzen fallen. In: Research & Results. 4/2016, S. 27.

[300] Michelsen, Gerd/Rieckmann, Marco (2014): Kompetenzorientiertes Lehren und Lernen an Hochschulen – Veränderte Anforderungen und Bedingungen für Lehrende und Studieren-de. In: Keuper, Frank/Arnold, Heinrich (Hrsg.): Transformation. Education, Qualification & Digitalization. Berlin: Logos, S. 45–65.

[301] Ministère de l'Enseignment et de la Recherche (2011): Dictionnaire des compétences – no-vembre 2011.

[302] Möller, Sabine (2004): Interaktion bei der Erstellung von Dienstleistungen. Die Koordination der Aktivitäten von Anbieter und Nachfrager. Wiesbaden: Deutscher Universitäts-Verlag.

[303] Moon, Claire (2015): The (un)changing role of the researcher. In: International Journal of Mar-ket Research. Vol. 57, Issue 1, S. 15–16.

[304] Morrison, Charles D. (2014): From ‚sage on the stage‘ to ‚guide on the side‘: A good start. In: International Journal for the Scholarship of Teaching and Learning. 8 (1), S. 4.

[305] Mörstedt, Antje-Britta (o. J.): Erwartungen der Generation Z an die Unternehmen. Göttingen: PFH Private Hochschule Göttingen.

[306] mtp (2017): Internetauftritt. Online im Internet: http://www.mtp.org/marketingberatung (ab-gerufen am 08.07.2017).

[307] Mulder, Florus (2010): Das Selbstbildnis interner Organisationsberater. Resultate einer explo-rativen Feldforschung. In: Organisationsentwicklung. Nr.2/2010, S. 21–25.

[308] Müller, Hans-Joachim (1995): Schlüsselqualifikationen – Die evolutionäre Tiefenstruktur be-ruflicher Qualifikationen. In: Geißler, Harald/Behrmann, Detlef/Petersen, Jendrik (Hrsg.): Lean Management und Personalentwicklung. Frankfurt am Main: Peter Lang, S. 319–337.

[309] Munz, Claudia/Wagner, Jost/Hartmann, Elisa (2012): Die Kunst der guten Dienstleitung. Wie man professionelles Dienstleistungshandeln lernen kann. Bielefeld: W. Bertelsmann.

[310] Naderer, Gabriele/Balzer, Eva (Hrsg.) (2011): Qualitative Marktforschung in Theorie und Pra-xis. Wiesbaden: Springer.

[311] Nerdinger, Friedemann W./Blickle, Gerhard/Schaper, Niclas (2011): Arbeits-und Organisati-onspsychologie. Heidelberg: Springer.

[312] Neumann, Peter (2013): Handbuch der psychologischen Marktforschung. Stichprobenaus-wahl – Forschungsstrategien – qualitative und quantitative Methoden – Auswertung und Visualisierung der Daten – Präsentation der Ergebnisse. Bern: Verlag Hans Huber.

[313] Neundorfer, Lisa (2012): Nachgefragt bei Lisa Neundorfer (IFAK). Online im Internet: https://www.marktforschung.de/hintergruende/themendossiers/vom-marktforscher-zum-berater/dossier/nachgefragt-bei-lisa-neundorfer-ifak (abgerufen am 24.01.2017).

[314] newmr.org (2016): Marketing Research or Market Research? A unhelpful distinction. Online im Internet: http://newmr.org/blog/marketing-research-or-market-research-a-unhelpful-distinction (abgerufen am 24.08.2016).

[315] Niedereichholz, Christel/Niedereichholz, Joachim (2008): Consulting Wissen. Modulares Trainingskonzept für Berater mit Fallstudienhinweisen. München: Oldenbourg.

[316] Niedermaier, Anna (2011): Emotionalität im Service Encounter. Der Einfluss der kognitiven und emotionalen Kompetenz auf die wahrgenommene Dienstleistungsqualität. München: FGM-Verlag.

[317] North, Klaus (2003): Das Kompetenzrad. In: Erpenbeck, John/von Rosenstiel, Lutz (Hrsg.): Handbuch Kompetenzmessung. Stuttgart: Schaeffer-Poeschel, S. 200–211.

[318] North, Klaus/Friedrich, Peter/Lantz, Annika (2005): Kompetenzentwicklung zur Selbstorganisation. In: Arbeitsgemeinschaft Betriebliche Weiterbildungsforschung e. V./Projekt Qualifikations-Entwicklungsmanagement (Hrsg.): Kompetenzmessung im Unternehmen. Lernkultur- und Kompetenzanalysen im betrieblichen Umfeld. Münster: Waxmann, S. 601–672.

[319] Nunan, Daniel (2015): Adressing the market research skills gap. In: International Journal of Market Research. Vol. 57, Issue 2, S. 177–178.

[320] Nunan, Daniel (2016): The declining use of the term market research: An empirical analysis. Online im Internet: https://www.mrs.org.ul/ijmr_article/article/107815 (abgerufen am 21.10.2016).

[321] Nunan, Daniel (2016a): Competence vs. Competency. E-Mail an Marco Ottawa vom 27.09.2016.

[322] Nunan, Daniel (2017): Reflecions on the future of the market research industry: is market research having its: ‚Kodak moment'? In: International Journal of Market Research. Vol. 59, Issue 5, S. 1–3.

[323] Olbrich, Rainer/Battenfeld, Dirk/Buhr, Carl-Christian (2012): Marktforschung. Berlin: Springer.

[324] Omiyale, Wale (2018): 5 tips for adapting to the future of marketing research. Online im Internet: https://www.quirks.com/articles/5-tips-for-adapting-to-the-future-of-marketing-research (abgerufen am 09.01.2018).

[325] onpulson.de (2017): Onpulson-Wirtschaftslexikon. Definition: Berater. Online im Internet: http://www.onpulson.de/lexikon/berater (abgerufen am 24.01.2017).

[326] Osarek, Jörg/Hoffmann, Andreas (2008): Die Exzellenz-Formel – Das Handwerkszeug für Berater. Göttingen: BusinessVillage.

[327] Ottawa, Marco (2014): Bessere Beratung ohne Berater! Sind wir fit für den Wandel in der Marktforschung? Vortrag auf dem YouGov Fachsymposium 2014 Köln.

[328] Ottawa, Marco (2016): Kompetenzen und Soft-Skills für die Onlinemarktforschung. In: Theobald, Axel (Hrsg.): Praxis Online-Marktforschung. Grundlagen – Anwendungsbereiche – Durchführung. Wiesbaden: Springer Gabler, S. 188–202.

[329] Ottawa, Marco/Falk, Veronika (2016): Partnerschaft in der Marktforschung. In: Keller, Bernhard/Klein, Hans-Werner/Tuschl, Stefan (Hrsg.): Marktforschung der Zukunft – Mensch oder Maschine. Bewährte Kompetenzen in neuem Kontext. Wiesbaden: Springer Gabler, S. 47–61.

[330] Ottawa, Marco/Rietz, Christian (2015): Betriebliche Marktforschung. 2. Aufl. Berlin: deGruyter Oldenbourg.

[331] Ottawa, Marco/Winker, Rochus (2015): Branchenerhebung in der deutschsprachigen Marktforschung zu Kompetenzen in der Marktforschung. Welle 2015.

[332] Ottawa, Marco/Winker, Rochus (2015a): Marktforschung 2015: Sind wir ausreichend für unsere Zukunft qualifiziert? Vortrag auf dem BVM-Kongress 2015 am 12.06.2015.

[333] Ottawa, Marco/Winker, Rochus (2016): Branchenerhebung in der deutschsprachigen Marktforschung zu Kompetenzen in der Marktforschung. Welle 2016.

[334] Overwien, Bernd (2005): Stichwort: Informelles Lernen. In: Zeitschrift für Erziehungswissenschaft. 8. Jg., H. 3, S. 339–355.

[335] Oxford Dictionaries (2017): skill. Online im Internet: https://en.oxforddictionaries.com/definition/skill (abgerufen am 02.06.2017).

[336] Parasuraman, A./Zeithaml, Valerie A./Berry, Leonard L. (1988): SERVQUAL: A Multiple-Item Scale for Measuring Consumer Perception of Service Quality. In: Journal of Retailing. Vol. 64, Nr. 1, S. 12–40.

[337] Parment, Anders (2013): Die Generation Y. Wiesbaden: Springer.

[338] Pawlowsky, Peter/Menzel, Daniela/Wilkens, Uta (2005): Wissens- und Kompetenzerfassung in Organisationen. In: Arbeitsgemeinschaft Betriebliche Weiterbildungsforschung

e. V./Projekt Qualifikations-Entwicklungsmanagement (Hrsg.): Kompetenzmessung im Unternehmen. Lernkultur- und Kompetenzanalysen im betrieblichen Umfeld. Münster: Waxmann, S. 341–453.

[339] Pepels, Werner (2007): Market Intelligence. Erlangen: Publicis.

[340] Pepels, Werner (2014): Moderne Marktforschung. Systematische Einführung mit zahlreichen Beispielen und Praxisanwendungen. Auswahlverfahren, Erhebungsmethoden, Datenauswertung, Absatzprognose. 3. Aufl. Berlin: Duncker & Humblot.

[341] Pepels, Werner (2015): Einführung in die Marktforschung. Berlin: Duncker & Humblot.

[342] personal-wissen.net (2014): Fortbildung oder Weiterbildung, ein gravierender Unterschied. Online im Internet: http://www.personal-wissen.net/mitarbeiterfuehrung/fortbildung-oder-weiterbildung-ein-gravierender-unterschied-297 (abgerufen am 12.05.2017).

[343] Petch, Mike/Wheals, Julie (2013): A fresh look at consulting and collaboration. In: International Journal of Market Research. 55 (2), S. 320–322.

[344] Peterson, Michael (2002): Prozesse des Wissensmanagements strategischer Unternehmensberatungen. In: Mohe, Michael (Hrsg.): Consulting – Problemlösung als Geschäftsmodell: Theorie, Praxis, Markt. Stuttgart: Schaeffer-Poeschl, S. 162–179.

[345] Pfaff, Dietmar (2005): Marktforschung. Wie Sie Erfolg versprechende Zielgruppen finden. Berlin: Cornelsen.

[346] Piontek, Jochem (1993): Internationales Beschaffungsmarketing. Stuttgart: Schäffer-Poeschl.

[347] planung&analyse (2016): Marktforschung als Beratung. In: planung&analyse. 6/2012, S. 15.

[348] planung&analyse (2016a): Master in Data Science kommen aus Mannheim. Online im Internet: http://www.horizont.net/planung-analyse/nachrichten/Master-in-Data-Science-kommen-aus-Mannheim-150004 (abgerufen am 29.11.2016).

[349] planung&analyse (2017): Chat Bots verändern die Kommunikation. Online im Internet: http://www.horizont.net/planung-analyse/nachrichten/Chat-Bots-veraendern-die-Kommunikation-152384 (abgerufen am 05.05.2017).

[350] Poynter, Ray (2017): The Statistics and Statistical Tools Used in Market Research in 2017. In: #NewMR.

[351] Preusser, Ivonne (2017): Kundenemotionen und Mitarbeitermotivation: Produktivitätssteigerung durch kundenzentrierte Unternehmensführung. Wiesbaden: Springer Gabler.

[352] Preusser, Ivonne/Bruch, Heike (2014): Leadership 2.0 – Führung in digitalen Zeiten: Leadership- Chancen und Herausforderungen der Digitalisierung. In: Praxis der Wirtschaftspsychologie III. Münster: Monsenstein und Vannerdat, S. 25–50.

[353] Proff, Heike (2002): Grundlage einer Theorie der Kompetenzentwicklung zur Sicherung von Kompetenzvorteilen im Zeitablauf. In: Bellmann, Klaus/Freiling, Jörg/Hammann, Peter/Mildenberger, Udo (Hrsg.): Aktionsfelder des Kompetenz-Managements. Ergebnisse des II. Symposiums Strategisches Kompetenz-Management. Wiesbaden. Deutscher Universitäts-Verlag, S. 171–194.

[354] Pruitt, John/Adlin, Tamara (2006): The persona lifecycle: keeping people in mind throughout product design. San Francisco: Elsevier. Online im Internet: http://www.digibib.net/permalink/832/FHBK-x/HBZ:HT017477221 (abgerufen am 27.10.2017).

[355] psychologie48 (2017): Einstellung. Online im Internet: http://www.psychologie48.com/deu/d/einstellung/einstellung.htm (abgerufen am 06.06.2017).

[356] PwC (2016): Redefining business success in a changing world – 19th Annual Global CEO Survey.

[357] Quirk's Marketing Research Review (2015): Degree Programs in Marketing Research. 2015–2016 Researcher SourceBook.

[358] Quirk's (2017): The Q Report. Corporate Researcher Report 2017.

[359] Raab, Andrea E./Poost, Andreas/Eichhorn, Simone (2009): Marketingforschung. Ein praxis-orientierter Leitfaden. Stuttgart: Kohlhammer.

[360] Raab, Gerhard/Unger, Alexander/Unger, Fritz (2009): Methoden der Marketingforschung. 2. Aufl. Wiesbaden: Gabler.

[361] Raben, Finn/Florès, Laurent (2015): A Call to Research Arms! Online im Internet: https://rwconnect.esomar.org/a-call-to-research-arms (abgerufen am 28.07.2016).

[362] Reiber, Monika (o. J.): Kompetenz. Augsburg: Universität Augsburg.

[363] Reichwald, Ralf/Meyer, Anton/Engelmann, Marc/Walcher, Dominik (2007): Der Kunde als Innovationspartner: Konsumenten integrieren, Flop-Raten reduzieren, Angebote verbessern. Wiesbaden: Springer.

[364] Reimann, Gabi (Hrsg.) (2005): Erfahrungswissen erzählbar machen. Narrative Ansätze für Wirtschaft und Schule. Lengerich: Pabst Science Publishers.

[365] Reinmann-Rothmeier, Gabi/Mandl, Heinz (2006): Unterrichten und Lernumgebungen ge-stalten. In: Krapp, Andreas/Prenzel, Manfred/Weidenmann, Bernd (Hrsg.): Pädagogische Psychologie. Weinheim: Beltz, S. 613–658.

[366] Renkl, Alexander (1996): Träges Wissen: Wenn Erlerntes nicht genutzt wird. In: Psychologi-sche Rundschau. 47, S. 78–92.

[367] Renz, Karl-Christof (2013): Das 1 × 1 der Präsentation. Wiesbaden: Springer.

[368] Research & Results (2016): Stimmen aus dem Esomar-Programm-Komitee „Big Data World", 15.–17. November 2016, Berlin. In: Research & Results. 4.2016, S. 26.

[369] Research & Results (2017): context Instituts-Umsatzliste 2016. In: Research & Results. 1.2017, S. 22–29.

[370] researchgate.net (2016): What is the difference between competence and competen-cy? Online im Internet: www.researchgate.net/Post/What_is_the_difference_between_competence_and_competency (abgerufen am 13.07.2016).

[371] Richter, Matthias (2016): Interne Unternehmenskommunikation in der Marktforschung: Wie zugänglich sind die Vorgesetzten der Branche. Online im Internet: http://www.marktforschung.de/hintergruende/themendossiers/gehaltsstudie-2016/dossier/interne-unternehmenskommunikation-in-der-marktforschung-wie-zugaenglich-sind-die-vorgesetzten-der-branche (abgerufen am 10.02.2017).

[372] Riemer, Lars/König, Maximilian (2017): „Die Möglichkeiten sind unendlich groß". Online im Internet: https://www.marktforschung.de/hintergruende/themendossiers/virtual-reality/dossier/die-moeglichkeiten-sind-unendlich-gross (abgerufen am 25.10.2017).

[373] Robitzsch, Alexander (2013): Wie robust sind Struktur- und Niveaumodelle? Wie zeitlich stabil und über Situationen hinweg konstant sind Kompetenzen? In: Zeitschrift für Erziehungswis-senschaft. 16, S. 41–45.

[374] Rodenhausen, Thomas (2013): Mittendrin statt nur dabei. In: Müller-Peters, Horst (Hrsg.): Marktforschung in der digitalisierten Welt. Köln: marktforschung.de, S. 347–348.

[375] Rodenhausen, Thomas (2016): Marktforschung in Bewegung. In: Research & Results. 3.2016, S. 12.

[376] Rommel, Dierk (2013): Kunden beraten: Projekte initiieren. In: planung&analyse. 5/2013, S. 54.

[377] Rommel, Dierk (2013a): Kunden beraten: Lösungen implementieren. In: planung&analyse. 6/2013, S. 36.

[378] Rothe, Heinz-Jürgen/Hinnerichs, Liane (2005): Wissens und Kompetenzmanagement – verhal-tensbeeinflussende subjektive und organisationale Bedingungen. In: Kompetenzmessung im Unternehmen. Lernkultur- und Kompetenzanalysen im betrieblichen Umfeld. Münster: edition QUEM, S. 673–722.

[379] Rühli, Edwin (1995): Ressourcenmanagement. Strategischer Erfolg dank Kernkompetenzen. In: Die Unternehmung. 2/95, S. 91–105.

[380] Rump, Jutta/Eilers, Silke (2013): Die jüngere Generation in einer alternden Arbeitswelt. Baby Boomer versus Generation Y. Sternenfels: Wissenschaft & Praxis.

[381] Russell Reynolds Associates (2007): From Market Research to Customer Insights: Considerations at This Function Evolves.

[382] Rychen, Dominique Simone/Hersh Salganik, Laura (2003): A holistic model of competence. In: Rychen, Dominique Simone/Hersh Salganik, Laura (Hrsg.): Key Competencies for a Successful Life and a Well-Functioning Society. Göttingen: Hogrefe & Huber, S. 41–62.

[383] Sachse, Rainer (o. J.): Psychotherapie-Ausbildung aus der Sicht der Expertise-Forschung. Online im Internet: http://www.ipp-bochum.de/n-kop/expertiseforschung.pdf (abgerufen am 22.11.2016).

[384] Salber, Daniel (2016): Wie entsteht Vertrauen? Online im Internet: http://www.salber.de/aktuelles/wie-entsteht-vertrauen (abgerufen am 26.05.2017).

[385] Santee, David (2016): From tactician to trusted advisor. In: Quirk's Marketing Research Review. May 2016, S. 26–30.

[386] Sauter, Werner/Staudt, Anne-Kathrin (2016): Kompetenzmessung in der Praxis. Mitarbeiterpotenziale erfassen und analysieren. Wiesbaden: Springer Gabler.

[387] Schallmo, Daniel R. A. (2017): Design Thinking erfolgreich anwenden. So entwickeln Sie in 7 Phasen kundenorientierte Produkte und Dienstleistungen. Wiesbaden: Springer Fachmedien.

[388] Schaper, Niclas (2012): Fachgutachten zur Kompetenzorientierung in Studium und Lehre. Bonn: Hochschulrektorenkonferenz.

[389] Scheffler, Hartmut (2015): Und wir verstehen uns doch....nicht! Online im Internet: http://www.planung-analyse.de/news/blog/pages/protected/Und-wir-verstehen-uns-doch-nicht_8872.html (abgerufen am 09.02.2017).

[390] Scheffler, Hartmut (2015a): Sales und Marketing in der Marktforschung sind anders?! Online im Internet: https://www.marktforschung.de/hintergruende/themendossiers/sales-und-marketing/dossier/sales-und-marketing-in-der-marktforschung-sind-anders (abgerufen am 08.06.2015).

[391] Scheffler, Hartmut (2016): Anforderungen an das Berufsbild „Fachangestellte(r) für Markt- und Sozialforschung". In: König, Christian/Stahl, Matthias/Wiegand, Erich (Hrsg.): Human Resources. Qualitätsaspekte der Ausbildung in der empirischen Forschung. Wiesbaden: Springer, S. 107–118.

[392] Scheffler, Hartmut (2017): Von der Marktforschung zur Data-Excellence. Online im Internet: http://www.horizont.net/planung-analyse/nachrichten/Umfrage-zum-Jahreswechsel-20172018-Von-der-Marktforschung-zur-Data-Excellence-162612 (abgerufen am 30.11.2017).

[393] Scheffler, Hartmut (2017a): 12 Jahre Vorstand – ein zukunftsorientierter Rückblick. In: adm (Hrsg.): Jahresbericht 2016, S. 4–9.

[394] Scheffler, Hartmut/Klumpe, Bettina/Wachter, Bernd (2016): Marktforschung in Deutschland 2015. In: adm: Jahresbericht 2015, S. 12–17.

[395] Scherm, Martin (2014): Kompetenzfeedbacks. Selbst- und Fremdbeurteilung beruflichen Verhaltens. Göttingen u. a.: Hogrefe.

[396] Schettler, Hannes (2014): Rein in den Dschungel. Wofür Big Data die Marktforschung braucht. In: Research & Results. 4/2015, S. 42.

[397] Schick, Natalie (2013): Nachwuchskräftegewinnung und -förderung. In: Huber, Stephan Gerhard (Hrsg.): Handbuch Führungskräfteentwicklung. Grundlagen und Handreichungen zur Qualifizierung und Personalentwicklung im Schulsystem. Köln: Wolters Kluwer, S. 195–201.

[398] Schilcher, Christian et al. (2012): Vertrauen und Kooperationen in einer sich wandelnden Arbeitswelt – eine Einführung. In: Schilcher, Christian et al. (Hrsg.): Vertrauen und Kooperation in der Arbeitswelt. Wiesbaden: Springer, S. 11–19.

[399] Schillewaert, Niels (2017): „Wir müssen lauter schreien". Online im Internet: http://www.horizont.net/planung-analyse/nachrichten/Interview-mit-Niels-Schillewaert-Esomar-Wir-muessen-lauter-schreien-162344 (abgerufen am 30.11.2017).

[400] Schlohmann, Knut (2012): Innovatorenorientierte Akzeptanzforschung bei innovativen Medientechnologien. Wiesbaden: Springer.

[401] Schmelz, Judith (2017): In der Hosentasche des Konsumenten. Mobile Ethnographie erforscht KUNDENERFAHRUNG IN ECHTZEIT. In: planung&analyse. 1/2017, S. 64–65.

[402] Schmidbauer, Klaus (2007): Professionelles Briefing. Marketing und Kommunikation mit Substanz. Damit aus Aufgaben schlagkräftige Konzepte werden. Göttingen: Business Village.

[403] Schmidt, Reinhart (2004): Zur Vielfalt der empirischen Kapitalmarktforschung. In: Schmidt, Reinhart/Gramlich, Dieter (Hrsg.): Kapitalmarktforschung und Bankmanagement. Impulse für eine anwendungsorientierte Forschung. Wiesbaden: Deutscher Universitäts-Verlag, S. 3–24.

[404] Schmidt, Steffen/Reiter, Philipp (2016): ‚Mind Mining‘; Better Customer Understanding by Applying Big Data Analysis to Neuromarketing. In: Neuromarketing. 15/2016, S. 10–12.

[405] Schneider, Michael/Mustafić, Maida (Hrsg.) (2015): Gute Hochschullehre: Eine evidenzbasierte Orientierungshilfe: Wie man Vorlesungen, Seminare und Projekte effektiv gestaltet. Wiesbaden: Springer-Verlag.

[406] Schnettler, Josef/Wendt, Gero (2015): Erfolgreich im Beruf: Marketing und Marktforschung. Köln: Cornelsen.

[407] Schögel, Marcus/Herhausen, Dennis (2011): Stolpersteine auf dem Weg zum kundenzentrierten Unternehmen. In: Marke41. 4, S. 16–21.

[408] Schögel, Marcus/Herhausen, Dennis (2012): Customer Centricity – nur eine Frage der richtigen Strategie? In: Jahrbuch Marketing. St. Gallen: Künzler Bachmann Medien AG, S. 211–213.

[409] Scholkmann, Antonia/Küng, Marlise (2016). Studentischer Kompetenzerwerb durch Problembasiertes Lernen: Reflexion von Evaluationsergebnissen im Spiegel existierender Vergleichsdaten. In: Zeitschrift für Evaluation. 15 (1), S. 60.

[410] Schreyögg, Georg/Kliesch, Martina (2004): Wie dynamisch können Organisationale Kompetenzen sein? In: von den Eichen, Stephan A. Friedrich et al. (Hrsg.): Entwicklungslinien des Kompetenzmanagements. Wiesbaden: Deutscher Universität-Verlag, S. 5–20.

[411] Schroiff, Hans-Willi (2014): Eine gute Neuro-Theory of Mind löst viele Kontroversen im Marketing. In: Häusel, Hans-Georg (Hrsg.) (2014): Neuromarketing. Erkenntnisse der Hirnforschung für Markenführung, Werbung und Verkauf. 3. Aufl. Freiburg: Haufe-Lexware, S. 213–216.

[412] Schroiff, Hans-Willi (2015): Umparken im Kopf. Online im Internet: http://www.horizont.net/planung-analyse/nachrichten/Umparken-im-Kopf-156176 (abgerufen am 23.09.2017).

[413] Schugk, Michael (2014): Interkulturelle Kommunikation in der Wirtschaft. Grundlagen und Interkulturelle Kompetenz für Marketing und Vertrieb. München: Franz Vahlen.

[414] Schulze-Holz, Klaus-Peter (2009): Der Marktforscher – das unbekannte Wesen. Der Versuch eines Berufsbildes.

[415] Schwan, Konrad/Seipel, Kurt G. (2002): Erfolgreich beraten. Grundlagen der Unternehmensberatung. München: Franz Vahlen.

[416] Schweizer, Andrea (2017): Ein Datenschutzbeauftragter bleibt Pflicht. In: planung&analyse. 4/2017, S. 67.

[417] Seitz, Janine (2016): Predictive Analytics. Auf dem Weg in eine analytisch vorhersagbare Zukunft? In: Keller, Bernhard/Klein, Hans-Werner/Tuschl, Stefan (Hrsg.): Marktforschung der Zukunft – Mensch oder Maschine. Bewährte Kompetenzen in neuem Kontext. Wiesbaden: Springer Gabler, S. 79–92.

[418] Sekretariat der Ständigen Konferenz der Kultusminister der Länder in der Bundesrepublik Deutschland (2000): Handreichungen für die Erarbeitung von Rahmenlehrplänen der Kultusministerkonferenz (KMK) für den berufsbezogenen Unterricht in der Berufsschule und ihre Abstimmung mit Ausbildungsordnungen des Bundes für anerkannte Ausbildungsberufe. Stand 15.09.2000.

[419] Shah, Denish et al. (2006): The Path to Customer Centricity. In: Journal of Service Research. 9(2), S. 113–124

[420] Shea, Carol (2017): Living up to the name. From ‚marketing researcher‘ to ‚insights professional‘. In: Quirk's Marketing Research Review. August 2017, S. 34–37.

[421] Shire, Karen A. (2005): Die Gestaltung der Kundeninteraktionen in wissensbasierter Dienstleistungsarbeit: eine empirische Studie. In: Jacobsen, Heike/Voswinkel, Stephan (Hrsg.): Der Kunde in der Dienstleistungsbeziehung. Beiträge zur Soziologie der Dienstleistung. Wiesbaden: VS Verlag für Sozialwissenschaften, S. 219–239.

[422] Smaluhn, Marc (2017): „Der Trend geht weiter in Richtung mobil, digital, explizit und beobachtend". Online im Internet: https://www.marktforschung.de/hintergruende/interviews/marktforschung/der-trend-geht-weiter-in-richtung-mobil-digital-explizit-und-beobachtend (abgerufen am 24.10.2017).

[423] Sonnenschein, Stefanie (2017): Marketing für die Marktforschung – ein Muss. Online im Internet: http://www.planung-analyse.de/news/pages/protected/show.php?id=9995 (abgerufen am 30.01.2017).

[424] Sonntag, Karlheinz/Schaper, Niclas/Friebe, Judith (2005): Erfassung und Bewertung von Merkmalen unternehmensbezogener Lernkulturen. In: Arbeitsgemeinschaft Betriebliche Weiterbildungsforschung e. V./Projekt Qualifikations-Entwicklungs-Management (Hrsg.): Kompetenzmessung im Unternehmen. Lernkultur- und Kompetenzanalysen im betrieblichen Umfeld. Münster: Waxmann, S. 19–339.

[425] Spangenberg, Stefan (2014): Gestern Marktforscher, heute... ?. Vortrag auf dem T&M Client Day, 24.09.2014.

[426] Spencer, Lyle M./Spencer, Signe M. (1993): Competence at work – Models for Superior Performance. New York u. a.: John Wiley & Sons.

[427] Spitzer, Oliver/Küppers, Markus (2017): Unbewusstes sichtbar machen. In: planung&analyse. 1/2017, S. 45–47.

[428] Springer, Gabler (2017) Gabler Wirtschaftslexikon. Online im Internet: http://wirtschaftslexikon.gabler.de/Archv/85661/lower-managament-v8.html (abgerufen am 08.03.2017).

[429] Springer, Gabler (2017a) Gabler Wirtschaftslexikon. Online im Internet: http://wirtschaftslexikon.gabler.de/Archv/89425/beratung-v8.html (abgerufen am 24.01.2017).

[430] Stabenau, Hans-Joachim (1995): Schlüsselqualifikationen als Schlüssel zum Lean-Learning (Am Beispiel eines betrieblichen Verhaltens-Trainings für Jungingenieure). In: Geißler, Harald/Behrmann, Detlef/Petersen, Jendrik (Hrsg.): Lean Management und Personalentwicklung. Frankfurt am Main: Peter Lang, S. 339–352.

[431] Stahl, Heinz K. (2017): Heuristische Kompetenz. Online im Internet: https://www.consultingbay.de/ce/heuristische-kompetenz/detail.html (abgerufen am 05.09.2017).

[432] Stalzer, Lieselotte (2007): Kann man Marktforschung lernen? In: VMÖ (Hrsg.): Handbuch der Marktforschung. Wien: facultas, S. 271–276.

[433] Stangl, Werner (2001): Der Begriff der sozialen Kompetenz in der psychologischen Literatur. p@psych e-zine 3. Jg.

[434] Statista (2017): Revenue of Market Research in Switzerland from 2009 to 2020. Statista; Eurostat ID 398102.

[435] Statista (2017a): Revenue of Market Research in Germany from 2008 to 2020. Statista; Eurostat ID 392158.

[436] Statista (2017b): Revenue of Market Research in Austria from 2008 to 2020. Statista; Eurostat ID 389388.

[437] Statista (2017c): Revenue of market research companies in China from 2009 to 2015. Statista; ESOMAR.

[438] Statista (2017d): Revenue of market research companies in India from 2008 to 2018. Statista ID 331175.

[439] Statista (2017e): Revenue of Management Consulting in Germany from 2008 to 2020. Statista; Eurostat ID 392142.

[440] Stäudel, Thea (2004): Heuristische Kompetenz – Eine Schlüsselkompetenz in Zeiten der Ungewissheit. In: von den Eichen, Stephan A. Friedrich et al. (Hrsg.): Entwicklungslinien des Kompetenzmanagements. Wiesbaden: Deutscher Universitäts-Verlag, S. 21–40.

[441] Staudt, Erich/Kriegesmann, Bernd (1999): Weiterbildung: Ein Mythos zerbricht. Der Widerspruch zwischen überzogenen Erwartungen und Mißerfolgen der Weiterbildung. In: Staudt, Erich (Hrsg.): Berichte aus der angewandten Innovationsforschung. Bochum.

[442] Stern, Elsbeth (2004): Contra. In: Jäger, Wolfgang/Stern, Elsbeth: Schlüsselqualifikationen als eigenständiges Modul? In: Forschung & Lehre. 11/2004, S. 606–607.

[443] Stiens, Rita (2002): Management- & IT-Consulting. Berufsstart, Jobprofile, Firmenporträts. München: Econ, Ullstein, List.

[444] Stifterverband (2016): Hochschulbildung für die Arbeitswelt 4.0. Hochschul-Bildungs-Report 2020 des Stifterverbands für die Deutsche Wissenschaft. Jahresbericht 2016. Essen.

[445] Strasmann, Jochen/Schüller, Achim (Hrsg.) (1996): Kernkompetenzen – Was ein Unternehmen wirklich erfolgreich macht. Stuttgart: Schäffer-Poeschl.

[446] Strong, Colin (2016): The big opportunity in Big Data. In: International Journal of Market Research. Vol. 58, Issue 4, S. 499–501.

[447] Struck, Detlef (2013): Das richtige Handwerkszeug. In: Research & Results. 3.2013, S. 24–25.

[448] Sudman, Seymour/Blair, Edward (1998): Marketing Research. A Problem-Solving Approach. Boston u. a.: McGraw Hill.

[449] TH Köln (2016): Klima Index Marktforschung (2. Erhebung).

[450] Theobald, Axel (2016): Praxis Online-Marktforschung. Grundlagen – Anwendungsbereiche – Durchführung. Wiesbaden: Springer.

[451] Theobald, Axel (Hrsg.) (2018): Mobile Research. Grundlagen und Zukunftsaussichten für die Mobile Marktforschung. Wiesbaden: Springer Gabler.

[452] Theobald, Axel/Dreyer, Marcus/Starsetzki, Thomas (Hrsg.) (2003): Online-Marktforschung. Theoretische Grundlagen und praktische Erfahrungen. 2. Aufl. Wiesbaden: Gabler.

[453] Theobald, Elke/Föhl, Ulrich (2015): Big Data wird zu Smart Data – Big Data in der Marktforschung. In: Dorsche, Joachim (Hrsg.): Praxishandbuch Big Data. Wirtschaft – Recht – Technik. Wiesbaden: Springer Gabler, S. 112–123.

[454] Tress, Florian (2016): Lasst uns reden! Online im Internet: http://www.planung-analyse.de/news/blog/pages/protected/Lasst-uns-reden_9920.html (abgerufen am 10.02.2017).

[455] Tress, Florian (2016a): Die goldenen Jahre sind vorbei! Online im Internet: https://www.marktforschung.de/hintergruende/kolumne/marktforschung/die-goldenen-jahre-sind-vorbei (abgerufen am 21.10.2017).

[456] Tress, Florian (2017): Das Guckloch in die Welt. Online im Internet: https://www.marktforschung.de/hintergruende/kolumne/marktforschung/das-guckloch-in-die-welt (abgerufen am 23.09.2017).

[457] Tuschl, Stefan (2015): Vom Datenknecht zum Datenhecht: Eine Reflektion zu Anforderungen an die Statistik-Ausbildung für zukünftige Marktforscher. In: Keller, Bernhard/Klein, Hans-

Werner/Tuschl, Stefan (Hrsg.): Zukunft der Marktforschung. Entwicklungschancen in Zeiten von Social Media und Big Data. Wiesbaden: Springer Gabler, S. 55–69.

[458] Uebernickel, Falk/Brenner, Walter (2016): Design thinking. In: Business Innovation: Das St. Galler Modell. Wiesbaden: Springer Fachmedien, S. 243–265.

[459] Uebernickel, Falk et al. (2015): Design Thinking: Das Handbuch. Frankfurt am Main: Frankfurter Allgemeine Buch.

[460] Unger, Fritz (1997): Marktforschung. Grundlagen, Methoden und praktische Anwendung. 2. Aufl. Heidelberg: I. H. Sauer.

[461] UNIDO (2002): Competencies.

[462] Verführt, Sebastian (2014): Grundlagen zur betrieblichen Marktforschung. Eine empirische Untersuchung von Selbstverständnis, Organisation und Arbeitsweise betrieblicher Marktforscher. Masterarbeit an der Fachhochschule Köln.

[463] Vermaak, Keri (2017): Silos: Good for Grain, Bad for Market Research. Online im Internet: http://www.greenbookblog.org/2017/06/02/silos-good-for-grain-bad-for-market-research (abgerufen am 20.06.2017).

[464] VMÖ (2011): VMÖ-Basisdatenerhebung 2010.

[465] Vorderegger, Dietmar/Bachler, Herbert (2009): Projektmanagement Praxis. Koppl: Vorderegger & Partner.

[466] Vriens, Marco/Grover, Rajiv (2006): Structuring Market Research Departements and Processes for Optimal Impact. In: Grover, Rajiv/Vriens, Marco (Hrsg.): Marketing Research. Uses, Misuses and Future Advances. Thousand Oaks, London, New Delhi: SAGE, S. 18–32.

[467] vsms (2017): Aus- und Weiterbildungen. Online im Internet: http://www.vsmsasms.ch/de/aus-und-weiterbildungen (abgerufen am 20.02.2017).

[468] Walker, Andrew Elbert/Leary, Heather (2009): A problem based learning meta analysis: differences across problem types, implementation types, disciplines, and assessment levels. In: The Interdisciplinary Journal of Problem-based Learning. 3 (1), S. 12–43.

[469] Walsh, Gianfranco/Kilian, Thomas/Hille, Patrick (2015): Einführung in die Marktforschung. Fernstudienkurs Marktforschung. 3. Aufl. Universität Koblenz-Landau.

[470] Weber, Günter (1996): Strategische Marktforschung. München, Wien: Oldenbourg.

[471] Wehde, Susanne (2013): Interview. In: Aegidius Marktforschungsportal (Hrsg.): marktforschung.dossier, S. 9–16. Online im Internet: http://www.marktforschung.de/hintergruende/themendossiers/zufriedenheit-mit-instituten/dossier/es-wird-zunehmend-schwerer-fuer-uns-marktforscher-softe-qualitaetsfaktoren-gegen-das-preisdiktat-zu-verteidigen (abgerufen am 11.02.2017).

[472] Wehner, Christa (2016): Studium zum Marktforscher an Hochschulen. Eine Wettbewerbsanalyse von Bachelor- und Masterstudiengängen. In: König, Christian/Stahl, Matthias/Wiegand, Erich (Hrsg.): Human Resources. Wiesbaden: Springer, S. 79–95.

[473] Weinert, Franz E. (2001) (Hrsg.): Leistungsmessungen in Schulen. 1. Aufl. Weinheim und Basel: Beltz sowie Bonn: Kultusministerkonferenz.

[474] Weinert, Franz E. (2002) (Hrsg.): Leistungsmessungen in Schulen. 2. Aufl. Weinheim und Basel: Beltz sowie Bonn: Kultusministerkonferenz.

[475] Weinert, Franz E. (2014): Vergleichende Leistungsmessung in Schulen – eine umstrittene Selbstverständlichkeit. In: Weinert, Franz E. (Hrsg.): Leistungsmessungen in Schulen. Weinheim und Basel: Beltz, S. 26–31.

[476] Weinert, Sabine (2007): Kompetenzentwicklung und Kompetenzstruktur im Vorschulalter. In: Prenzel, Manfred/Gogolin, Ingrid/Krüger, Heinz-Hermann (Hrsg.): Kompetenzdiagnostik. Zeitschrift für Erziehungswissenschaft. Sonderheft 8/2007, S. 89–106.

[477] Welker, Martin/Werner, Andreas/Scholz, Joachim (2005): Online-Research. Markt- und Sozialforschung mit dem Internet. Heidelberg: dpunkt.

[478] Weis, Hans Christian/Steinmetz, Peter (2012): Marktforschung. 8. Aufl. Herne: Kiehl.

[479] WFA/brainjuicer (2016): the future of insights project.

[480] Wichmann, Moritz (2016): Studierende gelten nicht als faul, aber arrogant. Online im Internet: https://yougov.de/news/2016/09/21/studierende-sind-nicht-faul-aber-arrogant (abgerufen am 10.08.2017).

[481] Wiedeking, Silja Maria (2015): Intelligence Professionals weisen den Weg in die Zukunft. In: Keller, Bernhard/Klein, Hans-Werner/Tuschl, Stefan (Hrsg.): Zukunft der Marktforschung. Entwicklungschancen in Zeiten von Social Media und Big Data. Wiesbaden: Springer Gabler, S. 71–83.

[482] Wiedenfeld, Jutta (2013): Was ist Beratung? Die Perspektive der betrieblichen Marktforschung. http://www.marktforschung.de/marktforschungdossier/vom-marktforscher-zum-berater/was-ist-beratung-die-perspektive-der-betrieblichen-marktforschung (abgerufen am 21.05.2013).

[483] Wiegand, Erich (2016): Marktforschung und das „EU-U.S. Privacy Shield". In: adm (Hrsg.): Jahresbericht 2015, S. 22–23.

[484] Wiegand, Erich (2016a): Die europäische Datenschutz-Grundverordnung. In: adm (Hrsg.): Jahresbericht 2015, S. 24–25.

[485] Wieghardt, Judith/Knod, Claudia (2017): Eine WhatsApp von der Baustelle. MOBILE ETHNOGRAPHIE in der B2B-Marktforschung. In: planung&analyse. 3/2017, S. 39–40.

[486] Wildt, Johannes (2013): Entwicklung und Potentiale der Hochschuldidaktik. In: Heiner, Matthias/Wildt, Johannes (Hrsg.): Professionalisierung der Lehre. Perspektiven formeller und informeller Entwicklung von Lehrkompetenz im Kontext der Hochschulbildung. Bielefeld: Bertelsmann Verlag, S. 27–57.

[487] Wilhelm, Oliver/Nickolaus, Reinhold (2013): Was grenzt das Kompetenzkonzept von etablierten Kategorien wie Fähigkeit, Fertigkeit oder Intelligenz ab? In: Zeitschrift für Erziehungswissenschaft. 16 (1), S. 23–26.

[488] Wilson, Alan (2006): Marketing Research. An Integrated Approach. 2. Aufl. Harlow u. a.: Pearson.

[489] Windeler, Arnold (2014): Kompetenz. Sozialtheoretische Grundprobleme und Grundfragen. In: Windeler, Arnold/Sydow, Jörg (Hrsg.): Kompetenz, Organisation und Gesellschaft. Wiesbaden: Springer, S. 7–18.

[490] Wine, Jeri Dawn (1981): From Defect to Competence Models. In: Wine, Jeri Dawn/Smye, Marti Diane (Hrsg.): Social Competence. New York, London: The Guildford Press, S. 3–35.

[491] Winkler, Till (2016): Warum Marktforschung auch in Zukunft nicht überflüssig sein wird. Online im Internet: http://www.marktforschung.de/hintergruende/themendossiers/marktforschung-in-zeiten-von-virtual-reality-und-scrum/dossier/warum-marktforschung-auch-in-zukunft-nicht-ueberfluessig-sein-wird (abgerufen am 11.02.2017).

[492] Winteler, Adi/Forster, Peter (2007): Wer sagt, was gute Hochschullehre ist? Evidenzbasiertes Lehren und Lernen. In: Das Hochschulwesen. 55. Jahrgang, 4, S. 102–109.

[493] Winteler, Adi/Forster, Peter (2012): Wer sagt, was gute Lehre ist? Evidenzbasiertes Lehren und Lernen. In: Methoden des Lernens in der Rechtswissenschaft. Baden-Baden: Nomos, S. 20–39.

[494] wirtschaftslexikon24.com (2016): Kompetenz. Online im Internet: http://www.wirtschaftslexikon24.com/d/kompetenz/kompetenz.htm (abgerufen am 14.11.2016).

[495] Wittwer, Wolfgang (2001): Berufliche Weiterbildung. In: Schanz, Heinrich (Hrsg.): Berufs- und wirtschaftspädagogische Grundprobleme. Baltmannsweiler: Schneider-Verlag Hohengehren, S. 229–247.

[496] Wittwer, Wolfgang (2001a): Biografieorientierte Kompetenzentwicklung in der betrieblichen Weiterbildung. In: REPORT Literatur- und Forschungsreport Weiterbildung 48/2001: Betriebliche Weiterbildung, S. 109–127.

[497] Wittwer, Wolfgang (2003): „Lern für die Zeit, werd tüchtig fürs Haus. Gewappnet ins Leben trittst du hinaus" – Förderung der Nachhaltigkeit informellen Lernens durch individuelle Kompetenzentwicklung. In: Wittwer, Wolfgang/Kirchhof, Steffen (Hrsg.): Informelles Lernen und Weiterbildung. Neue Wege zur Kompetenzentwicklung. München: Luchterhand, S. 13–41.

[498] Wolf, Heike (2003): Soziale Kompetenz: Psychologische Bedeutung und Beziehungen zu Intelligenz und Persönlichkeitsmerkmalen. Lengerich u. a.: Pabst.

[499] Wollert, Artur (1997): Intergenerative Kompetenzbilanz. In: Kompetenzentwicklung '97 – Berufliche Weiterbildung in der Transformation – Fakten und Visionen. Münster u. a.: Waxmann, S. 317–364.

[500] womeninresearch.org (2017): Online im Internet: http://www.womeninresearch.org (abgerufen am 14.03.2017).

[501] Yallop, Anca C./Mowatt, Simon (2016): Investigating market research ethics. An empirical study of ethics in practice and their effect on ethical behavior. In: International Journal of Market Research. Vol. 58, Issue 3, S. 381–400.

[502] Yazbeck, Bob/Scarlet, Susan (2013): Resistance is futile. 10 reasons why you should go mobile right now. In: Quirk's Marketing Research Review. July 2013, S. 52–55.

[503] Zerr, Konrad (2015): CMM & Marktforschung. Vorlesungsskript Hochschule Pforzheim.

[504] Znanewitz, Judith/Gilch, Kim (2016): Storytelling – A guideline and an application in the Bundeswehr's (personnel) marketing. In: transfer Werbeforschung & Praxis. 62 (4), S. 30–35.

[505] Zwissler, Bastian (2017): Car Clinics in virtuellen Welten. Missverständnisse und Potenziale. Online im Internet: https://www.marktforschung.de/hintergruende/themendossiers/apparative-messung/dossier/car-clinics-in-virtuellen-welten-missverstaendnisse-und-potenziale (abgerufen am 25.10.2017).

Stichwortverzeichnis

https://doi.org/10.1515/9783110517774-013